Statistiques de l'OCDE sur les investisseurs institutionnels 2019

2010-2018

OCDE
DES POLITIQUES MEILLEURES
POUR UNE VIE MEILLEURE

Cet ouvrage est publié sous la responsabilité du Secrétaire général de l'OCDE. Les opinions et les interprétations exprimées ne reflètent pas nécessairement les vues officielles des pays membres de l'OCDE.

Ce document, ainsi que les données et cartes qu'il peut comprendre, sont sans préjudice du statut de tout territoire, de la souveraineté s'exerçant sur ce dernier, du tracé des frontières et limites internationales, et du nom de tout territoire, ville ou région.

Merci de citer cet ouvrage comme suit :
OCDE (2019), *Statistiques de l'OCDE sur les investisseurs institutionnels 2019*, Éditions OCDE, Paris, *https://doi.org/10.1787/g2g9fba1-fr*.

ISBN 978-92-64-31336-1 (imprimé)
ISBN 978-92-64-31337-8 (pdf)

Statistiques de l'OCDE sur les investisseurs institutionnels
ISSN 2225-2088 (imprimé)
ISSN 2225-2096 (en ligne)

Les données statistiques concernant Israël sont fournies par et sous la responsabilité des autorités israéliennes compétentes. L'utilisation de ces données par l'OCDE est sans préjudice du statut des hauteurs du Golan, de Jérusalem-Est et des colonies de peuplement israéliennes en Cisjordanie aux termes du droit international.

Les corrigenda des publications de l'OCDE sont disponibles sur : *www.oecd.org/about/publishing/corrigenda.htm*.

Table des matières

République slovaque

Slovénie

Espagne

Suède

Suisse

Turquie

Royaume-Uni

États-Unis

Fédération de Russie

Signes conventionnels et abréviations

Signes et abréviations

..	Non disponible
.	Point décimal
0	Nul ou négligeable

Concepts et definitions

Métadonnées (données) : *http://stats.oecd.org/OECDStat_Metadata/ShowMetadata.ashx?Dataset=QASA_7II&lang=fr*.
Métadonnées (indicateurs) :
http://stats.oecd.org/OECDStat_Metadata/ShowMetadata.ashx?Dataset=QASA_7II_INDIC&lang=fr.

Base de données en ligne

Statistiques de l'OCDE sur les investisseurs institutionnels (*http://dx.doi.org/10.1787/instinv-data-fr*).

Système de comptabilité nationale

Commission des Communautés européennes, Fonds monétaire international, Organisation de coopération et de développement économiques, Nations Unies, Banque mondiale, *Système de comptabilité nationale 1993*, Brussels/ Luxembourg, New York, Paris, Washington, DC., 1993, *http://unstats.un.org/unsd/nationalaccount/docs/1993sna.pdf* (en anglais seulement).
Commission Européenne, Fonds monétaire international, Organisation de coopération et de développement économiques, Organisation des Nations Unies, Banque mondiale, *Système de comptabilité nationale 2008*, *http://unstats.un.org/unsd/nationalaccount/docs/SNA2008FR.pdf*.

Méthodologie

Les données annuelles se réfèrent au 4e trimestre. Les données par trimestre sont disponibles dans la Base de données.

Abréviations monétaires ISO

Abréviation	Pays	Monnaie
AUD	Australie	dollar
EUR	Autriche	euro
EUR	Belgique	euro
CAD	Canada	dollar
CLP	Chili	peso
CZK	République tchèque	couronne
DKK	Danemark	couronne
EUR	Estonie	euro
EUR	Finlande	euro
EUR	France	euro
EUR	Allemagne	euro
EUR	Grèce	euro
HUF	Hongrie	forint
ISK	Islande	couronne
EUR	Irlande	euro
ILS	Israël	nouveau shekel
EUR	Italie	euro
JPY	Japon	yen
KRW	Corée	won
EUR	Lettonie	euro
EUR	Lituanie	euro
EUR	Luxembourg	euro
EUR	Mexique	peso
MXN	Pays-Bas	euro
NOK	Norvège	couronne
PLN	Pologne	zloty
EUR	Portugal	euro
EUR	République slovaque	euro
EUR	Slovénie	euro
EUR	Espagne	euro
SEK	Suède	couronne
CHF	Suisse	franc
TRY	Turquie	livre
GBP	Royaume-Uni	livre sterling
USD	États-Unis	dollar
RUB	Fédération de Russie	ruble

Comparaisons internationales

Tableau 1. Actifs et passifs financiers des fonds d'investissement, en pourcentage du PIB

Pour cent

	2011	2012	2013	2014	2015	2016	2017	2018
Actifs financiers								
Autriche	44.4	46.3	46.0	48.6	48.3	48.1	48.7	43.7
Belgique	21.6	22.0	26.7	31.2	36.0	35.4	41.1	37.1
Canada	56.0	61.5	71.2	79.7	89.0	97.8	103.0	98.2
Chili	..	..	..	20.2	22.5	24.7	27.0	29.1
République tchèque	3.7	4.1	4.5	5.1	5.6	6.8	8.1	7.8
Danemark	..	86.8	97.4	105.5	101.8	104.5	109.2	102.4
Estonie	2.7	2.8	3.3	2.8	3.5	4.0	4.6	4.0
Finlande	30.6	36.4	40.6	46.0	51.9	54.0	57.9	52.5
France	64.4	67.0	66.1	67.6	70.0	74.1	77.4	70.3
Allemagne	40.5	46.0	48.7	53.1	55.9	59.3	61.7	59.7
Grèce	2.1	2.5	2.8	2.7	2.4	2.3	2.4	2.2
Hongrie	11.0	11.4	14.6	16.4	16.1	15.6	15.1	13.3
Islande	22.0	23.2	23.9	24.2	26.1	32.3	30.8	28.4
Irlande	..	..	..	..	..	..	..	..
Israël	15.2	17.2	21.8	23.6	19.7	17.5	19.1	23.1
Italie	9.8	9.8	11.4	13.8	15.3	15.5	16.2	15.2
Japon	18.3	20.6	26.0	29.2	32.4	34.1	38.2	38.7
Corée	20.6	22.0	22.4	24.4	25.7	28.1	29.6	31.1
Lettonie	1.6	1.4	1.3	1.0	..	..	..	..
Lituanie	0.5	0.5	0.7	0.8	0.9	1.4	1.7	1.8
Luxembourg	5 470.1	6 009.6	6 283.5	6 788.8	7 450.1	7 697.8	8 218.9	7 650.8
Pays-Bas	..	..	..	..	..	..	..	..
Nouvelle-Zélande	..	..	..	36.4	40.9	43.9	48.7	50.5
Norvège	..	..	..	..	..	..	..	..
Pologne	..	..	..	..	..	..	..	..
Portugal	..	..	..	..	..	..	..	..
République slovaque	..	..	..	..	..	..	..	..
Slovénie	4.9	5.1	5.1	5.7	6.0	6.1	6.2	5.4
Espagne	14.7	14.4	18.2	22.5	24.0	24.5	25.9	24.2
Suède	44.8	51.5	62.8	76.5	76.2	82.2	87.7	82.9
Suisse	..	..	..	..	..	..	..	..
Turquie	..	..	..	2.2	1.7	1.8	1.8	1.4
Royaume-Uni	..	..	..	..	..	..	..	..
États-Unis	85.9	94.2	105.4	107.8	102.4	105.9	118.7	107.6
Fédération de Russie	1.4	1.5	1.6	1.7	1.9	2.1	2.6	2.7
Passifs financiers								
Autriche	44.8	46.8	46.5	49.1	49.1	49.1	49.9	44.9
Belgique	22.2	22.6	26.9	31.3	36.0	35.4	41.1	37.1
Canada	56.2	61.8	71.5	79.9	89.2	98.0	103.2	98.4
Chili	..	..	..	0.3	0.5	0.4	0.3	0.4
République tchèque	4.2	5.5	6.0	6.8	7.3	8.2	9.1	9.1
Danemark	..	88.5	97.0	104.9	100.2	102.6	107.3	99.1
Estonie	2.7	2.8	3.2	2.9	3.6	4.1	4.6	4.0
Finlande	30.2	36.2	40.5	45.6	51.7	55.9	60.1	54.6
France	65.9	68.9	68.2	70.0	72.8	76.5	80.2	73.5
Allemagne	44.0	49.5	52.1	56.5	59.4	62.8	65.3	63.7
Grèce	2.8	3.3	3.6	3.8	3.5	3.4	3.7	3.6
Hongrie	12.0	12.5	15.7	17.3	17.0	16.7	16.7	15.8
Islande	22.2	23.3	23.9	24.2	26.1	33.9	32.3	28.9
Irlande	..	..	..	..	..	..	..	..
Israël	..	..	..	..	..	..	..	..
Italie	11.4	11.4	12.6	15.6	17.3	17.8	19.0	18.2
Japon	18.3	20.6	26.0	29.2	32.4	34.1	38.2	38.7
Corée	20.8	22.1	22.5	24.6	25.8	28.0	29.6	31.1
Lettonie	1.7	1.5	1.2	1.0	..	..	..	..
Lituanie	0.5	0.6	0.7	0.9	1.1	2.1	2.5	2.5
Luxembourg	5 488.2	6 027.2	6 300.9	6 810.1	7 468.8	7 717.8	8 239.7	7 678.8
Pays-Bas	..	..	..	..	..	..	..	..
Nouvelle-Zélande	..	..	..	..	..	..	..	..
Norvège	..	..	..	..	..	..	..	..
Pologne	..	..	..	..	..	..	..	..
Portugal	..	..	..	..	..	..	..	..
République slovaque	..	..	..	..	..	..	..	..
Slovénie	4.9	5.1	5.1	5.7	6.0	6.1	6.2	5.4
Espagne	15.2	14.9	18.8	22.7	24.1	24.7	26.0	24.3
Suède	44.8	51.5	62.8	76.5	76.2	82.2	87.7	82.9
Suisse	..	..	..	..	..	..	..	..
Turquie	..	..	..	..	..	..	..	..
Royaume-Uni	..	..	..	..	..	..	..	..
États-Unis	87.4	95.5	106.9	109.5	104.2	107.6	120.5	109.3
Fédération de Russie	2.3	2.4	2.9	3.1	3.2	3.3	3.6	3.5

Note : Voir les métadonnées détaillées sur :

http://metalinks.oecd.org/instinv/20190923/2b3d (actifs financiers et passifs financiers)

Informations sur les données concernant Israël : *http://oe.cd/israel-disclaimer.*

Informations sur les données concernant le Luxembourg :

http://metalinks.oecd.org/instinv/20190923/4094 (actifs financiers) et *http://metalinks.oecd.org/instinv/20190923/ba89* (passifs financiers).

Tableau 2. Actifs et passifs financiers des sociétés d'assurance, en pourcentage du PIB

Pour cent

	2011	2012	2013	2014	2015	2016	2017	2018
Actifs financiers								
Autriche	33.6	35.5	35.2	36.1	34.9	33.7	32.2	29.7
Belgique	67.4	73.3	72.6	79.3	77.2	73.7	70.3	68.8
Canada	38.6	39.8	40.5	41.8	43.1	45.3	44.3	42.7
Chili	..	..	..	..	18.8	19.6	19.9	20.3
République tchèque	11.5	11.2	11.5	11.7	10.6	10.7	10.5	10.2
Danemark	..	98.8	97.7	107.1	104.4	113.4	112.5	110.6
Estonie	5.5	5.5	5.2	5.0	5.2	5.8	5.9	5.6
Finlande	26.7	29.2	30.1	33.2	34.2	34.1	33.9	31.2
France	91.1	99.4	103.1	111.6	112.3	120.3	121.2	117.4
Allemagne	56.7	59.7	61.2	63.3	63.0	63.2	62.5	60.4
Grèce	6.7	7.7	8.5	8.6	8.8	8.8	8.9	8.9
Hongrie	8.1	8.3	8.1	8.0	7.8	7.8	7.6	6.9
Islande	9.7	9.7	9.9	9.7	8.2	8.2	8.4	8.2
Irlande	125.8	125.6	120.4	124.5	98.1	99.5	95.5	85.0
Israël	31.2	33.1	34.4	35.7	36.0	36.3	38.7	39.0
Italie	30.8	32.6	36.0	40.7	45.5	48.7	49.6	47.6
Japon	78.0	81.9	87.1	89.5	87.7	90.4	89.9	88.8
Corée	47.2	53.1	55.6	59.7	61.2	63.8	65.1	65.7
Lettonie	..	..	..	..	..	..	..	..
Lituanie	2.6	2.8	2.5	3.2	3.5	4.5	4.5	4.6
Luxembourg	283.1	303.7	306.8	326.4	341.1	348.4	345.0	345.0
Pays-Bas	63.7	67.9	64.9	71.0	67.2	66.3	61.3	57.8
Nouvelle-Zélande	..	..	..	..	..	..	..	..
Norvège	39.0	40.0	42.2	45.5	48.8	52.0	52.6	50.2
Pologne	9.5	10.3	10.3	10.6	10.4	9.9	..	..
Portugal	..	..	..	..	..	..	..	..
République slovaque	..	8.8	8.1	8.9	8.5	9.3	9.3	8.5
Slovénie	14.8	17.1	17.8	18.7	18.0	18.4	17.9	16.8
Espagne	23.7	25.3	26.6	28.8	28.9	27.0	26.1	25.4
Suède	27.8	29.6	30.9	33.6	32.6	32.7	33.9	31.8
Suisse	83.5	89.3	85.7	88.4	87.3	90.4	92.1	..
Turquie	..	..	..	2.3	2.3	2.5	2.5	2.5
Royaume-Uni	..	..	..	..	..	..	..	..
États-Unis	50.7	51.3	51.3	51.7	49.6	50.6	51.9	48.5
Fédération de Russie	1.6	1.6	1.7	1.8	1.8	2.1	2.4	2.5
Passifs financiers								
Autriche	35.7	36.3	36.0	35.6	34.1	32.6	29.7	26.8
Belgique	67.6	68.8	69.5	71.0	70.3	75.1	72.3	70.8
Canada	40.3	41.4	41.9	43.4	44.3	46.8	45.8	43.8
Chili	..	..	..	..	0.6	0.4	0.3	0.4
République tchèque	12.0	12.7	13.0	12.7	11.8	11.5	10.8	10.7
Danemark	..	98.6	96.7	109.8	108.2	113.6	113.8	111.7
Estonie	5.3	5.3	4.8	4.9	5.2	5.6	5.2	5.2
Finlande	25.2	27.4	28.9	31.3	32.3	31.5	31.5	30.0
France	91.5	93.6	97.0	100.8	102.4	122.1	123.1	119.2
Allemagne	56.4	59.4	61.4	61.9	64.0	63.4	64.0	63.4
Grèce	7.2	8.1	9.0	9.1	9.4	8.8	9.0	8.9
Hongrie	8.6	8.4	8.2	8.1	7.8	7.8	7.5	7.0
Islande	9.8	10.1	10.2	10.0	8.3	8.3	8.4	8.3
Irlande	128.4	129.5	123.4	129.5	102.0	102.7	98.6	87.9
Israël	..	..	..	..	..	..	..	..
Italie	34.0	35.3	38.4	42.0	45.4	48.0	51.3	49.9
Japon	73.7	76.9	79.2	78.7	77.2	78.4	78.1	77.8
Corée	47.8	52.9	56.0	59.3	61.2	62.7	63.6	63.5
Lettonie	..	..	..	..	..	..	..	..
Lituanie	2.7	2.8	2.7	3.2	3.5	4.6	4.6	4.7
Luxembourg	281.6	301.6	304.9	322.2	341.4	348.9	345.5	345.6
Pays-Bas	66.0	68.7	64.8	71.0	70.8	70.5	66.4	62.0
Nouvelle-Zélande	..	..	..	..	..	..	..	..
Norvège	37.3	40.5	43.2	46.5	50.5	53.2	54.2	51.4
Pologne	9.7	10.4	10.5	10.8	10.5	10.0	..	..
Portugal	..	..	..	..	..	..	..	..
République slovaque	..	7.8	7.7	8.2	8.5	9.0	9.4	8.9
Slovénie	14.9	16.6	17.2	18.2	17.9	18.0	17.7	16.6
Espagne	25.3	26.8	28.9	31.0	29.8	27.2	26.2	25.8
Suède	25.6	24.7	24.6	27.1	24.7	24.7	25.8	24.4
Suisse	..	..	..	..	..	..	..	..
Turquie	..	..	..	2.2	2.3	2.4	2.5	2.4
Royaume-Uni	..	..	..	..	..	..	..	..
États-Unis	45.0	45.6	47.1	46.9	45.5	46.5	47.6	44.9
Fédération de Russie	1.7	1.6	1.9	2.1	2.0	2.3	2.7	2.8

Note : Voir les métadonnées détaillées sur :

http://metalinks.oecd.org/instinv/20190923/2b3d (actifs financiers et passifs financiers)

Informations sur les données concernant Israël : *http://oe.cd/israel-disclaimer.*

Informations sur les données concernant le Luxembourg :

http://metalinks.oecd.org/instinv/20190923/4094 (actifs financiers) et *http://metalinks.oecd.org/instinv/20190923/ba89* (passifs financiers).

Tableau 3. Actifs et passifs financiers des fonds de pension, en pourcentage du PIB

Pour cent

	2011	2012	2013	2014	2015	2016	2017	2018
Actifs financiers								
Autriche	4.8	5.2	5.5	5.8	5.8	6.1	6.2	5.9
Belgique	3.8	4.1	5.0	5.6	5.7	6.8	7.7	8.1
Canada	71.2	75.0	78.2	83.8	91.1	91.5	91.2	88.4
Chili	..	..	..	67.6	68.6	68.7	71.9	70.2
République tchèque	6.1	7.4	7.5	7.7	7.4	7.9	8.1	8.5
Danemark	..	73.9	66.5	74.2	73.5	75.3	75.2	75.5
Estonie	7.2	8.7	9.8	11.5	12.6	14.3	15.3	15.1
Finlande	2.0	1.8	1.5	1.4	1.4	1.7	1.5	1.5
France	..	..	..	..	..	..	..	..
Allemagne	13.8	15.7	14.9	17.2	17.2	18.3	19.0	19.2
Grèce	..	..	0.1	0.2	0.2	0.7	0.7	0.7
Hongrie	3.9	4.0	4.1	4.2	4.2	4.4	4.4	4.0
Islande	123.6	132.5	137.7	141.6	143.2	142.2	151.0	151.0
Irlande	41.0	43.9	48.9	51.7	42.1	44.2	41.2	37.2
Israël	65.7	68.9	71.3	74.5	75.8	76.9	82.4	81.6
Italie	1.9	3.8	4.1	4.9	5.3	4.7	5.5	5.5
Japon	29.2	29.8	30.2	31.2	30.6	29.3	28.8	28.3
Corée	4.1	4.9	5.8	7.3	8.3	9.3	10.3	11.3
Lettonie	7.0	7.6	8.4	9.8	11.0	12.6	13.9	13.6
Lituanie	3.9	4.3	4.6	5.2	5.8	6.6	7.1	7.3
Luxembourg	2.2	2.5	2.5	3.5	3.6	3.6	3.6	3.5
Pays-Bas	130.2	149.7	150.9	179.2	175.3	187.2	191.3	179.8
Nouvelle-Zélande	..	..	..	21.5	23.1	24.5	26.9	27.6
Norvège	6.6	7.6	8.3	9.3	10.2	10.8	11.0	9.9
Pologne	14.6	16.8	18.3	8.8	7.9	8.4	9.1	7.5
Portugal	..	..	..	..	..	..	..	..
République slovaque	..	8.8	10.5	10.2	9.9	10.2	10.9	10.8
Slovénie	5.5	5.7	5.9	6.2	6.4	6.4	6.2	6.0
Espagne	9.6	10.3	10.9	11.7	11.6	12.0	12.0	11.4
Suède	68.6	74.6	81.4	91.2	90.3	93.9	98.3	92.9
Suisse	91.3	97.1	102.5	108.5	109.8	113.8	124.2	..
Turquie	..	..	..	2.8	3.0	3.1	3.1	3.2
Royaume-Uni	..	..	..	..	..	..	..	..
États-Unis	104.8	105.8	115.5	114.6	111.9	113.3	114.9	108.9
Fédération de Russie	2.0	2.3	2.8	2.8	3.5	4.0	4.2	3.9
Passifs financiers								
Autriche	4.8	5.0	5.3	5.6	5.5	5.6	5.6	5.2
Belgique	4.0	4.6	5.1	5.8	5.9	6.9	7.7	8.1
Canada	71.2	75.0	78.2	83.8	91.1	91.5	91.2	88.4
Chili	..	..	..	0.7	0.8	0.7	0.8	0.8
République tchèque	6.1	6.7	7.1	7.8	8.1	8.4	8.8	8.8
Danemark	..	71.6	64.7	72.0	70.9	74.6	74.4	72.9
Estonie	7.2	8.7	9.9	11.5	12.6	14.3	15.3	15.1
Finlande	1.8	1.8	1.9	1.8	1.8	1.6	1.6	1.5
France	..	..	..	..	..	..	..	..
Allemagne	13.9	14.7	15.2	15.8	16.3	16.5	16.7	16.6
Grèce	..	..	0.1	0.2	0.2	0.7	0.7	0.7
Hongrie	4.0	4.1	4.2	4.3	4.3	4.5	4.6	4.2
Islande	123.8	132.7	137.9	141.8	143.4	142.3	151.1	151.1
Irlande	41.3	44.0	48.8	51.6	42.1	44.1	41.2	37.2
Israël	..	..	..	..	..	..	..	..
Italie	3.7	4.3	4.8	5.3	5.5	5.7	5.9	5.8
Japon	29.3	29.9	29.9	30.9	30.2	28.9	28.2	27.8
Corée	4.1	4.9	5.8	7.4	8.2	9.3	10.3	11.3
Lettonie	7.0	7.6	8.4	9.8	11.0	12.6	13.9	13.6
Lituanie	3.9	4.3	4.6	5.2	5.8	6.6	7.1	7.3
Luxembourg	2.2	2.5	2.5	3.5	3.6	3.6	3.6	3.5
Pays-Bas	135.8	150.7	144.0	169.3	173.4	186.4	180.2	178.3
Nouvelle-Zélande	..	..	..	..	..	..	..	..
Norvège	7.7	7.8	8.5	9.3	10.1	10.7	10.9	10.7
Pologne	14.6	16.8	18.3	8.8	7.9	8.4	9.1	7.5
Portugal	..	..	..	..	..	..	..	..
République slovaque	..	9.3	9.6	10.4	10.0	10.7	11.3	11.2
Slovénie	5.5	5.8	5.9	6.2	6.4	6.4	6.3	6.2
Espagne	9.8	10.5	11.3	12.1	12.0	11.9	12.4	11.6
Suède	71.2	72.3	75.8	85.1	82.0	86.2	88.6	85.6
Suisse	96.7	99.6	102.2	104.7	108.3	112.4	115.8	..
Turquie	..	..	..	3.1	3.2	3.3	3.5	3.4
Royaume-Uni	..	..	..	..	..	..	..	..
États-Unis	105.8	106.8	116.6	115.7	112.9	114.0	115.6	109.5
Fédération de Russie	1.9	2.2	2.7	2.7	3.4	3.8	4.1	3.8

Note : Voir les métadonnées détaillées sur :

http://metalinks.oecd.org/instinv/20190923/2b3d (actifs financiers et passifs financiers)

Informations sur les données concernant Israël : *http://oe.cd/israel-disclaimer.*

Informations sur les données concernant le Luxembourg :

http://metalinks.oecd.org/instinv/20190923/4094 (actifs financiers) et *http://metalinks.oecd.org/instinv/20190923/ba89* (passifs financiers).

Tableaux par pays

AUTRICHE

Tableau 1. Actifs et passifs financiers des investisseurs institutionnels, 2018

Millions EUR (1999 ATS euro)

	Fonds d'investissement				
	Total	Fonds d'investissement non-monétaire			Fonds d'investissement monétaires
		Total	Fonds d'investissement à capital variable, non monétaire	Fonds d'investissement à capital fixe, non monétaire	Total
Actifs financiers	168 838	168 810	168 810	..	28
Numéraire et dépôts	8 085	8 085	8 085	..	0
Titres de dette	79 272	79 244	79 244	..	28
Titres de dette à court terme	423	423	423	..	0
Titres de dette à long terme	78 849	78 820	78 820	..	28
Titres de dette émis par les résidents	11 313	11 313	11 313	..	0
Titres de dette émis par les non-résidents	67 959	67 931	67 931	..	28
Crédits	191	191	191	..	0
Crédits à court terme	4	4	4	..	0
Crédits à long terme	186	186	186	..	0
Crédits accordés aux résidents	187	187	187	..	0
Crédits accordés aux non-résidents	4	4	4	..	0
Actions et parts de fonds d'investissement	81 275	81 275	81 275	..	0
Actions et parts de fonds d'investissements émises par les résidents	27 894	27 894	27 894	..	0
Actions et part de fonds d'investissements émises par les non-résidents	53 381	53 381	53 381	..	0
Autres comptes à recevoir	12	12	12	..	0

	Fonds d'investissement				
	Total	Fonds d'investissement non-monétaire			Fonds d'investissement monétaires
		Total	Fonds d'investissement à capital variable, non monétaire	Fonds d'investissement à capital fixe, non monétaire	Total
Pasifs financiers	173 541	173 509	173 509	..	32
Numéraire et dépôts	0	0	0	..	0
Titres de dette	0	0	0	..	0
Titres de dette à court terme	0	0	0	..	0
Titres de dette à long terme	0	0	0	..	0
Crédits	265	265	265	..	0
Crédits à court terme	97	97	97	..	0
Crédits à long terme	168	168	168	..	0
Actions et parts de fonds d'investissement	173 275	173 243	173 243	..	32
Systèmes d'assurance, de pensions et garanties standard	0	0	0	..	0
Produits financiers dérivés et options sur titres des salariés	0	0	0	..	0
Autres comptes à payer	1	1	1	..	0

	Sociétés d'assurance et fonds de pension autonomes				
	Total	Sociétés d'assurance			Fonds de pension autonomes
		Total	Sociétés d'assurance vie	Sociétés d'assurance non-vie	Total
Actifs financiers	137 344	114 737	..	..	22 607
Numéraire et dépôts	5 254	3 896	..	..	1 358
Titres de dette	53 451	53 027	..	..	423
Titres de dette à court terme	0	0	..	..	0
Titres de dette à long terme	53 451	53 027	..	..	423
Titres de dette émis par les résidents	15 048	14 890	..	..	158
Titres de dette émis par les non-résidents	38 402	38 137	..	..	265
Crédits	6 275	6 260	..	..	15
Crédits à court terme	1 003	1 003	..	..	0
Crédits à long terme	5 272	5 257	..	..	15
Crédits accordés aux résidents	4 571	4 571	..	..	0
Crédits accordés aux non-résidents	1 704	1 689	..	..	15
Actions et parts de fonds d'investissement	67 485	46 792	..	..	20 692
Actions et parts de fonds d'investissement émises par les résidents	53 743	36 231	..	..	17 512
Actions et parts de fonds d'investissement émises par les non-résidents	13 742	10 561	..	..	3 180
Autrescomptes à recevoir	958	840	..	..	118

	Sociétés d'assurance et fonds de pension autonomes				
	Total	Sociétés d'assurance			Fonds de pension autonomes
		Total	Sociétés d'assurance vie	Sociétés d'assurance non-vie	Total
Pasifs financiers	123 687	103 487	..	..	20 201
Numéraire et dépôts	0	0	..	..	0
Titres de dette	3 227	3 227	..	..	0
Titres de dette à court terme	0	0	..	..	0
Titres de dette à long terme	3 227	3 227	..	..	0
Crédits	3 118	3 096	..	..	21
Crédits à court terme	2 419	2 418	..	..	1
Crédits à long terme	698	678	..	..	20
Actions et parts de fonds d'investissement	11 715	11 543	..	..	172
Systèmes d'assurance, de pensions et garanties standard	105 101	85 094	..	..	20 007
Produits financiers dérivés et options sur titres des salariés	0	0	..	..	0
Autres comptes à payer	527	527	..	..	0

Note : Voir les métadonnées détaillées sur : *http://metalinks.oecd.org/instinv/20190923/6c5a*

AUTRICHE

Tableau 2. Actifs et passifs financiers des fonds d'investissement

Millions EUR

	2011	2012	2013	2014	2015	2016	2017	2018
Fonds d'investissement								
Valeur nette financière	-1 274	-1 703	-1 895	-1 900	-2 567	-3 390	-4 648	-4 703
Actifs financiers	137 655	147 507	148 852	161 753	166 444	171 398	180 106	168 838
Numéraire et dépôts	9 409	8 083	8 038	8 116	9 302	7 627	6 823	8 085
Titres de dette	75 377	81 185	79 164	85 113	83 937	83 180	82 225	79 272
Crédits	14	79	158	143	216	194	201	191
Actions et parts de fonds d'investissement	52 660	57 950	61 455	68 350	72 941	80 376	90 837	81 275
Actions	16 402	19 207	21 330	22 904	23 576	25 742	29 412	25 980
Parts de fonds d'investissement	36 258	38 744	40 126	45 446	49 365	54 635	61 425	55 295
Parts de fonds d'investissement monétaires	1 035	123	135	313	304	309	333	786
Parts de fonds d'investissement non monétaires	35 223	38 621	39 991	45 133	49 062	54 325	61 093	54 509
Systèmes d'assurance, de pensions et garanties standard	0	0	0	0	0	0	0	0
Produits financiers dérivés et options sur titres des salariés	193	209	38	32	49	8	12	4
Autres comptes à recevoir	0	0	0	0	0	12	9	12
Passifs financiers	138 929	149 210	150 747	163 654	169 011	174 788	184 754	173 541
Titres de dette	0	0	0	8	8	0	0	0
Titres de dette à court terme	0	0	0	0	0	0	0	0
Titres de dette à long terme	0	0	0	8	8	0	0	0
Crédits	1 372	1 399	1 310	946	706	474	1 367	265
Crédits à court terme	1 153	1 210	1 124	786	622	99	219	97
Crédits à long terme	220	190	185	159	85	375	1 148	168
Actions et parts de fonds d'investissement	137 509	147 805	149 435	162 677	168 293	174 298	183 387	173 275
Systèmes d'assurance, de pensions et garanties standard	0	0	0	0	0	0	0	0
Produits financiers dérivés et options sur titres des salariés	48	6	3	24	4	16	0	0
Autres comptes à payer	0	0	0	0	0	1	0	1
Actifs non financiers	2 873	3 195	3 377	3 832	4 364	4 969	5 762	6 263
Fonds d'investissement monéaires								
Valeur nette financière	-98	-50	-28	-11	-5	0	-6	-3
Actifs financiers	1 196	400	188	145	80	73	48	28
Numéraire et dépôts	0	0	0	0	8	3	0	0
Titres de dette	1 179	397	188	145	72	70	48	28
Crédits	0	0	0	0	0	0	0	0
Actions et parts de fonds d'investissement	17	3	0	0	0	0	0	0
Actions	0	0	0	0	0	0	0	0
Parts de fonds d'investissement	17	3	0	0	0	0	0	0
Parts de fonds d'investissement monétaires	6	0	0	0	0	0	0	0
Parts de fonds d'investissement non monétaires	11	3	0	0	0	0	0	0
Systèmes d'assurance, de pensions et garanties standard	0	0	0	0	0	0	0	0
Produits financiers dérivés et options sur titres des salariés	0	0	0	0	0	0	0	0
Autres comptes à recevoir	0	0	0	0	0	0	0	0
Passifs financiers	1 294	450	216	156	85	73	54	32
Titres de dette	0	0	0	0	0	0	0	0
Titres de dette à court terme	0	0	0	0	0	0	0	0
Titres de dette à long terme	0	0	0	0	0	0	0	0
Crédits	0	0	0	0	0	0	0	0
Crédits à court terme	0	0	0	0	0	0	0	0
Crédits à long terme	0	0	0	0	0	0	0	0
Actions et parts de fonds d'investissement	1 294	450	216	156	85	73	54	32
Systèmes d'assurance, de pensions et garanties standard	0	0	0	0	0	0	0	0
Produits financiers dérivés et options sur titres des salariés	0	0	0	0	0	0	0	0
Autres comptes à payer	0	0	0	0	0	0	0	0
Actifs non financiers	..	..	..	..	..	..	..	..
Fonds d'investissement non moneaires								
Valeur nette financière	-1 176	-1 653	-1 867	-1 890	-2 562	-3 390	-4 642	-4 700
Actifs financiers	136 459	147 107	148 664	161 608	166 365	171 325	180 058	168 810
Numéraire et dépôts	9 409	8 083	8 038	8 116	9 294	7 624	6 823	8 085
Titres de dette	74 199	80 788	78 976	84 968	83 865	83 110	82 177	79 244
Crédits	14	79	158	143	216	194	201	191
Actions et parts de fonds d'investissement	52 643	57 948	61 455	68 350	72 941	80 376	90 837	81 275
Actions	16 402	19 207	21 330	22 904	23 576	25 742	29 412	25 980
Parts de fonds d'investissement	36 241	38 741	40 126	45 446	49 365	54 635	61 425	55 295
Parts de fonds d'investissement monétaires	1 028	123	135	313	304	309	333	786
Parts de fonds d'investissement non monétaires	35 213	38 618	39 991	45 133	49 062	54 325	61 093	54 509
Systèmes d'assurance, de pensions et garanties standard	0	0	0	0	0	0	0	0
Produits financiers dérivés et options sur titres des salariés	193	209	38	32	49	8	12	4
Autres comptes à recevoir	0	0	0	0	0	12	9	12
Passifs financiers	137 635	148 760	150 531	163 498	168 926	174 714	184 700	173 509
Titres de dette	0	0	0	8	8	0	0	0
Titres de dette à court terme	0	0	0	0	0	0	0	0
Titres de dette à long terme	0	0	0	8	8	0	0	0
Crédits	1 372	1 399	1 310	946	706	474	1 367	265
Crédits à court terme	1 153	1 210	1 124	786	622	99	219	97
Crédits à long terme	220	190	185	159	85	375	1 148	168
Actions et parts de fonds d'investissement	136 215	147 355	149 218	162 520	168 208	174 225	183 333	173 243
Systèmes d'assurance, de pensions et garanties standard	0	0	0	0	0	0	0	0
Produits financiers dérivés et options sur titres des salariés	48	6	3	24	4	16	0	0
Autres comptes à payer	0	0	0	0	0	1	0	1
Actifs non financiers	..	..	..	..	..	..	..	..
Fonds d'investissement non monéaires à capital variable								
Valeur nette financière	-1 176	-1 653	-1 867	-1 890	-2 562	-3 390	-4 642	-4 700
Actifs financiers	136 459	147 107	148 664	161 608	166 365	171 325	180 058	168 810
Numéraire et dépôts	9 409	8 083	8 038	8 116	9 294	7 624	6 823	8 085

AUTRICHE

Tableau 2. Actifs et passifs financiers des fonds d'investissement *(suite)*

Millions EUR

	2011	2012	2013	2014	2015	2016	2017	2018
Titres de dette	74 199	80 788	78 976	84 968	83 865	83 110	82 177	79 244
Crédits	14	79	158	143	216	194	201	191
Actions et parts de fonds d'investissement	52 643	57 948	61 455	68 350	72 941	80 376	90 837	81 275
Actions	16 402	19 207	21 330	22 904	23 576	25 742	29 412	25 980
Parts de fonds d'investissement	36 241	38 741	40 126	45 446	49 365	54 635	61 425	55 295
Parts de fonds d'investissement monétaires	1 028	123	135	313	304	309	333	786
Parts de fonds d'investissement non monétaires	35 213	38 618	39 991	45 133	49 062	54 325	61 093	54 509
Systèmes d'assurance, de pensions et garanties standard	0	0	0	0	0	0	0	0
Produits financiers dérivés et options sur titres des salariés	193	209	38	32	49	8	12	4
Autres comptes à recevoir	0	0	0	0	0	12	9	12
Passifs financiers	137 635	148 760	150 531	163 498	168 926	174 714	184 700	173 509
Titres de dette	0	0	0	8	8	0	0	0
Titres de dette à court terme	0	0	0	0	0	0	0	0
Titres de dette à long terme	0	0	0	8	8	0	0	0
Crédits	1 372	1 399	1 310	946	706	474	1 367	265
Crédits à court terme	1 153	1 210	1 124	786	622	99	219	97
Crédits à long terme	220	190	185	159	85	375	1 148	168
Actions et parts de fonds d'investissement	136 215	147 355	149 218	162 520	168 208	174 225	183 333	173 243
Systèmes d'assurance, de pensions et garanties standard	0	0	0	0	0	0	0	0
Produits financiers dérivés et options sur titres des salariés	48	6	3	24	4	16	0	0
Autres comptes à payer	0	0	0	0	0	1	0	1
Actifs non financiers	2 873	3 195	3 377	3 832	4 364	4 969	5 762	6 263
Fonds d'investissement à capital variable								
Valeur nette financière	-1 274	-1 703	-1 895	-1 901	-2 567	-3 390	-4 648	-4 703
Actifs financiers	137 655	147 507	148 852	161 753	166 445	171 398	180 106	168 838
Numéraire et dépôts	9 409	8 083	8 038	8 116	9 302	7 627	6 823	8 085
Titres de dette	75 378	81 185	79 164	85 113	83 937	83 180	82 225	79 272
Crédits	14	79	158	143	216	194	201	191
Actions et parts de fonds d'investissement	52 660	57 951	61 455	68 350	72 941	80 376	90 837	81 275
Actions	16 402	19 207	21 330	22 904	23 576	25 742	29 412	25 980
Parts de fonds d'investissement	36 258	38 744	40 126	45 446	49 365	54 635	61 425	55 295
Parts de fonds d'investissement monétaires	1 034	123	135	313	304	309	333	786
Parts de fonds d'investissement non monétaires	35 224	38 621	39 991	45 133	49 062	54 325	61 093	54 509
Systèmes d'assurance, de pensions et garanties standard	0	0	0	0	0	0	0	0
Produits financiers dérivés et options sur titres des salariés	193	209	38	32	49	8	12	4
Autres comptes à recevoir	0	0	0	0	0	12	9	12
Passifs financiers	138 929	149 210	150 747	163 654	169 011	174 787	184 754	173 541
Titres de dette	0	0	0	8	8	0	0	0
Titres de dette à court terme	0	0	0	0	0	0	0	0
Titres de dette à long terme	0	0	0	8	8	0	0	0
Crédits	1 372	1 399	1 310	946	706	474	1 367	265
Crédits à court terme	1 153	1 210	1 124	786	622	99	219	97
Crédits à long terme	220	190	185	159	85	375	1 148	168
Actions et parts de fonds d'investissement	137 509	147 805	149 434	162 676	168 293	174 298	183 387	173 275
Systèmes d'assurance, de pensions et garanties standard	0	0	0	0	0	0	0	0
Produits financiers dérivés et options sur titres des salariés	48	6	3	24	4	16	0	0
Autres comptes à payer	0	0	0	0	0	1	0	1
Actifs non financiers	..	..	..	..	..	..	..	..

Note : Voir les métadonnées détaillées sur : *http://metalinks.oecd.org/instinv/20190923/6c5a*

AUTRICHE

Tableau 3. Actifs et passifs financiers des sociétés d'assurance et fonds de pension

Millions EUR

	2011	2012	2013	2014	2015	2016	2017	2018
Sociétés d'assurance et fonds de pension								
Valeur nette financière	-6 810	-2 044	-1 950	2 209	3 939	5 914	11 340	13 656
Actifs financiers	118 938	129 457	131 705	139 518	140 166	141 835	142 174	137 344
Numéraire et dépôts	4 288	4 264	5 455	4 496	5 421	4 065	3 872	5 254
Titres de dette	43 306	47 163	49 162	55 185	53 952	56 117	55 938	53 451
Crédits	7 024	7 370	6 142	6 643	6 308	6 488	6 843	6 275
Actions et parts de fonds d'investissement	56 362	62 213	63 129	65 682	67 191	68 188	70 320	67 485
Actions	14 720	14 695	14 885	14 527	14 693	13 690	13 389	13 668
Parts de fonds d'investissement	41 642	47 518	48 243	51 155	52 498	54 498	56 930	53 817
Parts de fonds d'investissement monétaires	165	76	44	105	240	133	81	82
Parts de fonds d'investissement non monétaires	41 478	47 443	48 200	51 050	52 258	54 365	56 849	53 735
Systèmes d'assurance, de pensions et garanties standard	6 610	6 997	6 283	5 683	5 535	5 409	4 039	3 921
Produits financiers dérivés et options sur titres des salariés	66	48	13	30	24	0	0	1
Autres comptes à recevoir	1 283	1 402	1 521	1 799	1 736	1 568	1 162	958
Passifs financiers	125 748	131 501	133 655	137 309	136 227	135 921	130 835	123 687
Titres de dette	2 529	2 510	3 300	3 239	4 039	3 662	4 161	3 227
Titres de dette à court terme	0	0	0	0	0	0	0	0
Titres de dette à long terme	2 529	2 510	3 300	3 239	4 039	3 662	4 161	3 227
Crédits	4 587	4 701	3 266	2 820	2 918	3 214	2 731	3 118
Crédits à court terme	3 381	3 688	2 374	1 988	1 809	1 962	1 562	2 419
Crédits à long terme	1 206	1 013	892	831	1 109	1 251	1 169	698
Actions et parts de fonds d'investissement	14 373	16 125	17 645	16 426	14 813	13 236	14 124	11 715
Systèmes d'assurance, de pensions et garanties standard	103 104	107 095	108 525	113 167	112 972	114 407	108 946	105 101
Produits financiers dérivés et options sur titres des salariés	0	0	0	0	0	0	0	0
Autres comptes à payer	1 155	1 070	919	1 658	1 484	1 403	873	527
Actifs non financiers	..	..	..	..	..	..	..	..
Sociétés d'assurance								
Valeur nette financière	-6 621	-2 516	-2 625	1 507	2 724	4 103	9 156	11 250
Actifs financiers	104 124	113 045	114 005	120 103	120 138	120 190	119 101	114 737
Numéraire et dépôts	3 644	3 689	4 205	3 886	4 866	3 164	3 059	3 896
Titres de dette	42 854	46 787	48 707	54 735	53 516	55 710	55 547	53 027
Crédits	7 024	7 339	6 098	6 643	6 299	6 488	6 828	6 260
Actions et parts de fonds d'investissement	42 714	46 840	47 222	47 458	48 305	47 959	48 554	46 792
Actions	14 699	14 655	14 825	14 495	14 661	13 634	13 323	13 634
Parts de fonds d'investissement	28 014	32 185	32 397	32 963	33 644	34 325	35 230	33 158
Parts de fonds d'investissement monétaires	142	76	44	105	233	115	64	67
Parts de fonds d'investissement non monétaires	27 872	32 109	32 353	32 858	33 411	34 209	35 166	33 092
Systèmes d'assurance, de pensions et garanties standard	6 610	6 997	6 283	5 683	5 535	5 409	4 039	3 921
Produits financiers dérivés et options sur titres des salariés	66	48	13	30	24	0	0	1
Autres comptes à recevoir	1 213	1 345	1 476	1 668	1 593	1 460	1 074	840
Passifs financiers	110 744	115 561	116 630	118 596	117 414	116 088	109 944	103 487
Titres de dette	2 518	2 499	3 289	3 239	4 039	3 662	4 161	3 227
Titres de dette à court terme	0	0	0	0	0	0	0	0
Titres de dette à long terme	2 518	2 499	3 289	3 239	4 039	3 662	4 161	3 227
Crédits	4 587	4 701	3 266	2 811	2 910	3 201	2 709	3 096
Crédits à court terme	3 381	3 688	2 374	1 981	1 808	1 951	1 555	2 418
Crédits à long terme	1 206	1 013	892	830	1 102	1 250	1 154	678
Actions et parts de fonds d'investissement	14 177	15 929	17 463	16 243	14 630	13 064	13 952	11 543
Systèmes d'assurance, de pensions et garanties standard	88 308	91 362	91 693	94 645	94 351	94 759	88 250	85 094
Produits financiers dérivés et options sur titres des salariés	0	0	0	0	0	0	0	0
Autres comptes à payer	1 155	1 070	919	1 658	1 484	1 403	873	527
Actifs non financiers	3 735	3 792	3 983	4 199	4 260	4 401	8 346	8 715
Fonds de pension								
Valeur nette financière	-189	472	675	702	1 215	1 812	2 183	2 406
Actifs financiers	14 815	16 412	17 700	19 415	20 028	21 644	23 073	22 607
Numéraire et dépôts	644	575	1 250	610	555	901	813	1 358
Titres de dette	452	375	455	450	435	407	391	423
Crédits	0	31	44	0	9	0	15	15
Actions et parts de fonds d'investissement	13 649	15 373	15 907	18 224	18 886	20 229	21 766	20 692
Actions	21	40	60	31	32	56	66	34
Parts de fonds d'investissement	13 628	15 333	15 847	18 192	18 854	20 173	21 700	20 658
Parts de fonds d'investissement monétaires	23	0	0	0	7	17	17	15
Parts de fonds d'investissement non monétaires	13 605	15 333	15 847	18 192	18 847	20 156	21 683	20 643
Systèmes d'assurance, de pensions et garanties standard	0	0	0	0	0	0	0	0
Produits financiers dérivés et options sur titres des salariés	0	0	0	0	0	0	0	0
Autres comptes à recevoir	70	58	44	131	143	108	88	118
Passifs financiers	15 004	15 941	17 025	18 713	18 813	19 833	20 890	20 201
Titres de dette	11	11	11	0	0	0	0	0
Titres de dette à court terme	0	0	0	0	0	0	0	0
Titres de dette à long terme	11	11	11	0	0	0	0	0
Crédits	0	0	0	8	9	13	22	21
Crédits à court terme	0	0	0	7	1	11	7	1
Crédits à long terme	0	0	0	1	7	2	15	20
Actions et parts de fonds d'investissement	196	196	182	183	183	172	172	172
Systèmes d'assurance, de pensions et garanties standard	14 796	15 733	16 831	18 521	18 621	19 648	20 696	20 007
Produits financiers dérivés et options sur titres des salariés	0	0	0	0	0	0	0	0
Autres comptes à payer	0	0	0	0	0	0	0	0
Actifs non financiers	..	..	..	..	..	..	..	..

Note : Voir les métadonnées détaillées sur : *http://metalinks.oecd.org/instinv/20190923/6c5a*

AUTRICHE

Tableau 4. Composition du portefeuille par type d'investisseur

En pourcentage des actifs financiers et des passifs financiers

Pour cent

	2011	2012	2013	2014	2015	2016	2017	2018
Fonds d'investissement								
Actifs financiers	100.0	100.0	100.0	100.0	100.0	100.0	100.0	100.0
Numéraire et dépôts	6.8	5.5	5.4	5.0	5.6	4.4	3.8	4.8
Titres de dettes	54.8	55.0	53.2	52.6	50.4	48.5	45.7	47.0
Crédits	0.0	0.1	0.1	0.1	0.1	0.1	0.1	0.1
Actions et parts de fonds d'investissement	38.3	39.3	41.3	42.3	43.8	46.9	50.4	48.1
Systèmes d'assurance de pensions et garanties standard	0.0	0.0	0.0	0.0	0.0	0.0	0.0	0.0
Produits financiers dérivés et options sur titres des salariés	0.1	0.1	0.0	0.0	0.0	0.0	0.0	0.0
Autres comptes à recevoir	0.0	0.0	0.0	0.0	0.0	0.0	0.0	0.0
Passifs financiers	100.0	100.0	100.0	100.0	100.0	100.0	100.0	100.0
Numéraire et dépôts	0.0	0.0	0.0	0.0	0.0	0.0	0.0	0.0
Titres de dettes	0.0	0.0	0.0	0.0	0.0	0.0	0.0	0.0
Crédits	1.0	0.9	0.9	0.6	0.4	0.3	0.7	0.2
Actions et parts de fonds d'investissement	99.0	99.1	99.1	99.4	99.6	99.7	99.3	99.8
Systèmes d'assurance de pensions et garanties standard	0.0	0.0	0.0	0.0	0.0	0.0	0.0	0.0
Produits financiers dérivés et options sur titres des salariés	0.0	0.0	0.0	0.0	0.0	0.0	0.0	0.0
Autres comptes à recevoir	0.0	0.0	0.0	0.0	0.0	0.0	0.0	0.0
Sociétés d'assurance								
Actifs financiers	100.0	100.0	100.0	100.0	100.0	100.0	100.0	100.0
Numéraire et dépôts	3.5	3.3	3.7	3.2	4.1	2.6	2.6	3.4
Titres de dettes	41.2	41.4	42.7	45.6	44.5	46.4	46.6	46.2
Crédits	6.7	6.5	5.3	5.5	5.2	5.4	5.7	5.5
Actions et parts de fonds d'investissement	41.0	41.4	41.4	39.5	40.2	39.9	40.8	40.8
Systèmes d'assurance de pensions et garanties standard	6.3	6.2	5.5	4.7	4.6	4.5	3.4	3.4
Produits financiers dérivés et options sur titres des salariés	0.1	0.0	0.0	0.0	0.0	0.0	0.0	0.0
Autres comptes à recevoir	1.2	1.2	1.3	1.4	1.3	1.2	0.9	0.7
Passifs financiers	100.0	100.0	100.0	100.0	100.0	100.0	100.0	100.0
Numéraire et dépôts	0.0	0.0	0.0	0.0	0.0	0.0	0.0	0.0
Titres de dettes	2.3	2.2	2.8	2.7	3.4	3.2	3.8	3.1
Crédits	4.1	4.1	2.8	2.4	2.5	2.8	2.5	3.0
Actions et parts de fonds d'investissement	12.8	13.8	15.0	13.7	12.5	11.3	12.7	11.2
Systèmes d'assurance de pensions et garanties standard	79.7	79.1	78.6	79.8	80.4	81.6	80.3	82.2
Produits financiers dérivés et options sur titres des salariés	0.0	0.0	0.0	0.0	0.0	0.0	0.0	0.0
Autres comptes à recevoir	1.0	0.9	0.8	1.4	1.3	1.2	0.8	0.5
Fonds de pension								
Actifs financiers	100.0	100.0	100.0	100.0	100.0	100.0	100.0	100.0
Numéraire et dépôts	4.3	3.5	7.1	3.1	2.8	4.2	3.5	6.0
Titres de dettes	3.1	2.3	2.6	2.3	2.2	1.9	1.7	1.9
Crédits	0.0	0.2	0.2	0.0	0.0	0.0	0.1	0.1
Actions et parts de fonds d'investissement	92.1	93.7	89.9	93.9	94.3	93.5	94.3	91.5
Systèmes d'assurance de pensions et garanties standard	0.0	0.0	0.0	0.0	0.0	0.0	0.0	0.0
Produits financiers dérivés et options sur titres des salariés	0.0	0.0	0.0	0.0	0.0	0.0	0.0	0.0
Autres comptes à recevoir	0.5	0.4	0.2	0.7	0.7	0.5	0.4	0.5
Passifs financiers	100.0	100.0	100.0	100.0	100.0	100.0	100.0	100.0
Numéraire et dépôts	0.0	0.0	0.0	0.0	0.0	0.0	0.0	0.0
Titres de dettes	0.1	0.1	0.1	0.0	0.0	0.0	0.0	0.0
Crédits	0.0	0.0	0.0	0.0	0.0	0.1	0.1	0.1
Actions et parts de fonds d'investissement	1.3	1.2	1.1	1.0	1.0	0.9	0.8	0.9
Systèmes d'assurance de pensions et garanties standard	98.6	98.7	98.9	99.0	99.0	99.1	99.1	99.0
Produits financiers dérivés et options sur titres des salariés	0.0	0.0	0.0	0.0	0.0	0.0	0.0	0.0
Autres comptes à recevoir	0.0	0.0	0.0	0.0	0.0	0.0	0.0	0.0

Note : Voir les métadonnées détaillées sur : *http://metalinks.oecd.org/instinv/20190923/2704*

BELGIQUE

Tableau 1. Actifs et passifs financiers des investisseurs institutionnels, 2018

Millions EUR (1999 BEF euro)

	Total	Fonds d'investissement			
		Fonds d'investissement non-monétaire			Fonds d'investissement monétaires
		Total	Fonds d'investissement à capital variable, non monétaire	Fonds d'investissement à capital fixe, non monétaire	Total
Actifs financiers	167 298	155 071	155 071	..	12 226
Numéraire et dépôts	5 209	5 202	5 202	..	7
Titres de dette	39 674	28 191	28 191	..	11 483
Titres de dette à court terme	11 092	1 201	1 201	..	9 891
Titres de dette à long terme	28 581	26 990	26 990	..	1 592
Titres de dette émis par les résidents	5 996	1 929	1 929	..	4 068
Titres de dette émis par les non-résidents	33 677	26 262	26 262	..	7 415
Crédits	0	0	0	..	0
Crédits à court terme	0	0	0	..	0
Crédits à long terme	0	0	0	..	0
Crédits accordés aux résidents	0	0	0	..	0
Crédits accordés aux non-résidents	0	0	0	..	0
Actions et parts de fonds d'investissement	119 035	119 035	119 035	..	0
Actions et parts de fonds d'investissements émises par les résidents	19 581	19 581	19 581	..	0
Actions et part de fonds d'investissements émises par les non-résidents	99 454	99 454	99 454	..	0
Autres comptes à recevoir	3 239	2 503	2 503	..	736

	Total	Fonds d'investissement			
		Fonds d'investissement non-monétaire			Fonds d'investissement monétaires
		Total	Fonds d'investissement à capital variable, non monétaire	Fonds d'investissement à capital fixe, non monétaire	Total
Pasifs financiers	167 299	155 072	155 072	..	12 226
Numéraire et dépôts	0	0	0	..	0
Titres de dette	0	0	0	..	0
Titres de dette à court terme	0	0	0	..	0
Titres de dette à long terme	0	0	0	..	0
Crédits	696	56	56	..	639
Crédits à court terme	0	0	0	..	0
Crédits à long terme	696	56	56	..	639
Actions et parts de fonds d'investissement	163 517	151 930	151 930	..	11 587
Systèmes d'assurance, de pensions et garanties standard	0	0	0	..	0
Produits financiers dérivés et options sur titres des salariés	17	17	17	..	0
Autres comptes à payer	3 069	3 069	3 069	..	0

	Total	Sociétés d'assurance et fonds de pension autonomes			
		Sociétés d'assurance			Fonds de pension autonomes
		Total	Sociétés d'assurance vie	Sociétés d'assurance non-vie	Total
Actifs financiers	346 541	310 126	..	..	36 415
Numéraire et dépôts	10 529	9 580	..	..	949
Titres de dette	197 741	193 843	..	..	3 897
Titres de dette à court terme	835	835	..	..	0
Titres de dette à long terme	196 905	193 008	..	..	3 897
Titres de dette émis par les résidents	78 071	77 019	..	..	1 052
Titres de dette émis par les non-résidents	119 669	116 824	..	..	2 845
Crédits	31 464	30 846	..	..	618
Crédits à court terme	445	445	..	..	0
Crédits à long terme	31 019	30 401	..	..	618
Crédits accordés aux résidents	21 558	20 940	..	..	618
Crédits accordés aux non-résidents	9 905	9 905	..	..	0
Actions et parts de fonds d'investissement	93 101	62 833	..	..	30 268
Actions et parts de fonds d'investissement émises par les résidents	27 950	16 743	..	..	11 207
Actions et parts de fonds d'investissement émises par les non-résidents	65 150	46 090	..	..	19 061
Autrescomptes à recevoir	8 356	8 162	..	..	194

	Total	Sociétés d'assurance et fonds de pension autonomes			
		Sociétés d'assurance			Fonds de pension autonomes
		Total	Sociétés d'assurance vie	Sociétés d'assurance non-vie	Total
Pasifs financiers	355 489	319 015	..	..	36 474
Numéraire et dépôts	0	0	..	..	0
Titres de dette	4 202	4 202	..	..	0
Titres de dette à court terme	0	0	..	..	0
Titres de dette à long terme	4 202	4 202	..	..	0
Crédits	14 618	14 012	..	..	606
Crédits à court terme	4 866	4 260	..	..	606
Crédits à long terme	9 752	9 752	..	..	0
Actions et parts de fonds d'investissement	37 624	37 624	..	..	0
Systèmes d'assurance, de pensions et garanties standard	290 859	254 992	..	..	35 867
Produits financiers dérivés et options sur titres des salariés	809	809	..	..	0
Autres comptes à payer	7 376	7 376	..	..	0

Note : Voir les métadonnées détaillées sur : *http://metalinks.oecd.org/instinv/20190923/6c5a*

BELGIQUE

Tableau 2. Actifs et passifs financiers des fonds d'investissement

Millions EUR

	2011	2012	2013	2014	2015	2016	2017	2018
Fonds d'investissement								
Valeur nette financière	-2 165	-2 664	-673	-525	-4	-12	0	-1
Actifs financiers	81 864	85 088	104 725	124 874	148 182	150 143	180 541	167 298
Numéraire et dépôts	9 936	7 804	6 786	6 665	9 153	6 092	5 608	5 209
Titres de dette	30 112	25 492	25 895	28 318	40 030	31 036	32 443	39 674
Crédits	0	0	0	0	0	0	0	0
Actions et parts de fonds d'investissement	37 150	47 311	67 503	84 440	94 423	108 861	138 618	119 035
Actions	18 852	25 984	34 483	41 536	39 006	49 661	60 937	48 258
Parts de fonds d'investissement	18 299	21 327	33 020	42 905	55 416	59 200	77 681	70 777
Parts de fonds d'investissement monétaires	789	312	284	714	10 717	3 213	4 273	10 526
Parts de fonds d'investissement non monétaires	17 510	21 015	32 735	42 191	44 699	55 987	73 407	60 251
Systèmes d'assurance, de pensions et garanties standard	0	0	0	0	0	0	0	0
Produits financiers dérivés et options sur titres des salariés	1 914	2 057	1 678	1 598	1 064	957	903	141
Autres comptes à recevoir	2 751	2 424	2 863	3 854	3 512	3 198	2 969	3 239
Passifs financiers	84 028	87 752	105 398	125 399	148 186	150 155	180 541	167 299
Titres de dette	0	0	0	0	0	0	0	0
Titres de dette à court terme	0	0	0	0	0	0	0	0
Titres de dette à long terme	0	0	0	0	0	0	0	0
Crédits	78	90	89	150	178	131	60	696
Crédits à court terme	0	0	0	2	0	0	0	0
Crédits à long terme	78	90	89	149	178	131	60	696
Actions et parts de fonds d'investissement	82 483	86 345	103 240	122 795	145 386	146 759	177 374	163 517
Systèmes d'assurance, de pensions et garanties standard	0	0	0	0	0	0	0	0
Produits financiers dérivés et options sur titres des salariés	53	0	4	14	12	29	2	17
Autres comptes à payer	1 415	1 317	2 065	2 440	2 611	3 236	3 104	3 069
Actifs non financiers	..	..	..	..	..	..	..	..
Fonds d'investissement monéaires								
Valeur nette financière	0	0	0	0	0	0	0	0
Actifs financiers	4 373	996	1 016	800	12 273	1 974	2 590	12 226
Numéraire et dépôts	535	147	142	147	2 025	229	135	7
Titres de dette	3 755	829	869	650	10 216	1 745	2 437	11 483
Crédits	0	0	0	0	0	0	0	0
Actions et parts de fonds d'investissement	0	5	0	0	0	0	0	0
Actions	0	0	0	0	0	0	0	0
Parts de fonds d'investissement	0	5	0	0	0	0	0	0
Parts de fonds d'investissement monétaires	0	2	0	0	0	0	0	0
Parts de fonds d'investissement non monétaires	0	3	0	0	0	0	0	0
Systèmes d'assurance, de pensions et garanties standard	0	0	0	0	0	0	0	0
Produits financiers dérivés et options sur titres des salariés	0	0	0	0	0	0	0	0
Autres comptes à recevoir	83	14	5	3	33	0	17	736
Passifs financiers	4 373	996	1 016	800	12 273	1 974	2 590	12 226
Titres de dette	0	0	0	0	0	0	0	0
Titres de dette à court terme	0	0	0	0	0	0	0	0
Titres de dette à long terme	0	0	0	0	0	0	0	0
Crédits	0	0	1	19	0	0	0	639
Crédits à court terme	0	0	0	0	0	0	0	0
Crédits à long terme	0	0	1	19	0	0	0	639
Actions et parts de fonds d'investissement	4 366	991	1 012	780	12 255	1 940	2 517	11 587
Systèmes d'assurance, de pensions et garanties standard	0	0	0	0	0	0	0	0
Produits financiers dérivés et options sur titres des salariés	0	0	2	0	0	0	0	0
Autres comptes à payer	6	5	1	0	19	33	73	0
Actifs non financiers	..	..	..	..	..	..	..	..
Fonds d'investissement non monéaires								
Valeur nette financière	-2 165	-2 664	-673	-525	-4	-12	0	-1
Actifs financiers	77 491	84 092	103 709	124 074	135 909	148 169	177 951	155 071
Numéraire et dépôts	9 402	7 656	6 644	6 517	7 129	5 863	5 473	5 202
Titres de dette	26 356	24 662	25 026	27 668	29 814	29 291	30 006	28 191
Crédits	0	0	0	0	0	0	0	0
Actions et parts de fonds d'investissement	37 150	47 306	67 503	84 440	94 423	108 861	138 618	119 035
Actions	18 852	25 984	34 483	41 536	39 006	49 661	60 937	48 258
Parts de fonds d'investissement	18 299	21 322	33 020	42 905	55 416	59 200	77 681	70 777
Parts de fonds d'investissement monétaires	789	310	284	714	10 717	3 213	4 273	10 526
Parts de fonds d'investissement non monétaires	17 510	21 012	32 735	42 191	44 699	55 987	73 407	60 251
Systèmes d'assurance, de pensions et garanties standard	0	0	0	0	0	0	0	0
Produits financiers dérivés et options sur titres des salariés	1 914	2 057	1 678	1 598	1 064	957	903	141
Autres comptes à recevoir	2 669	2 410	2 858	3 851	3 479	3 198	2 952	2 503
Passifs financiers	79 656	86 756	104 382	124 599	135 913	148 181	177 951	155 072
Titres de dette	0	0	0	0	0	0	0	0
Titres de dette à court terme	0	0	0	0	0	0	0	0
Titres de dette à long terme	0	0	0	0	0	0	0	0
Crédits	78	90	88	131	178	131	60	56
Crédits à court terme	0	0	0	2	0	0	0	0
Crédits à long terme	78	90	88	129	178	131	60	56
Actions et parts de fonds d'investissement	78 118	85 354	102 228	122 014	133 131	144 818	174 858	151 930
Systèmes d'assurance, de pensions et garanties standard	0	0	0	0	0	0	0	0
Produits financiers dérivés et options sur titres des salariés	52	0	2	14	12	29	2	17
Autres comptes à payer	1 409	1 312	2 064	2 440	2 592	3 202	3 031	3 069
Actifs non financiers	..	..	..	..	..	..	..	..
Fonds d'investissement non monéaires à capital variable								
Valeur nette financière	-2 165	-2 664	-673	-525	-4	-12	0	-1
Actifs financiers	77 491	84 092	103 709	124 074	135 909	148 169	177 951	155 071
Numéraire et dépôts	9 402	7 656	6 644	6 517	7 129	5 863	5 473	5 202

BELGIQUE

Tableau 2. Actifs et passifs financiers des fonds d'investissement *(suite)*

Millions EUR

	2011	2012	2013	2014	2015	2016	2017	2018
Titres de dette	26 356	24 662	25 026	27 668	29 814	29 291	30 006	28 191
Crédits	0	0	0	0	0	0	0	0
Actions et parts de fonds d'investissement	37 150	47 306	67 503	84 440	94 423	108 861	138 618	119 035
Actions	18 852	25 984	34 483	41 536	39 006	49 661	60 937	48 258
Parts de fonds d'investissement	18 299	21 322	33 020	42 905	55 416	59 200	77 681	70 777
Parts de fonds d'investissement monétaires	789	310	284	714	10 717	3 213	4 273	10 526
Parts de fonds d'investissement non monétaires	17 510	21 012	32 735	42 191	44 699	55 987	73 407	60 251
Systèmes d'assurance, de pensions et garanties standard	0	0	0	0	0	0	0	0
Produits financiers dérivés et options sur titres des salariés	1 914	2 057	1 678	1 598	1 064	957	903	141
Autres comptes à recevoir	2 669	2 410	2 858	3 851	3 479	3 198	2 952	2 503
Passifs financiers	79 656	86 756	104 382	124 599	135 913	148 181	177 951	155 072
Titres de dette	0	0	0	0	0	0	0	0
Titres de dette à court terme	0	0	0	0	0	0	0	0
Titres de dette à long terme	0	0	0	0	0	0	0	0
Crédits	78	90	88	131	178	131	60	56
Crédits à court terme	0	0	0	2	0	0	0	0
Crédits à long terme	78	90	88	129	178	131	60	56
Actions et parts de fonds d'investissement	78 118	85 354	102 228	122 014	133 131	144 818	174 858	151 930
Systèmes d'assurance, de pensions et garanties standard	0	0	0	0	0	0	0	0
Produits financiers dérivés et options sur titres des salariés	52	0	2	14	12	29	2	17
Autres comptes à payer	1 409	1 312	2 064	2 440	2 592	3 202	3 031	3 069
Actifs non financiers	..	..	..	..	..	..	..	..
Fonds d'investissement à capital variable								
Valeur nette financière	-2 165	-2 664	-673	-525	-4	-12	0	-1
Actifs financiers	81 864	85 088	104 725	124 874	148 182	150 143	180 541	167 298
Numéraire et dépôts	9 936	7 804	6 786	6 665	9 153	6 092	5 608	5 209
Titres de dette	30 112	25 492	25 895	28 318	40 030	31 036	32 443	39 674
Crédits	0	0	0	0	0	0	0	0
Actions et parts de fonds d'investissement	37 150	47 311	67 503	84 440	94 423	108 861	138 618	119 035
Actions	18 852	25 984	34 483	41 536	39 006	49 661	60 937	48 258
Parts de fonds d'investissement	18 299	21 327	33 020	42 905	55 416	59 200	77 681	70 777
Parts de fonds d'investissement monétaires	789	312	284	714	10 717	3 213	4 273	10 526
Parts de fonds d'investissement non monétaires	17 510	21 015	32 735	42 191	44 699	55 987	73 407	60 251
Systèmes d'assurance, de pensions et garanties standard	0	0	0	0	0	0	0	0
Produits financiers dérivés et options sur titres des salariés	1 914	2 057	1 678	1 598	1 064	957	903	141
Autres comptes à recevoir	2 751	2 424	2 863	3 854	3 512	3 198	2 969	3 239
Passifs financiers	84 028	87 752	105 398	125 399	148 186	150 155	180 541	167 299
Titres de dette	0	0	0	0	0	0	0	0
Titres de dette à court terme	0	0	0	0	0	0	0	0
Titres de dette à long terme	0	0	0	0	0	0	0	0
Crédits	78	90	89	150	178	131	60	696
Crédits à court terme	0	0	0	2	0	0	0	0
Crédits à long terme	78	90	89	149	178	131	60	696
Actions et parts de fonds d'investissement	82 483	86 345	103 240	122 795	145 386	146 759	177 374	163 517
Systèmes d'assurance, de pensions et garanties standard	0	0	0	0	0	0	0	0
Produits financiers dérivés et options sur titres des salariés	53	0	4	14	12	29	2	17
Autres comptes à payer	1 415	1 317	2 065	2 440	2 611	3 236	3 104	3 069
Actifs non financiers	..	..	..	..	..	..	..	..

Note : Voir les métadonnées détaillées sur : *http://metalinks.oecd.org/instinv/20190923/6c5a*

BELGIQUE

Tableau 3. Actifs et passifs financiers des sociétés d'assurance et fonds de pension

Millions EUR

	2011	2012	2013	2014	2015	2016	2017	2018
Sociétés d'assurance et fonds de pension								
Valeur nette financière	-1 652	15 578	11 609	32 364	27 928	-6 214	-8 718	-8 948
Actifs financiers	269 857	299 845	304 420	339 351	341 154	341 873	342 640	346 541
Numéraire et dépôts	11 191	9 569	8 658	9 899	10 067	10 573	9 710	10 529
Titres de dette	182 196	203 027	196 077	217 785	210 821	208 826	203 480	197 741
Crédits	13 722	18 081	22 149	26 035	28 182	28 463	27 907	31 464
Actions et parts de fonds d'investissement	50 442	57 352	66 176	73 954	77 489	79 504	86 545	93 101
Actions	18 760	22 941	27 399	28 736	29 572	22 167	22 231	28 595
Parts de fonds d'investissement	31 681	34 411	38 776	45 218	47 917	57 337	64 314	64 505
Parts de fonds d'investissement monétaires	486	373	482	481	985	3 481	3 683	2 893
Parts de fonds d'investissement non monétaires	31 195	34 038	38 295	44 737	46 931	53 856	60 631	61 613
Systèmes d'assurance, de pensions et garanties standard	6 823	7 368	6 465	7 241	9 911	6 007	5 122	3 944
Produits financiers dérivés et options sur titres des salariés	169	242	157	219	190	1 273	1 170	1 406
Autres comptes à recevoir	5 313	4 206	4 738	4 218	4 496	7 226	8 707	8 356
Passifs financiers	271 509	284 267	292 810	306 987	313 226	348 088	351 358	355 489
Titres de dette	2 156	2 290	2 901	2 999	3 997	4 542	4 494	4 202
Titres de dette à court terme	0	0	0	0	0	0	0	0
Titres de dette à long terme	2 156	2 290	2 901	2 999	3 997	4 542	4 494	4 202
Crédits	15 912	15 064	16 466	17 000	19 591	14 630	13 259	14 618
Crédits à court terme	9 383	8 406	10 142	10 718	10 899	7 039	5 433	4 866
Crédits à long terme	6 529	6 658	6 323	6 282	8 692	7 590	7 826	9 752
Actions et parts de fonds d'investissement	15 596	17 345	15 937	17 884	16 369	29 094	31 087	37 624
Systèmes d'assurance, de pensions et garanties standard	232 833	244 380	251 603	263 263	267 082	293 108	295 143	290 859
Produits financiers dérivés et options sur titres des salariés	0	0	0	0	0	1 072	877	809
Autres comptes à payer	5 012	5 188	5 904	5 840	6 188	5 642	6 498	7 376
Actifs non financiers	3 571	3 776	3 522	3 672	3 636	8 832	8 743	8 875
Sociétés d'assurance								
Valeur nette financière	-669	17 395	12 102	33 181	28 555	-6 182	-8 646	-8 889
Actifs financiers	255 604	283 997	284 863	317 141	317 562	312 807	308 868	310 126
Numéraire et dépôts	10 845	9 049	8 143	9 274	9 385	9 674	8 819	9 580
Titres de dette	180 160	201 043	193 863	215 202	208 174	205 192	199 671	193 843
Crédits	13 600	17 959	21 989	25 828	27 927	27 816	27 289	30 846
Actions et parts de fonds d'investissement	38 950	44 189	50 397	56 010	58 259	56 267	58 771	62 833
Actions	17 373	21 463	25 567	27 160	27 234	19 460	19 132	25 243
Parts de fonds d'investissement	21 577	22 726	24 829	28 851	31 026	36 807	39 639	37 590
Parts de fonds d'investissement monétaires	190	206	233	217	618	2 990	3 119	2 277
Parts de fonds d'investissement non monétaires	21 387	22 521	24 596	28 633	30 408	33 817	36 520	35 313
Systèmes d'assurance, de pensions et garanties standard	6 823	7 368	6 047	6 646	9 365	5 567	4 632	3 455
Produits financiers dérivés et options sur titres des salariés	169	242	157	219	190	1 273	1 170	1 406
Autres comptes à recevoir	5 058	4 146	4 269	3 963	4 263	7 018	8 517	8 162
Passifs financiers	256 274	266 601	272 762	283 960	289 007	318 989	317 514	319 015
Titres de dette	2 156	2 290	2 901	2 999	3 997	4 542	4 494	4 202
Titres de dette à court terme	0	0	0	0	0	0	0	0
Titres de dette à long terme	2 156	2 290	2 901	2 999	3 997	4 542	4 494	4 202
Crédits	15 912	15 064	16 466	17 000	19 591	14 315	12 670	14 012
Crédits à court terme	9 383	8 406	10 142	10 718	10 899	6 725	4 843	4 260
Crédits à long terme	6 529	6 658	6 323	6 282	8 692	7 590	7 826	9 752
Actions et parts de fonds d'investissement	15 596	17 345	15 937	17 884	16 369	29 094	31 087	37 624
Systèmes d'assurance, de pensions et garanties standard	217 597	226 714	231 554	240 236	242 863	264 323	261 889	254 992
Produits financiers dérivés et options sur titres des salariés	0	0	0	0	0	1 072	877	809
Autres comptes à payer	5 012	5 188	5 904	5 840	6 188	5 642	6 498	7 376
Actifs non financiers	3 505	3 715	3 461	3 598	3 559	8 761	8 609	8 741
Fonds de pension								
Valeur nette financière	-983	-1 818	-492	-817	-627	-32	-72	-58
Actifs financiers	14 252	15 848	19 556	22 210	23 592	29 067	33 771	36 415
Numéraire et dépôts	347	520	515	625	682	899	891	949
Titres de dette	2 036	1 984	2 214	2 583	2 647	3 634	3 809	3 897
Crédits	122	122	160	207	255	647	618	618
Actions et parts de fonds d'investissement	11 492	13 163	15 779	17 944	19 229	23 237	27 773	30 268
Actions	1 387	1 478	1 832	1 577	2 338	2 707	3 099	3 352
Parts de fonds d'investissement	10 105	11 685	13 947	16 367	16 891	20 530	24 675	26 916
Parts de fonds d'investissement monétaires	296	167	249	263	368	491	564	616
Parts de fonds d'investissement non monétaires	9 808	11 517	13 698	16 104	16 523	20 039	24 110	26 300
Systèmes d'assurance, de pensions et garanties standard	0	0	419	595	545	441	490	490
Produits financiers dérivés et options sur titres des salariés	0	0	0	0	0	0	0	0
Autres comptes à recevoir	255	60	469	255	233	208	190	194
Passifs financiers	15 235	17 666	20 049	23 027	24 219	29 099	33 844	36 474
Titres de dette	0	0	0	0	0	0	0	0
Titres de dette à court terme	0	0	0	0	0	0	0	0
Titres de dette à long terme	0	0	0	0	0	0	0	0
Crédits	0	0	0	0	0	314	589	606
Crédits à court terme	0	0	0	0	0	314	589	606
Crédits à long terme	0	0	0	0	0	0	0	0
Actions et parts de fonds d'investissement	0	0	0	0	0	0	0	0
Systèmes d'assurance, de pensions et garanties standard	15 235	17 666	20 049	23 027	24 219	28 785	33 254	35 867
Produits financiers dérivés et options sur titres des salariés	0	0	0	0	0	0	0	0
Autres comptes à payer	0	0	0	0	0	0	0	0
Actifs non financiers	66	61	61	74	77	71	134	134

Note : Voir les métadonnées détaillées sur : *http://metalinks.oecd.org/instinv/20190923/6c5a*

Tableau 4. Composition du portefeuille par type d'investisseur
En pourcentage des actifs financiers et des passifs financiers

Pour cent

	2011	2012	2013	2014	2015	2016	2017	2018
Fonds d'investissement								
Actifs financiers	100.0	100.0	100.0	100.0	100.0	100.0	100.0	100.0
Numéraire et dépôts	12.1	9.2	6.5	5.3	6.2	4.1	3.1	3.1
Titres de dettes	36.8	30.0	24.7	22.7	27.0	20.7	18.0	23.7
Crédits	0.0	0.0	0.0	0.0	0.0	0.0	0.0	0.0
Actions et parts de fonds d'investissement	45.4	55.6	64.5	67.6	63.7	72.5	76.8	71.2
Systèmes d'assurance de pensions et garanties standard	0.0	0.0	0.0	0.0	0.0	0.0	0.0	0.0
Produits financiers dérivés et options sur titres des salariés	2.3	2.4	1.6	1.3	0.7	0.6	0.5	0.1
Autres comptes à recevoir	3.4	2.8	2.7	3.1	2.4	2.1	1.6	1.9
Passifs financiers	100.0	100.0	100.0	100.0	100.0	100.0	100.0	100.0
Numéraire et dépôts	0.0	0.0	0.0	0.0	0.0	0.0	0.0	0.0
Titres de dettes	0.0	0.0	0.0	0.0	0.0	0.0	0.0	0.0
Crédits	0.1	0.1	0.1	0.1	0.1	0.1	0.0	0.4
Actions et parts de fonds d'investissement	98.2	98.4	98.0	97.9	98.1	97.7	98.2	97.7
Systèmes d'assurance de pensions et garanties standard	0.0	0.0	0.0	0.0	0.0	0.0	0.0	0.0
Produits financiers dérivés et options sur titres des salariés	0.1	0.0	0.0	0.0	0.0	0.0	0.0	0.0
Autres comptes à recevoir	1.7	1.5	2.0	1.9	1.8	2.2	1.7	1.8
Sociétés d'assurance								
Actifs financiers	100.0	100.0	100.0	100.0	100.0	100.0	100.0	100.0
Numéraire et dépôts	4.2	3.2	2.9	2.9	3.0	3.1	2.9	3.1
Titres de dettes	70.5	70.8	68.1	67.9	65.6	65.6	64.6	62.5
Crédits	5.3	6.3	7.7	8.1	8.8	8.9	8.8	9.9
Actions et parts de fonds d'investissement	15.2	15.6	17.7	17.7	18.3	18.0	19.0	20.3
Systèmes d'assurance de pensions et garanties standard	2.7	2.6	2.1	2.1	2.9	1.8	1.5	1.1
Produits financiers dérivés et options sur titres des salariés	0.1	0.1	0.1	0.1	0.1	0.4	0.4	0.5
Autres comptes à recevoir	2.0	1.5	1.5	1.2	1.3	2.2	2.8	2.6
Passifs financiers	100.0	100.0	100.0	100.0	100.0	100.0	100.0	100.0
Numéraire et dépôts	0.0	0.0	0.0	0.0	0.0	0.0	0.0	0.0
Titres de dettes	0.8	0.9	1.1	1.1	1.4	1.4	1.4	1.3
Crédits	6.2	5.7	6.0	6.0	6.8	4.5	4.0	4.4
Actions et parts de fonds d'investissement	6.1	6.5	5.8	6.3	5.7	9.1	9.8	11.8
Systèmes d'assurance de pensions et garanties standard	84.9	85.0	84.9	84.6	84.0	82.9	82.5	79.9
Produits financiers dérivés et options sur titres des salariés	0.0	0.0	0.0	0.0	0.0	0.3	0.3	0.3
Autres comptes à recevoir	2.0	1.9	2.2	2.1	2.1	1.8	2.0	2.3
Fonds de pension								
Actifs financiers	100.0	100.0	100.0	100.0	100.0	100.0	100.0	100.0
Numéraire et dépôts	2.4	3.3	2.6	2.8	2.9	3.1	2.6	2.6
Titres de dettes	14.3	12.5	11.3	11.6	11.2	12.5	11.3	10.7
Crédits	0.9	0.8	0.8	0.9	1.1	2.2	1.8	1.7
Actions et parts de fonds d'investissement	80.6	83.1	80.7	80.8	81.5	79.9	82.2	83.1
Systèmes d'assurance de pensions et garanties standard	0.0	0.0	2.1	2.7	2.3	1.5	1.4	1.3
Produits financiers dérivés et options sur titres des salariés	0.0	0.0	0.0	0.0	0.0	0.0	0.0	0.0
Autres comptes à recevoir	1.8	0.4	2.4	1.2	1.0	0.7	0.6	0.5
Passifs financiers	100.0	100.0	100.0	100.0	100.0	100.0	100.0	100.0
Numéraire et dépôts	0.0	0.0	0.0	0.0	0.0	0.0	0.0	0.0
Titres de dettes	0.0	0.0	0.0	0.0	0.0	0.0	0.0	0.0
Crédits	0.0	0.0	0.0	0.0	0.0	1.1	1.7	1.7
Actions et parts de fonds d'investissement	0.0	0.0	0.0	0.0	0.0	0.0	0.0	0.0
Systèmes d'assurance de pensions et garanties standard	100.0	100.0	100.0	100.0	100.0	98.9	98.3	98.3
Produits financiers dérivés et options sur titres des salariés	0.0	0.0	0.0	0.0	0.0	0.0	0.0	0.0
Autres comptes à recevoir	0.0	0.0	0.0	0.0	0.0	0.0	0.0	0.0

Note : Voir les métadonnées détaillées sur : *http://metalinks.oecd.org/instinv/20190923/2704*

CANADA

Tableau 1. Actifs et passifs financiers des investisseurs institutionnels, 2018

Millions CAD

	Total	Fonds d'investissement			
		Fonds d'investissement non-monétaire			Fonds d'investissement monétaires
		Total	Fonds d'investissement à capital variable, non monétaire	Fonds d'investissement à capital fixe, non monétaire	Total
Actifs financiers	2 179 483	2 147 413	..	..	32 070
Numéraire et dépôts	42 930	36 957	..	..	5 973
Titres de dette	508 080	483 020	..	..	25 060
Titres de dette à court terme	33 830	15 213	..	..	18 617
Titres de dette à long terme	474 250	467 807	..	..	6 443
Titres de dette émis par les résidents	301 852	277 996	..	..	23 856
Titres de dette émis par les non-résidents	206 228	205 024	..	..	1 204
Crédits	4 358	4 358	..	..	0
Crédits à court terme	..	..	..	..	..
Crédits à long terme	..	..	..	..	..
Crédits accordés aux résidents	..	..	..	..	..
Crédits accordés aux non-résidents	..	..	..	..	..
Actions et parts de fonds d'investissement	1 530 229	1 529 288	..	..	941
Actions et parts de fonds d'investissements émises par les résidents	952 844	951 915	..	..	929
Actions et part de fonds d'investissements émises par les non-résidents	577 385	577 373	..	..	12
Autres comptes à recevoir	93 886	93 790	..	..	96

	Total	Fonds d'investissement			
		Fonds d'investissement non-monétaire			Fonds d'investissement monétaires
		Total	Fonds d'investissement à capital variable, non monétaire	Fonds d'investissement à capital fixe, non monétaire	Total
Pasifs financiers	2 183 112	2 151 042	..	..	32 070
Numéraire et dépôts	..	..	..	..	..
Titres de dette	..	..	..	..	..
Titres de dette à court terme	..	..	..	..	..
Titres de dette à long terme	..	..	..	..	..
Crédits	0	0	..	..	0
Crédits à court terme	..	..	..	..	..
Crédits à long terme	..	..	..	..	..
Actions et parts de fonds d'investissement	2 165 891	2 134 003	..	..	31 888
Systèmes d'assurance, de pensions et garanties standard	..	..	..	..	..
Produits financiers dérivés et options sur titres des salariés	..	..	..	..	..
Autres comptes à payer	17 221	17 039	..	..	182

	Total	Sociétés d'assurance et fonds de pension autonomes			
		Sociétés d'assurance			Fonds de pension autonomes
		Total	Sociétés d'assurance vie	Sociétés d'assurance non-vie	Total
Actifs financiers	2 909 971	947 646	777 313	170 333	1 962 325
Numéraire et dépôts	34 667	10 711	5 795	4 916	23 956
Titres de dette	1 066 198	379 320	289 716	89 604	686 878
Titres de dette à court terme	58 422	17 701	15 414	2 287	40 721
Titres de dette à long terme	1 007 776	361 619	274 302	87 317	646 157
Titres de dette émis par les résidents	911 720	357 231	270 207	87 024	554 489
Titres de dette émis par les non-résidents	154 478	22 089	19 509	2 580	132 389
Crédits	137 101	69 055	66 966	2 089	68 046
Crédits à court terme	..	..	..	..	..
Crédits à long terme	..	..	..	..	..
Crédits accordés aux résidents	..	..	..	..	..
Crédits accordés aux non-résidents	..	..	..	..	..
Actions et parts de fonds d'investissement	1 380 425	354 764	326 484	28 280	1 025 661
Actions et parts de fonds d'investissement émises par les résidents	867 753	329 392	304 738	24 654	538 361
Actions et parts de fonds d'investissement émises par les non-résidents	512 672	25 372	21 746	3 626	487 300
Autrescomptes à recevoir	201 922	133 796	88 352	45 444	68 126

	Total	Sociétés d'assurance et fonds de pension autonomes			
		Sociétés d'assurance			Fonds de pension autonomes
		Total	Sociétés d'assurance vie	Sociétés d'assurance non-vie	Total
Pasifs financiers	2 935 058	972 733	783 485	189 248	1 962 325
Numéraire et dépôts	..	..	..	..	..
Titres de dette	11 770	11 770	11 770	..	..
Titres de dette à court terme	..	..	..	..	..
Titres de dette à long terme	11 770	11 770	11 770	..	..
Crédits	20 227	17 068	13 201	3 867	3 159
Crédits à court terme	..	..	..	..	..
Crédits à long terme	..	..	..	..	..
Actions et parts de fonds d'investissement	296 086	296 086	219 939	76 147	..
Systèmes d'assurance, de pensions et garanties standard	2 311 546	492 814	492 814	..	1 818 732
Produits financiers dérivés et options sur titres des salariés	..	..	..	..	..
Autres comptes à payer	295 429	154 995	45 761	109 234	140 434

Note : Voir les métadonnées détaillées sur : *http://metalinks.oecd.org/instinv/20190923/792d*

CANADA

Tableau 2. Actifs et passifs financiers des fonds d'investissement

Millions CAD

	2011	2012	2013	2014	2015	2016	2017	2018
Fonds d'investissement								
Valeur nette financière	-3 670	-5 506	-4 111	-3 738	-4 436	-3 918	-5 009	-3 629
Actifs financiers	993 721	1 124 508	1 355 344	1 590 235	1 770 913	1 984 113	2 205 645	2 179 483
Numéraire et dépôts	21 113	28 921	29 546	37 896	40 914	49 401	44 410	42 930
Titres de dette	286 060	326 838	354 814	417 621	437 757	494 387	498 268	508 080
Crédits	5 460	5 339	5 186	5 499	5 117	4 998	5 212	4 358
Actions et parts de fonds d'investissement	654 112	738 986	929 742	1 096 824	1 222 513	1 359 141	1 544 899	1 530 229
Actions	469 558	515 386	629 094	729 765	773 172	858 108	984 432	950 055
Parts de fonds d'investissement	184 554	223 600	300 648	367 059	449 341	501 033	560 467	580 174
Parts de fonds d'investissement monétaires	..	..	..	..	..	..	..	..
Parts de fonds d'investissement non monétaires	..	..	..	..	..	..	..	..
Systèmes d'assurance, de pensions et garanties standard	..	..	..	..	..	..	..	..
Produits financiers dérivés et options sur titres des salariés	..	..	..	..	..	..	..	..
Autres comptes à recevoir	26 976	24 424	36 056	32 395	64 612	76 186	112 856	93 886
Passifs financiers	997 391	1 130 014	1 359 455	1 593 973	1 775 349	1 988 031	2 210 654	2 183 112
Titres de dette	..	..	..	..	..	..	..	..
Titres de dette à court terme	..	..	..	..	..	..	..	..
Titres de dette à long terme	..	..	..	..	..	..	..	..
Crédits	0	0	0	0	0	0	0	0
Crédits à court terme	..	..	..	..	..	..	..	..
Crédits à long terme	..	..	..	..	..	..	..	..
Actions et parts de fonds d'investissement	991 759	1 121 895	1 350 008	1 582 499	1 762 696	1 973 514	2 194 829	2 165 891
Systèmes d'assurance, de pensions et garanties standard	..	..	..	..	..	..	..	..
Produits financiers dérivés et options sur titres des salariés	..	..	..	..	..	..	..	..
Autres comptes à payer	5 632	8 119	9 447	11 474	12 653	14 517	15 825	17 221
Actifs non financiers	3 670	5 506	4 111	3 738	4 436	3 918	5 009	3 629
Fonds d'investissement monéaires								
Valeur nette financière	0	0	0	0	0	0	0	0
Actifs financiers	39 620	33 331	31 746	30 271	32 272	33 542	30 187	32 070
Numéraire et dépôts	3 895	2 661	2 717	2 127	3 292	4 820	5 364	5 973
Titres de dette	33 813	28 485	27 601	26 449	27 401	24 745	23 926	25 060
Crédits	0	0	0	0	0	0	0	0
Actions et parts de fonds d'investissement	1 351	1 225	1 141	973	940	865	735	941
Actions	1 130	986	899	627	528	537	579	484
Parts de fonds d'investissement	221	239	242	346	412	328	156	457
Parts de fonds d'investissement monétaires	..	..	..	..	..	..	..	..
Parts de fonds d'investissement non monétaires	..	..	..	..	..	..	..	..
Systèmes d'assurance, de pensions et garanties standard	..	..	..	..	..	..	..	..
Produits financiers dérivés et options sur titres des salariés	..	..	..	..	..	..	..	..
Autres comptes à recevoir	561	960	287	722	639	3 112	162	96
Passifs financiers	39 620	33 331	31 746	30 271	32 272	33 542	30 187	32 070
Titres de dette	..	..	..	..	..	..	..	..
Titres de dette à court terme	..	..	..	..	..	..	..	..
Titres de dette à long terme	..	..	..	..	..	..	..	..
Crédits	0	0	0	0	0	0	0	0
Crédits à court terme	..	..	..	..	..	..	..	..
Crédits à long terme	..	..	..	..	..	..	..	..
Actions et parts de fonds d'investissement	39 372	33 124	31 545	30 088	32 081	33 354	30 022	31 888
Systèmes d'assurance, de pensions et garanties standard	..	..	..	..	..	..	..	..
Produits financiers dérivés et options sur titres des salariés	..	..	..	..	..	..	..	..
Autres comptes à payer	248	207	201	183	191	188	165	182
Actifs non financiers	0	0	0	0	0	0	0	0
Fonds d'investissement non monéaires								
Valeur nette financière	-3 670	-5 506	-4 111	-3 738	-4 436	-3 918	-5 009	-3 629
Actifs financiers	954 101	1 091 177	1 323 598	1 559 964	1 738 641	1 950 571	2 175 458	2 147 413
Numéraire et dépôts	17 218	26 260	26 829	35 769	37 622	44 581	39 046	36 957
Titres de dette	252 247	298 353	327 213	391 172	410 356	469 642	474 342	483 020
Crédits	5 460	5 339	5 186	5 499	5 117	4 998	5 212	4 358
Actions et parts de fonds d'investissement	652 761	737 761	928 601	1 095 851	1 221 573	1 358 276	1 544 164	1 529 288
Actions	468 428	514 400	628 195	729 138	772 644	857 571	983 853	949 571
Parts de fonds d'investissement	184 333	223 361	300 406	366 713	448 929	500 705	560 311	579 717
Parts de fonds d'investissement monétaires	..	..	..	..	..	..	..	..
Parts de fonds d'investissement non monétaires	..	..	..	..	..	..	..	..
Systèmes d'assurance, de pensions et garanties standard	..	..	..	..	..	..	..	..
Produits financiers dérivés et options sur titres des salariés	..	..	..	..	..	..	..	..
Autres comptes à recevoir	26 415	23 464	35 769	31 673	63 973	73 074	112 694	93 790
Passifs financiers	957 771	1 096 683	1 327 709	1 563 702	1 743 077	1 954 489	2 180 467	2 151 042
Titres de dette	..	..	..	..	..	..	..	..
Titres de dette à court terme	..	..	..	..	..	..	..	..
Titres de dette à long terme	..	..	..	..	..	..	..	..
Crédits	0	0	0	0	0	0	0	0
Crédits à court terme	..	..	..	..	..	..	..	..
Crédits à long terme	..	..	..	..	..	..	..	..
Actions et parts de fonds d'investissement	952 387	1 088 771	1 318 463	1 552 411	1 730 615	1 940 160	2 164 807	2 134 003
Systèmes d'assurance, de pensions et garanties standard	..	..	..	..	..	..	..	..
Produits financiers dérivés et options sur titres des salariés	..	..	..	..	..	..	..	..
Autres comptes à payer	5 384	7 912	9 246	11 291	12 462	14 329	15 660	17 039
Actifs non financiers	3 670	5 506	4 111	3 738	4 436	3 918	5 009	3 629
Fonds d'investissement non monéaires à capital variable								
Valeur nette financière	..	..	..	..	..	..	..	..
Actifs financiers	..	..	..	..	..	..	..	..
Numéraire et dépôts	..	..	..	..	..	..	..	..

CANADA

Tableau 2. Actifs et passifs financiers des fonds d'investissement *(suite)*

Millions CAD

	2011	2012	2013	2014	2015	2016	2017	2018
Titres de dette	..	..	..	..	..	..	..	..
Crédits	..	..	..	..	..	..	..	..
Actions et parts de fonds d'investissement	..	..	..	..	..	..	..	..
Actions	..	..	..	..	..	..	..	..
Parts de fonds d'investissement	..	..	..	..	..	..	..	..
Parts de fonds d'investissement monétaires	..	..	..	..	..	..	..	..
Parts de fonds d'investissement non monétaires	..	..	..	..	..	..	..	..
Systèmes d'assurance, de pensions et garanties standard	..	..	..	..	..	..	..	..
Produits financiers dérivés et options sur titres des salariés	..	..	..	..	..	..	..	..
Autres comptes à recevoir	..	..	..	..	..	..	..	..
Passifs financiers	..	..	..	..	..	..	..	..
Titres de dette	..	..	..	..	..	..	..	..
Titres de dette à court terme	..	..	..	..	..	..	..	..
Titres de dette à long terme	..	..	..	..	..	..	..	..
Crédits	..	..	..	..	..	..	..	..
Crédits à court terme	..	..	..	..	..	..	..	..
Crédits à long terme	..	..	..	..	..	..	..	..
Actions et parts de fonds d'investissement	..	..	..	..	..	..	..	..
Systèmes d'assurance, de pensions et garanties standard	..	..	..	..	..	..	..	..
Produits financiers dérivés et options sur titres des salariés	..	..	..	..	..	..	..	..
Autres comptes à payer	..	..	..	..	..	..	..	..
Actifs non financiers	..	..	..	..	..	..	..	..
Fonds d'investissement à capital variable								
Valeur nette financière	..	..	..	..	..	..	..	..
Actifs financiers	..	..	..	..	..	..	..	..
Numéraire et dépôts	..	..	..	..	..	..	..	..
Titres de dette	..	..	..	..	..	..	..	..
Crédits	..	..	..	..	..	..	..	..
Actions et parts de fonds d'investissement	..	..	..	..	..	..	..	..
Actions	..	..	..	..	..	..	..	..
Parts de fonds d'investissement	..	..	..	..	..	..	..	..
Parts de fonds d'investissement monétaires	..	..	..	..	..	..	..	..
Parts de fonds d'investissement non monétaires	..	..	..	..	..	..	..	..
Systèmes d'assurance, de pensions et garanties standard	..	..	..	..	..	..	..	..
Produits financiers dérivés et options sur titres des salariés	..	..	..	..	..	..	..	..
Autres comptes à recevoir	..	..	..	..	..	..	..	..
Passifs financiers	..	..	..	..	..	..	..	..
Titres de dette	..	..	..	..	..	..	..	..
Titres de dette à court terme	..	..	..	..	..	..	..	..
Titres de dette à long terme	..	..	..	..	..	..	..	..
Crédits	..	..	..	..	..	..	..	..
Crédits à court terme	..	..	..	..	..	..	..	..
Crédits à long terme	..	..	..	..	..	..	..	..
Actions et parts de fonds d'investissement	..	..	..	..	..	..	..	..
Systèmes d'assurance, de pensions et garanties standard	..	..	..	..	..	..	..	..
Produits financiers dérivés et options sur titres des salariés	..	..	..	..	..	..	..	..
Autres comptes à payer	..	..	..	..	..	..	..	..
Actifs non financiers	..	..	..	..	..	..	..	..

Note : Voir les métadonnées détaillées sur : *http://metalinks.oecd.org/instinv/20190923/792d*

CANADA

Tableau 3. Actifs et passifs financiers des sociétés d'assurance et fonds de pension

Millions CAD

	2011	2012	2013	2014	2015	2016	2017	2018
Sociétés d'assurance et fonds de pension								
Valeur nette financière	-30 711	-28 279	-27 540	-32 441	-23 665	-29 476	-31 029	-25 087
Actifs financiers	1 947 639	2 097 822	2 257 239	2 504 821	2 669 725	2 774 101	2 903 342	2 909 971
Numéraire et dépôts	24 123	26 929	31 983	38 904	39 803	36 149	38 445	34 667
Titres de dette	800 440	846 040	849 583	942 245	975 073	1 018 084	990 820	1 066 198
Crédits	102 133	103 921	104 084	113 490	118 794	124 397	127 191	137 101
Actions et parts de fonds d'investissement	746 373	836 320	991 423	1 102 543	1 207 898	1 307 177	1 423 995	1 380 425
Actions	617 210	695 159	825 358	912 820	1 008 412	1 088 975	1 187 136	1 158 272
Parts de fonds d'investissement	129 163	141 161	166 065	189 723	199 486	218 202	236 859	222 153
Parts de fonds d'investissement monétaires	..	..	..	..	..	..	..	..
Parts de fonds d'investissement non monétaires	..	..	..	..	..	..	..	..
Systèmes d'assurance, de pensions et garanties standard	..	..	..	..	..	..	..	..
Produits financiers dérivés et options sur titres des salariés	..	..	..	..	..	..	..	..
Autres comptes à recevoir	103 319	111 457	132 869	159 541	167 578	152 499	212 872	201 922
Passifs financiers	1 978 350	2 126 101	2 284 779	2 537 262	2 693 390	2 803 577	2 934 371	2 935 058
Titres de dette	7 561	7 662	8 008	9 225	12 974	14 665	12 992	11 770
Titres de dette à court terme	..	..	..	..	..	..	..	..
Titres de dette à long terme	7 561	7 662	8 008	9 225	12 974	14 665	12 992	11 770
Crédits	20 262	20 782	16 108	19 500	15 663	18 773	19 462	20 227
Crédits à court terme	..	..	..	..	..	..	..	..
Crédits à long terme	..	..	..	..	..	..	..	..
Actions et parts de fonds d'investissement	218 986	237 287	256 364	278 661	252 774	307 634	323 025	296 086
Systèmes d'assurance, de pensions et garanties standard	1 534 822	1 658 887	1 796 670	1 992 171	2 133 572	2 185 965	2 302 808	2 311 546
Produits financiers dérivés et options sur titres des salariés	..	..	..	..	..	..	..	..
Autres comptes à payer	196 719	201 483	207 629	237 705	278 407	276 540	276 084	295 429
Actifs non financiers	7 401	7 924	8 026	7 943	8 117	8 068	8 189	8 476
Sociétés d'assurance								
Valeur nette financière	-30 711	-28 279	-27 540	-32 441	-23 665	-29 476	-31 029	-25 087
Actifs financiers	684 881	727 377	769 702	833 967	857 416	918 780	949 347	947 646
Numéraire et dépôts	7 795	9 478	7 889	10 126	11 388	8 546	10 441	10 711
Titres de dette	311 670	340 399	341 603	369 413	374 849	395 186	387 281	379 320
Crédits	72 718	71 993	68 205	73 991	70 441	69 635	70 151	69 055
Actions et parts de fonds d'investissement	222 067	246 484	282 724	298 654	307 508	344 102	378 714	354 764
Actions	92 904	105 323	116 659	108 931	108 022	125 900	141 855	132 611
Parts de fonds d'investissement	129 163	141 161	166 065	189 723	199 486	218 202	236 859	222 153
Parts de fonds d'investissement monétaires	..	..	..	..	..	..	..	..
Parts de fonds d'investissement non monétaires	..	..	..	..	..	..	..	..
Systèmes d'assurance, de pensions et garanties standard	..	..	..	..	..	..	..	..
Produits financiers dérivés et options sur titres des salariés	..	..	..	..	..	..	..	..
Autres comptes à recevoir	70 631	59 023	69 281	81 783	93 230	101 311	102 760	133 796
Passifs financiers	715 592	755 656	797 242	866 408	881 081	948 256	980 376	972 733
Titres de dette	7 561	7 662	8 008	9 225	12 974	14 665	12 992	11 770
Titres de dette à court terme	..	..	..	..	..	..	..	..
Titres de dette à long terme	7 561	7 662	8 008	9 225	12 974	14 665	12 992	11 770
Crédits	20 180	20 695	16 075	18 633	14 708	16 222	17 346	17 068
Crédits à court terme	..	..	..	..	..	..	..	..
Crédits à long terme	..	..	..	..	..	..	..	..
Actions et parts de fonds d'investissement	218 986	237 287	256 364	278 661	252 774	307 634	323 025	296 086
Systèmes d'assurance, de pensions et garanties standard	362 676	381 997	401 743	436 576	468 222	472 169	487 919	492 814
Produits financiers dérivés et options sur titres des salariés	..	..	..	..	..	..	..	..
Autres comptes à payer	106 189	108 015	115 052	123 313	132 403	137 566	139 094	154 995
Actifs non financiers	7 401	7 924	8 026	7 943	8 117	8 068	8 189	8 476
Fonds de pension								
Valeur nette financière	0	0	0	0	0	0	0	0
Actifs financiers	1 262 758	1 370 445	1 487 537	1 670 854	1 812 309	1 855 321	1 953 995	1 962 325
Numéraire et dépôts	16 328	17 451	24 094	28 778	28 415	27 603	28 004	23 956
Titres de dette	488 770	505 641	507 980	572 832	600 224	622 898	603 539	686 878
Crédits	29 415	31 928	35 879	39 499	48 353	54 762	57 040	68 046
Actions et parts de fonds d'investissement	524 306	589 836	708 699	803 889	900 390	963 075	1 045 281	1 025 661
Actions	524 306	589 836	708 699	803 889	900 390	963 075	1 045 281	1 025 661
Parts de fonds d'investissement	..	..	..	..	..	..	..	..
Parts de fonds d'investissement monétaires	..	..	..	..	..	..	..	..
Parts de fonds d'investissement non monétaires	..	..	..	..	..	..	..	..
Systèmes d'assurance, de pensions et garanties standard	..	..	..	..	..	..	..	..
Produits financiers dérivés et options sur titres des salariés	..	..	..	..	..	..	..	..
Autres comptes à recevoir	32 688	52 434	63 588	77 758	74 348	51 188	110 112	68 126
Passifs financiers	1 262 758	1 370 445	1 487 537	1 670 854	1 812 309	1 855 321	1 953 995	1 962 325
Titres de dette	..	..	..	..	..	..	..	..
Titres de dette à court terme	..	..	..	..	..	..	..	..
Titres de dette à long terme	..	..	..	..	..	..	..	..
Crédits	82	87	33	867	955	2 551	2 116	3 159
Crédits à court terme	..	..	..	..	..	..	..	..
Crédits à long terme	..	..	..	..	..	..	..	..
Actions et parts de fonds d'investissement	0	0	..	..	..	..	..	..
Systèmes d'assurance, de pensions et garanties standard	1 172 146	1 276 890	1 394 927	1 555 595	1 665 350	1 713 796	1 814 889	1 818 732
Produits financiers dérivés et options sur titres des salariés	..	..	..	..	..	..	..	..
Autres comptes à payer	90 530	93 468	92 577	114 392	146 004	138 974	136 990	140 434
Actifs non financiers	0	0	0	0	0	0	0	0

Note : Voir les métadonnées détaillées sur : *http://metalinks.oecd.org/instinv/20190923/792d*

CANADA

Tableau 4. Composition du portefeuille par type d'investisseur
En pourcentage des actifs financiers et des passifs financiers

Pour cent

	2011	2012	2013	2014	2015	2016	2017	2018
Fonds d'investissement								
Actifs financiers	100.0	100.0	100.0	100.0	100.0	100.0	100.0	100.0
Numéraire et dépôts	2.1	2.6	2.2	2.4	2.3	2.5	2.0	2.0
Titres de dettes	28.8	29.1	26.2	26.3	24.7	24.9	22.6	23.3
Crédits	0.5	0.5	0.4	0.3	0.3	0.3	0.2	0.2
Actions et parts de fonds d'investissement	65.8	65.7	68.6	69.0	69.0	68.5	70.0	70.2
Systèmes d'assurance de pensions et garanties standard	0.0	0.0	0.0	0.0	0.0	0.0	0.0	0.0
Produits financiers dérivés et options sur titres des salariés	0.0	0.0	0.0	0.0	0.0	0.0	0.0	0.0
Autres comptes à recevoir	2.7	2.2	2.7	2.0	3.6	3.8	5.1	4.3
Passifs financiers	100.0	100.0	100.0	100.0	100.0	100.0	100.0	100.0
Numéraire et dépôts	0.0	0.0	0.0	0.0	0.0	0.0	0.0	0.0
Titres de dettes	0.0	0.0	0.0	0.0	0.0	0.0	0.0	0.0
Crédits	0.0	0.0	0.0	0.0	0.0	0.0	0.0	0.0
Actions et parts de fonds d'investissement	99.4	99.3	99.3	99.3	99.3	99.3	99.3	99.2
Systèmes d'assurance de pensions et garanties standard	0.0	0.0	0.0	0.0	0.0	0.0	0.0	0.0
Produits financiers dérivés et options sur titres des salariés	0.0	0.0	0.0	0.0	0.0	0.0	0.0	0.0
Autres comptes à recevoir	0.6	0.7	0.7	0.7	0.7	0.7	0.7	0.8
Sociétés d'assurance								
Actifs financiers	100.0	100.0	100.0	100.0	100.0	100.0	100.0	100.0
Numéraire et dépôts	1.1	1.3	1.0	1.2	1.3	0.9	1.1	1.1
Titres de dettes	45.5	46.8	44.4	44.3	43.7	43.0	40.8	40.0
Crédits	10.6	9.9	8.9	8.9	8.2	7.6	7.4	7.3
Actions et parts de fonds d'investissement	32.4	33.9	36.7	35.8	35.9	37.5	39.9	37.4
Systèmes d'assurance de pensions et garanties standard	0.0	0.0	0.0	0.0	0.0	0.0	0.0	0.0
Produits financiers dérivés et options sur titres des salariés	0.0	0.0	0.0	0.0	0.0	0.0	0.0	0.0
Autres comptes à recevoir	10.3	8.1	9.0	9.8	10.9	11.0	10.8	14.1
Passifs financiers	100.0	100.0	100.0	100.0	100.0	100.0	100.0	100.0
Numéraire et dépôts	0.0	0.0	0.0	0.0	0.0	0.0	0.0	0.0
Titres de dettes	1.1	1.0	1.0	1.1	1.5	1.5	1.3	1.2
Crédits	2.8	2.7	2.0	2.2	1.7	1.7	1.8	1.8
Actions et parts de fonds d'investissement	30.6	31.4	32.2	32.2	28.7	32.4	32.9	30.4
Systèmes d'assurance de pensions et garanties standard	50.7	50.6	50.4	50.4	53.1	49.8	49.8	50.7
Produits financiers dérivés et options sur titres des salariés	0.0	0.0	0.0	0.0	0.0	0.0	0.0	0.0
Autres comptes à recevoir	14.8	14.3	14.4	14.2	15.0	14.5	14.2	15.9
Fonds de pension								
Actifs financiers	100.0	100.0	100.0	100.0	100.0	100.0	100.0	100.0
Numéraire et dépôts	1.3	1.3	1.6	1.7	1.6	1.5	1.4	1.2
Titres de dettes	38.7	36.9	34.1	34.3	33.1	33.6	30.9	35.0
Crédits	2.3	2.3	2.4	2.4	2.7	3.0	2.9	3.5
Actions et parts de fonds d'investissement	41.5	43.0	47.6	48.1	49.7	51.9	53.5	52.3
Systèmes d'assurance de pensions et garanties standard	..	..	..	..	..	..	..	..
Produits financiers dérivés et options sur titres des salariés	..	..	..	..	..	..	..	..
Autres comptes à recevoir	2.6	3.8	4.3	4.7	4.1	2.8	5.6	3.5
Passifs financiers	100.0	100.0	100.0	100.0	100.0	100.0	100.0	100.0
Numéraire et dépôts	0.0	0.0	0.0	0.0	0.0	0.0	0.0	0.0
Titres de dettes	0.0	0.0	0.0	0.0	0.0	0.0	0.0	0.0
Crédits	0.0	0.0	0.0	0.1	0.1	0.1	0.1	0.2
Actions et parts de fonds d'investissement	0.0	0.0	0.0	0.0	0.0	0.0	0.0	0.0
Systèmes d'assurance de pensions et garanties standard	92.8	93.2	93.8	93.1	91.9	92.4	92.9	92.7
Produits financiers dérivés et options sur titres des salariés	0.0	0.0	0.0	0.0	0.0	0.0	0.0	0.0
Autres comptes à recevoir	7.2	6.8	6.2	6.8	8.1	7.5	7.0	7.2

Note : Voir les métadonnées détaillées sur : *http://metalinks.oecd.org/instinv/20190923/2704*

CHILI

Tableau 1. Actifs et passifs financiers des investisseurs institutionnels, 2018

Millions CLP

	Total	Fonds d'investissement			
		Fonds d'investissement non-monétaire			Fonds d'investissement monétaires
		Total	Fonds d'investissement à capital variable, non monétaire	Fonds d'investissement à capital fixe, non monétaire	Total
Actifs financiers	55 706 404	40 551 025	22 330 876	18 220 149	15 155 379
Numéraire et dépôts	..	..	739 177	..	69 296
Titres de dette	..	..	14 712 972	..	15 086 083
Titres de dette à court terme	..	..	2 408 728	..	13 936 727
Titres de dette à long terme	..	..	12 304 244	..	1 149 355
Titres de dette émis par les résidents	..	..	14 443 616	..	15 015 794
Titres de dette émis par les non-résidents	..	..	269 356	..	70 289
Crédits	..	..	..	..	..
Crédits à court terme	..	..	..	..	..
Crédits à long terme	..	..	..	..	..
Crédits accordés aux résidents	..	..	..	..	..
Crédits accordés aux non-résidents	..	..	..	..	..
Actions et parts de fonds d'investissement	..	..	6 878 726	..	..
Actions et parts de fonds d'investissements émises par les résidents	..	..	3 829 411	..	..
Actions et part de fonds d'investissements émises par les non-résidents	..	..	3 049 315	..	..
Autres comptes à recevoir	..	..	..	..	..

	Total	Fonds d'investissement			
		Fonds d'investissement non-monétaire			Fonds d'investissement monétaires
		Total	Fonds d'investissement à capital variable, non monétaire	Fonds d'investissement à capital fixe, non monétaire	Total
Pasifs financiers	771 104	770 864	36 078	734 787	240
Numéraire et dépôts	..	..	..	..	..
Titres de dette	..	..	..	..	..
Titres de dette à court terme	..	..	..	..	..
Titres de dette à long terme	..	..	..	..	..
Crédits	..	..	..	..	..
Crédits à court terme	..	..	..	..	..
Crédits à long terme	..	..	..	..	..
Actions et parts de fonds d'investissement	..	..	..	..	..
Systèmes d'assurance, de pensions et garanties standard	..	..	..	..	..
Produits financiers dérivés et options sur titres des salariés	..	..	..	..	..
Autres comptes à payer	..	..	..	..	..

	Total	Sociétés d'assurance et fonds de pension autonomes			
		Sociétés d'assurance			Fonds de pension autonomes
		Total	Sociétés d'assurance vie	Sociétés d'assurance non-vie	Total
Actifs financiers	..	38 911 748	37 402 402	1 509 347	134 344 716
Numéraire et dépôts	..	372 244	222 555	149 690	7 637 217
Titres de dette	..	26 348 372	25 145 857	1 202 515	58 243 771
Titres de dette à court terme	..	..	..	..	962 902
Titres de dette à long terme	..	..	..	..	57 280 869
Titres de dette émis par les résidents	..	21 619 673	20 427 437	1 192 236	56 585 815
Titres de dette émis par les non-résidents	..	4 728 699	4 718 419	10 279	1 657 956
Crédits	..	4 437 215	4 430 541	6 674	338 732
Crédits à court terme	..	534 427	534 427	0	27 107
Crédits à long terme	..	3 902 788	3 896 115	6 674	311 625
Crédits accordés aux résidents	..	..	..	..	338 732
Crédits accordés aux non-résidents	..	..	..	..	..
Actions et parts de fonds d'investissement	..	5 622 213	5 536 844	85 370	68 452 792
Actions et parts de fonds d'investissement émises par les résidents	..	4 859 490	4 774 227	85 263	18 182 937
Actions et parts de fonds d'investissement émises par les non-résidents	..	762 724	762 616	107	50 269 856
Autrescomptes à recevoir	..	2 122 374	2 057 473	64 901	..

	Total	Sociétés d'assurance et fonds de pension autonomes			
		Sociétés d'assurance			Fonds de pension autonomes
		Total	Sociétés d'assurance vie	Sociétés d'assurance non-vie	Total
Pasifs financiers	..	833 620	830 931	2 690	1 498 939
Numéraire et dépôts	..	..	..	..	..
Titres de dette	..	..	..	..	..
Titres de dette à court terme	..	..	..	..	..
Titres de dette à long terme	..	..	..	..	..
Crédits	..	..	..	..	..
Crédits à court terme	..	..	..	..	..
Crédits à long terme	..	..	..	..	..
Actions et parts de fonds d'investissement	..	..	..	..	..
Systèmes d'assurance, de pensions et garanties standard	..	..	..	..	..
Produits financiers dérivés et options sur titres des salariés	..	..	..	..	..
Autres comptes à payer	..	..	..	..	1 498 939

Note : Voir les métadonnées détaillées sur : *http://metalinks.oecd.org/instinv/20190923/92cd*

CHILI

Tableau 2. Actifs et passifs financiers des fonds d'investissement

Millions CLP

	2011	2012	2013	2014	2015	2016	2017	2018
Fonds d'investissement								
Valeur nette financière	..	..	..	29 674 533	35 146 289	41 204 198	48 044 217	54 935 300
Actifs financiers	..	..	..	30 064 645	35 899 029	41 868 819	48 671 506	55 706 404
Numéraire et dépôts	..	..	..	..	..	..	..	..
Titres de dette	..	..	..	..	..	..	..	..
Crédits	..	..	..	..	..	..	..	..
Actions et parts de fonds d'investissement	..	..	..	..	..	..	..	..
Actions	..	..	..	..	..	..	..	..
Parts de fonds d'investissement	..	..	..	..	..	..	..	..
Parts de fonds d'investissement monétaires	..	..	..	..	..	..	..	..
Parts de fonds d'investissement non monétaires	..	..	..	..	..	..	..	..
Systèmes d'assurance, de pensions et garanties standard	..	..	..	..	..	..	..	..
Produits financiers dérivés et options sur titres des salariés	..	..	..	..	..	..	..	..
Autres comptes à recevoir	..	..	..	..	..	..	..	..
Passifs financiers	..	..	..	390 112	752 740	664 621	627 289	771 104
Titres de dette	..	..	..	..	..	..	..	..
Titres de dette à court terme	..	..	..	..	..	..	..	..
Titres de dette à long terme	..	..	..	..	..	..	..	..
Crédits	..	..	..	..	..	..	..	..
Crédits à court terme	..	..	..	..	..	..	..	..
Crédits à long terme	..	..	..	..	..	..	..	..
Actions et parts de fonds d'investissement	..	..	..	..	..	..	..	..
Systèmes d'assurance, de pensions et garanties standard	..	..	..	..	..	..	..	..
Produits financiers dérivés et options sur titres des salariés	..	..	..	..	..	..	..	..
Autres comptes à payer	..	..	..	..	..	..	..	..
Actifs non financiers	..	..	..	724 733	930 968	964 306	920 240	1 139 754
Fonds d'investissement monéaires								
Valeur nette financière	..	..	..	11 944 590	12 440 235	13 214 106	13 959 548	15 155 139
Actifs financiers	..	..	..	11 997 453	12 440 963	13 214 133	13 961 142	15 155 379
Numéraire et dépôts	..	..	..	44 011	171 670	157 913	118 164	69 296
Titres de dette	..	..	..	11 953 443	12 269 294	13 056 220	13 842 978	15 086 083
Crédits	..	..	..	..	..	..	..	..
Actions et parts de fonds d'investissement	..	..	..	..	..	..	..	..
Actions	..	..	..	..	..	..	..	..
Parts de fonds d'investissement	..	..	..	..	..	..	..	..
Parts de fonds d'investissement monétaires	..	..	..	..	..	..	..	..
Parts de fonds d'investissement non monétaires	..	..	..	..	..	..	..	..
Systèmes d'assurance, de pensions et garanties standard	..	..	..	..	..	..	..	..
Produits financiers dérivés et options sur titres des salariés	..	..	..	..	..	..	..	..
Autres comptes à recevoir	..	..	..	..	..	..	..	..
Passifs financiers	..	..	..	52 863	728	27	1 594	240
Titres de dette	..	..	..	..	..	..	..	..
Titres de dette à court terme	..	..	..	..	..	..	..	..
Titres de dette à long terme	..	..	..	..	..	..	..	..
Crédits	..	..	..	..	..	..	..	..
Crédits à court terme	..	..	..	..	..	..	..	..
Crédits à long terme	..	..	..	..	..	..	..	..
Actions et parts de fonds d'investissement	..	..	..	..	..	..	..	..
Systèmes d'assurance, de pensions et garanties standard	..	..	..	..	..	..	..	..
Produits financiers dérivés et options sur titres des salariés	..	..	..	..	..	..	..	..
Autres comptes à payer	..	..	..	..	..	..	..	..
Actifs non financiers	..	..	..	32 443	46 078	66 109	61 494	217 899
Fonds d'investissement non monéaires								
Valeur nette financière	..	..	..	17 729 943	22 706 054	27 990 092	34 084 669	39 780 161
Actifs financiers	..	..	..	18 067 192	23 458 066	28 654 686	34 710 364	40 551 025
Numéraire et dépôts	..	..	..	..	..	..	..	..
Titres de dette	..	..	..	..	..	..	..	..
Crédits	..	..	..	..	..	..	..	..
Actions et parts de fonds d'investissement	..	..	..	..	..	..	..	..
Actions	..	..	..	..	..	..	..	..
Parts de fonds d'investissement	..	..	..	..	..	..	..	..
Parts de fonds d'investissement monétaires	..	..	..	..	..	..	..	..
Parts de fonds d'investissement non monétaires	..	..	..	..	..	..	..	..
Systèmes d'assurance, de pensions et garanties standard	..	..	..	..	..	..	..	..
Produits financiers dérivés et options sur titres des salariés	..	..	..	..	..	..	..	..
Autres comptes à recevoir	..	..	..	..	..	..	..	..
Passifs financiers	..	..	..	337 249	752 012	664 594	625 695	770 864
Titres de dette	..	..	..	..	..	..	..	..
Titres de dette à court terme	..	..	..	..	..	..	..	..
Titres de dette à long terme	..	..	..	..	..	..	..	..
Crédits	..	..	..	..	..	..	..	..
Crédits à court terme	..	..	..	..	..	..	..	..
Crédits à long terme	..	..	..	..	..	..	..	..
Actions et parts de fonds d'investissement	..	..	..	..	..	..	..	..
Systèmes d'assurance, de pensions et garanties standard	..	..	..	..	..	..	..	..
Produits financiers dérivés et options sur titres des salariés	..	..	..	..	..	..	..	..
Autres comptes à payer	..	..	..	..	..	..	..	..
Actifs non financiers	..	..	..	692 290	884 890	898 197	858 746	921 855
Fonds d'investissement non monéaires à capital variable								
Valeur nette financière	..	..	..	14 715 745	15 857 438	17 689 459	20 345 899	22 294 798
Actifs financiers	..	..	..	14 721 708	15 865 375	17 693 316	20 351 474	22 330 876
Numéraire et dépôts	..	..	..	110 748	144 172	124 345	208 494	739 177

CHILI

Tableau 2. Actifs et passifs financiers des fonds d'investissement *(suite)*

Millions CLP

	2011	2012	2013	2014	2015	2016	2017	2018
Titres de dette	..	..	..	11 439 233	11 662 315	14 279 311	13 480 298	14 712 972
Crédits	..	..	..	..	..	..	..	..
Actions et parts de fonds d'investissement	..	..	..	3 171 727	4 058 888	3 289 660	6 662 681	6 878 726
Actions	..	..	..	883 211	821 190	892 043	1 950 460	2 024 371
Parts de fonds d'investissement	..	..	..	2 288 515	3 237 698	2 397 618	4 712 221	4 854 355
Parts de fonds d'investissement monétaires	..	..	..	..	..	..	..	..
Parts de fonds d'investissement non monétaires	..	..	..	..	..	..	..	..
Systèmes d'assurance, de pensions et garanties standard	..	..	..	..	..	..	..	..
Produits financiers dérivés et options sur titres des salariés	..	..	..	..	..	..	..	..
Autres comptes à recevoir	..	..	..	..	..	..	..	..
Passifs financiers	..	..	..	5 963	7 938	3 857	5 575	36 078
Titres de dette	..	..	..	..	..	..	..	..
Titres de dette à court terme	..	..	..	..	..	..	..	..
Titres de dette à long terme	..	..	..	..	..	..	..	..
Crédits	..	..	..	..	..	..	..	..
Crédits à court terme	..	..	..	..	..	..	..	..
Crédits à long terme	..	..	..	..	..	..	..	..
Actions et parts de fonds d'investissement	..	..	..	..	..	..	..	..
Systèmes d'assurance, de pensions et garanties standard	..	..	..	..	..	..	..	..
Produits financiers dérivés et options sur titres des salariés	..	..	..	..	..	..	..	..
Autres comptes à payer	..	..	..	..	..	..	..	..
Actifs non financiers	..	..	..	20 814	52 727	46 863	103 507	194 529
Fonds d'investissement à capital variable								
Valeur nette financière	..	..	..	26 660 335	28 297 673	30 903 565	34 305 447	37 449 937
Actifs financiers	..	..	..	26 719 161	28 306 339	30 907 449	34 312 616	37 486 254
Numéraire et dépôts	..	..	..	154 759	315 842	282 258	326 658	808 473
Titres de dette	..	..	..	23 392 675	23 931 609	27 335 531	27 323 276	29 799 055
Crédits	..	..	..	..	..	..	..	..
Actions et parts de fonds d'investissement	..	..	..	3 171 727	4 058 888	3 289 660	6 662 681	6 878 726
Actions	..	..	..	883 211	821 190	892 043	1 950 460	2 024 371
Parts de fonds d'investissement	..	..	..	2 288 515	3 237 698	2 397 618	4 712 221	4 854 355
Parts de fonds d'investissement monétaires	..	..	..	..	..	..	..	..
Parts de fonds d'investissement non monétaires	..	..	..	..	..	..	..	..
Systèmes d'assurance, de pensions et garanties standard	..	..	..	..	..	..	..	..
Produits financiers dérivés et options sur titres des salariés	..	..	..	..	..	..	..	..
Autres comptes à recevoir	..	..	..	..	..	..	..	..
Passifs financiers	..	..	..	58 826	8 666	3 884	7 169	36 317
Titres de dette	..	..	..	..	..	..	..	..
Titres de dette à court terme	..	..	..	..	..	..	..	..
Titres de dette à long terme	..	..	..	..	..	..	..	..
Crédits	..	..	..	..	..	..	..	..
Crédits à court terme	..	..	..	..	..	..	..	..
Crédits à long terme	..	..	..	..	..	..	..	..
Actions et parts de fonds d'investissement	..	..	..	..	..	..	..	..
Systèmes d'assurance, de pensions et garanties standard	..	..	..	..	..	..	..	..
Produits financiers dérivés et options sur titres des salariés	..	..	..	..	..	..	..	..
Autres comptes à payer	..	..	..	..	..	..	..	..
Actifs non financiers	..	..	..	53 257	98 805	112 972	165 001	412 428

Note : Voir les métadonnées détaillées sur : *http://metalinks.oecd.org/instinv/20190923/92cd*

CHILI

Tableau 3. Actifs et passifs financiers des sociétés d'assurance et fonds de pension

Millions CLP

	2011	2012	2013	2014	2015	2016	2017	2018
Sociétés d'assurance et fonds de pension								
Valeur nette financière	..	..	..	125 953 303	137 263 750	147 852 040	163 376 156	..
Actifs financiers	..	..	..	127 702 283	139 498 064	149 722 473	165 305 809	..
Numéraire et dépôts	..	..	..	7 423 782	8 668 098	7 571 956	8 383 350	..
Titres de dette	..	..	..	58 422 149	66 300 575	78 879 795	76 318 336	..
Crédits	..	..	..	3 622 921	3 718 752	4 064 950	4 361 615	..
Actions et parts de fonds d'investissement	..	..	..	56 235 414	59 196 576	56 770 438	73 197 957	..
Actions	..	..	..	8 954 179	8 399 011	9 694 054	12 910 163	..
Parts de fonds d'investissement	..	..	..	47 281 235	50 797 565	47 076 383	60 287 794	..
Parts de fonds d'investissement monétaires	..	..	..	..	..	..	..	..
Parts de fonds d'investissement non monétaires	..	..	..	..	..	..	..	..
Systèmes d'assurance, de pensions et garanties standard	..	..	..	..	..	..	..	..
Produits financiers dérivés et options sur titres des salariés	..	..	..	-195 142	-407 146	86 163	741 133	..
Autres comptes à recevoir	..	..	..	..	..	..	..	..
Passifs financiers	..	..	..	1 748 980	2 234 314	1 870 432	1 929 654	..
Titres de dette	..	..	..	..	..	..	..	..
Titres de dette à court terme	..	..	..	..	..	..	..	..
Titres de dette à long terme	..	..	..	..	..	..	..	..
Crédits	..	..	..	..	..	..	..	..
Crédits à court terme	..	..	..	..	..	..	..	..
Crédits à long terme	..	..	..	..	..	..	..	..
Actions et parts de fonds d'investissement	..	..	..	..	..	..	..	..
Systèmes d'assurance, de pensions et garanties standard	..	..	..	..	..	..	..	..
Produits financiers dérivés et options sur titres des salariés	..	..	..	..	..	..	..	..
Autres comptes à payer	..	..	..	..	..	..	..	..
Actifs non financiers	..	..	..	..	3 791 125	..	..	..
Sociétés d'assurance								
Valeur nette financière	..	..	..	..	29 060 184	32 675 179	35 267 112	38 078 128
Actifs financiers	..	..	..	..	30 064 643	33 293 844	35 794 447	38 911 748
Numéraire et dépôts	..	..	..	..	401 273	354 607	334 225	372 244
Titres de dette	..	..	..	..	21 727 444	23 337 925	24 155 623	26 348 372
Crédits	..	..	..	..	3 139 873	3 574 454	3 953 391	4 437 215
Actions et parts de fonds d'investissement	..	..	..	..	3 261 873	3 730 615	4 676 310	5 622 213
Actions	..	..	..	..	367 160	414 182	466 107	494 476
Parts de fonds d'investissement	..	..	..	..	2 894 713	3 316 432	4 210 203	5 127 737
Parts de fonds d'investissement monétaires	..	..	..	..	..	..	..	..
Parts de fonds d'investissement non monétaires	..	..	..	..	..	..	..	..
Systèmes d'assurance, de pensions et garanties standard	..	..	..	..	0	0	..	..
Produits financiers dérivés et options sur titres des salariés	..	..	..	..	-487 029	-52 927	371 480	9 330
Autres comptes à recevoir	..	..	..	..	2 021 209	2 349 170	2 303 419	2 122 374
Passifs financiers	..	..	..	..	1 004 459	618 665	527 336	833 620
Titres de dette	..	..	..	..	..	..	..	..
Titres de dette à court terme	..	..	..	..	..	..	..	..
Titres de dette à long terme	..	..	..	..	..	..	..	..
Crédits	..	..	..	..	..	..	..	..
Crédits à court terme	..	..	..	..	..	..	..	..
Crédits à long terme	..	..	..	..	..	..	..	..
Actions et parts de fonds d'investissement	..	..	..	..	..	..	..	..
Systèmes d'assurance, de pensions et garanties standard	..	..	..	..	..	..	..	..
Produits financiers dérivés et options sur titres des salariés	..	..	..	..	..	..	..	..
Autres comptes à payer	..	..	..	..	..	..	..	..
Actifs non financiers	..	..	..	..	3 791 125	4 103 190	4 313 130	4 993 681
Fonds de pension								
Valeur nette financière	..	..	..	99 398 595	108 203 566	115 176 862	128 109 044	132 845 777
Actifs financiers	..	..	..	100 479 815	109 433 421	116 428 629	129 511 362	134 344 716
Numéraire et dépôts	..	..	..	6 966 076	8 266 825	7 217 349	8 049 125	7 637 217
Titres de dette	..	..	..	39 455 648	44 573 132	55 541 871	52 162 713	58 243 771
Crédits	..	..	..	676 402	578 879	490 496	408 224	338 732
Actions et parts de fonds d'investissement	..	..	..	53 385 885	55 934 703	53 039 823	68 521 647	68 452 792
Actions	..	..	..	8 520 602	8 031 851	9 279 872	12 444 056	11 925 345
Parts de fonds d'investissement	..	..	..	44 865 284	47 902 852	43 759 951	56 077 591	56 527 448
Parts de fonds d'investissement monétaires	..	..	..	..	..	..	..	..
Parts de fonds d'investissement non monétaires	..	..	..	..	..	..	..	..
Systèmes d'assurance, de pensions et garanties standard	..	..	..	..	..	..	..	..
Produits financiers dérivés et options sur titres des salariés	..	..	..	-4 196	79 882	139 090	369 653	-327 796
Autres comptes à recevoir	..	..	..	..	..	..	..	..
Passifs financiers	..	..	..	1 081 220	1 229 855	1 251 767	1 402 318	1 498 939
Titres de dette	..	..	..	..	..	..	..	..
Titres de dette à court terme	..	..	..	..	..	..	..	..
Titres de dette à long terme	..	..	..	..	..	..	..	..
Crédits	..	..	..	..	..	..	..	..
Crédits à court terme	..	..	..	..	..	..	..	..
Crédits à long terme	..	..	..	..	..	..	..	..
Actions et parts de fonds d'investissement	..	..	..	..	..	..	..	..
Systèmes d'assurance, de pensions et garanties standard	..	..	..	..	..	..	..	..
Produits financiers dérivés et options sur titres des salariés	..	..	..	..	..	..	..	..
Autres comptes à payer	..	..	..	1 081 220	1 229 855	1 251 767	1 402 318	1 498 939
Actifs non financiers	..	..	..	..	..	..	..	..

Note : Voir les métadonnées détaillées sur : *http://metalinks.oecd.org/instinv/20190923/92cd*

CHILI

Tableau 4. Composition du portefeuille par type d'investisseur
En pourcentage des actifs financiers et des passifs financiers

Pour cent

	2011	2012	2013	2014	2015	2016	2017	2018
Fonds d'investissement								
Actifs financiers	..	..	..	100.0	100.0	100.0	100.0	100.0
Numéraire et dépôts	..	..	..	..	..	..	..	..
Titres de dettes	..	..	..	..	..	..	..	..
Crédits	..	..	..	..	..	..	..	..
Actions et parts de fonds d'investissement	..	..	..	..	..	..	..	..
Systèmes d'assurance de pensions et garanties standard	..	..	..	..	..	..	..	..
Produits financiers dérivés et options sur titres des salariés	..	..	..	..	..	..	..	..
Autres comptes à recevoir	..	..	..	..	..	..	..	..
Passifs financiers	..	..	..	100.0	100.0	100.0	100.0	100.0
Numéraire et dépôts	..	..	..	..	..	..	..	..
Titres de dettes	..	..	..	..	..	..	..	..
Crédits	..	..	..	..	..	..	..	..
Actions et parts de fonds d'investissement	..	..	..	..	..	..	..	..
Systèmes d'assurance de pensions et garanties standard	..	..	..	..	..	..	..	..
Produits financiers dérivés et options sur titres des salariés	..	..	..	..	..	..	..	..
Autres comptes à recevoir	..	..	..	..	..	..	..	..
Sociétés d'assurance								
Actifs financiers	..	..	..	..	100.0	100.0	100.0	100.0
Numéraire et dépôts	..	..	..	..	1.3	1.1	0.9	1.0
Titres de dettes	..	..	..	..	72.3	70.1	67.5	67.7
Crédits	..	..	..	..	10.4	10.7	11.0	11.4
Actions et parts de fonds d'investissement	..	..	..	..	10.8	11.2	13.1	14.4
Systèmes d'assurance de pensions et garanties standard	..	..	..	..	0.0	0.0	0.0	0.0
Produits financiers dérivés et options sur titres des salariés	..	..	..	..	-1.6	-0.2	1.0	0.0
Autres comptes à recevoir	..	..	..	..	6.7	7.1	6.4	5.5
Passifs financiers	..	..	..	..	100.0	100.0	100.0	100.0
Numéraire et dépôts	..	..	..	..	..	..	..	..
Titres de dettes	..	..	..	..	..	..	..	..
Crédits	..	..	..	..	..	..	..	..
Actions et parts de fonds d'investissement	..	..	..	..	..	..	..	..
Systèmes d'assurance de pensions et garanties standard	..	..	..	..	..	..	..	..
Produits financiers dérivés et options sur titres des salariés	..	..	..	..	..	..	..	..
Autres comptes à recevoir	..	..	..	..	..	..	..	..
Fonds de pension								
Actifs financiers	..	..	..	100.0	100.0	100.0	100.0	100.0
Numéraire et dépôts	..	..	..	6.9	7.6	6.2	6.2	5.7
Titres de dettes	..	..	..	39.3	40.7	47.7	40.3	43.4
Crédits	..	..	..	0.7	0.5	0.4	0.3	0.3
Actions et parts de fonds d'investissement	..	..	..	53.1	51.1	45.6	52.9	51.0
Systèmes d'assurance de pensions et garanties standard	..	..	..	0.0	0.0	0.0	0.0	0.0
Produits financiers dérivés et options sur titres des salariés	..	..	..	0.0	0.1	0.1	0.3	-0.2
Autres comptes à recevoir	..	..	..	0.0	0.0	0.0	0.0	0.0
Passifs financiers	..	..	..	100.0	100.0	100.0	100.0	100.0
Numéraire et dépôts	..	..	..	0.0	0.0	0.0	0.0	0.0
Titres de dettes	..	..	..	0.0	0.0	0.0	0.0	0.0
Crédits	..	..	..	0.0	0.0	0.0	0.0	0.0
Actions et parts de fonds d'investissement	..	..	..	0.0	0.0	0.0	0.0	0.0
Systèmes d'assurance de pensions et garanties standard	..	..	..	0.0	0.0	0.0	0.0	0.0
Produits financiers dérivés et options sur titres des salariés	..	..	..	0.0	0.0	0.0	0.0	0.0
Autres comptes à recevoir	..	..	..	100.0	100.0	100.0	100.0	100.0

Note : Voir les métadonnées détaillées sur : *http://metalinks.oecd.org/instinv/20190923/2704*

RÉPUBLIQUE TCHÈQUE

Tableau 1. Actifs et passifs financiers des investisseurs institutionnels, 2018

Millions CZK

	Total	Fonds d'investissement			
		Fonds d'investissement non-monétaire			Fonds d'investissement monétaires
		Total	Fonds d'investissement à capital variable, non monétaire	Fonds d'investissement à capital fixe, non monétaire	Total
Actifs financiers	415 509	409 508	409 508	..	..
Numéraire et dépôts	60 357	55 786	55 786	..	..
Titres de dette	109 578	108 227	108 227	..	..
Titres de dette à court terme	1 866	1 866	1 866	..	..
Titres de dette à long terme	107 712	106 361	106 361	..	..
Titres de dette émis par les résidents	58 514	57 405	57 405	..	..
Titres de dette émis par les non-résidents	51 064	50 822	50 822	..	..
Crédits	46 424	46 424	46 424	..	..
Crédits à court terme	5 961	5 961	5 961	..	..
Crédits à long terme	40 463	40 463	40 463	..	..
Crédits accordés aux résidents	35 509	35 509	35 509	..	..
Crédits accordés aux non-résidents	10 915	10 915	10 915	..	..
Actions et parts de fonds d'investissement	185 162	185 091	185 091	..	..
Actions et parts de fonds d'investissements émises par les résidents	31 333	31 328	31 328	..	..
Actions et part de fonds d'investissements émises par les non-résidents	153 829	153 763	153 763	..	..
Autres comptes à recevoir	13 243	13 238	13 238	..	..

	Total	Fonds d'investissement			
		Fonds d'investissement non-monétaire			Fonds d'investissement monétaires
		Total	Fonds d'investissement à capital variable, non monétaire	Fonds d'investissement à capital fixe, non monétaire	Total
Pasifs financiers	485 290	478 452	478 452	..	..
Numéraire et dépôts	0	0	0	..	..
Titres de dette	1 188	1 188	1 188	..	..
Titres de dette à court terme	0	0	0	..	..
Titres de dette à long terme	1 188	1 188	1 188	..	..
Crédits	13 126	13 126	13 126	..	..
Crédits à court terme	2 092	2 092	2 092	..	..
Crédits à long terme	11 034	11 034	11 034	..	..
Actions et parts de fonds d'investissement	452 954	446 148	446 148	..	..
Systèmes d'assurance, de pensions et garanties standard	0	0	0	..	..
Produits financiers dérivés et options sur titres des salariés	1 245	1 245	1 245	..	..
Autres comptes à payer	16 777	16 745	16 745	..	..

	Total	Sociétés d'assurance et fonds de pension autonomes			
		Sociétés d'assurance			Fonds de pension autonomes
		Total	Sociétés d'assurance vie	Sociétés d'assurance non-vie	Total
Actifs financiers	996 243	541 132	..	..	455 111
Numéraire et dépôts	137 786	60 818	..	..	76 968
Titres de dette	635 439	278 423	..	..	357 016
Titres de dette à court terme	2 427	117	..	..	2 310
Titres de dette à long terme	633 012	278 306	..	..	354 706
Titres de dette émis par les résidents	507 653	200 397	..	..	307 256
Titres de dette émis par les non-résidents	127 786	78 026	..	..	49 760
Crédits	4 064	4 002	..	..	62
Crédits à court terme	2 255	2 255	..	..	0
Crédits à long terme	1 809	1 747	..	..	62
Crédits accordés aux résidents	3 718	3 656	..	..	62
Crédits accordés aux non-résidents	346	346	..	..	0
Actions et parts de fonds d'investissement	127 904	113 947	..	..	13 957
Actions et parts de fonds d'investissement émises par les résidents	45 944	44 700	..	..	1 244
Actions et parts de fonds d'investissement émises par les non-résidents	81 960	69 247	..	..	12 713
Autrescomptes à recevoir	46 545	40 013	..	..	6 532

	Total	Sociétés d'assurance et fonds de pension autonomes			
		Sociétés d'assurance			Fonds de pension autonomes
		Total	Sociétés d'assurance vie	Sociétés d'assurance non-vie	Total
Pasifs financiers	1 038 653	567 656	..	..	470 997
Numéraire et dépôts	0	0	..	..	0
Titres de dette	0	0	..	..	0
Titres de dette à court terme	0	0	..	..	0
Titres de dette à long terme	0	0	..	..	0
Crédits	27 603	26 932	..	..	671
Crédits à court terme	27 603	26 932	..	..	671
Crédits à long terme	0	0	..	..	0
Actions et parts de fonds d'investissement	93 162	87 228	..	..	5 934
Systèmes d'assurance, de pensions et garanties standard	848 667	401 285	..	..	447 382
Produits financiers dérivés et options sur titres des salariés	2 662	1 497	..	..	1 165
Autres comptes à payer	66 559	50 714	..	..	15 845

Note : Voir les métadonnées détaillées sur : *http://metalinks.oecd.org/instinv/20190923/6c5a*

RÉPUBLIQUE TCHÈQUE

Tableau 2. Actifs et passifs financiers des fonds d'investissement

Millions CZK

	2011	2012	2013	2014	2015	2016	2017	2018
Fonds d'investissement								
Valeur nette financière	-20 830	-54 341	-62 184	-73 829	-78 284	-67 401	-51 316	-69 781
Actifs financiers	147 549	168 404	185 676	219 628	255 947	323 682	406 505	415 509
Numéraire et dépôts	26 539	32 135	32 867	25 835	24 122	36 542	67 951	60 357
Titres de dette	71 824	77 389	80 477	90 156	96 493	109 848	112 849	109 578
Crédits	3 848	7 667	11 335	17 097	21 001	30 754	36 060	46 424
Actions et parts de fonds d'investissement	41 725	45 337	56 293	80 961	107 555	141 798	180 236	185 162
Actions	24 396	26 537	27 063	31 029	39 403	54 012	71 284	84 906
Parts de fonds d'investissement	17 329	18 800	29 230	49 932	68 152	87 786	108 952	100 256
Parts de fonds d'investissement monétaires	2 775	362	594	791	246	921	1 267	2 779
Parts de fonds d'investissement non monétaires	14 554	18 438	28 636	49 141	67 906	86 865	107 685	97 477
Systèmes d'assurance, de pensions et garanties standard	15	14	17	20	16	7	12	5
Produits financiers dérivés et options sur titres des salariés	189	513	387	101	496	163	1 330	740
Autres comptes à recevoir	3 409	5 349	4 300	5 458	6 264	4 570	8 067	13 243
Passifs financiers	168 379	222 745	247 860	293 457	334 231	391 083	457 821	485 290
Titres de dette	0	0	0	6	173	213	0	1 188
Titres de dette à court terme	0	0	0	0	0	0	0	0
Titres de dette à long terme	0	0	0	6	173	213	0	1 188
Crédits	4 217	25 359	13 918	15 594	9 210	11 003	10 759	13 126
Crédits à court terme	0	5 448	0	1 137	587	603	2 294	2 092
Crédits à long terme	4 217	19 911	13 918	14 457	8 623	10 400	8 465	11 034
Actions et parts de fonds d'investissement	156 181	182 784	220 210	261 745	307 657	355 487	426 296	452 954
Systèmes d'assurance, de pensions et garanties standard	0	0	0	0	0	0	0	0
Produits financiers dérivés et options sur titres des salariés	1 497	414	1 041	1 275	528	1 268	361	1 245
Autres comptes à payer	6 484	14 188	12 691	14 837	16 663	23 112	20 405	16 777
Actifs non financiers	0	0	0	0	0	0	0	0
Fonds d'investissement monéaires								
Valeur nette financière	98	1 152	-60	-103	35	-219	-89	..
Actifs financiers	12 468	3 940	1 779	1 226	855	647	1 457	..
Numéraire et dépôts	3 801	1 566	875	495	455	324	965	..
Titres de dette	8 666	2 226	902	730	399	284	491	..
Crédits	0	146	0	0	0	0	0	..
Actions et parts de fonds d'investissement	0	0	0	0	0	38	0	..
Actions	0	0	0	0	0	0	0	..
Parts de fonds d'investissement	0	0	0	0	0	38	0	..
Parts de fonds d'investissement monétaires	0	0	0	0	0	38	0	..
Parts de fonds d'investissement non monétaires	0	0	0	0	0	0	0	..
Systèmes d'assurance, de pensions et garanties standard	1	1	1	1	1	1	1	..
Produits financiers dérivés et options sur titres des salariés	0	1	1	0	0	0	0	..
Autres comptes à recevoir	0	0	0	0	0	0	0	..
Passifs financiers	12 370	2 788	1 839	1 329	820	866	1 546	..
Titres de dette	0	0	0	0	0	0	0	..
Titres de dette à court terme	0	0	0	0	0	0	0	..
Titres de dette à long terme	0	0	0	0	0	0	0	..
Crédits	0	0	0	44	121	158	0	..
Crédits à court terme	0	0	0	31	2	6	0	..
Crédits à long terme	0	0	0	13	119	152	0	..
Actions et parts de fonds d'investissement	12 343	2 786	1 829	1 283	699	708	1 545	..
Systèmes d'assurance, de pensions et garanties standard	0	0	0	0	0	0	0	..
Produits financiers dérivés et options sur titres des salariés	27	2	10	1	0	0	0	..
Autres comptes à payer	0	0	0	1	0	0	1	..
Actifs non financiers	..	..	..	..	..	..	..	..
Fonds d'investissement non monéaires								
Valeur nette financière	-20 928	-55 493	-62 124	-73 726	-78 319	-67 182	-51 227	-68 944
Actifs financiers	135 081	164 464	183 897	218 402	255 092	323 035	405 048	409 508
Numéraire et dépôts	22 738	30 569	31 992	25 340	23 667	36 218	66 986	55 786
Titres de dette	63 158	75 163	79 575	89 426	96 094	109 564	112 358	108 227
Crédits	3 848	7 521	11 335	17 097	21 001	30 754	36 060	46 424
Actions et parts de fonds d'investissement	41 725	45 337	56 293	80 961	107 555	141 760	180 236	185 091
Actions	24 396	26 537	27 063	31 029	39 403	54 012	71 284	84 901
Parts de fonds d'investissement	17 329	18 800	29 230	49 932	68 152	87 748	108 952	100 190
Parts de fonds d'investissement monétaires	2 775	362	594	791	246	883	1 267	2 713
Parts de fonds d'investissement non monétaires	14 554	18 438	28 636	49 141	67 906	86 865	107 685	97 477
Systèmes d'assurance, de pensions et garanties standard	14	13	16	19	15	6	11	4
Produits financiers dérivés et options sur titres des salariés	189	512	386	101	496	163	1 330	738
Autres comptes à recevoir	3 409	5 349	4 300	5 458	6 264	4 570	8 067	13 238
Passifs financiers	156 009	219 957	246 021	292 128	333 411	390 217	456 275	478 452
Titres de dette	0	0	0	6	173	213	0	1 188
Titres de dette à court terme	0	0	0	0	0	0	0	0
Titres de dette à long terme	0	0	0	6	173	213	0	1 188
Crédits	4 217	25 359	13 918	15 550	9 089	10 845	10 759	13 126
Crédits à court terme	0	5 448	0	1 106	585	597	2 294	2 092
Crédits à long terme	4 217	19 911	13 918	14 444	8 504	10 248	8 465	11 034
Actions et parts de fonds d'investissement	143 838	179 998	218 381	260 462	306 958	354 779	424 751	446 148
Systèmes d'assurance, de pensions et garanties standard	0	0	0	0	0	0	0	0
Produits financiers dérivés et options sur titres des salariés	1 470	412	1 031	1 274	528	1 268	361	1 245
Autres comptes à payer	6 484	14 188	12 691	14 836	16 663	23 112	20 404	16 745
Actifs non financiers	..	..	..	..	..	..	..	..
Fonds d'investissement non monéaires à capital variable								
Valeur nette financière	-20 928	-55 493	-62 124	-73 726	-78 319	-67 182	-51 227	-68 944
Actifs financiers	135 081	164 464	183 897	218 402	255 092	323 035	405 048	409 508
Numéraire et dépôts	22 738	30 569	31 992	25 340	23 667	36 218	66 986	55 786

RÉPUBLIQUE TCHÈQUE

Tableau 2. Actifs et passifs financiers des fonds d'investissement *(suite)*

Millions CZK

	2011	2012	2013	2014	2015	2016	2017	2018
Titres de dette	63 158	75 163	79 575	89 426	96 094	109 564	112 358	108 227
Crédits	3 848	7 521	11 335	17 097	21 001	30 754	36 060	46 424
Actions et parts de fonds d'investissement	41 725	45 337	56 293	80 961	107 555	141 760	180 236	185 091
Actions	24 396	26 537	27 063	31 029	39 403	54 012	71 284	84 901
Parts de fonds d'investissement	17 329	18 800	29 230	49 932	68 152	87 748	108 952	100 190
Parts de fonds d'investissement monétaires	2 775	362	594	791	246	883	1 267	2 713
Parts de fonds d'investissement non monétaires	14 554	18 438	28 636	49 141	67 906	86 865	107 685	97 477
Systèmes d'assurance, de pensions et garanties standard	14	13	16	19	15	6	11	4
Produits financiers dérivés et options sur titres des salariés	189	512	386	101	496	163	1 330	738
Autres comptes à recevoir	3 409	5 349	4 300	5 458	6 264	4 570	8 067	13 238
Passifs financiers	156 009	219 957	246 021	292 128	333 411	390 217	456 275	478 452
Titres de dette	0	0	0	6	173	213	0	1 188
Titres de dette à court terme	0	0	0	0	0	0	0	0
Titres de dette à long terme	0	0	0	6	173	213	0	1 188
Crédits	4 217	25 359	13 918	15 550	9 089	10 845	10 759	13 126
Crédits à court terme	0	5 448	0	1 106	585	597	2 294	2 092
Crédits à long terme	4 217	19 911	13 918	14 444	8 504	10 248	8 465	11 034
Actions et parts de fonds d'investissement	143 838	179 998	218 381	260 462	306 958	354 779	424 751	446 148
Systèmes d'assurance, de pensions et garanties standard	0	0	0	0	0	0	0	0
Produits financiers dérivés et options sur titres des salariés	1 470	412	1 031	1 274	528	1 268	361	1 245
Autres comptes à payer	6 484	14 188	12 691	14 836	16 663	23 112	20 404	16 745
Actifs non financiers	..	..	..	..	..	..	..	..
Fonds d'investissement à capital variable								
Valeur nette financière	-20 830	-54 341	-62 184	-73 829	-78 284	-67 401	-51 316	-69 781
Actifs financiers	147 549	168 404	185 676	219 628	255 947	323 682	406 505	415 509
Numéraire et dépôts	26 539	32 135	32 867	25 835	24 122	36 542	67 951	60 357
Titres de dette	71 824	77 389	80 477	90 156	96 493	109 848	112 849	109 578
Crédits	3 848	7 667	11 335	17 097	21 001	30 754	36 060	46 424
Actions et parts de fonds d'investissement	41 725	45 337	56 293	80 961	107 555	141 798	180 236	185 162
Actions	24 396	26 537	27 063	31 029	39 403	54 012	71 284	84 906
Parts de fonds d'investissement	17 329	18 800	29 230	49 932	68 152	87 786	108 952	100 256
Parts de fonds d'investissement monétaires	2 775	362	594	791	246	921	1 267	2 779
Parts de fonds d'investissement non monétaires	14 554	18 438	28 636	49 141	67 906	86 865	107 685	97 477
Systèmes d'assurance, de pensions et garanties standard	15	14	17	20	16	7	12	5
Produits financiers dérivés et options sur titres des salariés	189	513	387	101	496	163	1 330	740
Autres comptes à recevoir	3 409	5 349	4 300	5 458	6 264	4 570	8 067	13 243
Passifs financiers	168 379	222 745	247 860	293 457	334 231	391 083	457 821	485 290
Titres de dette	0	0	0	6	173	213	0	1 188
Titres de dette à court terme	0	0	0	0	0	0	0	0
Titres de dette à long terme	0	0	0	6	173	213	0	1 188
Crédits	4 217	25 359	13 918	15 594	9 210	11 003	10 759	13 126
Crédits à court terme	0	5 448	0	1 137	587	603	2 294	2 092
Crédits à long terme	4 217	19 911	13 918	14 457	8 623	10 400	8 465	11 034
Actions et parts de fonds d'investissement	156 181	182 784	220 210	261 745	307 657	355 487	426 296	452 954
Systèmes d'assurance, de pensions et garanties standard	0	0	0	0	0	0	0	0
Produits financiers dérivés et options sur titres des salariés	1 497	414	1 041	1 275	528	1 268	361	1 245
Autres comptes à payer	6 484	14 188	12 691	14 837	16 663	23 112	20 405	16 777
Actifs non financiers	..	..	..	..	..	..	..	..

Note : Voir les métadonnées détaillées sur : *http://metalinks.oecd.org/instinv/20190923/6c5a*

RÉPUBLIQUE TCHÈQUE

Tableau 3. Actifs et passifs financiers des sociétés d'assurance et fonds de pension

Millions CZK

	2011	2012	2013	2014	2015	2016	2017	2018
Sociétés d'assurance et fonds de pension								
Valeur nette financière	-23 519	-36 767	-45 086	-48 806	-85 128	-64 554	-52 144	-42 410
Actifs financiers	706 725	753 855	780 495	836 881	830 656	884 383	940 273	996 243
Numéraire et dépôts	48 750	60 860	67 832	54 507	55 120	58 755	110 211	137 786
Titres de dette	494 643	524 794	531 454	597 189	588 813	624 656	625 881	635 439
Crédits	828	763	644	753	1 398	6 233	9 088	4 064
Actions et parts de fonds d'investissement	87 910	98 590	105 806	107 927	110 508	118 031	118 311	127 904
Actions	23 313	22 139	19 542	23 385	19 132	23 606	20 513	31 161
Parts de fonds d'investissement	64 597	76 451	86 264	84 542	91 376	94 425	97 798	96 743
Parts de fonds d'investissement monétaires	1 406	1 545	1 126	645	1 167	452	506	0
Parts de fonds d'investissement non monétaires	63 191	74 906	85 138	83 897	90 209	93 973	97 292	96 743
Systèmes d'assurance, de pensions et garanties standard	35 948	32 037	36 797	37 853	38 936	38 507	39 490	43 420
Produits financiers dérivés et options sur titres des salariés	447	754	636	394	717	492	1 910	1 085
Autres comptes à recevoir	38 199	36 057	37 326	38 258	35 164	37 709	35 382	46 545
Passifs financiers	730 244	790 622	825 581	885 687	915 784	948 937	992 417	1 038 653
Titres de dette	511	261	368	521	700	653	0	0
Titres de dette à court terme	0	0	0	0	0	0	0	0
Titres de dette à long terme	511	261	368	521	700	653	0	0
Crédits	119	107	1 280	575	576	1 582	9 110	27 603
Crédits à court terme	79	78	972	1	1	1 556	9 110	27 603
Crédits à long terme	40	29	308	574	575	26	0	0
Actions et parts de fonds d'investissement	90 950	111 490	89 743	101 058	105 128	101 420	91 989	93 162
Systèmes d'assurance, de pensions et garanties standard	605 323	641 036	689 110	733 586	760 083	792 355	826 055	848 667
Produits financiers dérivés et options sur titres des salariés	4 243	3 086	3 195	8 128	6 488	7 212	1 755	2 662
Autres comptes à payer	29 098	34 642	41 885	41 819	42 809	45 715	63 508	66 559
Actifs non financiers	..	..	..	..	..	..	..	..
Sociétés d'assurance								
Valeur nette financière	-19 998	-62 339	-61 876	-43 881	-54 226	-37 934	-17 125	-26 524
Actifs financiers	462 621	455 031	471 915	503 888	488 489	508 883	529 436	541 132
Numéraire et dépôts	29 375	34 198	33 234	31 098	31 237	36 832	60 429	60 818
Titres de dette	280 312	259 797	267 117	295 227	279 100	281 946	277 975	278 423
Crédits	828	763	644	753	1 373	6 207	9 010	4 002
Actions et parts de fonds d'investissement	81 349	95 311	101 060	102 085	103 238	107 847	106 855	113 947
Actions	22 308	21 552	18 237	22 168	17 737	21 584	17 814	28 054
Parts de fonds d'investissement	59 041	73 759	82 823	79 917	85 501	86 263	89 041	85 893
Parts de fonds d'investissement monétaires	1 406	1 545	1 126	640	1 165	452	506	0
Parts de fonds d'investissement non monétaires	57 635	72 214	81 697	79 277	84 336	85 811	88 535	85 893
Systèmes d'assurance, de pensions et garanties standard	35 946	32 035	36 795	37 850	38 933	38 504	39 487	43 420
Produits financiers dérivés et options sur titres des salariés	353	541	358	327	565	315	819	509
Autres comptes à recevoir	34 458	32 386	32 707	36 548	34 043	37 232	34 861	40 013
Passifs financiers	482 619	517 370	533 791	547 769	542 715	546 817	546 561	567 656
Titres de dette	511	261	368	521	700	653	0	0
Titres de dette à court terme	0	0	0	0	0	0	0	0
Titres de dette à long terme	511	261	368	521	700	653	0	0
Crédits	119	107	1 280	575	576	1 582	6 236	26 932
Crédits à court terme	79	78	972	1	1	1 556	6 236	26 932
Crédits à long terme	40	29	308	574	575	26	0	0
Actions et parts de fonds d'investissement	78 306	88 468	86 142	85 739	87 251	85 793	81 358	87 228
Systèmes d'assurance, de pensions et garanties standard	373 152	394 298	405 867	415 540	408 985	410 671	412 245	401 285
Produits financiers dérivés et options sur titres des salariés	2 233	1 929	1 546	5 149	3 906	4 009	980	1 497
Autres comptes à payer	28 298	32 307	38 588	40 245	41 297	44 109	45 742	50 714
Actifs non financiers	..	..	..	..	..	..	..	..
Fonds de pension								
Valeur nette financière	-3 521	25 572	16 790	-4 925	-30 902	-26 620	-35 019	-15 886
Actifs financiers	244 104	298 824	308 580	332 993	342 167	375 500	410 837	455 111
Numéraire et dépôts	19 375	26 662	34 598	23 409	23 883	21 923	49 782	76 968
Titres de dette	214 331	264 997	264 337	301 962	309 713	342 710	347 906	357 016
Crédits	0	0	0	0	25	26	78	62
Actions et parts de fonds d'investissement	6 561	3 279	4 746	5 842	7 270	10 184	11 456	13 957
Actions	1 005	587	1 305	1 217	1 395	2 022	2 699	3 107
Parts de fonds d'investissement	5 556	2 692	3 441	4 625	5 875	8 162	8 757	10 850
Parts de fonds d'investissement monétaires	0	0	0	5	2	0	0	0
Parts de fonds d'investissement non monétaires	5 556	2 692	3 441	4 620	5 873	8 162	8 757	10 850
Systèmes d'assurance, de pensions et garanties standard	2	2	2	3	3	3	3	0
Produits financiers dérivés et options sur titres des salariés	94	213	278	67	152	177	1 091	576
Autres comptes à recevoir	3 741	3 671	4 619	1 710	1 121	477	521	6 532
Passifs financiers	247 625	273 252	291 790	337 918	373 069	402 120	445 856	470 997
Titres de dette	0	0	0	0	0	0	0	0
Titres de dette à court terme	0	0	0	0	0	0	0	0
Titres de dette à long terme	0	0	0	0	0	0	0	0
Crédits	0	0	0	0	0	0	2 874	671
Crédits à court terme	0	0	0	0	0	0	2 874	671
Crédits à long terme	0	0	0	0	0	0	0	0
Actions et parts de fonds d'investissement	12 644	23 022	3 601	15 319	17 877	15 627	10 631	5 934
Systèmes d'assurance, de pensions et garanties standard	232 171	246 738	283 243	318 046	351 098	381 684	413 810	447 382
Produits financiers dérivés et options sur titres des salariés	2 010	1 157	1 649	2 979	2 582	3 203	775	1 165
Autres comptes à payer	800	2 335	3 297	1 574	1 512	1 606	17 766	15 845
Actifs non financiers	..	..	..	..	..	..	..	..

Note : Voir les métadonnées détaillées sur : *http://metalinks.oecd.org/instinv/20190923/6c5a*

RÉPUBLIQUE TCHÈQUE

Tableau 4. Composition du portefeuille par type d'investisseur

En pourcentage des actifs financiers et des passifs financiers

Pour cent

	2011	2012	2013	2014	2015	2016	2017	2018
Fonds d'investissement								
Actifs financiers	100.0	100.0	100.0	100.0	100.0	100.0	100.0	100.0
Numéraire et dépôts	18.0	19.1	17.7	11.8	9.4	11.3	16.7	14.5
Titres de dettes	48.7	46.0	43.3	41.0	37.7	33.9	27.8	26.4
Crédits	2.6	4.6	6.1	7.8	8.2	9.5	8.9	11.2
Actions et parts de fonds d'investissement	28.3	26.9	30.3	36.9	42.0	43.8	44.3	44.6
Systèmes d'assurance de pensions et garanties standard	0.0	0.0	0.0	0.0	0.0	0.0	0.0	0.0
Produits financiers dérivés et options sur titres des salariés	0.1	0.3	0.2	0.0	0.2	0.1	0.3	0.2
Autres comptes à recevoir	2.3	3.2	2.3	2.5	2.4	1.4	2.0	3.2
Passifs financiers	100.0	100.0	100.0	100.0	100.0	100.0	100.0	100.0
Numéraire et dépôts	0.0	0.0	0.0	0.0	0.0	0.0	0.0	0.0
Titres de dettes	0.0	0.0	0.0	0.0	0.1	0.1	0.0	0.2
Crédits	2.5	11.4	5.6	5.3	2.8	2.8	2.4	2.7
Actions et parts de fonds d'investissement	92.8	82.1	88.8	89.2	92.0	90.9	93.1	93.3
Systèmes d'assurance de pensions et garanties standard	0.0	0.0	0.0	0.0	0.0	0.0	0.0	0.0
Produits financiers dérivés et options sur titres des salariés	0.9	0.2	0.4	0.4	0.2	0.3	0.1	0.3
Autres comptes à recevoir	3.9	6.4	5.1	5.1	5.0	5.9	4.5	3.5
Sociétés d'assurance								
Actifs financiers	100.0	100.0	100.0	100.0	100.0	100.0	100.0	100.0
Numéraire et dépôts	6.3	7.5	7.0	6.2	6.4	7.2	11.4	11.2
Titres de dettes	60.6	57.1	56.6	58.6	57.1	55.4	52.5	51.5
Crédits	0.2	0.2	0.1	0.1	0.3	1.2	1.7	0.7
Actions et parts de fonds d'investissement	17.6	20.9	21.4	20.3	21.1	21.2	20.2	21.1
Systèmes d'assurance de pensions et garanties standard	7.8	7.0	7.8	7.5	8.0	7.6	7.5	8.0
Produits financiers dérivés et options sur titres des salariés	0.1	0.1	0.1	0.1	0.1	0.1	0.2	0.1
Autres comptes à recevoir	7.4	7.1	6.9	7.3	7.0	7.3	6.6	7.4
Passifs financiers	100.0	100.0	100.0	100.0	100.0	100.0	100.0	100.0
Numéraire et dépôts	0.0	0.0	0.0	0.0	0.0	0.0	0.0	0.0
Titres de dettes	0.1	0.1	0.1	0.1	0.1	0.1	0.0	0.0
Crédits	0.0	0.0	0.2	0.1	0.1	0.3	1.1	4.7
Actions et parts de fonds d'investissement	16.2	17.1	16.1	15.7	16.1	15.7	14.9	15.4
Systèmes d'assurance de pensions et garanties standard	77.3	76.2	76.0	75.9	75.4	75.1	75.4	70.7
Produits financiers dérivés et options sur titres des salariés	0.5	0.4	0.3	0.9	0.7	0.7	0.2	0.3
Autres comptes à recevoir	5.9	6.2	7.2	7.3	7.6	8.1	8.4	8.9
Fonds de pension								
Actifs financiers	100.0	100.0	100.0	100.0	100.0	100.0	100.0	100.0
Numéraire et dépôts	7.9	8.9	11.2	7.0	7.0	5.8	12.1	16.9
Titres de dettes	87.8	88.7	85.7	90.7	90.5	91.3	84.7	78.4
Crédits	0.0	0.0	0.0	0.0	0.0	0.0	0.0	0.0
Actions et parts de fonds d'investissement	2.7	1.1	1.5	1.8	2.1	2.7	2.8	3.1
Systèmes d'assurance de pensions et garanties standard	0.0	0.0	0.0	0.0	0.0	0.0	0.0	0.0
Produits financiers dérivés et options sur titres des salariés	0.0	0.1	0.1	0.0	0.0	0.0	0.3	0.1
Autres comptes à recevoir	1.5	1.2	1.5	0.5	0.3	0.1	0.1	1.4
Passifs financiers	100.0	100.0	100.0	100.0	100.0	100.0	100.0	100.0
Numéraire et dépôts	0.0	0.0	0.0	0.0	0.0	0.0	0.0	0.0
Titres de dettes	0.0	0.0	0.0	0.0	0.0	0.0	0.0	0.0
Crédits	0.0	0.0	0.0	0.0	0.0	0.0	0.6	0.1
Actions et parts de fonds d'investissement	5.1	8.4	1.2	4.5	4.8	3.9	2.4	1.3
Systèmes d'assurance de pensions et garanties standard	93.8	90.3	97.1	94.1	94.1	94.9	92.8	95.0
Produits financiers dérivés et options sur titres des salariés	0.8	0.4	0.6	0.9	0.7	0.8	0.2	0.2
Autres comptes à recevoir	0.3	0.9	1.1	0.5	0.4	0.4	4.0	3.4

Note : Voir les métadonnées détaillées sur : *http://metalinks.oecd.org/instinv/20190923/2704*

DANEMARK

Tableau 1. Actifs et passifs financiers des investisseurs institutionnels, 2018

Millions DKK

	Fonds d'investissement				
	Total	Fonds d'investissement non-monétaire			Fonds d'investissement monétaires
		Total	Fonds d'investissement à capital variable, non monétaire	Fonds d'investissement à capital fixe, non monétaire	Total
Actifs financiers	2 276 854	2 276 854	2 276 854	..	..
Numéraire et dépôts	48 368	48 368	48 368	..	..
Titres de dette	1 095 355	1 095 355	1 095 355	..	..
Titres de dette à court terme	9 588	9 588	9 588	..	..
Titres de dette à long terme	1 085 767	1 085 767	1 085 767	..	..
Titres de dette émis par les résidents	598 686	598 686	598 686	..	..
Titres de dette émis par les non-résidents	496 669	496 669	496 669	..	..
Crédits	43	43	43	..	..
Crédits à court terme	38	38	38	..	..
Crédits à long terme	5	5	5	..	..
Crédits accordés aux résidents	0	0	0	..	..
Crédits accordés aux non-résidents	43	43	43	..	..
Actions et parts de fonds d'investissement	1 094 038	1 094 038	1 094 038	..	..
Actions et parts de fonds d'investissements émises par les résidents	287 272	287 272	287 272	..	..
Actions et part de fonds d'investissements émises par les non-résidents	806 766	806 766	806 766	..	..
Autres comptes à recevoir	..	..	..	..	..

	Fonds d'investissement				
	Total	Fonds d'investissement non-monétaire			Fonds d'investissement monétaires
		Total	Fonds d'investissement à capital variable, non monétaire	Fonds d'investissement à capital fixe, non monétaire	Total
Pasifs financiers	2 202 660	2 202 660	2 202 660	..	..
Numéraire et dépôts	..	..	..	..	..
Titres de dette	..	..	..	..	..
Titres de dette à court terme	..	..	..	..	..
Titres de dette à long terme	..	..	..	..	..
Crédits	129 988	129 988	129 988	..	..
Crédits à court terme	125 694	125 694	125 694	..	..
Crédits à long terme	4 294	4 294	4 294	..	..
Actions et parts de fonds d'investissement	2 044 736	2 044 736	2 044 736	..	..
Systèmes d'assurance, de pensions et garanties standard	..	..	..	..	..
Produits financiers dérivés et options sur titres des salariés	14 712	14 712	14 712	..	..
Autres comptes à payer	..	..	..	..	..

	Sociétés d'assurance et fonds de pension autonomes				
	Total	Sociétés d'assurance			Fonds de pension autonomes
		Total	Sociétés d'assurance vie	Sociétés d'assurance non-vie	Total
Actifs financiers	4 136 910	2 459 388	..	..	1 677 522
Numéraire et dépôts	104 596	49 300	..	..	55 296
Titres de dette	1 680 282	889 497	..	..	790 785
Titres de dette à court terme	13 956	5 307	..	..	8 649
Titres de dette à long terme	1 666 326	884 190	..	..	782 136
Titres de dette émis par les résidents	1 115 571	636 988	..	..	478 583
Titres de dette émis par les non-résidents	564 711	252 509	..	..	312 202
Crédits	56 700	44 075	..	..	12 625
Crédits à court terme	22 435	9 822	..	..	12 613
Crédits à long terme	34 265	34 253	..	..	12
Crédits accordés aux résidents	42 810	38 282	..	..	4 528
Crédits accordés aux non-résidents	13 890	5 793	..	..	8 097
Actions et parts de fonds d'investissement	2 103 237	1 365 891	..	..	737 346
Actions et parts de fonds d'investissement émises par les résidents	1 350 448	831 740	..	..	518 708
Actions et parts de fonds d'investissement émises par les non-résidents	752 789	534 151	..	..	218 638
Autrescomptes à recevoir	70 434	43 640	..	..	26 794

	Sociétés d'assurance et fonds de pension autonomes				
	Total	Sociétés d'assurance			Fonds de pension autonomes
		Total	Sociétés d'assurance vie	Sociétés d'assurance non-vie	Total
Pasifs financiers	4 104 692	2 483 685	..	..	1 621 007
Numéraire et dépôts	..	..	..	..	..
Titres de dette	9 857	9 857	..	..	0
Titres de dette à court terme	..	..	..	..	..
Titres de dette à long terme	9 857	9 857	..	..	0
Crédits	170 202	104 834	..	..	65 368
Crédits à court terme	155 980	91 400	..	..	64 580
Crédits à long terme	14 222	13 434	..	..	788
Actions et parts de fonds d'investissement	258 732	176 558	..	..	82 174
Systèmes d'assurance, de pensions et garanties standard	3 531 853	2 118 052	..	..	1 413 801
Produits financiers dérivés et options sur titres des salariés	76 196	37 398	..	..	38 798
Autres comptes à payer	57 852	36 986	..	..	20 866

Note : Voir les métadonnées détaillées sur : *http://metalinks.oecd.org/instinv/20190923/6c5a*

DANEMARK

Tableau 2. Actifs et passifs financiers des fonds d'investissement

Millions DKK

	2011	2012	2013	2014	2015	2016	2017	2018
Fonds d'investissement								
Valeur nette financière	..	-32 807	7 130	10 399	34 084	39 992	41 159	74 194
Actifs financiers	..	1 644 023	1 878 687	2 089 179	2 073 977	2 195 598	2 378 105	2 276 854
Numéraire et dépôts	..	22 945	34 293	42 277	42 568	50 026	55 541	48 368
Titres de dette	..	907 513	1 039 194	1 113 348	1 048 826	1 130 805	1 138 767	1 095 355
Crédits	..	370	598	43	43	43	43	43
Actions et parts de fonds d'investissement	..	708 505	794 079	916 228	970 609	1 007 428	1 176 921	1 094 038
Actions	..	566 675	635 187	739 165	779 201	822 769	927 731	830 330
Parts de fonds d'investissement	..	141 830	158 892	177 063	191 408	184 659	249 190	263 708
Parts de fonds d'investissement monétaires	..	..	..	..	..	..	..	..
Parts de fonds d'investissement non monétaires	..	141 830	158 892	177 063	191 408	184 659	249 190	263 708
Systèmes d'assurance, de pensions et garanties standard	..	..	..	..	..	..	..	..
Produits financiers dérivés et options sur titres des salariés	..	4 690	10 523	17 283	11 931	7 296	6 833	14 535
Autres comptes à recevoir	..	..	..	..	..	..	..	..
Passifs financiers	..	1 676 830	1 871 557	2 078 780	2 039 893	2 155 606	2 336 946	2 202 660
Titres de dette	..	..	..	..	..	..	..	..
Titres de dette à court terme	..	..	..	..	..	..	..	..
Titres de dette à long terme	..	..	..	..	..	..	..	..
Crédits	..	107 373	127 320	134 208	100 459	94 036	84 840	129 988
Crédits à court terme	..	106 921	126 754	132 919	99 390	93 003	81 732	125 694
Crédits à long terme	..	452	566	1 289	1 069	1 033	3 108	4 294
Actions et parts de fonds d'investissement	..	1 565 247	1 737 798	1 918 761	1 926 173	2 050 092	2 244 685	2 044 736
Systèmes d'assurance, de pensions et garanties standard	..	..	..	..	..	..	..	..
Produits financiers dérivés et options sur titres des salariés	..	4 210	6 439	25 811	13 261	11 478	7 421	14 712
Autres comptes à payer	..	..	..	..	..	..	..	..
Actifs non financiers	..	0	0	0	0	0	0	0
Fonds d'investissement monéaires								
Valeur nette financière	..	..	..	..	..	..	..	..
Actifs financiers	..	..	..	..	..	..	..	..
Numéraire et dépôts	..	..	..	..	..	..	..	..
Titres de dette	..	..	..	..	..	..	..	..
Crédits	..	..	..	..	..	..	..	..
Actions et parts de fonds d'investissement	..	..	..	..	..	..	..	..
Actions	..	..	..	..	..	..	..	..
Parts de fonds d'investissement	..	..	..	..	..	..	..	..
Parts de fonds d'investissement monétaires	..	..	..	..	..	..	..	..
Parts de fonds d'investissement non monétaires	..	..	..	..	..	..	..	..
Systèmes d'assurance, de pensions et garanties standard	..	..	..	..	..	..	..	..
Produits financiers dérivés et options sur titres des salariés	..	..	..	..	..	..	..	..
Autres comptes à recevoir	..	..	..	..	..	..	..	..
Passifs financiers	..	..	..	..	..	..	..	..
Titres de dette	..	..	..	..	..	..	..	..
Titres de dette à court terme	..	..	..	..	..	..	..	..
Titres de dette à long terme	..	..	..	..	..	..	..	..
Crédits	..	..	..	..	..	..	..	..
Crédits à court terme	..	..	..	..	..	..	..	..
Crédits à long terme	..	..	..	..	..	..	..	..
Actions et parts de fonds d'investissement	..	..	..	..	..	..	..	..
Systèmes d'assurance, de pensions et garanties standard	..	..	..	..	..	..	..	..
Produits financiers dérivés et options sur titres des salariés	..	..	..	..	..	..	..	..
Autres comptes à payer	..	..	..	..	..	..	..	..
Actifs non financiers	..	..	..	..	..	..	..	..
Fonds d'investissement non monéaires								
Valeur nette financière	..	-32 807	7 130	10 399	34 084	39 992	41 159	74 194
Actifs financiers	..	1 644 023	1 878 687	2 089 179	2 073 977	2 195 598	2 378 105	2 276 854
Numéraire et dépôts	..	22 945	34 293	42 277	42 568	50 026	55 541	48 368
Titres de dette	..	907 513	1 039 194	1 113 348	1 048 826	1 130 805	1 138 767	1 095 355
Crédits	..	370	598	43	43	43	43	43
Actions et parts de fonds d'investissement	..	708 505	794 079	916 228	970 609	1 007 428	1 176 921	1 094 038
Actions	..	566 675	635 187	739 165	779 201	822 769	927 731	830 330
Parts de fonds d'investissement	..	141 830	158 892	177 063	191 408	184 659	249 190	263 708
Parts de fonds d'investissement monétaires	..	..	..	..	..	..	..	..
Parts de fonds d'investissement non monétaires	..	141 830	158 892	177 063	191 408	184 659	249 190	263 708
Systèmes d'assurance, de pensions et garanties standard	..	..	..	..	..	..	..	..
Produits financiers dérivés et options sur titres des salariés	..	4 690	10 523	17 283	11 931	7 296	6 833	14 535
Autres comptes à recevoir	..	..	..	..	..	..	..	..
Passifs financiers	..	1 676 830	1 871 557	2 078 780	2 039 893	2 155 606	2 336 946	2 202 660
Titres de dette	..	..	..	..	..	..	..	..
Titres de dette à court terme	..	..	..	..	..	..	..	..
Titres de dette à long terme	..	..	..	..	..	..	..	..
Crédits	..	107 373	127 320	134 208	100 459	94 036	84 840	129 988
Crédits à court terme	..	106 921	126 754	132 919	99 390	93 003	81 732	125 694
Crédits à long terme	..	452	566	1 289	1 069	1 033	3 108	4 294
Actions et parts de fonds d'investissement	..	1 565 247	1 737 798	1 918 761	1 926 173	2 050 092	2 244 685	2 044 736
Systèmes d'assurance, de pensions et garanties standard	..	..	..	..	..	..	..	..
Produits financiers dérivés et options sur titres des salariés	..	4 210	6 439	25 811	13 261	11 478	7 421	14 712
Autres comptes à payer	..	..	..	..	..	..	..	..
Actifs non financiers	..	0	0	0	0	0	0	0
Fonds d'investissement non monéaires à capital variable								
Valeur nette financière	..	-32 807	7 130	10 399	34 084	39 992	41 159	74 194
Actifs financiers	..	1 644 023	1 878 687	2 089 179	2 073 977	2 195 598	2 378 105	2 276 854
Numéraire et dépôts	..	22 945	34 293	42 277	42 568	50 026	55 541	48 368

DANEMARK

Tableau 2. Actifs et passifs financiers des fonds d'investissement *(suite)*

Millions DKK

	2011	2012	2013	2014	2015	2016	2017	2018
Titres de dette	..	907 513	1 039 194	1 113 348	1 048 826	1 130 805	1 138 767	1 095 355
Crédits	..	370	598	43	43	43	43	43
Actions et parts de fonds d'investissement	..	708 505	794 079	916 228	970 609	1 007 428	1 176 921	1 094 038
Actions	..	566 675	635 187	739 165	779 201	822 769	927 731	830 330
Parts de fonds d'investissement	..	141 830	158 892	177 063	191 408	184 659	249 190	263 708
Parts de fonds d'investissement monétaires	..	..	..	..	..	..	..	..
Parts de fonds d'investissement non monétaires	..	141 830	158 892	177 063	191 408	184 659	249 190	263 708
Systèmes d'assurance, de pensions et garanties standard	..	..	..	..	..	..	..	..
Produits financiers dérivés et options sur titres des salariés	..	4 690	10 523	17 283	11 931	7 296	6 833	14 535
Autres comptes à recevoir	..	..	..	..	..	..	..	..
Passifs financiers	..	1 676 830	1 871 557	2 078 780	2 039 893	2 155 606	2 336 946	2 202 660
Titres de dette	..	..	..	..	..	..	..	..
Titres de dette à court terme	..	..	..	..	..	..	..	..
Titres de dette à long terme	..	..	..	..	..	..	..	..
Crédits	..	107 373	127 320	134 208	100 459	94 036	84 840	129 988
Crédits à court terme	..	106 921	126 754	132 919	99 390	93 003	81 732	125 694
Crédits à long terme	..	452	566	1 289	1 069	1 033	3 108	4 294
Actions et parts de fonds d'investissement	..	1 565 247	1 737 798	1 918 761	1 926 173	2 050 092	2 244 685	2 044 736
Systèmes d'assurance, de pensions et garanties standard	..	..	..	..	..	..	..	..
Produits financiers dérivés et options sur titres des salariés	..	4 210	6 439	25 811	13 261	11 478	7 421	14 712
Autres comptes à payer	..	..	..	..	..	..	..	..
Actifs non financiers	..	0	0	0	0	0	0	0
Fonds d'investissement à capital variable								
Valeur nette financière	..	-32 807	7 130	10 399	34 084	39 992	41 159	74 194
Actifs financiers	..	1 644 023	1 878 687	2 089 179	2 073 977	2 195 598	2 378 105	2 276 854
Numéraire et dépôts	..	22 945	34 293	42 277	42 568	50 026	55 541	48 368
Titres de dette	..	907 513	1 039 194	1 113 348	1 048 826	1 130 805	1 138 767	1 095 355
Crédits	..	370	598	43	43	43	43	43
Actions et parts de fonds d'investissement	..	708 505	794 079	916 228	970 609	1 007 428	1 176 921	1 094 038
Actions	..	566 675	635 187	739 165	779 201	822 769	927 731	830 330
Parts de fonds d'investissement	..	141 830	158 892	177 063	191 408	184 659	249 190	263 708
Parts de fonds d'investissement monétaires	..	..	..	..	..	..	..	..
Parts de fonds d'investissement non monétaires	..	141 830	158 892	177 063	191 408	184 659	249 190	263 708
Systèmes d'assurance, de pensions et garanties standard	..	..	..	..	..	..	..	..
Produits financiers dérivés et options sur titres des salariés	..	4 690	10 523	17 283	11 931	7 296	6 833	14 535
Autres comptes à recevoir	..	..	..	..	..	..	..	..
Passifs financiers	..	1 676 830	1 871 557	2 078 780	2 039 893	2 155 606	2 336 946	2 202 660
Titres de dette	..	..	..	..	..	..	..	..
Titres de dette à court terme	..	..	..	..	..	..	..	..
Titres de dette à long terme	..	..	..	..	..	..	..	..
Crédits	..	107 373	127 320	134 208	100 459	94 036	84 840	129 988
Crédits à court terme	..	106 921	126 754	132 919	99 390	93 003	81 732	125 694
Crédits à long terme	..	452	566	1 289	1 069	1 033	3 108	4 294
Actions et parts de fonds d'investissement	..	1 565 247	1 737 798	1 918 761	1 926 173	2 050 092	2 244 685	2 044 736
Systèmes d'assurance, de pensions et garanties standard	..	..	..	..	..	..	..	..
Produits financiers dérivés et options sur titres des salariés	..	4 210	6 439	25 811	13 261	11 478	7 421	14 712
Autres comptes à payer	..	..	..	..	..	..	..	..
Actifs non financiers	..	0	0	0	0	0	0	0

Note : Voir les métadonnées détaillées sur : *http://metalinks.oecd.org/instinv/20190923/6c5a*

DANEMARK

Tableau 3. Actifs et passifs financiers des sociétés d'assurance et fonds de pension

Millions DKK

	2011	2012	2013	2014	2015	2016	2017	2018
Sociétés d'assurance et fonds de pension								
Valeur nette financière	..	46 873	54 576	-11 707	-25 233	11 207	-11 199	32 218
Actifs financiers	..	3 271 573	3 168 026	3 591 753	3 623 575	3 963 221	4 088 969	4 136 910
Numéraire et dépôts	..	93 246	82 199	94 078	74 148	97 121	131 524	104 596
Titres de dette	..	1 435 969	1 301 076	1 426 906	1 528 630	1 570 221	1 571 122	1 680 282
Crédits	..	32 861	30 041	49 012	53 191	43 542	47 323	56 700
Actions et parts de fonds d'investissement	..	1 591 070	1 635 230	1 746 853	1 750 162	2 010 895	2 126 839	2 103 237
Actions	..	672 509	604 646	622 292	642 456	814 245	896 435	1 050 218
Parts de fonds d'investissement	..	917 986	1 030 584	1 124 561	1 107 706	1 196 650	1 230 404	1 053 019
Parts de fonds d'investissement monétaires	..	..	..	..	..	..	..	..
Parts de fonds d'investissement non monétaires	..	917 986	1 030 584	1 124 561	1 107 706	1 196 650	1 230 404	1 053 019
Systèmes d'assurance, de pensions et garanties standard	..	11 536	13 827	7 955	8 759	7 206	7 818	7 050
Produits financiers dérivés et options sur titres des salariés	..	51 627	35 379	200 058	149 280	160 261	126 882	114 611
Autres comptes à recevoir	..	55 264	70 274	66 891	59 405	73 975	77 461	70 434
Passifs financiers	..	3 224 700	3 113 450	3 603 460	3 648 808	3 952 014	4 100 168	4 104 692
Titres de dette	..	47	38	2 323	7 329	8 054	8 752	9 857
Titres de dette à court terme	..	..	..	..	..	..	..	..
Titres de dette à long terme	..	47	38	2 323	7 329	8 054	8 752	9 857
Crédits	..	178 809	127 550	160 294	223 418	216 001	192 687	170 202
Crédits à court terme	..	161 794	113 782	139 480	192 695	194 357	169 654	155 980
Crédits à long terme	..	17 015	13 768	20 814	30 723	21 644	23 033	14 222
Actions et parts de fonds d'investissement	..	215 947	214 640	257 894	279 280	271 000	277 594	258 732
Systèmes d'assurance, de pensions et garanties standard	..	2 641 379	2 616 151	2 978 934	3 019 433	3 289 802	3 498 357	3 531 853
Produits financiers dérivés et options sur titres des salariés	..	33 003	24 616	86 861	68 180	92 286	54 893	76 196
Autres comptes à payer	..	155 515	130 455	117 154	51 168	74 871	67 885	57 852
Actifs non financiers	..	0	0	0	0	0	0	0
Sociétés d'assurance								
Valeur nette financière	..	3 683	19 571	-54 086	-77 814	-3 845	-28 259	-24 297
Actifs financiers	..	1 871 612	1 884 633	2 121 972	2 126 319	2 381 354	2 451 227	2 459 388
Numéraire et dépôts	..	38 520	37 419	33 372	29 443	33 854	55 399	49 300
Titres de dette	..	647 316	635 349	682 009	790 957	822 437	808 090	889 497
Crédits	..	23 560	19 945	22 522	21 450	24 866	33 842	44 075
Actions et parts de fonds d'investissement	..	1 069 237	1 111 099	1 199 898	1 157 392	1 352 499	1 426 129	1 365 891
Actions	..	426 857	370 321	394 456	422 582	576 237	595 120	673 685
Parts de fonds d'investissement	..	641 805	740 778	805 442	734 810	776 262	831 009	692 206
Parts de fonds d'investissement monétaires	..	..	..	..	..	..	..	..
Parts de fonds d'investissement non monétaires	..	641 805	740 778	805 442	734 810	776 262	831 009	692 206
Systèmes d'assurance, de pensions et garanties standard	..	11 248	13 539	7 955	8 759	7 206	7 818	7 050
Produits financiers dérivés et options sur titres des salariés	..	47 485	32 541	136 564	82 971	88 995	71 874	59 935
Autres comptes à recevoir	..	34 246	34 741	39 652	35 347	51 497	48 075	43 640
Passifs financiers	..	1 867 929	1 865 062	2 176 058	2 204 133	2 385 199	2 479 486	2 483 685
Titres de dette	..	47	38	2 323	7 329	8 054	8 752	9 857
Titres de dette à court terme	..	..	..	..	..	..	..	..
Titres de dette à long terme	..	47	38	2 323	7 329	8 054	8 752	9 857
Crédits	..	71 940	91 610	124 774	182 712	173 085	125 263	104 834
Crédits à court terme	..	57 285	79 608	109 695	164 747	160 987	109 575	91 400
Crédits à long terme	..	14 655	12 002	15 079	17 965	12 098	15 688	13 434
Actions et parts de fonds d'investissement	..	136 586	132 677	176 897	195 034	164 474	171 139	176 558
Systèmes d'assurance, de pensions et garanties standard	..	1 533 703	1 537 489	1 721 878	1 747 266	1 941 789	2 104 985	2 118 052
Produits financiers dérivés et options sur titres des salariés	..	29 384	21 916	66 698	27 255	42 651	23 887	37 398
Autres comptes à payer	..	96 269	81 332	83 488	44 537	55 146	45 460	36 986
Actifs non financiers	..	0	0	0	0	0	0	0
Fonds de pension								
Valeur nette financière	..	43 190	35 005	42 379	52 581	15 052	17 060	56 515
Actifs financiers	..	1 399 961	1 283 393	1 469 781	1 497 256	1 581 867	1 637 742	1 677 522
Numéraire et dépôts	..	54 726	44 780	60 706	44 705	63 267	76 125	55 296
Titres de dette	..	788 653	665 727	744 897	737 673	747 784	763 032	790 785
Crédits	..	9 301	10 096	26 490	31 741	18 676	13 481	12 625
Actions et parts de fonds d'investissement	..	521 833	524 131	546 955	592 770	658 396	700 710	737 346
Actions	..	245 652	234 325	227 836	219 874	238 008	301 315	376 533
Parts de fonds d'investissement	..	276 181	289 806	319 119	372 896	420 388	399 395	360 813
Parts de fonds d'investissement monétaires	..	..	..	..	..	..	..	..
Parts de fonds d'investissement non monétaires	..	276 181	289 806	319 119	372 896	420 388	399 395	360 813
Systèmes d'assurance, de pensions et garanties standard	..	288	288	0	0	0	0	0
Produits financiers dérivés et options sur titres des salariés	..	4 142	2 838	63 494	66 309	71 266	55 008	54 676
Autres comptes à recevoir	..	21 018	35 533	27 239	24 058	22 478	29 386	26 794
Passifs financiers	..	1 356 771	1 248 388	1 427 402	1 444 675	1 566 815	1 620 682	1 621 007
Titres de dette	..	0	0	0	0	0	0	0
Titres de dette à court terme	..	..	..	..	..	..	..	..
Titres de dette à long terme	..	0	0	0	0	0	0	0
Crédits	..	106 869	35 940	35 520	40 706	42 916	67 424	65 368
Crédits à court terme	..	104 509	34 174	29 785	27 948	33 370	60 079	64 580
Crédits à long terme	..	2 360	1 766	5 735	12 758	9 546	7 345	788
Actions et parts de fonds d'investissement	..	79 361	81 963	80 997	84 246	106 526	106 455	82 174
Systèmes d'assurance, de pensions et garanties standard	..	1 107 676	1 078 662	1 257 056	1 272 167	1 348 013	1 393 372	1 413 801
Produits financiers dérivés et options sur titres des salariés	..	3 619	2 700	20 163	40 925	49 635	31 006	38 798
Autres comptes à payer	..	59 246	49 123	33 666	6 631	19 725	22 425	20 866
Actifs non financiers	..	0	0	0	0	0	0	0

Note : Voir les métadonnées détaillées sur : *http://metalinks.oecd.org/instinv/20190923/6c5a*

DANEMARK

Tableau 4. Composition du portefeuille par type d'investisseur

En pourcentage des actifs financiers et des passifs financiers

Pour cent

	2011	2012	2013	2014	2015	2016	2017	2018
Fonds d'investissement								
Actifs financiers	..	100.0	100.0	100.0	100.0	100.0	100.0	100.0
Numéraire et dépôts	..	1.4	1.8	2.0	2.1	2.3	2.3	2.1
Titres de dettes	..	55.2	55.3	53.3	50.6	51.5	47.9	48.1
Crédits	..	0.0	0.0	0.0	0.0	0.0	0.0	0.0
Actions et parts de fonds d'investissement	..	43.1	42.3	43.9	46.8	45.9	49.5	48.1
Systèmes d'assurance de pensions et garanties standard	..	0.0	0.0	0.0	0.0	0.0	0.0	..
Produits financiers dérivés et options sur titres des salariés	..	0.3	0.6	0.8	0.6	0.3	0.3	0.6
Autres comptes à recevoir	..	0.0	0.0	0.0	0.0	0.0	0.0	..
Passifs financiers	..	100.0	100.0	100.0	100.0	100.0	100.0	100.0
Numéraire et dépôts	..	0.0	0.0	0.0	0.0	0.0	0.0	..
Titres de dettes	..	0.0	0.0	0.0	0.0	0.0	0.0	..
Crédits	..	6.4	6.8	6.5	4.9	4.4	3.6	5.9
Actions et parts de fonds d'investissement	..	93.3	92.9	92.3	94.4	95.1	96.1	92.8
Systèmes d'assurance de pensions et garanties standard	..	0.0	0.0	0.0	0.0	0.0	0.0	..
Produits financiers dérivés et options sur titres des salariés	..	0.3	0.3	1.2	0.7	0.5	0.3	0.7
Autres comptes à recevoir	..	0.0	0.0	0.0	0.0	0.0	0.0	..
Sociétés d'assurance								
Actifs financiers	..	100.0	100.0	100.0	100.0	100.0	100.0	100.0
Numéraire et dépôts	..	2.1	2.0	1.6	1.4	1.4	2.3	2.0
Titres de dettes	..	34.6	33.7	32.1	37.2	34.5	33.0	36.2
Crédits	..	1.3	1.1	1.1	1.0	1.0	1.4	1.8
Actions et parts de fonds d'investissement	..	57.1	59.0	56.5	54.4	56.8	58.2	55.5
Systèmes d'assurance de pensions et garanties standard	..	0.6	0.7	0.4	0.4	0.3	0.3	0.3
Produits financiers dérivés et options sur titres des salariés	..	2.5	1.7	6.4	3.9	3.7	2.9	2.4
Autres comptes à recevoir	..	1.8	1.8	1.9	1.7	2.2	2.0	1.8
Passifs financiers	..	100.0	100.0	100.0	100.0	100.0	100.0	100.0
Numéraire et dépôts	..	0.0	0.0	0.0	0.0	0.0	0.0	0.0
Titres de dettes	..	0.0	0.0	0.1	0.3	0.3	0.4	0.4
Crédits	..	3.9	4.9	5.7	8.3	7.3	5.1	4.2
Actions et parts de fonds d'investissement	..	7.3	7.1	8.1	8.8	6.9	6.9	7.1
Systèmes d'assurance de pensions et garanties standard	..	82.1	82.4	79.1	79.3	81.4	84.9	85.3
Produits financiers dérivés et options sur titres des salariés	..	1.6	1.2	3.1	1.2	1.8	1.0	1.5
Autres comptes à recevoir	..	5.2	4.4	3.8	2.0	2.3	1.8	1.5
Fonds de pension								
Actifs financiers	..	100.0	100.0	100.0	100.0	100.0	100.0	100.0
Numéraire et dépôts	..	3.9	3.5	4.1	3.0	4.0	4.6	3.3
Titres de dettes	..	56.3	51.9	50.7	49.3	47.3	46.6	47.1
Crédits	..	0.7	0.8	1.8	2.1	1.2	0.8	0.8
Actions et parts de fonds d'investissement	..	37.3	40.8	37.2	39.6	41.6	42.8	44.0
Systèmes d'assurance de pensions et garanties standard	..	0.0	0.0	0.0	0.0	0.0	0.0	0.0
Produits financiers dérivés et options sur titres des salariés	..	0.3	0.2	4.3	4.4	4.5	3.4	3.3
Autres comptes à recevoir	..	1.5	2.8	1.9	1.6	1.4	1.8	1.6
Passifs financiers	..	100.0	100.0	100.0	100.0	100.0	100.0	100.0
Numéraire et dépôts	..	0.0	0.0	0.0	0.0	0.0	0.0	0.0
Titres de dettes	..	0.0	0.0	0.0	0.0	0.0	0.0	0.0
Crédits	..	7.9	2.9	2.5	2.8	2.7	4.2	4.0
Actions et parts de fonds d'investissement	..	5.8	6.6	5.7	5.8	6.8	6.6	5.1
Systèmes d'assurance de pensions et garanties standard	..	81.6	86.4	88.1	88.1	86.0	86.0	87.2
Produits financiers dérivés et options sur titres des salariés	..	0.3	0.2	1.4	2.8	3.2	1.9	2.4
Autres comptes à recevoir	..	4.4	3.9	2.4	0.5	1.3	1.4	1.3

Note : Voir les métadonnées détaillées sur : *http://metalinks.oecd.org/instinv/20190923/2704*

ESTONIE

Tableau 1. Actifs et passifs financiers des investisseurs institutionnels, 2018

Millions EUR (2011 EEK euro)

	Fonds d'investissement				
	Total	Fonds d'investissement non-monétaire			Fonds d'investissement monétaires
		Total	Fonds d'investissement à capital variable, non monétaire	Fonds d'investissement à capital fixe, non monétaire	Total
Actifs financiers	1 052	1 052	199	853	0
Numéraire et dépôts	89	89	15	74	0
Titres de dette	36	36	0	36	0
Titres de dette à court terme	0	0	0	0	0
Titres de dette à long terme	36	36	0	36	0
Titres de dette émis par les résidents	16	16	0	16	0
Titres de dette émis par les non-résidents	20	20	0	20	0
Crédits	148	148	0	148	0
Crédits à court terme	18	18	0	18	0
Crédits à long terme	130	130	0	130	0
Crédits accordés aux résidents	74	74	0	74	0
Crédits accordés aux non-résidents	74	74	0	74	0
Actions et parts de fonds d'investissement	749	749	183	566	0
Actions et parts de fonds d'investissements émises par les résidents	230	230	3	227	0
Actions et part de fonds d'investissements émises par les non-résidents	519	519	181	338	0
Autres comptes à recevoir	31	31	0	30	0

	Fonds d'investissement				
	Total	Fonds d'investissement non-monétaire			Fonds d'investissement monétaires
		Total	Fonds d'investissement à capital variable, non monétaire	Fonds d'investissement à capital fixe, non monétaire	Total
Pasifs financiers	1 051	1 051	199	852	0
Numéraire et dépôts	0	0	0	0	0
Titres de dette	40	40	0	40	0
Titres de dette à court terme	0	0	..	..	0
Titres de dette à long terme	40	40	..	..	0
Crédits	19	19	0	19	0
Crédits à court terme	11	11	..	..	0
Crédits à long terme	8	8	..	..	0
Actions et parts de fonds d'investissement	980	980	199	781	0
Systèmes d'assurance, de pensions et garanties standard	0	0	0	0	0
Produits financiers dérivés et options sur titres des salariés	0	0	0	0	0
Autres comptes à payer	12	12	0	12	0

	Sociétés d'assurance et fonds de pension autonomes				
	Total	Sociétés d'assurance			Fonds de pension autonomes
		Total	Sociétés d'assurance vie	Sociétés d'assurance non-vie	Total
Actifs financiers	5 405	1 467	..	..	3 938
Numéraire et dépôts	357	235	..	..	122
Titres de dette	2 500	559	..	..	1 941
Titres de dette à court terme	10	0	..	..	10
Titres de dette à long terme	2 490	559	..	..	1 931
Titres de dette émis par les résidents	309	14	..	..	295
Titres de dette émis par les non-résidents	2 191	545	..	..	1 646
Crédits	5	5	..	..	0
Crédits à court terme	0	0	..	..	0
Crédits à long terme	5	5	..	..	0
Crédits accordés aux résidents	0	0	..	..	0
Crédits accordés aux non-résidents	5	5	..	..	0
Actions et parts de fonds d'investissement	2 393	526	..	..	1 867
Actions et parts de fonds d'investissement émises par les résidents	275	50	..	..	224
Actions et parts de fonds d'investissement émises par les non-résidents	2 119	476	..	..	1 643
Autrescomptes à recevoir	123	115	..	..	8

	Sociétés d'assurance et fonds de pension autonomes				
	Total	Sociétés d'assurance			Fonds de pension autonomes
		Total	Sociétés d'assurance vie	Sociétés d'assurance non-vie	Total
Pasifs financiers	5 303	1 362	..	..	3 941
Numéraire et dépôts	0	0	..	..	0
Titres de dette	0	0	..	..	0
Titres de dette à court terme	0	0	..	..	0
Titres de dette à long terme	0	0	..	..	0
Crédits	24	24	..	..	0
Crédits à court terme	0	0	..	..	0
Crédits à long terme	24	24	..	..	0
Actions et parts de fonds d'investissement	452	452	..	..	0
Systèmes d'assurance, de pensions et garanties standard	4 645	712	..	..	3 933
Produits financiers dérivés et options sur titres des salariés	0	0	..	..	0
Autres comptes à payer	181	174	..	..	7

Note : Voir les métadonnées détaillées sur : *http://metalinks.oecd.org/instinv/20190923/8138*

ESTONIE

Tableau 2. Actifs et passifs financiers des fonds d'investissement

Millions EUR

	2011	2012	2013	2014	2015	2016	2017	2018
Fonds d'investissement								
Valeur nette financière	-9	-1	19	0	-13	-16	-1	1
Actifs financiers	448	514	631	575	734	869	1 102	1 052
Numéraire et dépôts	22	48	56	53	66	82	99	89
Titres de dette	67	75	70	70	72	26	26	36
Crédits	18	14	32	27	33	69	80	148
Actions et parts de fonds d'investissement	339	369	460	408	561	689	871	749
Actions	209	224	314	259	328	447	569	475
Parts de fonds d'investissement	130	144	147	148	233	242	302	274
Parts de fonds d'investissement monétaires	..	..	..	..	..	..	..	..
Parts de fonds d'investissement non monétaires	..	..	..	..	..	..	..	..
Systèmes d'assurance, de pensions et garanties standard	0	0	0	0	0	0	0	0
Produits financiers dérivés et options sur titres des salariés	0	1	4	6	0	0	0	0
Autres comptes à recevoir	2	6	10	11	2	3	27	31
Passifs financiers	457	514	612	575	747	885	1 103	1 051
Titres de dette	12	0	0	0	0	0	0	40
Titres de dette à court terme	0	0	0	0	0	0	0	0
Titres de dette à long terme	12	0	0	0	0	0	0	40
Crédits	13	26	24	14	35	21	38	19
Crédits à court terme	1	1	0	5	8	8	20	11
Crédits à long terme	12	25	24	9	28	13	19	8
Actions et parts de fonds d'investissement	429	485	583	556	708	857	1 054	980
Systèmes d'assurance, de pensions et garanties standard	0	0	0	0	0	0	0	0
Produits financiers dérivés et options sur titres des salariés	0	0	0	1	0	0	0	0
Autres comptes à payer	3	3	5	4	3	7	11	12
Actifs non financiers	13	14	0	0	0	18	0	0
Fonds d'investissement monéaires								
Valeur nette financière	0	0	0	0	0	0	0	0
Actifs financiers	0	0	0	0	0	0	0	0
Numéraire et dépôts	0	0	0	0	0	0	0	0
Titres de dette	0	0	0	0	0	0	0	0
Crédits	0	0	0	0	0	0	0	0
Actions et parts de fonds d'investissement	0	0	0	0	0	0	0	0
Actions	0	0	0	0	0	0	0	0
Parts de fonds d'investissement	0	0	0	0	0	0	0	0
Parts de fonds d'investissement monétaires	..	..	..	..	..	..	..	..
Parts de fonds d'investissement non monétaires	..	..	..	..	..	..	..	..
Systèmes d'assurance, de pensions et garanties standard	0	0	0	0	0	0	0	0
Produits financiers dérivés et options sur titres des salariés	0	0	0	0	0	0	0	0
Autres comptes à recevoir	0	0	0	0	0	0	0	0
Passifs financiers	0	0	0	0	0	0	0	0
Titres de dette	0	0	0	0	0	0	0	0
Titres de dette à court terme	0	0	0	0	0	0	0	0
Titres de dette à long terme	0	0	0	0	0	0	0	0
Crédits	0	0	0	0	0	0	0	0
Crédits à court terme	0	0	0	0	0	0	0	0
Crédits à long terme	0	0	0	0	0	0	0	0
Actions et parts de fonds d'investissement	0	0	0	0	0	0	0	0
Systèmes d'assurance, de pensions et garanties standard	0	0	0	0	0	0	0	0
Produits financiers dérivés et options sur titres des salariés	0	0	0	0	0	0	0	0
Autres comptes à payer	0	0	0	0	0	0	0	0
Actifs non financiers	0	0	0	0	0	0	0	0
Fonds d'investissement non monéaires								
Valeur nette financière	-9	-1	19	0	-13	-16	-1	1
Actifs financiers	448	514	631	575	734	869	1 102	1 052
Numéraire et dépôts	22	48	56	53	66	82	99	89
Titres de dette	67	75	70	70	72	26	26	36
Crédits	18	14	32	27	33	69	80	148
Actions et parts de fonds d'investissement	339	369	460	408	561	689	871	749
Actions	209	224	314	259	328	447	569	475
Parts de fonds d'investissement	130	144	147	148	233	242	302	274
Parts de fonds d'investissement monétaires	0	0	0	0	0	0	0	0
Parts de fonds d'investissement non monétaires	130	144	147	148	233	242	302	274
Systèmes d'assurance, de pensions et garanties standard	0	0	0	0	0	0	0	0
Produits financiers dérivés et options sur titres des salariés	0	1	4	6	0	0	0	0
Autres comptes à recevoir	2	6	10	11	2	3	27	31
Passifs financiers	457	514	612	575	747	885	1 103	1 051
Titres de dette	12	0	0	0	0	0	0	40
Titres de dette à court terme	0	0	0	0	0	0	0	0
Titres de dette à long terme	12	0	0	0	0	0	0	40
Crédits	13	26	24	14	35	21	38	19
Crédits à court terme	1	1	0	5	8	8	20	11
Crédits à long terme	12	25	24	9	28	13	19	8
Actions et parts de fonds d'investissement	429	485	583	556	708	857	1 054	980
Systèmes d'assurance, de pensions et garanties standard	0	0	0	0	0	0	0	0
Produits financiers dérivés et options sur titres des salariés	0	0	0	1	0	0	0	0
Autres comptes à payer	3	3	5	4	3	7	11	12
Actifs non financiers	13	14	0	0	0	18	0	0
Fonds d'investissement non monéaires à capital variable								
Valeur nette financière	0	-1	-1	2	0	0	0	0
Actifs financiers	362	384	438	389	341	336	402	199
Numéraire et dépôts	13	12	21	32	24	33	30	15

ESTONIE

Tableau 2. Actifs et passifs financiers des fonds d'investissement *(suite)*

Millions EUR

	2011	2012	2013	2014	2015	2016	2017	2018
Titres de dette	59	72	68	64	54	9	0	0
Crédits	0	0	0	0	0	0	0	0
Actions et parts de fonds d'investissement	288	297	344	288	263	292	370	183
Actions	159	159	206	151	131	176	233	67
Parts de fonds d'investissement	129	137	138	138	131	116	137	117
Parts de fonds d'investissement monétaires	..	..	..	..	..	..	..	..
Parts de fonds d'investissement non monétaires	..	..	..	..	..	..	..	..
Systèmes d'assurance, de pensions et garanties standard	0	0	0	0	0	0	0	0
Produits financiers dérivés et options sur titres des salariés	0	1	4	4	0	0	0	0
Autres comptes à recevoir	2	1	1	1	0	2	2	0
Passifs financiers	362	384	439	387	341	336	402	199
Titres de dette	0	0	0	0	0	0	0	0
Titres de dette à court terme	..	..	..	..	..	..	..	..
Titres de dette à long terme	..	..	..	..	..	..	..	..
Crédits	0	0	0	0	0	0	0	0
Crédits à court terme	..	..	..	..	..	..	..	..
Crédits à long terme	..	..	..	..	..	..	..	..
Actions et parts de fonds d'investissement	360	383	435	383	339	331	401	199
Systèmes d'assurance, de pensions et garanties standard	0	0	0	0	0	0	0	0
Produits financiers dérivés et options sur titres des salariés	0	0	0	0	0	0	0	0
Autres comptes à payer	2	1	4	4	2	5	1	0
Actifs non financiers	0	0	0	0	0	0	0	0
Fonds d'investissement à capital variable								
Valeur nette financière	0	-1	-1	2	0	0	0	0
Actifs financiers	362	384	438	389	341	336	402	199
Numéraire et dépôts	13	12	21	32	24	33	30	15
Titres de dette	59	72	68	64	54	9	0	0
Crédits	0	0	0	0	0	0	0	0
Actions et parts de fonds d'investissement	288	297	344	288	263	292	370	183
Actions	159	159	206	151	131	176	233	67
Parts de fonds d'investissement	129	137	138	138	131	116	137	117
Parts de fonds d'investissement monétaires	..	..	..	..	..	..	..	..
Parts de fonds d'investissement non monétaires	..	..	..	..	..	..	..	..
Systèmes d'assurance, de pensions et garanties standard	0	0	0	0	0	0	0	0
Produits financiers dérivés et options sur titres des salariés	0	1	4	4	0	0	0	0
Autres comptes à recevoir	2	1	1	1	0	2	2	0
Passifs financiers	362	384	439	387	341	336	402	199
Titres de dette	0	0	0	0	0	0	0	0
Titres de dette à court terme	..	..	..	..	..	..	..	..
Titres de dette à long terme	..	..	..	..	..	..	..	..
Crédits	0	0	0	0	0	0	0	0
Crédits à court terme	..	..	..	..	..	..	..	..
Crédits à long terme	..	..	..	..	..	..	..	..
Actions et parts de fonds d'investissement	360	383	435	383	339	331	401	199
Systèmes d'assurance, de pensions et garanties standard	0	0	0	0	0	0	0	0
Produits financiers dérivés et options sur titres des salariés	0	0	0	0	0	0	0	0
Autres comptes à payer	2	1	4	4	2	5	1	0
Actifs non financiers	0	0	0	0	0	0	0	0

Note : Voir les métadonnées détaillées sur : *http://metalinks.oecd.org/instinv/20190923/8138*

ESTONIE

Tableau 3. Actifs et passifs financiers des sociétés d'assurance et fonds de pension

Millions EUR

	2011	2012	2013	2014	2015	2016	2017	2018
Sociétés d'assurance et fonds de pension								
Valeur nette financière	21	41	61	18	-9	47	149	102
Actifs financiers	2 137	2 564	2 855	3 336	3 688	4 360	5 026	5 405
Numéraire et dépôts	347	420	475	498	631	885	296	357
Titres de dette	631	689	688	890	1 021	1 106	2 300	2 500
Crédits	17	1	4	2	3	3	3	5
Actions et parts de fonds d'investissement	1 081	1 407	1 628	1 894	1 976	2 293	2 238	2 393
Actions	216	325	314	300	283	288	843	878
Parts de fonds d'investissement	865	1 082	1 314	1 594	1 693	2 005	1 395	1 516
Parts de fonds d'investissement monétaires	0	0	0	0	0	0	0	0
Parts de fonds d'investissement non monétaires	865	1 082	1 314	1 594	1 693	2 005	1 395	1 516
Systèmes d'assurance, de pensions et garanties standard	23	16	14	16	20	22	25	27
Produits financiers dérivés et options sur titres des salariés	0	0	1	0	1	1	0	0
Autres comptes à recevoir	39	30	46	35	36	50	165	123
Passifs financiers	2 116	2 523	2 795	3 319	3 697	4 313	4 877	5 303
Titres de dette	0	0	0	0	0	0	0	0
Titres de dette à court terme	0	0	0	0	0	0	0	0
Titres de dette à long terme	0	0	0	0	0	0	0	0
Crédits	4	16	13	4	4	11	21	24
Crédits à court terme	0	0	0	0	0	0	0	0
Crédits à long terme	4	16	13	4	4	11	21	24
Actions et parts de fonds d'investissement	361	364	286	302	360	408	437	452
Systèmes d'assurance, de pensions et garanties standard	1 711	2 089	2 436	2 944	3 276	3 734	4 311	4 645
Produits financiers dérivés et options sur titres des salariés	1	0	0	1	0	0	0	0
Autres comptes à payer	40	54	60	68	58	160	107	181
Actifs non financiers	18	19	19	13	13	7	6	6
Sociétés d'assurance								
Valeur nette financière	21	43	62	14	-10	43	162	105
Actifs financiers	918	1 002	981	1 012	1 075	1 259	1 399	1 467
Numéraire et dépôts	153	178	158	114	102	163	148	235
Titres de dette	325	296	302	391	433	533	558	559
Crédits	17	1	4	2	3	3	3	5
Actions et parts de fonds d'investissement	368	481	458	456	483	493	504	526
Actions	174	250	193	178	192	193	224	241
Parts de fonds d'investissement	194	231	265	278	291	300	280	285
Parts de fonds d'investissement monétaires	0	0	0	0	0	0	0	0
Parts de fonds d'investissement non monétaires	194	231	265	278	291	300	280	285
Systèmes d'assurance, de pensions et garanties standard	23	16	14	16	20	22	25	27
Produits financiers dérivés et options sur titres des salariés	0	0	0	0	0	0	0	0
Autres comptes à recevoir	31	30	45	33	35	46	162	115
Passifs financiers	896	958	919	998	1 085	1 217	1 237	1 362
Titres de dette	0	0	0	0	0	0	0	0
Titres de dette à court terme	0	0	0	0	0	0	0	0
Titres de dette à long terme	0	0	0	0	0	0	0	0
Crédits	4	16	13	4	4	11	21	24
Crédits à court terme	0	0	0	0	0	0	0	0
Crédits à long terme	4	16	13	4	4	11	21	24
Actions et parts de fonds d'investissement	361	364	286	302	360	408	437	452
Systèmes d'assurance, de pensions et garanties standard	496	527	562	631	666	641	678	712
Produits financiers dérivés et options sur titres des salariés	0	0	0	0	0	0	0	0
Autres comptes à payer	36	51	57	62	55	157	101	174
Actifs non financiers	18	19	19	13	13	7	6	6
Fonds de pension								
Valeur nette financière	0	-2	-2	4	0	5	-13	-3
Actifs financiers	1 219	1 562	1 875	2 324	2 613	3 101	3 627	3 938
Numéraire et dépôts	193	242	317	384	529	722	148	122
Titres de dette	305	393	386	499	589	573	1 742	1 941
Crédits	0	0	0	0	0	0	0	0
Actions et parts de fonds d'investissement	713	927	1 170	1 438	1 493	1 800	1 734	1 867
Actions	42	75	121	122	91	95	619	636
Parts de fonds d'investissement	671	852	1 049	1 317	1 402	1 705	1 115	1 231
Parts de fonds d'investissement monétaires	0	0	0	0	0	0	0	0
Parts de fonds d'investissement non monétaires	671	852	1 049	1 317	1 402	1 705	1 115	1 231
Systèmes d'assurance, de pensions et garanties standard	0	0	0	0	0	0	0	0
Produits financiers dérivés et options sur titres des salariés	0	0	1	0	0	1	0	0
Autres comptes à recevoir	8	0	1	3	2	5	2	8
Passifs financiers	1 219	1 564	1 876	2 320	2 613	3 096	3 640	3 941
Titres de dette	0	0	0	0	0	0	0	0
Titres de dette à court terme	0	0	0	0	0	0	0	0
Titres de dette à long terme	0	0	0	0	0	0	0	0
Crédits	0	0	0	0	0	0	0	0
Crédits à court terme	0	0	0	0	0	0	0	0
Crédits à long terme	0	0	0	0	0	0	0	0
Actions et parts de fonds d'investissement	0	0	0	0	0	0	0	0
Systèmes d'assurance, de pensions et garanties standard	1 215	1 562	1 873	2 314	2 610	3 093	3 633	3 933
Produits financiers dérivés et options sur titres des salariés	1	0	0	1	0	0	0	0
Autres comptes à payer	4	2	3	6	3	3	6	7
Actifs non financiers	0	0	0	0	0	0	0	0

Note : Voir les métadonnées détaillées sur : *http://metalinks.oecd.org/instinv/20190923/8138*

ESTONIE

Tableau 4. Composition du portefeuille par type d'investisseur

En pourcentage des actifs financiers et des passifs financiers

Pour cent

	2011	2012	2013	2014	2015	2016	2017	2018
Fonds d'investissement								
Actifs financiers	100.0	100.0	100.0	100.0	100.0	100.0	100.0	100.0
Numéraire et dépôts	5.0	9.4	8.8	9.2	9.0	9.5	8.9	8.5
Titres de dettes	14.9	14.7	11.1	12.2	9.8	3.0	2.3	3.4
Crédits	4.1	2.7	5.0	4.7	4.5	7.9	7.3	14.1
Actions et parts de fonds d'investissement	75.5	71.8	72.9	70.9	76.5	79.3	79.0	71.2
Systèmes d'assurance de pensions et garanties standard	0.0	0.0	0.0	0.0	0.0	0.0	0.0	0.0
Produits financiers dérivés et options sur titres des salariés	0.0	0.2	0.6	1.0	0.0	0.0	0.0	0.0
Autres comptes à recevoir	0.5	1.2	1.5	2.0	0.3	0.4	2.4	2.9
Passifs financiers	100.0	100.0	100.0	100.0	100.0	100.0	100.0	100.0
Numéraire et dépôts	0.0	0.0	0.0	0.0	0.0	0.0	0.0	0.0
Titres de dettes	2.7	0.0	0.0	0.0	0.0	0.0	0.0	3.8
Crédits	2.9	5.1	3.9	2.4	4.7	2.4	3.5	1.8
Actions et parts de fonds d'investissement	93.8	94.4	95.3	96.6	94.8	96.8	95.5	93.2
Systèmes d'assurance de pensions et garanties standard	0.0	0.0	0.0	0.0	0.0	0.0	0.0	0.0
Produits financiers dérivés et options sur titres des salariés	0.0	0.0	0.0	0.2	0.0	0.0	0.0	0.0
Autres comptes à recevoir	0.6	0.5	0.8	0.7	0.5	0.8	1.0	1.2
Sociétés d'assurance								
Actifs financiers	100.0	100.0	100.0	100.0	100.0	100.0	100.0	100.0
Numéraire et dépôts	16.7	17.8	16.1	11.3	9.5	12.9	10.6	16.0
Titres de dettes	35.5	29.6	30.8	38.7	40.2	42.3	39.9	38.1
Crédits	1.9	0.1	0.4	0.2	0.3	0.2	0.2	0.3
Actions et parts de fonds d'investissement	40.1	48.0	46.7	45.0	44.9	39.1	36.0	35.9
Systèmes d'assurance de pensions et garanties standard	2.5	1.6	1.4	1.6	1.9	1.8	1.8	1.8
Produits financiers dérivés et options sur titres des salariés	0.0	0.0	0.0	0.0	0.0	0.0	0.0	0.0
Autres comptes à recevoir	3.4	3.0	4.6	3.2	3.2	3.6	11.6	7.9
Passifs financiers	100.0	100.0	100.0	100.0	100.0	100.0	100.0	100.0
Numéraire et dépôts	0.0	0.0	0.0	0.0	0.0	0.0	0.0	0.0
Titres de dettes	0.0	0.0	0.0	0.0	0.0	0.0	0.0	0.0
Crédits	0.4	1.7	1.5	0.4	0.3	0.9	1.7	1.8
Actions et parts de fonds d'investissement	40.2	37.9	31.1	30.2	33.2	33.5	35.4	33.2
Systèmes d'assurance de pensions et garanties standard	55.4	55.0	61.2	63.2	61.4	52.7	54.8	52.3
Produits financiers dérivés et options sur titres des salariés	0.0	0.0	0.0	0.0	0.0	0.0	0.0	0.0
Autres comptes à recevoir	4.0	5.4	6.2	6.3	5.1	12.9	8.2	12.8
Fonds de pension								
Actifs financiers	100.0	100.0	100.0	100.0	100.0	100.0	100.0	100.0
Numéraire et dépôts	15.9	15.5	16.9	16.5	20.2	23.3	4.1	3.1
Titres de dettes	25.0	25.2	20.6	21.5	22.5	18.5	48.0	49.3
Crédits	0.0	0.0	0.0	0.0	0.0	0.0	0.0	0.0
Actions et parts de fonds d'investissement	58.5	59.3	62.4	61.9	57.1	58.1	47.8	47.4
Systèmes d'assurance de pensions et garanties standard	0.0	0.0	0.0	0.0	0.0	0.0	0.0	0.0
Produits financiers dérivés et options sur titres des salariés	0.0	0.0	0.0	0.0	0.0	0.0	0.0	0.0
Autres comptes à recevoir	0.6	0.0	0.1	0.1	0.1	0.1	0.1	0.2
Passifs financiers	100.0	100.0	100.0	100.0	100.0	100.0	100.0	100.0
Numéraire et dépôts	0.0	0.0	0.0	0.0	0.0	0.0	0.0	0.0
Titres de dettes	0.0	0.0	0.0	0.0	0.0	0.0	0.0	0.0
Crédits	0.0	0.0	0.0	0.0	0.0	0.0	0.0	0.0
Actions et parts de fonds d'investissement	0.0	0.0	0.0	0.0	0.0	0.0	0.0	0.0
Systèmes d'assurance de pensions et garanties standard	99.6	99.9	99.9	99.7	99.9	99.9	99.8	99.8
Produits financiers dérivés et options sur titres des salariés	0.0	0.0	0.0	0.0	0.0	0.0	0.0	0.0
Autres comptes à recevoir	0.3	0.1	0.1	0.3	0.1	0.1	0.2	0.2

Note : Voir les métadonnées détaillées sur : *http://metalinks.oecd.org/instinv/20190923/2704*

FINLANDE

Tableau 1. Actifs et passifs financiers des investisseurs institutionnels, 2018

Millions EUR (1999 FIM euro)

	Total	Fonds d'investissement			
		Fonds d'investissement non-monétaire			Fonds d'investissement monétaires
		Total	Fonds d'investissement à capital variable, non monétaire	Fonds d'investissement à capital fixe, non monétaire	Total
Actifs financiers	121 747	118 731	..	..	3 016
Numéraire et dépôts	4 974	4 507	..	..	467
Titres de dette	37 434	34 892	..	..	2 542
Titres de dette à court terme	2 639	2 252	..	..	387
Titres de dette à long terme	34 795	32 640	..	..	2 155
Titres de dette émis par les résidents	5 976	5 563	..	..	413
Titres de dette émis par les non-résidents	31 458	29 329	..	..	2 129
Crédits	2 163	2 163	..	..	0
Crédits à court terme	45	45	..	..	0
Crédits à long terme	2 118	2 118	..	..	0
Crédits accordés aux résidents	1 875	1 875	..	..	0
Crédits accordés aux non-résidents	288	288	..	..	0
Actions et parts de fonds d'investissement	73 278	73 278	..	..	0
Actions et parts de fonds d'investissements émises par les résidents	27 398	27 398	..	..	0
Actions et part de fonds d'investissements émises par les non-résidents	45 880	45 880	..	..	0
Autres comptes à recevoir	1 040	1 033	..	..	7

	Total	Fonds d'investissement			
		Fonds d'investissement non-monétaire			Fonds d'investissement monétaires
		Total	Fonds d'investissement à capital variable, non monétaire	Fonds d'investissement à capital fixe, non monétaire	Total
Pasifs financiers	126 680	123 668	..	..	3 012
Numéraire et dépôts	..	..	..	..	..
Titres de dette	274	274	..	..	0
Titres de dette à court terme	0	0	..	..	..
Titres de dette à long terme	274	274	..	..	0
Crédits	3 246	3 246	..	..	0
Crédits à court terme	180	180	..	..	0
Crédits à long terme	3 066	3 066	..	..	0
Actions et parts de fonds d'investissement	119 215	116 227	..	..	2 988
Systèmes d'assurance, de pensions et garanties standard	..	..	..	..	..
Produits financiers dérivés et options sur titres des salariés	2 788	2 788	..	..	0
Autres comptes à payer	1 157	1 133	..	..	24

	Total	Sociétés d'assurance et fonds de pension autonomes			
		Sociétés d'assurance			Fonds de pension autonomes
		Total	Sociétés d'assurance vie	Sociétés d'assurance non-vie	Total
Actifs financiers	75 714	72 343	..	..	3 371
Numéraire et dépôts	3 264	3 151	..	..	113
Titres de dette	18 177	17 444	..	..	733
Titres de dette à court terme	501	487	..	..	14
Titres de dette à long terme	17 676	16 957	..	..	719
Titres de dette émis par les résidents	4 712	4 232	..	..	480
Titres de dette émis par les non-résidents	13 465	13 212	..	..	253
Crédits	5 026	4 851	..	..	175
Crédits à court terme	11	11	..	..	0
Crédits à long terme	5 015	4 840	..	..	175
Crédits accordés aux résidents	1 472	1 297	..	..	175
Crédits accordés aux non-résidents	3 554	3 554	..	..	0
Actions et parts de fonds d'investissement	46 358	44 096	..	..	2 262
Actions et parts de fonds d'investissement émises par les résidents	33 705	32 356	..	..	1 349
Actions et parts de fonds d'investissement émises par les non-résidents	12 653	11 740	..	..	913
Autrescomptes à recevoir	2 280	2 254	..	..	26

	Total	Sociétés d'assurance et fonds de pension autonomes			
		Sociétés d'assurance			Fonds de pension autonomes
		Total	Sociétés d'assurance vie	Sociétés d'assurance non-vie	Total
Pasifs financiers	72 980	69 559	..	..	3 421
Numéraire et dépôts	0	0	..	..	..
Titres de dette	417	417	..	..	0
Titres de dette à court terme	0	0	..	..	0
Titres de dette à long terme	417	417	..	..	0
Crédits	777	776	..	..	1
Crédits à court terme	2	2	..	..	0
Crédits à long terme	775	774	..	..	1
Actions et parts de fonds d'investissement	7 233	7 233	..	..	..
Systèmes d'assurance, de pensions et garanties standard	63 119	59 815	..	..	3 304
Produits financiers dérivés et options sur titres des salariés	93	64	..	..	29
Autres comptes à payer	1 341	1 254	..	..	87

Note : Voir les métadonnées détaillées sur : *http://metalinks.oecd.org/instinv/20190923/6c5a*

FINLANDE

Tableau 2. Actifs et passifs financiers des fonds d'investissement

Millions EUR

	2011	2012	2013	2014	2015	2016	2017	2018
Fonds d'investissement								
Valeur nette financière	681	468	229	739	369	-4 232	-4 836	-4 933
Actifs financiers	60 223	72 745	82 503	94 435	108 876	116 643	129 760	121 747
Numéraire et dépôts	2 430	2 905	4 544	4 003	4 135	5 049	5 650	4 974
Titres de dette	25 684	28 865	30 822	34 447	35 811	37 759	39 079	37 434
Crédits	1 356	1 403	1 385	1 643	1 045	1 205	1 842	2 163
Actions et parts de fonds d'investissement	29 569	37 988	43 956	51 962	64 623	69 385	79 433	73 278
Actions	17 884	21 864	27 083	32 155	38 499	40 343	46 020	42 701
Parts de fonds d'investissement	11 685	16 124	16 873	19 807	26 124	29 042	33 413	30 577
Parts de fonds d'investissement monétaires	1 147	577	834	772	657	555	708	604
Parts de fonds d'investissement non monétaires	10 538	15 547	16 039	19 035	25 467	28 487	32 705	29 973
Systèmes d'assurance, de pensions et garanties standard	..	..	..	..	..	..	..	..
Produits financiers dérivés et options sur titres des salariés	713	1 048	1 256	1 704	2 353	2 455	2 850	2 858
Autres comptes à recevoir	471	536	540	676	909	790	906	1 040
Passifs financiers	59 542	72 277	82 274	93 696	108 507	120 875	134 596	126 680
Titres de dette	0	0	0	0	0	74	328	274
Titres de dette à court terme	0	0	0	0	0	0	0	0
Titres de dette à long terme	0	0	0	0	0	74	328	274
Crédits	8	6	1 921	1 331	2 012	2 452	2 878	3 246
Crédits à court terme	0	0	0	16	42	69	63	180
Crédits à long terme	8	6	1 921	1 315	1 970	2 383	2 815	3 066
Actions et parts de fonds d'investissement	58 475	70 447	79 022	90 132	104 133	115 482	127 578	119 215
Systèmes d'assurance, de pensions et garanties standard	..	..	..	..	..	..	..	..
Produits financiers dérivés et options sur titres des salariés	885	1 793	1 228	1 968	2 154	2 358	2 682	2 788
Autres comptes à payer	174	31	103	265	208	509	1 130	1 157
Actifs non financiers	..	..	..	..	..	..	..	..
Fonds d'investissement moneaires								
Valeur nette financière	0	-250	-564	113	305	220	68	4
Actifs financiers	11 418	3 244	3 546	3 450	3 458	3 580	3 455	3 016
Numéraire et dépôts	401	293	335	412	353	454	413	467
Titres de dette	10 849	2 844	3 105	3 020	3 089	3 120	3 025	2 542
Crédits	0	0	0	0	0	0	0	0
Actions et parts de fonds d'investissement	14	12	2	2	0	0	0	0
Actions	0	0	0	0	0	0	0	0
Parts de fonds d'investissement	14	12	2	2	0	0	0	0
Parts de fonds d'investissement monétaires	14	12	2	2	0	0	0	0
Parts de fonds d'investissement non monétaires	0	0	0	0	0	0	0	0
Systèmes d'assurance, de pensions et garanties standard	..	..	..	..	..	..	..	..
Produits financiers dérivés et options sur titres des salariés	0	25	0	0	0	0	0	0
Autres comptes à recevoir	154	70	104	16	16	6	17	7
Passifs financiers	11 418	3 494	4 110	3 337	3 153	3 360	3 387	3 012
Titres de dette	0	0	0	0	0	0	0	0
Titres de dette à court terme	..	..	..	..	..	..	..	..
Titres de dette à long terme	0	0	0	0	0	0	0	0
Crédits	0	0	136	0	0	0	0	0
Crédits à court terme	0	0	0	0	0	0	0	0
Crédits à long terme	0	0	136	0	0	0	0	0
Actions et parts de fonds d'investissement	11 347	3 494	3 974	3 246	3 120	3 309	3 367	2 988
Systèmes d'assurance, de pensions et garanties standard	..	..	..	..	..	..	..	..
Produits financiers dérivés et options sur titres des salariés	0	0	0	0	0	0	0	0
Autres comptes à payer	71	0	0	91	33	51	20	24
Actifs non financiers	..	..	..	..	..	..	..	..
Fonds d'investissement non moneaires								
Valeur nette financière	681	718	793	626	64	-4 452	-4 904	-4 937
Actifs financiers	48 805	69 501	78 957	90 985	105 418	113 063	126 305	118 731
Numéraire et dépôts	2 029	2 612	4 209	3 591	3 782	4 595	5 237	4 507
Titres de dette	14 835	26 021	27 717	31 427	32 722	34 639	36 054	34 892
Crédits	1 356	1 403	1 385	1 643	1 045	1 205	1 842	2 163
Actions et parts de fonds d'investissement	29 555	37 976	43 954	51 960	64 623	69 385	79 433	73 278
Actions	17 884	21 864	27 083	32 155	38 499	40 343	46 020	42 701
Parts de fonds d'investissement	11 671	16 112	16 871	19 805	26 124	29 042	33 413	30 577
Parts de fonds d'investissement monétaires	1 133	565	832	770	657	555	708	604
Parts de fonds d'investissement non monétaires	10 538	15 547	16 039	19 035	25 467	28 487	32 705	29 973
Systèmes d'assurance, de pensions et garanties standard	..	..	..	..	..	..	..	..
Produits financiers dérivés et options sur titres des salariés	713	1 023	1 256	1 704	2 353	2 455	2 850	2 858
Autres comptes à recevoir	317	466	436	660	893	784	889	1 033
Passifs financiers	48 124	68 783	78 164	90 359	105 354	117 515	131 209	123 668
Titres de dette	0	0	..	0	0	74	328	274
Titres de dette à court terme	0	0	..	0	0	0	0	0
Titres de dette à long terme	0	0	..	..	..	74	328	274
Crédits	8	6	1 785	1 331	2 012	2 452	2 878	3 246
Crédits à court terme	0	0	0	16	42	69	63	180
Crédits à long terme	8	6	1 785	1 315	1 970	2 383	2 815	3 066
Actions et parts de fonds d'investissement	47 128	66 953	75 048	86 886	101 013	112 173	124 211	116 227
Systèmes d'assurance, de pensions et garanties standard	..	..	..	..	..	..	..	..
Produits financiers dérivés et options sur titres des salariés	885	1 793	1 228	1 968	2 154	2 358	2 682	2 788
Autres comptes à payer	103	31	103	174	175	458	1 110	1 133
Actifs non financiers	..	..	..	..	..	..	..	..
Fonds d'investissement non moneaires à capital variable								
Valeur nette financière	..	..	..	..	..	..	..	..
Actifs financiers	..	..	..	..	..	..	..	..
Numéraire et dépôts	..	..	..	..	..	..	..	..

FINLANDE

Tableau 2. Actifs et passifs financiers des fonds d'investissement *(suite)*

Millions EUR

	2011	2012	2013	2014	2015	2016	2017	2018
Titres de dette	..	..	..	..	..	..	..	..
Crédits	..	..	..	..	..	..	..	..
Actions et parts de fonds d'investissement	..	..	..	..	..	..	..	..
Actions	..	..	..	..	..	..	..	..
Parts de fonds d'investissement	..	..	..	..	..	..	..	..
Parts de fonds d'investissement monétaires	..	..	..	..	..	..	..	..
Parts de fonds d'investissement non monétaires	..	..	..	..	..	..	..	..
Systèmes d'assurance, de pensions et garanties standard	..	..	..	..	..	..	..	..
Produits financiers dérivés et options sur titres des salariés	..	..	..	..	..	..	..	..
Autres comptes à recevoir	..	..	..	..	..	..	..	..
Passifs financiers	..	..	..	..	..	..	..	..
Titres de dette	..	..	..	..	..	..	..	..
Titres de dette à court terme	..	..	..	..	..	..	..	..
Titres de dette à long terme	..	..	..	..	..	..	..	..
Crédits	..	..	..	..	..	..	..	..
Crédits à court terme	..	..	..	..	..	..	..	..
Crédits à long terme	..	..	..	..	..	..	..	..
Actions et parts de fonds d'investissement	..	..	..	..	..	..	..	..
Systèmes d'assurance, de pensions et garanties standard	..	..	..	..	..	..	..	..
Produits financiers dérivés et options sur titres des salariés	..	..	..	..	..	..	..	..
Autres comptes à payer	..	..	..	..	..	..	..	..
Actifs non financiers	..	..	..	..	..	..	..	..
Fonds d'investissement à capital variable								
Valeur nette financière	..	..	..	..	..	..	..	..
Actifs financiers	..	..	..	..	..	..	..	..
Numéraire et dépôts	..	..	..	..	..	..	..	..
Titres de dette	..	..	..	..	..	..	..	..
Crédits	..	..	..	..	..	..	..	..
Actions et parts de fonds d'investissement	..	..	..	..	..	..	..	..
Actions	..	..	..	..	..	..	..	..
Parts de fonds d'investissement	..	..	..	..	..	..	..	..
Parts de fonds d'investissement monétaires	..	..	..	..	..	..	..	..
Parts de fonds d'investissement non monétaires	..	..	..	..	..	..	..	..
Systèmes d'assurance, de pensions et garanties standard	..	..	..	..	..	..	..	..
Produits financiers dérivés et options sur titres des salariés	..	..	..	..	..	..	..	..
Autres comptes à recevoir	..	..	..	..	..	..	..	..
Passifs financiers	..	..	..	..	..	..	..	..
Titres de dette	..	..	..	..	..	..	..	..
Titres de dette à court terme	..	..	..	..	..	..	..	..
Titres de dette à long terme	..	..	..	..	..	..	..	..
Crédits	..	..	..	..	..	..	..	..
Crédits à court terme	..	..	..	..	..	..	..	..
Crédits à long terme	..	..	..	..	..	..	..	..
Actions et parts de fonds d'investissement	..	..	..	..	..	..	..	..
Systèmes d'assurance, de pensions et garanties standard	..	..	..	..	..	..	..	..
Produits financiers dérivés et options sur titres des salariés	..	..	..	..	..	..	..	..
Autres comptes à payer	..	..	..	..	..	..	..	..
Actifs non financiers	..	..	..	..	..	..	..	..

Note : Voir les métadonnées détaillées sur : *http://metalinks.oecd.org/instinv/20190923/6c5a*

FINLANDE

Tableau 3. Actifs et passifs financiers des sociétés d'assurance et fonds de pension

Millions EUR

	2011	2012	2013	2014	2015	2016	2017	2018
Sociétés d'assurance et fonds de pension								
Valeur nette financière	3 160	3 415	1 553	3 148	3 310	5 611	5 253	2 734
Actifs financiers	56 438	61 770	64 156	71 096	74 792	77 234	79 400	75 714
Numéraire et dépôts	2 108	2 497	2 818	3 498	3 524	3 142	3 954	3 264
Titres de dette	21 177	23 505	24 582	24 852	24 473	23 116	17 937	18 177
Crédits	1 824	1 680	1 667	1 584	1 941	2 289	5 222	5 026
Actions et parts de fonds d'investissement	29 524	31 919	33 479	38 641	42 527	45 700	49 509	46 358
Actions	5 027	4 877	4 870	4 945	5 386	6 882	7 077	6 639
Parts de fonds d'investissement	24 497	27 042	28 609	33 696	37 141	38 818	42 432	39 719
Parts de fonds d'investissement monétaires	2 532	966	1 188	1 511	1 521	926	968	1 029
Parts de fonds d'investissement non monétaires	21 965	26 076	27 421	32 185	35 620	37 892	41 464	38 690
Systèmes d'assurance, de pensions et garanties standard	0	0	0	0	0	338	344	376
Produits financiers dérivés et options sur titres des salariés	46	310	132	145	80	126	181	233
Autres comptes à recevoir	1 759	1 859	1 478	2 376	2 247	2 523	2 253	2 280
Passifs financiers	53 278	58 355	62 603	67 948	71 482	71 623	74 147	72 980
Titres de dette	273	280	210	554	515	510	381	417
Titres de dette à court terme	17	13	5	24	19	17	0	0
Titres de dette à long terme	256	267	205	530	496	493	381	417
Crédits	452	182	106	286	124	114	761	777
Crédits à court terme	1	44	23	65	20	19	16	2
Crédits à long terme	451	138	83	221	104	95	745	775
Actions et parts de fonds d'investissement	4 380	5 162	5 447	5 510	5 335	5 866	6 088	7 233
Systèmes d'assurance, de pensions et garanties standard	46 957	51 347	55 448	59 665	64 321	63 851	65 578	63 119
Produits financiers dérivés et options sur titres des salariés	316	66	91	290	138	62	10	93
Autres comptes à payer	900	1 318	1 301	1 643	1 049	1 220	1 329	1 341
Actifs non financiers	..	..	..	..	..	..	..	..
Sociétés d'assurance								
Valeur nette financière	2 903	3 525	2 381	3 960	4 068	5 561	5 365	2 784
Actifs financiers	52 543	58 247	61 194	68 175	71 832	73 623	75 998	72 343
Numéraire et dépôts	1 893	2 372	2 604	3 439	3 467	3 066	3 898	3 151
Titres de dette	20 211	22 707	23 720	23 971	23 743	22 354	17 225	17 444
Crédits	1 514	1 428	1 502	1 426	1 769	2 106	5 027	4 851
Actions et parts de fonds d'investissement	27 178	29 688	31 799	36 853	40 558	43 148	47 092	44 096
Actions	4 144	4 332	4 360	4 262	4 798	5 781	6 304	5 904
Parts de fonds d'investissement	23 034	25 356	27 439	32 591	35 760	37 367	40 788	38 192
Parts de fonds d'investissement monétaires	2 439	864	1 066	1 435	1 415	791	833	894
Parts de fonds d'investissement non monétaires	20 595	24 492	26 373	31 156	34 345	36 576	39 955	37 298
Systèmes d'assurance, de pensions et garanties standard	0	0	0	0	0	338	344	376
Produits financiers dérivés et options sur titres des salariés	46	308	130	145	80	126	181	171
Autres comptes à recevoir	1 701	1 744	1 439	2 341	2 215	2 485	2 231	2 254
Passifs financiers	49 640	54 722	58 813	64 215	67 764	68 062	70 633	69 559
Titres de dette	273	280	210	554	515	510	381	417
Titres de dette à court terme	17	13	5	24	19	17	0	0
Titres de dette à long terme	256	267	205	530	496	493	381	417
Crédits	426	182	106	286	124	114	760	776
Crédits à court terme	1	44	23	65	20	19	16	2
Crédits à long terme	425	138	83	221	104	95	744	774
Actions et parts de fonds d'investissement	4 380	5 162	5 447	5 510	5 335	5 866	6 088	7 233
Systèmes d'assurance, de pensions et garanties standard	43 370	47 739	51 684	55 980	60 636	60 309	62 152	59 815
Produits financiers dérivés et options sur titres des salariés	316	66	91	290	138	62	10	64
Autres comptes à payer	875	1 293	1 275	1 595	1 016	1 201	1 242	1 254
Actifs non financiers	..	..	..	..	..	..	..	..
Fonds de pension								
Valeur nette financière	257	-110	-828	-812	-758	50	-112	-50
Actifs financiers	3 895	3 523	2 962	2 921	2 960	3 611	3 402	3 371
Numéraire et dépôts	215	125	214	59	57	76	56	113
Titres de dette	966	798	862	881	730	762	712	733
Crédits	310	252	165	158	172	183	195	175
Actions et parts de fonds d'investissement	2 346	2 231	1 680	1 788	1 969	2 552	2 417	2 262
Actions	883	545	510	683	588	1 101	773	735
Parts de fonds d'investissement	1 463	1 686	1 170	1 105	1 381	1 451	1 644	1 527
Parts de fonds d'investissement monétaires	93	102	122	76	106	135	135	135
Parts de fonds d'investissement non monétaires	1 370	1 584	1 048	1 029	1 275	1 316	1 509	1 392
Systèmes d'assurance, de pensions et garanties standard	..	..	..	..	..	..	..	..
Produits financiers dérivés et options sur titres des salariés	0	2	2	0	0	0	0	62
Autres comptes à recevoir	58	115	39	35	32	38	22	26
Passifs financiers	3 638	3 633	3 790	3 733	3 718	3 561	3 514	3 421
Titres de dette	0	0	0	0	0	0	0	0
Titres de dette à court terme	0	0	0	0	0	0	0	0
Titres de dette à long terme	0	0	0	0	0	0	0	0
Crédits	26	0	0	0	0	0	1	1
Crédits à court terme	0	0	0	0	0	0	0	0
Crédits à long terme	26	0	0	0	0	0	1	1
Actions et parts de fonds d'investissement	..	..	..	..	..	..	..	..
Systèmes d'assurance, de pensions et garanties standard	3 587	3 608	3 764	3 685	3 685	3 542	3 426	3 304
Produits financiers dérivés et options sur titres des salariés	0	0	0	0	0	0	0	29
Autres comptes à payer	25	25	26	48	33	19	87	87
Actifs non financiers	..	..	..	..	..	..	..	..

Note : Voir les métadonnées détaillées sur : *http://metalinks.oecd.org/instinv/20190923/6c5a*

FINLANDE

Tableau 4. Composition du portefeuille par type d'investisseur
En pourcentage des actifs financiers et des passifs financiers

Pour cent

	2011	2012	2013	2014	2015	2016	2017	2018
Fonds d'investissement								
Actifs financiers	100.0	100.0	100.0	100.0	100.0	100.0	100.0	100.0
Numéraire et dépôts	4.0	4.0	5.5	4.2	3.8	4.3	4.4	4.1
Titres de dettes	42.6	39.7	37.4	36.5	32.9	32.4	30.1	30.7
Crédits	2.3	1.9	1.7	1.7	1.0	1.0	1.4	1.8
Actions et parts de fonds d'investissement	49.1	52.2	53.3	55.0	59.4	59.5	61.2	60.2
Systèmes d'assurance de pensions et garanties standard	0.0	0.0	0.0	0.0	0.0	0.0	0.0	0.0
Produits financiers dérivés et options sur titres des salariés	1.2	1.4	1.5	1.8	2.2	2.1	2.2	2.3
Autres comptes à recevoir	0.8	0.7	0.7	0.7	0.8	0.7	0.7	0.9
Passifs financiers	100.0	100.0	100.0	100.0	100.0	100.0	100.0	100.0
Numéraire et dépôts	0.0	0.0	0.0	0.0	0.0	0.0	0.0	0.0
Titres de dettes	0.0	0.0	0.0	0.0	0.0	0.1	0.2	0.2
Crédits	0.0	0.0	2.3	1.4	1.9	2.0	2.1	2.6
Actions et parts de fonds d'investissement	98.2	97.5	96.0	96.2	96.0	95.5	94.8	94.1
Systèmes d'assurance de pensions et garanties standard	0.0	0.0	0.0	0.0	0.0	0.0	0.0	0.0
Produits financiers dérivés et options sur titres des salariés	1.5	2.5	1.5	2.1	2.0	2.0	2.0	2.2
Autres comptes à recevoir	0.3	0.0	0.1	0.3	0.2	0.4	0.8	0.9
Sociétés d'assurance								
Actifs financiers	100.0	100.0	100.0	100.0	100.0	100.0	100.0	100.0
Numéraire et dépôts	3.6	4.1	4.3	5.0	4.8	4.2	5.1	4.4
Titres de dettes	38.5	39.0	38.8	35.2	33.1	30.4	22.7	24.1
Crédits	2.9	2.5	2.5	2.1	2.5	2.9	6.6	6.7
Actions et parts de fonds d'investissement	51.7	51.0	52.0	54.1	56.5	58.6	62.0	61.0
Systèmes d'assurance de pensions et garanties standard	0.0	0.0	0.0	0.0	0.0	0.5	0.5	0.5
Produits financiers dérivés et options sur titres des salariés	0.1	0.5	0.2	0.2	0.1	0.2	0.2	0.2
Autres comptes à recevoir	3.2	3.0	2.4	3.4	3.1	3.4	2.9	3.1
Passifs financiers	100.0	100.0	100.0	100.0	100.0	100.0	100.0	100.0
Numéraire et dépôts	0.0	0.0	0.0	0.0	0.0	0.0	0.0	0.0
Titres de dettes	0.5	0.5	0.4	0.9	0.8	0.7	0.5	0.6
Crédits	0.9	0.3	0.2	0.4	0.2	0.2	1.1	1.1
Actions et parts de fonds d'investissement	8.8	9.4	9.3	8.6	7.9	8.6	8.6	10.4
Systèmes d'assurance de pensions et garanties standard	87.4	87.2	87.9	87.2	89.5	88.6	88.0	86.0
Produits financiers dérivés et options sur titres des salariés	0.6	0.1	0.2	0.5	0.2	0.1	0.0	0.1
Autres comptes à recevoir	1.8	2.4	2.2	2.5	1.5	1.8	1.8	1.8
Fonds de pension								
Actifs financiers	100.0	100.0	100.0	100.0	100.0	100.0	100.0	100.0
Numéraire et dépôts	5.5	3.5	7.2	2.0	1.9	2.1	1.6	3.4
Titres de dettes	24.8	22.7	29.1	30.2	24.7	21.1	20.9	21.7
Crédits	8.0	7.2	5.6	5.4	5.8	5.1	5.7	5.2
Actions et parts de fonds d'investissement	60.2	63.3	56.7	61.2	66.5	70.7	71.0	67.1
Systèmes d'assurance de pensions et garanties standard	0.0	0.0	0.0	0.0	0.0	0.0	0.0	0.0
Produits financiers dérivés et options sur titres des salariés	0.0	0.1	0.1	0.0	0.0	0.0	0.0	1.8
Autres comptes à recevoir	1.5	3.3	1.3	1.2	1.1	1.1	0.6	0.8
Passifs financiers	100.0	100.0	100.0	100.0	100.0	100.0	100.0	100.0
Numéraire et dépôts	0.0	0.0	0.0	0.0	0.0	0.0	0.0	0.0
Titres de dettes	0.0	0.0	0.0	0.0	0.0	0.0	0.0	0.0
Crédits	0.7	0.0	0.0	0.0	0.0	0.0	0.0	0.0
Actions et parts de fonds d'investissement	0.0	0.0	0.0	0.0	0.0	0.0	0.0	0.0
Systèmes d'assurance de pensions et garanties standard	98.6	99.3	99.3	98.7	99.1	99.5	97.5	96.6
Produits financiers dérivés et options sur titres des salariés	0.0	0.0	0.0	0.0	0.0	0.0	0.0	0.8
Autres comptes à recevoir	0.7	0.7	0.7	1.3	0.9	0.5	2.5	2.5

Note : Voir les métadonnées détaillées sur : *http://metalinks.oecd.org/instinv/20190923/2704*

FRANCE

Tableau 1. Actifs et passifs financiers des investisseurs institutionnels, 2018

Millions EUR (1999 FRF euro)

	Fonds d'investissement				
	Total	Fonds d'investissement non-monétaire			Fonds d'investissement monétaires
		Total	Fonds d'investissement à capital variable, non monétaire	Fonds d'investissement à capital fixe, non monétaire	Total
Actifs financiers	1 653 834	1 320 595	1 320 595	0	333 239
Numéraire et dépôts	94 624	46 737	46 737	0	47 887
Titres de dette	634 573	383 468	383 468	0	251 105
Titres de dette à court terme	202 036	32 525	32 525	0	169 511
Titres de dette à long terme	432 537	350 943	350 943	0	81 594
Titres de dette émis par les résidents	224 756	116 681	116 681	0	108 075
Titres de dette émis par les non-résidents	409 818	266 787	266 787	0	143 030
Crédits	4 956	4 035	4 035	0	921
Crédits à court terme	4 624	3 703	3 703	0	920
Crédits à long terme	332	332	332	0	1
Crédits accordés aux résidents	4 742	3 822	3 822	0	920
Crédits accordés aux non-résidents	214	213	213	0	1
Actions et parts de fonds d'investissement	739 895	710 625	710 625	0	29 270
Actions et parts de fonds d'investissements émises par les résidents	447 113	419 588	419 588	0	27 525
Actions et part de fonds d'investissements émises par les non-résidents	292 782	291 037	291 037	0	1 745
Autres comptes à recevoir	152 949	151 425	151 425	0	1 525

	Fonds d'investissement				
	Total	Fonds d'investissement non-monétaire			Fonds d'investissement monétaires
		Total	Fonds d'investissement à capital variable, non monétaire	Fonds d'investissement à capital fixe, non monétaire	Total
Pasifs financiers	1 729 918	1 396 680	1 396 680	0	333 239
Numéraire et dépôts	14 163	13 929	13 929	0	235
Titres de dette	0	0	0	0	0
Titres de dette à court terme	0	0	0	0	0
Titres de dette à long terme	0	0	0	0	0
Crédits	8 480	8 473	8 473	0	8
Crédits à court terme	5 968	5 964	5 964	0	4
Crédits à long terme	2 512	2 509	2 509	0	3
Actions et parts de fonds d'investissement	1 526 756	1 199 321	1 199 321	0	327 435
Systèmes d'assurance, de pensions et garanties standard	0	0	0	0	0
Produits financiers dérivés et options sur titres des salariés	28 860	26 411	26 411	0	2 449
Autres comptes à payer	151 659	148 546	148 546	0	3 113

	Sociétés d'assurance et fonds de pension autonomes				
	Total	Sociétés d'assurance			Fonds de pension autonomes
		Total	Sociétés d'assurance vie	Sociétés d'assurance non-vie	Total
Actifs financiers	2 762 788	2 762 788	2 405 188	357 600	..
Numéraire et dépôts	41 852	41 852	29 091	12 761	..
Titres de dette	1 527 397	1 527 397	1 408 126	119 271	..
Titres de dette à court terme	25 100	25 100	24 650	450	..
Titres de dette à long terme	1 502 297	1 502 297	1 383 476	118 821	..
Titres de dette émis par les résidents	820 828	820 828	758 241	62 587	..
Titres de dette émis par les non-résidents	706 569	706 569	649 885	56 684	..
Crédits	63 311	63 311	42 192	21 119	..
Crédits à court terme	33 217	33 217	20 135	13 082	..
Crédits à long terme	30 094	30 094	22 057	8 037	..
Crédits accordés aux résidents	54 297	54 297	40 156	14 141	..
Crédits accordés aux non-résidents	9 014	9 014	2 036	6 978	..
Actions et parts de fonds d'investissement	927 779	927 779	778 507	149 272	..
Actions et parts de fonds d'investissement émises par les résidents	758 506	758 506	633 031	125 475	..
Actions et parts de fonds d'investissement émises par les non-résidents	169 273	169 273	145 476	23 797	..
Autrescomptes à recevoir	84 188	84 188	56 569	27 619	..

	Sociétés d'assurance et fonds de pension autonomes				
	Total	Sociétés d'assurance			Fonds de pension autonomes
		Total	Sociétés d'assurance vie	Sociétés d'assurance non-vie	Total
Pasifs financiers	2 805 754	2 805 754	2 437 400	368 354	..
Numéraire et dépôts	..	..	..	..	..
Titres de dette	67 084	67 084	56 101	10 983	..
Titres de dette à court terme	..	..	..	..	..
Titres de dette à long terme	..	..	..	..	..
Crédits	93 179	93 179	79 084	14 095	..
Crédits à court terme	..	..	..	..	..
Crédits à long terme	..	..	..	..	..
Actions et parts de fonds d'investissement	319 019	319 019	166 918	152 101	..
Systèmes d'assurance, de pensions et garanties standard	2 195 265	2 195 265	2 041 827	153 438	..
Produits financiers dérivés et options sur titres des salariés	2 574	2 574	2 508	66	..
Autres comptes à payer	128 633	128 633	90 962	37 671	..

Note : Voir les métadonnées détaillées sur : *http://metalinks.oecd.org/instinv/20190923/6c5a*

Tableau 2. Actifs et passifs financiers des fonds d'investissement

Millions EUR

	2011	2012	2013	2014	2015	2016	2017	2018
Fonds d'investissement								
Valeur nette financière	-30 834	-38 900	-43 614	-51 435	-60 968	-55 168	-63 222	-76 084
Actifs financiers	1 326 157	1 399 454	1 399 994	1 454 248	1 539 889	1 654 798	1 777 124	1 653 834
Numéraire et dépôts	84 017	86 872	83 589	85 309	87 221	87 825	80 917	94 624
Titres de dette	558 349	590 121	552 979	575 387	601 667	638 663	676 443	634 573
Crédits	1 600	1 439	2 331	2 362	2 301	4 687	4 343	4 956
Actions et parts de fonds d'investissement	556 097	595 237	640 391	650 694	701 899	760 199	842 015	739 895
Actions	312 815	332 447	375 711	385 051	413 225	441 745	496 129	411 838
Parts de fonds d'investissement	243 282	262 789	264 681	265 643	288 674	318 454	345 886	328 057
Parts de fonds d'investissement monétaires	91 967	98 446	87 471	75 992	84 530	100 541	99 358	95 080
Parts de fonds d'investissement non monétaires	151 315	164 343	177 210	189 651	204 144	217 914	246 528	232 976
Systèmes d'assurance, de pensions et garanties standard	0	0	0	0	0	0	0	0
Produits financiers dérivés et options sur titres des salariés	25 137	25 916	26 096	27 903	26 878	36 761	42 884	26 836
Autres comptes à recevoir	100 956	99 870	94 608	112 593	119 923	126 662	130 522	152 949
Passifs financiers	1 356 990	1 438 354	1 443 608	1 505 683	1 600 857	1 709 965	1 840 346	1 729 918
Titres de dette	0	0	0	0	0	0	0	0
Titres de dette à court terme	0	0	0	0	0	0	0	0
Titres de dette à long terme	0	0	0	0	0	0	0	0
Crédits	588	3 912	3 020	4 050	4 190	7 784	7 249	8 480
Crédits à court terme	584	2 300	1 466	2 491	1 930	4 844	4 505	5 968
Crédits à long terme	4	1 612	1 555	1 559	2 260	2 940	2 744	2 512
Actions et parts de fonds d'investissement	1 220 785	1 293 864	1 307 054	1 349 244	1 441 675	1 523 164	1 646 404	1 526 756
Systèmes d'assurance, de pensions et garanties standard	0	0	0	0	0	0	0	0
Produits financiers dérivés et options sur titres des salariés	24 275	26 667	28 154	31 214	30 534	41 582	43 307	28 860
Autres comptes à payer	100 643	101 346	96 127	113 677	118 049	125 624	131 236	151 659
Actifs non financiers	30 837	38 903	43 614	51 435	60 970	55 168	63 222	76 084
Fonds d'investissement monéaires								
Valeur nette financière	0	0	0	0	0	0	0	0
Actifs financiers	369 359	370 535	324 945	294 317	318 661	351 695	350 898	333 239
Numéraire et dépôts	41 234	40 832	46 812	43 546	43 930	44 319	35 988	47 887
Titres de dette	273 595	277 341	237 529	220 601	239 966	264 669	278 202	251 105
Crédits	487	758	795	891	1 041	583	150	921
Actions et parts de fonds d'investissement	38 223	48 547	35 595	26 317	28 004	38 365	32 862	29 270
Actions	63	0	0	0	0	0	0	885
Parts de fonds d'investissement	38 160	48 547	35 595	26 317	28 004	38 365	32 862	28 385
Parts de fonds d'investissement monétaires	37 055	48 127	35 232	25 949	27 898	38 017	32 622	26 714
Parts de fonds d'investissement non monétaires	1 105	420	363	368	106	347	240	1 670
Systèmes d'assurance, de pensions et garanties standard	0	0	0	0	0	0	0	0
Produits financiers dérivés et options sur titres des salariés	371	729	703	935	2 499	1 923	1 343	2 531
Autres comptes à recevoir	15 449	2 328	3 510	2 027	3 221	1 836	2 353	1 525
Passifs financiers	369 359	370 535	324 945	294 317	318 661	351 695	350 898	333 239
Titres de dette	0	0	0	0	0	0	0	0
Titres de dette à court terme	0	0	0	0	0	0	0	0
Titres de dette à long terme	0	0	0	0	0	0	0	0
Crédits	96	140	0	1	0	3	55	8
Crédits à court terme	96	140	0	1	0	0	51	4
Crédits à long terme	0	0	0	0	0	3	3	3
Actions et parts de fonds d'investissement	351 070	365 755	318 228	288 903	311 674	346 276	345 271	327 435
Systèmes d'assurance, de pensions et garanties standard	0	0	0	0	0	0	0	0
Produits financiers dérivés et options sur titres des salariés	461	515	781	992	2 580	2 047	1 358	2 449
Autres comptes à payer	16 917	3 213	4 897	2 704	3 673	2 704	3 543	3 113
Actifs non financiers	0	0	0	0	0	0	0	0
Fonds d'investissement non monéaires								
Valeur nette financière	-30 834	-38 900	-43 614	-51 435	-60 968	-55 168	-63 222	-76 084
Actifs financiers	956 798	1 028 920	1 075 049	1 159 930	1 221 229	1 303 103	1 426 227	1 320 595
Numéraire et dépôts	42 783	46 040	36 777	41 764	43 291	43 506	44 929	46 737
Titres de dette	284 754	312 780	315 450	354 785	361 702	373 994	398 241	383 468
Crédits	1 113	681	1 536	1 471	1 261	4 104	4 193	4 035
Actions et parts de fonds d'investissement	517 874	546 690	604 796	624 377	673 894	721 835	809 153	710 625
Actions	312 752	332 447	375 711	385 051	413 225	441 745	496 129	410 953
Parts de fonds d'investissement	205 122	214 243	229 086	239 326	260 670	280 090	313 024	299 672
Parts de fonds d'investissement monétaires	54 912	50 319	52 239	50 043	56 632	62 523	66 736	68 366
Parts de fonds d'investissement non monétaires	150 210	163 923	176 846	189 283	204 037	217 566	246 288	231 306
Systèmes d'assurance, de pensions et garanties standard	0	0	0	0	0	0	0	0
Produits financiers dérivés et options sur titres des salariés	24 766	25 187	25 392	26 968	24 379	34 838	41 541	24 305
Autres comptes à recevoir	85 507	97 542	91 098	110 566	116 702	124 827	128 169	151 425
Passifs financiers	987 631	1 067 819	1 118 664	1 211 365	1 282 196	1 358 270	1 489 448	1 396 680
Titres de dette	0	0	0	0	0	0	0	0
Titres de dette à court terme	0	0	0	0	0	0	0	0
Titres de dette à long terme	0	0	0	0	0	0	0	0
Crédits	492	3 772	3 020	4 049	4 190	7 781	7 194	8 473
Crédits à court terme	488	2 160	1 466	2 490	1 930	4 844	4 454	5 964
Crédits à long terme	4	1 612	1 555	1 559	2 260	2 937	2 741	2 509
Actions et parts de fonds d'investissement	869 715	928 109	988 826	1 060 342	1 130 001	1 176 888	1 301 132	1 199 321
Systèmes d'assurance, de pensions et garanties standard	0	0	0	0	0	0	0	0
Produits financiers dérivés et options sur titres des salariés	23 814	26 152	27 373	30 222	27 954	39 535	41 950	26 411
Autres comptes à payer	83 726	98 133	91 230	110 973	114 376	122 920	127 692	148 546
Actifs non financiers	30 837	38 903	43 614	51 435	60 970	55 168	63 222	76 084
Fonds d'investissement non monéaires à capital variable								
Valeur nette financière	-30 834	-38 900	-43 614	-51 435	-60 968	-55 168	-63 222	-76 084
Actifs financiers	956 798	1 028 920	1 075 049	1 159 930	1 221 229	1 303 103	1 426 227	1 320 595
Numéraire et dépôts	42 783	46 040	36 777	41 764	43 291	43 506	44 929	46 737

Tableau 2. Actifs et passifs financiers des fonds d'investissement *(suite)*

Millions EUR

	2011	2012	2013	2014	2015	2016	2017	2018
Titres de dette	284 754	312 780	315 450	354 785	361 702	373 994	398 241	383 468
Crédits	1 113	681	1 536	1 471	1 261	4 104	4 193	4 035
Actions et parts de fonds d'investissement	517 874	546 690	604 796	624 377	673 894	721 835	809 153	710 625
Actions	312 752	332 447	375 711	385 051	413 225	441 745	496 129	410 953
Parts de fonds d'investissement	205 122	214 243	229 086	239 326	260 670	280 090	313 024	299 672
Parts de fonds d'investissement monétaires	54 912	50 319	52 239	50 043	56 632	62 523	66 736	68 366
Parts de fonds d'investissement non monétaires	150 210	163 923	176 846	189 283	204 037	217 566	246 288	231 306
Systèmes d'assurance, de pensions et garanties standard	0	0	0	0	0	0	0	0
Produits financiers dérivés et options sur titres des salariés	24 766	25 187	25 392	26 968	24 379	34 838	41 541	24 305
Autres comptes à recevoir	85 507	97 542	91 098	110 566	116 702	124 827	128 169	151 425
Passifs financiers	987 631	1 067 819	1 118 664	1 211 365	1 282 196	1 358 270	1 489 448	1 396 680
Titres de dette	0	0	0	0	0	0	0	0
Titres de dette à court terme	0	0	0	0	0	0	0	0
Titres de dette à long terme	0	0	0	0	0	0	0	0
Crédits	492	3 772	3 020	4 049	4 190	7 781	7 194	8 473
Crédits à court terme	488	2 160	1 466	2 490	1 930	4 844	4 454	5 964
Crédits à long terme	4	1 612	1 555	1 559	2 260	2 937	2 741	2 509
Actions et parts de fonds d'investissement	869 715	928 109	988 826	1 060 342	1 130 001	1 176 888	1 301 132	1 199 321
Systèmes d'assurance, de pensions et garanties standard	0	0	0	0	0	0	0	0
Produits financiers dérivés et options sur titres des salariés	23 814	26 152	27 373	30 222	27 954	39 535	41 950	26 411
Autres comptes à payer	83 726	98 133	91 230	110 973	114 376	122 920	127 692	148 546
Actifs non financiers	30 837	38 903	43 614	51 435	60 970	55 168	63 222	76 084
Fonds d'investissement à capital variable								
Valeur nette financière	-30 834	-38 900	-43 614	-51 435	-60 968	-55 168	-63 222	-76 084
Actifs financiers	1 326 157	1 399 454	1 399 994	1 454 248	1 539 889	1 654 798	1 777 124	1 653 834
Numéraire et dépôts	84 017	86 872	83 589	85 309	87 221	87 825	80 917	94 624
Titres de dette	558 349	590 121	552 979	575 387	601 667	638 663	676 443	634 573
Crédits	1 600	1 439	2 331	2 362	2 301	4 687	4 343	4 956
Actions et parts de fonds d'investissement	556 097	595 237	640 391	650 694	701 899	760 199	842 015	739 895
Actions	312 815	332 447	375 711	385 051	413 225	441 745	496 129	411 838
Parts de fonds d'investissement	243 282	262 789	264 681	265 643	288 674	318 454	345 886	328 057
Parts de fonds d'investissement monétaires	91 967	98 446	87 471	75 992	84 530	100 541	99 358	95 080
Parts de fonds d'investissement non monétaires	151 315	164 343	177 210	189 651	204 144	217 914	246 528	232 976
Systèmes d'assurance, de pensions et garanties standard	0	0	0	0	0	0	0	0
Produits financiers dérivés et options sur titres des salariés	25 137	25 916	26 096	27 903	26 878	36 761	42 884	26 836
Autres comptes à recevoir	100 956	99 870	94 608	112 593	119 923	126 662	130 522	152 949
Passifs financiers	1 356 990	1 438 354	1 443 608	1 505 683	1 600 857	1 709 965	1 840 346	1 729 918
Titres de dette	0	0	0	0	0	0	0	0
Titres de dette à court terme	0	0	0	0	0	0	0	0
Titres de dette à long terme	0	0	0	0	0	0	0	0
Crédits	588	3 912	3 020	4 050	4 190	7 784	7 249	8 480
Crédits à court terme	584	2 300	1 466	2 491	1 930	4 844	4 505	5 968
Crédits à long terme	4	1 612	1 555	1 559	2 260	2 940	2 744	2 512
Actions et parts de fonds d'investissement	1 220 785	1 293 864	1 307 054	1 349 244	1 441 675	1 523 164	1 646 404	1 526 756
Systèmes d'assurance, de pensions et garanties standard	0	0	0	0	0	0	0	0
Produits financiers dérivés et options sur titres des salariés	24 275	26 667	28 154	31 214	30 534	41 582	43 307	28 860
Autres comptes à payer	100 643	101 346	96 127	113 677	118 049	125 624	131 236	151 659
Actifs non financiers	30 837	38 903	43 614	51 435	60 970	55 168	63 222	76 084

Note : Voir les métadonnées détaillées sur : *http://metalinks.oecd.org/instinv/20190923/6c5a*

FRANCE

Tableau 3. Actifs et passifs financiers des sociétés d'assurance et fonds de pension

Millions EUR

	2011	2012	2013	2014	2015	2016	2017	2018
Sociétés d'assurance et fonds de pension								
Valeur nette financière	-9 339	120 316	128 281	231 981	218 294	-41 501	-43 657	-42 966
Actifs financiers	1 874 710	2 076 202	2 182 607	2 398 823	2 469 679	2 687 180	2 781 133	2 762 788
Numéraire et dépôts	19 010	24 992	29 306	34 039	36 878	37 878	39 323	41 852
Titres de dette	1 139 217	1 275 546	1 319 433	1 461 006	1 464 553	1 556 526	1 539 056	1 527 397
Crédits	37 501	35 278	36 169	37 266	38 632	61 646	58 878	63 311
Actions et parts de fonds d'investissement	584 317	642 192	682 792	746 752	806 263	842 797	942 674	927 779
Actions	205 339	208 716	232 519	252 642	281 492	215 350	228 783	240 186
Parts de fonds d'investissement	378 979	433 476	450 273	494 110	524 771	627 447	713 891	687 593
Parts de fonds d'investissement monétaires	64 562	84 812	61 604	66 067	65 965	74 536	91 218	82 921
Parts de fonds d'investissement non monétaires	314 416	348 664	388 669	428 043	458 806	552 911	622 673	604 672
Systèmes d'assurance, de pensions et garanties standard	86 621	92 866	111 346	115 443	119 887	102 353	112 958	113 267
Produits financiers dérivés et options sur titres des salariés	7 994	5 276	3 507	4 263	3 412	4 977	4 367	4 994
Autres comptes à recevoir	51	53	54	54	54	81 003	83 877	84 188
Passifs financiers	1 884 050	1 955 886	2 054 326	2 166 842	2 251 385	2 728 681	2 824 790	2 805 754
Titres de dette	8 522	9 335	11 235	15 892	17 338	61 202	63 091	67 084
Titres de dette à court terme	215	237	107	107	123	..	..	..
Titres de dette à long terme	8 307	9 098	11 128	15 785	17 215	..	..	..
Crédits	70 690	77 126	88 206	99 616	104 029	79 900	88 034	93 179
Crédits à court terme	36 843	43 042	53 029	63 907	66 476	..	..	..
Crédits à long terme	33 846	34 084	35 177	35 709	37 552	..	..	..
Actions et parts de fonds d'investissement	96 243	99 615	109 596	117 869	118 884	289 185	315 494	319 019
Systèmes d'assurance, de pensions et garanties standard	1 680 705	1 735 678	1 811 041	1 897 780	1 976 939	2 170 754	2 225 950	2 195 265
Produits financiers dérivés et options sur titres des salariés	324	138	426	1 895	386	2 842	2 812	2 574
Autres comptes à payer	27 566	33 995	33 822	33 790	33 809	124 798	129 409	128 633
Actifs non financiers	25 225	26 309	27 356	27 785	28 618	41 504	43 647	42 969
Sociétés d'assurance								
Valeur nette financière	-9 339	120 316	128 281	231 981	218 294	-41 501	-43 657	-42 966
Actifs financiers	1 874 710	2 076 202	2 182 607	2 398 823	2 469 679	2 687 180	2 781 133	2 762 788
Numéraire et dépôts	19 010	24 992	29 306	34 039	36 878	37 878	39 323	41 852
Titres de dette	1 139 217	1 275 546	1 319 433	1 461 006	1 464 553	1 556 526	1 539 056	1 527 397
Crédits	37 501	35 278	36 169	37 266	38 632	61 646	58 878	63 311
Actions et parts de fonds d'investissement	584 317	642 192	682 792	746 752	806 263	842 797	942 674	927 779
Actions	205 339	208 716	232 519	252 642	281 492	215 350	228 783	240 186
Parts de fonds d'investissement	378 979	433 476	450 273	494 110	524 771	627 447	713 891	687 593
Parts de fonds d'investissement monétaires	64 562	84 812	61 604	66 067	65 965	74 536	91 218	82 921
Parts de fonds d'investissement non monétaires	314 416	348 664	388 669	428 043	458 806	552 911	622 673	604 672
Systèmes d'assurance, de pensions et garanties standard	86 621	92 866	111 346	115 443	119 887	102 353	112 958	113 267
Produits financiers dérivés et options sur titres des salariés	7 994	5 276	3 507	4 263	3 412	4 977	4 367	4 994
Autres comptes à recevoir	51	53	54	54	54	81 003	83 877	84 188
Passifs financiers	1 884 050	1 955 886	2 054 326	2 166 842	2 251 385	2 728 681	2 824 790	2 805 754
Titres de dette	8 522	9 335	11 235	15 892	17 338	61 202	63 091	67 084
Titres de dette à court terme	215	237	107	107	123	..	..	..
Titres de dette à long terme	8 307	9 098	11 128	15 785	17 215	..	..	..
Crédits	70 690	77 126	88 206	99 616	104 029	79 900	88 034	93 179
Crédits à court terme	36 843	43 042	53 029	63 907	66 476	..	..	..
Crédits à long terme	33 846	34 084	35 177	35 709	37 552	..	..	..
Actions et parts de fonds d'investissement	96 243	99 615	109 596	117 869	118 884	289 185	315 494	319 019
Systèmes d'assurance, de pensions et garanties standard	1 680 705	1 735 678	1 811 041	1 897 780	1 976 939	2 170 754	2 225 950	2 195 265
Produits financiers dérivés et options sur titres des salariés	324	138	426	1 895	386	2 842	2 812	2 574
Autres comptes à payer	27 566	33 995	33 822	33 790	33 809	124 798	129 409	128 633
Actifs non financiers	25 225	26 309	27 356	27 785	28 618	41 504	43 647	42 969
Fonds de pension								
Valeur nette financière	..	..	..	..	..	..	..	..
Actifs financiers	..	..	..	..	..	..	..	..
Numéraire et dépôts	..	..	..	..	..	..	..	..
Titres de dette	..	..	..	..	..	..	..	..
Crédits	..	..	..	..	..	..	..	..
Actions et parts de fonds d'investissement	..	..	..	..	..	..	..	..
Actions	..	..	..	..	..	..	..	..
Parts de fonds d'investissement	..	..	..	..	..	..	..	..
Parts de fonds d'investissement monétaires	..	..	..	..	..	..	..	..
Parts de fonds d'investissement non monétaires	..	..	..	..	..	..	..	..
Systèmes d'assurance, de pensions et garanties standard	..	..	..	..	..	..	..	..
Produits financiers dérivés et options sur titres des salariés	..	..	..	..	..	..	..	..
Autres comptes à recevoir	..	..	..	..	..	..	..	..
Passifs financiers	..	..	..	..	..	..	..	..
Titres de dette	..	..	..	..	..	..	..	..
Titres de dette à court terme	..	..	..	..	..	..	..	..
Titres de dette à long terme	..	..	..	..	..	..	..	..
Crédits	..	..	..	..	..	..	..	..
Crédits à court terme	..	..	..	..	..	..	..	..
Crédits à long terme	..	..	..	..	..	..	..	..
Actions et parts de fonds d'investissement	..	..	..	..	..	..	..	..
Systèmes d'assurance, de pensions et garanties standard	..	..	..	..	..	..	..	..
Produits financiers dérivés et options sur titres des salariés	..	..	..	..	..	..	..	..
Autres comptes à payer	..	..	..	..	..	..	..	..
Actifs non financiers	..	..	..	..	..	..	..	..

Note : Voir les métadonnées détaillées sur : *http://metalinks.oecd.org/instinv/20190923/6c5a*

Tableau 4. Composition du portefeuille par type d'investisseur
En pourcentage des actifs financiers et des passifs financiers

Pour cent

	2011	2012	2013	2014	2015	2016	2017	2018
Fonds d'investissement								
Actifs financiers	100.0	100.0	100.0	100.0	100.0	100.0	100.0	100.0
Numéraire et dépôts	6.3	6.2	6.0	5.9	5.7	5.3	4.6	5.7
Titres de dettes	42.1	42.2	39.5	39.6	39.1	38.6	38.1	38.4
Crédits	0.1	0.1	0.2	0.2	0.1	0.3	0.2	0.3
Actions et parts de fonds d'investissement	41.9	42.5	45.7	44.7	45.6	45.9	47.4	44.7
Systèmes d'assurance de pensions et garanties standard	0.0	0.0	0.0	0.0	0.0	0.0	0.0	0.0
Produits financiers dérivés et options sur titres des salariés	1.9	1.9	1.9	1.9	1.7	2.2	2.4	1.6
Autres comptes à recevoir	7.6	7.1	6.8	7.7	7.8	7.7	7.3	9.2
Passifs financiers	100.0	100.0	100.0	100.0	100.0	100.0	100.0	100.0
Numéraire et dépôts	0.8	0.9	0.6	0.5	0.4	0.7	0.7	0.8
Titres de dettes	0.0	0.0	0.0	0.0	0.0	0.0	0.0	0.0
Crédits	0.0	0.3	0.2	0.3	0.3	0.5	0.4	0.5
Actions et parts de fonds d'investissement	90.0	90.0	90.5	89.6	90.1	89.1	89.5	88.3
Systèmes d'assurance de pensions et garanties standard	0.0	0.0	0.0	0.0	0.0	0.0	0.0	0.0
Produits financiers dérivés et options sur titres des salariés	1.8	1.9	2.0	2.1	1.9	2.4	2.4	1.7
Autres comptes à recevoir	7.4	7.0	6.7	7.5	7.4	7.3	7.1	8.8
Sociétés d'assurance								
Actifs financiers	100.0	100.0	100.0	100.0	100.0	100.0	100.0	100.0
Numéraire et dépôts	1.0	1.2	1.3	1.4	1.5	1.4	1.4	1.5
Titres de dettes	60.8	61.4	60.5	60.9	59.3	57.9	55.3	55.3
Crédits	2.0	1.7	1.7	1.6	1.6	2.3	2.1	2.3
Actions et parts de fonds d'investissement	31.2	30.9	31.3	31.1	32.6	31.4	33.9	33.6
Systèmes d'assurance de pensions et garanties standard	4.6	4.5	5.1	4.8	4.9	3.8	4.1	4.1
Produits financiers dérivés et options sur titres des salariés	0.4	0.3	0.2	0.2	0.1	0.2	0.2	0.2
Autres comptes à recevoir	0.0	0.0	0.0	0.0	0.0	3.0	3.0	3.0
Passifs financiers	100.0	100.0	100.0	100.0	100.0	100.0	100.0	100.0
Numéraire et dépôts	0.0	0.0	0.0	0.0	0.0	0.0	0.0	0.0
Titres de dettes	0.5	0.5	0.5	0.7	0.8	2.2	2.2	2.4
Crédits	3.8	3.9	4.3	4.6	4.6	2.9	3.1	3.3
Actions et parts de fonds d'investissement	5.1	5.1	5.3	5.4	5.3	10.6	11.2	11.4
Systèmes d'assurance de pensions et garanties standard	89.2	88.7	88.2	87.6	87.8	79.6	78.8	78.2
Produits financiers dérivés et options sur titres des salariés	0.0	0.0	0.0	0.1	0.0	0.1	0.1	0.1
Autres comptes à recevoir	1.5	1.7	1.6	1.6	1.5	4.6	4.6	4.6
Fonds de pension								
Actifs financiers	..	..	..	..	..	..	..	..
Numéraire et dépôts	..	..	..	..	..	..	..	..
Titres de dettes	..	..	..	..	..	..	..	..
Crédits	..	..	..	..	..	..	..	..
Actions et parts de fonds d'investissement	..	..	..	..	..	..	..	..
Systèmes d'assurance de pensions et garanties standard	..	..	..	..	..	..	..	..
Produits financiers dérivés et options sur titres des salariés	..	..	..	..	..	..	..	..
Autres comptes à recevoir	..	..	..	..	..	..	..	..
Passifs financiers	..	..	..	..	..	..	..	..
Numéraire et dépôts	..	..	..	..	..	..	..	..
Titres de dettes	..	..	..	..	..	..	..	..
Crédits	..	..	..	..	..	..	..	..
Actions et parts de fonds d'investissement	..	..	..	..	..	..	..	..
Systèmes d'assurance de pensions et garanties standard	..	..	..	..	..	..	..	..
Produits financiers dérivés et options sur titres des salariés	..	..	..	..	..	..	..	..
Autres comptes à recevoir	..	..	..	..	..	..	..	..

Note : Voir les métadonnées détaillées sur : *http://metalinks.oecd.org/instinv/20190923/2704*

ALLEMAGNE

Tableau 1. Actifs et passifs financiers des investisseurs institutionnels, 2018

Millions EUR (1999 DEM euro)

	Fonds d'investissement				
	Total	Fonds d'investissement non-monétaire			Fonds d'investissement monétaires
		Total	Fonds d'investissement à capital variable, non monétaire	Fonds d'investissement à capital fixe, non monétaire	Total
Actifs financiers	1 997 998	1 995 362	..	..	2 636
Numéraire et dépôts	95 061	94 715	..	..	346
Titres de dette	956 030	953 776	..	..	2 254
Titres de dette à court terme	7 218	6 957	..	..	261
Titres de dette à long terme	948 812	946 819	..	..	1 993
Titres de dette émis par les résidents	146 705	146 296	..	..	409
Titres de dette émis par les non-résidents	809 325	807 480	..	..	1 845
Crédits	26 392	26 392	..	..	0
Crédits à court terme	0	0	..	..	0
Crédits à long terme	26 392	26 392	..	..	0
Crédits accordés aux résidents	1 967	1 967	..	..	0
Crédits accordés aux non-résidents	24 425	24 425	..	..	0
Actions et parts de fonds d'investissement	866 191	866 146	..	..	45
Actions et parts de fonds d'investissements émises par les résidents	..	..	..	..	..
Actions et part de fonds d'investissements émises par les non-résidents	..	..	..	..	..
Autres comptes à recevoir	35 749	35 758	..	..	-9

	Fonds d'investissement				
	Total	Fonds d'investissement non-monétaire			Fonds d'investissement monétaires
		Total	Fonds d'investissement à capital variable, non monétaire	Fonds d'investissement à capital fixe, non monétaire	Total
Pasifs financiers	2 130 471	2 127 835	..	..	2 636
Numéraire et dépôts	..	..	..	..	..
Titres de dette	..	0	..	..	0
Titres de dette à court terme	..	0	..	..	0
Titres de dette à long terme	..	0	..	..	0
Crédits	39 519	39 519	..	..	..
Crédits à court terme	0	0	..	..	..
Crédits à long terme	39 519	39 519	..	..	..
Actions et parts de fonds d'investissement	2 061 704	2 059 069	..	..	2 635
Systèmes d'assurance, de pensions et garanties standard	..	0	..	..	..
Produits financiers dérivés et options sur titres des salariés	13 202	13 202	..	..	0
Autres comptes à payer	16 048	16 046	..	..	2

	Sociétés d'assurance et fonds de pension autonomes				
	Total	Sociétés d'assurance			Fonds de pension autonomes
		Total	Sociétés d'assurance vie	Sociétés d'assurance non-vie	Total
Actifs financiers	2 662 715	2 020 910	..	..	641 805
Numéraire et dépôts	394 673	299 430	..	..	95 243
Titres de dette	466 917	418 216	..	..	48 701
Titres de dette à court terme	3 172	3 085	..	..	87
Titres de dette à long terme	463 745	415 131	..	..	48 614
Titres de dette émis par les résidents	117 584	109 069	..	..	8 515
Titres de dette émis par les non-résidents	349 334	309 147	..	..	40 187
Crédits	347 177	314 631	..	..	32 546
Crédits à court terme	55 658	54 817	..	..	841
Crédits à long terme	291 519	259 814	..	..	31 705
Crédits accordés aux résidents	288 121	257 771	..	..	30 350
Crédits accordés aux non-résidents	59 056	56 860	..	..	2 196
Actions et parts de fonds d'investissement	1 300 958	862 743	..	..	438 215
Actions et parts de fonds d'investissement émises par les résidents	..	..	..	..	..
Actions et parts de fonds d'investissement émises par les non-résidents	..	..	..	..	..
Autrescomptes à recevoir	71 959	52 274	..	..	19 685

	Sociétés d'assurance et fonds de pension autonomes				
	Total	Sociétés d'assurance			Fonds de pension autonomes
		Total	Sociétés d'assurance vie	Sociétés d'assurance non-vie	Total
Pasifs financiers	2 675 159	2 118 794	..	..	556 365
Numéraire et dépôts	..	..	..	..	..
Titres de dette	20 691	20 669	..	..	22
Titres de dette à court terme	986	986	..	..	0
Titres de dette à long terme	19 705	19 683	..	..	22
Crédits	78 248	71 158	..	..	7 089
Crédits à court terme	41 575	35 855	..	..	5 720
Crédits à long terme	36 673	35 303	..	..	1 369
Actions et parts de fonds d'investissement	259 689	259 689	..	..	0
Systèmes d'assurance, de pensions et garanties standard	2 203 569	1 655 705	..	..	547 864
Produits financiers dérivés et options sur titres des salariés	1 114	1 114	..	..	0
Autres comptes à payer	111 848	110 459	..	..	1 390

Note : Voir les métadonnées détaillées sur : *http://metalinks.oecd.org/instinv/20190923/d87b*

ALLEMAGNE

Tableau 2. Actifs et passifs financiers des fonds d'investissement

Millions EUR

	2011	2012	2013	2014	2015	2016	2017	2018
Fonds d'investissement								
Valeur nette financière	-95 013	-96 695	-97 653	-98 073	-103 253	-107 977	-117 306	-132 473
Actifs financiers	1 091 094	1 261 524	1 368 048	1 555 370	1 695 238	1 859 528	2 001 783	1 997 998
Numéraire et dépôts	74 226	68 417	70 050	70 131	81 075	75 557	86 956	95 061
Titres de dette	607 744	693 135	715 174	824 795	845 544	914 143	939 075	956 030
Crédits	9 677	11 773	12 082	13 905	15 551	18 634	22 722	26 392
Actions et parts de fonds d'investissement	372 637	458 300	541 704	606 113	708 259	799 202	904 836	866 191
Actions	222 201	252 403	307 204	329 351	388 457	421 523	476 286	432 829
Parts de fonds d'investissement	150 436	205 897	234 500	276 762	319 802	377 679	428 549	433 361
Parts de fonds d'investissement monétaires	72	2 025	1 671	1 894	3 152	4 837	8 171	9 962
Parts de fonds d'investissement non monétaires	150 364	203 872	232 830	274 867	316 650	372 842	420 379	423 400
Systèmes d'assurance, de pensions et garanties standard	0	0	0	0	0	0	0	0
Produits financiers dérivés et options sur titres des salariés	8 008	10 889	9 256	14 586	15 504	19 228	17 459	18 575
Autres comptes à recevoir	18 801	19 009	19 782	25 840	29 306	32 764	30 736	35 749
Passifs financiers	1 186 107	1 358 219	1 465 700	1 653 443	1 798 491	1 967 505	2 119 089	2 130 471
Titres de dette	..	..	..	..	..	..	..	..
Titres de dette à court terme	..	..	..	..	..	..	..	..
Titres de dette à long terme	..	..	..	..	..	..	..	..
Crédits	29 447	32 143	29 222	30 753	30 197	30 583	35 043	39 519
Crédits à court terme	0	0	0	0	0	0	0	0
Crédits à long terme	29 447	32 143	29 222	30 753	30 197	30 583	35 043	39 519
Actions et parts de fonds d'investissement	1 138 726	1 309 466	1 421 288	1 597 283	1 743 031	1 907 878	2 061 922	2 061 704
Systèmes d'assurance, de pensions et garanties standard	..	..	..	..	..	..	..	..
Produits financiers dérivés et options sur titres des salariés	8 794	4 647	4 175	12 041	12 469	16 445	9 130	13 202
Autres comptes à payer	9 139	11 963	11 017	13 367	12 794	12 599	12 994	16 048
Actifs non financiers	..	..	..	..	..	..	..	..
Fonds d'investissement monéaires								
Valeur nette financière	0	0	0	0	0	0	0	0
Actifs financiers	6 622	7 824	4 516	3 895	3 836	2 648	2 355	2 636
Numéraire et dépôts	544	322	315	240	355	152	230	346
Titres de dette	5 927	5 414	4 129	3 633	3 462	2 410	2 052	2 254
Crédits	0	24	10	0	0	13	15	0
Actions et parts de fonds d'investissement	72	2 025	24	9	7	61	49	45
Actions	..	..	..	..	..	..	..	..
Parts de fonds d'investissement	72	2 025	24	9	7	61	49	45
Parts de fonds d'investissement monétaires	72	2 025	5	9	7	61	49	45
Parts de fonds d'investissement non monétaires	0	0	19	0	0	0	0	0
Systèmes d'assurance, de pensions et garanties standard	..	..	..	..	..	..	..	..
Produits financiers dérivés et options sur titres des salariés	2	1	0	0	0	0	0	0
Autres comptes à recevoir	76	37	38	13	12	12	9	-9
Passifs financiers	6 622	7 824	4 515	3 895	3 836	2 648	2 355	2 636
Titres de dette	0	0	0	0	0	0	0	0
Titres de dette à court terme	0	0	0	0	0	0	0	0
Titres de dette à long terme	0	0	0	0	0	0	0	0
Crédits	..	..	..	..	..	..	..	..
Crédits à court terme	..	..	..	..	..	..	..	..
Crédits à long terme	..	..	..	..	..	..	..	..
Actions et parts de fonds d'investissement	6 577	7 703	4 510	3 884	3 834	2 645	2 352	2 635
Systèmes d'assurance, de pensions et garanties standard	..	..	..	..	..	..	..	..
Produits financiers dérivés et options sur titres des salariés	1	0	0	0	0	0	0	0
Autres comptes à payer	44	121	6	12	2	3	3	2
Actifs non financiers	..	..	..	..	..	..	..	..
Fonds d'investissement non monéaires								
Valeur nette financière	-95 013	-96 695	-97 653	-98 073	-103 253	-107 977	-117 306	-132 473
Actifs financiers	1 084 472	1 253 700	1 363 532	1 551 475	1 691 402	1 856 880	1 999 428	1 995 362
Numéraire et dépôts	73 682	68 095	69 735	69 891	80 720	75 405	86 726	94 715
Titres de dette	601 817	687 721	711 045	821 162	842 082	911 733	937 023	953 776
Crédits	9 677	11 749	12 072	13 905	15 551	18 621	22 707	26 392
Actions et parts de fonds d'investissement	372 565	456 275	541 680	606 104	708 252	799 141	904 787	866 146
Actions	222 201	252 403	307 204	329 351	388 457	421 523	476 286	432 829
Parts de fonds d'investissement	150 364	203 872	234 476	276 753	319 795	377 618	428 500	433 316
Parts de fonds d'investissement monétaires	0	0	1 666	1 885	3 145	4 776	8 122	9 917
Parts de fonds d'investissement non monétaires	150 364	203 872	232 811	274 867	316 650	372 842	420 379	423 400
Systèmes d'assurance, de pensions et garanties standard	0	0	0	0	0	0	0	0
Produits financiers dérivés et options sur titres des salariés	8 006	10 888	9 256	14 586	15 504	19 228	17 459	18 575
Autres comptes à recevoir	18 725	18 972	19 744	25 827	29 294	32 752	30 727	35 758
Passifs financiers	1 179 485	1 350 395	1 461 185	1 649 548	1 794 655	1 964 857	2 116 734	2 127 835
Titres de dette	0	0	0	0	0	0	0	0
Titres de dette à court terme	0	0	0	0	0	0	0	0
Titres de dette à long terme	0	0	0	0	0	0	0	0
Crédits	29 447	32 143	29 222	30 753	30 197	30 583	35 043	39 519
Crédits à court terme	0	0	0	0	0	0	0	0
Crédits à long terme	29 447	32 143	29 222	30 753	30 197	30 583	35 043	39 519
Actions et parts de fonds d'investissement	1 132 149	1 301 763	1 416 778	1 593 399	1 739 197	1 905 233	2 059 570	2 059 069
Systèmes d'assurance, de pensions et garanties standard	0	0	0	0	0	0	0	0
Produits financiers dérivés et options sur titres des salariés	8 793	4 647	4 175	12 041	12 469	16 445	9 130	13 202
Autres comptes à payer	9 095	11 842	11 011	13 355	12 792	12 596	12 991	16 046
Actifs non financiers	..	..	..	..	..	..	..	..
Fonds d'investissement non monéaires à capital variable								
Valeur nette financière	..	..	..	..	..	..	..	..
Actifs financiers	..	..	..	..	..	..	..	..
Numéraire et dépôts	..	..	..	..	..	..	..	..

ALLEMAGNE

Tableau 2. Actifs et passifs financiers des fonds d'investissement *(suite)*

Millions EUR

	2011	2012	2013	2014	2015	2016	2017	2018
Titres de dette	..	..	..	..	..	..	..	..
Crédits	..	..	..	..	..	..	..	..
Actions et parts de fonds d'investissement	..	..	..	..	..	..	..	..
Actions	..	..	..	..	..	..	..	..
Parts de fonds d'investissement	..	..	..	..	..	..	..	..
Parts de fonds d'investissement monétaires	..	..	..	..	..	..	..	..
Parts de fonds d'investissement non monétaires	..	..	..	..	..	..	..	..
Systèmes d'assurance, de pensions et garanties standard	..	..	..	..	..	..	..	..
Produits financiers dérivés et options sur titres des salariés	..	..	..	..	..	..	..	..
Autres comptes à recevoir	..	..	..	..	..	..	..	..
Passifs financiers	..	..	..	..	..	..	..	..
Titres de dette	..	..	..	..	..	..	..	..
Titres de dette à court terme	..	..	..	..	..	..	..	..
Titres de dette à long terme	..	..	..	..	..	..	..	..
Crédits	..	..	..	..	..	..	..	..
Crédits à court terme	..	..	..	..	..	..	..	..
Crédits à long terme	..	..	..	..	..	..	..	..
Actions et parts de fonds d'investissement	..	..	..	..	..	..	..	..
Systèmes d'assurance, de pensions et garanties standard	..	..	..	..	..	..	..	..
Produits financiers dérivés et options sur titres des salariés	..	..	..	..	..	..	..	..
Autres comptes à payer	..	..	..	..	..	..	..	..
Actifs non financiers	..	..	..	..	..	..	..	..
Fonds d'investissement à capital variable								
Valeur nette financière	..	..	..	..	..	..	..	..
Actifs financiers	..	..	..	..	..	..	..	..
Numéraire et dépôts	..	..	..	..	..	..	..	..
Titres de dette	..	..	..	..	..	..	..	..
Crédits	..	..	..	..	..	..	..	..
Actions et parts de fonds d'investissement	..	..	..	..	..	..	..	..
Actions	..	..	..	..	..	..	..	..
Parts de fonds d'investissement	..	..	..	..	..	..	..	..
Parts de fonds d'investissement monétaires	..	..	..	..	..	..	..	..
Parts de fonds d'investissement non monétaires	..	..	..	..	..	..	..	..
Systèmes d'assurance, de pensions et garanties standard	..	..	..	..	..	..	..	..
Produits financiers dérivés et options sur titres des salariés	..	..	..	..	..	..	..	..
Autres comptes à recevoir	..	..	..	..	..	..	..	..
Passifs financiers	..	..	..	..	..	..	..	..
Titres de dette	..	..	..	..	..	..	..	..
Titres de dette à court terme	..	..	..	..	..	..	..	..
Titres de dette à long terme	..	..	..	..	..	..	..	..
Crédits	..	..	..	..	..	..	..	..
Crédits à court terme	..	..	..	..	..	..	..	..
Crédits à long terme	..	..	..	..	..	..	..	..
Actions et parts de fonds d'investissement	..	..	..	..	..	..	..	..
Systèmes d'assurance, de pensions et garanties standard	..	..	..	..	..	..	..	..
Produits financiers dérivés et options sur titres des salariés	..	..	..	..	..	..	..	..
Autres comptes à payer	..	..	..	..	..	..	..	..
Actifs non financiers	..	..	..	..	..	..	..	..

Note : Voir les métadonnées détaillées sur : *http://metalinks.oecd.org/instinv/20190923/d87b*

Tableau 3. Actifs et passifs financiers des sociétés d'assurance et fonds de pension

Millions EUR

	2011	2012	2013	2014	2015	2016	2017	2018
Sociétés d'assurance et fonds de pension								
Valeur nette financière	5 843	35 413	-13 712	79 750	-1 182	49 428	27 603	-12 444
Actifs financiers	1 899 067	2 068 571	2 139 325	2 354 524	2 430 520	2 555 714	2 644 920	2 662 715
Numéraire et dépôts	576 218	560 467	541 268	523 691	488 665	459 589	425 459	394 673
Titres de dette	218 696	281 003	303 382	372 741	382 802	424 006	450 252	466 917
Crédits	282 144	288 668	294 355	310 521	322 684	325 452	329 397	347 177
Actions et parts de fonds d'investissement	694 381	808 639	870 966	1 007 534	1 086 858	1 203 949	1 289 595	1 300 958
Actions	197 270	205 401	196 039	201 675	213 146	236 501	240 367	250 291
Parts de fonds d'investissement	497 111	603 238	674 927	805 859	873 712	967 448	1 049 228	1 050 667
Parts de fonds d'investissement monétaires	8	1 986	614	702	1 443	1 796	3 983	3 099
Parts de fonds d'investissement non monétaires	497 103	601 252	674 313	805 158	872 269	965 652	1 045 245	1 047 568
Systèmes d'assurance, de pensions et garanties standard	62 247	63 082	64 175	68 801	77 304	70 113	75 780	77 268
Produits financiers dérivés et options sur titres des salariés	5 366	6 138	5 979	6 417	4 520	4 372	4 174	3 763
Autres comptes à recevoir	60 015	60 574	59 200	64 819	67 687	68 233	70 263	71 959
Passifs financiers	1 893 224	2 033 158	2 153 037	2 274 774	2 431 702	2 506 286	2 617 317	2 675 159
Titres de dette	19 527	24 361	17 635	18 511	20 138	20 409	19 655	20 691
Titres de dette à court terme	767	1 404	598	686	1 558	994	897	986
Titres de dette à long terme	18 760	22 957	17 037	17 825	18 580	19 415	18 758	19 705
Crédits	64 289	67 923	66 031	72 228	81 105	77 613	76 321	78 248
Crédits à court terme	38 384	40 862	36 487	41 117	48 017	40 633	40 453	41 575
Crédits à long terme	25 905	27 061	29 544	31 111	33 088	36 980	35 868	36 673
Actions et parts de fonds d'investissement	111 799	158 942	197 652	202 695	255 480	249 908	279 862	259 689
Systèmes d'assurance, de pensions et garanties standard	1 605 346	1 688 032	1 772 406	1 878 720	1 969 470	2 040 813	2 130 245	2 203 569
Produits financiers dérivés et options sur titres des salariés	1 045	789	924	1 110	1 142	1 153	794	1 114
Autres comptes à payer	91 218	93 111	98 389	101 510	104 367	116 390	110 440	111 848
Actifs non financiers	..	..	..	..	..	..	..	..
Sociétés d'assurance								
Valeur nette financière	8 620	7 013	-5 158	39 273	-30 152	-7 120	-48 425	-97 884
Actifs financiers	1 526 640	1 637 864	1 721 787	1 851 829	1 908 681	1 980 868	2 027 222	2 020 910
Numéraire et dépôts	437 875	427 202	407 563	388 655	370 841	348 790	325 149	299 430
Titres de dette	185 244	238 228	280 251	340 530	346 906	382 160	406 358	418 216
Crédits	256 599	262 728	266 264	280 662	293 243	295 065	298 276	314 631
Actions et parts de fonds d'investissement	532 244	593 685	652 551	723 016	772 133	837 739	873 387	862 743
Actions	185 358	191 386	186 376	189 863	198 704	218 296	218 556	229 662
Parts de fonds d'investissement	346 886	402 299	466 175	533 153	573 429	619 443	654 831	633 081
Parts de fonds d'investissement monétaires	0	0	543	601	1 327	1 636	2 758	2 672
Parts de fonds d'investissement non monétaires	346 886	402 299	465 632	532 552	572 102	617 807	652 073	630 409
Systèmes d'assurance, de pensions et garanties standard	58 424	58 984	59 802	63 942	71 897	63 456	68 649	69 853
Produits financiers dérivés et options sur titres des salariés	5 366	6 138	5 979	6 417	4 520	4 372	4 174	3 763
Autres comptes à recevoir	50 888	50 899	49 377	48 607	49 141	49 286	51 229	52 274
Passifs financiers	1 518 020	1 630 851	1 726 945	1 812 556	1 938 833	1 987 988	2 075 647	2 118 794
Titres de dette	19 527	24 361	17 635	18 490	20 116	20 384	19 631	20 669
Titres de dette à court terme	767	1 404	598	686	1 558	994	897	986
Titres de dette à long terme	18 760	22 957	17 037	17 804	18 558	19 390	18 734	19 683
Crédits	60 261	63 682	61 605	67 359	75 877	71 147	69 513	71 158
Crédits à court terme	35 308	37 602	33 029	37 291	43 991	35 476	34 955	35 855
Crédits à long terme	24 954	26 080	28 576	30 068	31 886	35 671	34 558	35 303
Actions et parts de fonds d'investissement	111 799	158 942	197 652	202 695	255 480	249 908	279 862	259 689
Systèmes d'assurance, de pensions et garanties standard	1 235 237	1 291 113	1 351 920	1 422 747	1 485 970	1 530 400	1 596 745	1 655 705
Produits financiers dérivés et options sur titres des salariés	1 045	789	924	1 110	1 142	1 153	794	1 114
Autres comptes à payer	90 151	91 964	97 209	100 155	100 248	114 996	109 102	110 459
Actifs non financiers	..	..	..	..	..	..	..	..
Fonds de pension								
Valeur nette financière	-2 774	28 400	-8 555	40 478	28 970	56 548	76 027	85 440
Actifs financiers	372 428	430 707	417 538	502 696	521 839	574 846	617 698	641 805
Numéraire et dépôts	138 344	133 265	133 704	135 036	117 824	110 799	100 310	95 243
Titres de dette	33 452	42 775	23 131	32 211	35 896	41 846	43 894	48 701
Crédits	25 545	25 940	28 091	29 859	29 441	30 387	31 121	32 546
Actions et parts de fonds d'investissement	162 137	214 954	218 415	284 519	314 725	366 210	416 208	438 215
Actions	11 912	14 015	9 663	11 812	14 442	18 205	21 811	20 629
Parts de fonds d'investissement	150 225	200 939	208 752	272 707	300 283	348 005	394 397	417 586
Parts de fonds d'investissement monétaires	8	1 986	71	100	115	161	1 225	427
Parts de fonds d'investissement non monétaires	150 217	198 953	208 681	272 606	300 167	347 845	393 172	417 159
Systèmes d'assurance, de pensions et garanties standard	3 823	4 098	4 374	4 859	5 407	6 657	7 131	7 415
Produits financiers dérivés et options sur titres des salariés	0	0	0	0	0	0	0	0
Autres comptes à recevoir	9 127	9 675	9 823	16 212	18 546	18 947	19 034	19 685
Passifs financiers	375 202	402 307	426 093	462 218	492 869	518 298	541 671	556 365
Titres de dette	0	0	0	21	22	25	24	22
Titres de dette à court terme	0	0	0	0	0	0	0	0
Titres de dette à long terme	0	0	0	21	22	25	23	22
Crédits	4 026	4 241	4 427	4 869	5 228	6 466	6 809	7 089
Crédits à court terme	3 076	3 260	3 459	3 827	4 026	5 157	5 498	5 720
Crédits à long terme	950	981	968	1 042	1 202	1 309	1 311	1 369
Actions et parts de fonds d'investissement	0	0	0	0	0	0	0	0
Systèmes d'assurance, de pensions et garanties standard	370 109	396 919	420 486	455 973	483 500	510 413	533 500	547 864
Produits financiers dérivés et options sur titres des salariés	0	0	0	0	0	0	0	0
Autres comptes à payer	1 067	1 147	1 180	1 355	4 119	1 394	1 338	1 390
Actifs non financiers	..	..	..	..	..	..	..	..

Note : Voir les métadonnées détaillées sur : *http://metalinks.oecd.org/instinv/20190923/d87b*

Tableau 4. Composition du portefeuille par type d'investisseur

En pourcentage des actifs financiers et des passifs financiers

Pour cent

	2011	2012	2013	2014	2015	2016	2017	2018
Fonds d'investissement								
Actifs financiers	100.0	100.0	100.0	100.0	100.0	100.0	100.0	100.0
Numéraire et dépôts	6.8	5.4	5.1	4.5	4.8	4.1	4.3	4.8
Titres de dettes	55.7	54.9	52.3	53.0	49.9	49.2	46.9	47.8
Crédits	0.9	0.9	0.9	0.9	0.9	1.0	1.1	1.3
Actions et parts de fonds d'investissement	34.2	36.3	39.6	39.0	41.8	43.0	45.2	43.4
Systèmes d'assurance de pensions et garanties standard	0.0	0.0	0.0	0.0	0.0	0.0	0.0	0.0
Produits financiers dérivés et options sur titres des salariés	0.7	0.9	0.7	0.9	0.9	1.0	0.9	0.9
Autres comptes à recevoir	1.7	1.5	1.4	1.7	1.7	1.8	1.5	1.8
Passifs financiers	100.0	100.0	100.0	100.0	100.0	100.0	100.0	100.0
Numéraire et dépôts	0.0	0.0	0.0	0.0	0.0	0.0	0.0	0.0
Titres de dettes	0.0	0.0	0.0	0.0	0.0	0.0	0.0	0.0
Crédits	2.5	2.4	2.0	1.9	1.7	1.6	1.7	1.9
Actions et parts de fonds d'investissement	96.0	96.4	97.0	96.6	96.9	97.0	97.3	96.8
Systèmes d'assurance de pensions et garanties standard	0.0	0.0	0.0	0.0	0.0	0.0	0.0	0.0
Produits financiers dérivés et options sur titres des salariés	0.7	0.3	0.3	0.7	0.7	0.8	0.4	0.6
Autres comptes à recevoir	0.8	0.9	0.8	0.8	0.7	0.6	0.6	0.8
Sociétés d'assurance								
Actifs financiers	100.0	100.0	100.0	100.0	100.0	100.0	100.0	100.0
Numéraire et dépôts	28.7	26.1	23.7	21.0	19.4	17.6	16.0	14.8
Titres de dettes	12.1	14.5	16.3	18.4	18.2	19.3	20.0	20.7
Crédits	16.8	16.0	15.5	15.2	15.4	14.9	14.7	15.6
Actions et parts de fonds d'investissement	34.9	36.2	37.9	39.0	40.5	42.3	43.1	42.7
Systèmes d'assurance de pensions et garanties standard	3.8	3.6	3.5	3.5	3.8	3.2	3.4	3.5
Produits financiers dérivés et options sur titres des salariés	0.4	0.4	0.3	0.3	0.2	0.2	0.2	0.2
Autres comptes à recevoir	3.3	3.1	2.9	2.6	2.6	2.5	2.5	2.6
Passifs financiers	100.0	100.0	100.0	100.0	100.0	100.0	100.0	100.0
Numéraire et dépôts	0.0	0.0	0.0	0.0	0.0	0.0	0.0	0.0
Titres de dettes	1.3	1.5	1.0	1.0	1.0	1.0	0.9	1.0
Crédits	4.0	3.9	3.6	3.7	3.9	3.6	3.3	3.4
Actions et parts de fonds d'investissement	7.4	9.7	11.4	11.2	13.2	12.6	13.5	12.3
Systèmes d'assurance de pensions et garanties standard	81.4	79.2	78.3	78.5	76.6	77.0	76.9	78.1
Produits financiers dérivés et options sur titres des salariés	0.1	0.0	0.1	0.1	0.1	0.1	0.0	0.1
Autres comptes à recevoir	5.9	5.6	5.6	5.5	5.2	5.8	5.3	5.2
Fonds de pension								
Actifs financiers	100.0	100.0	100.0	100.0	100.0	100.0	100.0	100.0
Numéraire et dépôts	37.1	30.9	32.0	26.9	22.6	19.3	16.2	14.8
Titres de dettes	9.0	9.9	5.5	6.4	6.9	7.3	7.1	7.6
Crédits	6.9	6.0	6.7	5.9	5.6	5.3	5.0	5.1
Actions et parts de fonds d'investissement	43.5	49.9	52.3	56.6	60.3	63.7	67.4	68.3
Systèmes d'assurance de pensions et garanties standard	1.0	1.0	1.0	1.0	1.0	1.2	1.2	1.2
Produits financiers dérivés et options sur titres des salariés	0.0	0.0	0.0	0.0	0.0	0.0	0.0	0.0
Autres comptes à recevoir	2.5	2.2	2.4	3.2	3.6	3.3	3.1	3.1
Passifs financiers	100.0	100.0	100.0	100.0	100.0	100.0	100.0	100.0
Numéraire et dépôts	0.0	0.0	0.0	0.0	0.0	0.0	0.0	0.0
Titres de dettes	0.0	0.0	0.0	0.0	0.0	0.0	0.0	0.0
Crédits	1.1	1.1	1.0	1.1	1.1	1.2	1.3	1.3
Actions et parts de fonds d'investissement	0.0	0.0	0.0	0.0	0.0	0.0	0.0	0.0
Systèmes d'assurance de pensions et garanties standard	98.6	98.7	98.7	98.6	98.1	98.5	98.5	98.5
Produits financiers dérivés et options sur titres des salariés	0.0	0.0	0.0	0.0	0.0	0.0	0.0	0.0
Autres comptes à recevoir	0.3	0.3	0.3	0.3	0.8	0.3	0.2	0.2

Note : Voir les métadonnées détaillées sur : *http://metalinks.oecd.org/instinv/20190923/2704*

GRÈCE

Tableau 1. Actifs et passifs financiers des investisseurs institutionnels, 2018

Millions EUR (2001 GRD euro)

	Total	Fonds d'investissement non-monétaire – Total	Fonds d'investissement à capital variable, non monétaire	Fonds d'investissement à capital fixe, non monétaire	Fonds d'investissement monétaires – Total
Actifs financiers	4 082	3 553	2 952	601	529
Numéraire et dépôts	401	256	157	99	145
Titres de dette	1 810	1 428	1 428	0	382
Titres de dette à court terme	447	97	97	0	350
Titres de dette à long terme	1 363	1 331	1 331	0	32
Titres de dette émis par les résidents	1 213	852	852	0	361
Titres de dette émis par les non-résidents	597	576	576	0	21
Crédits	..	..	..	..	..
Crédits à court terme	..	..	..	..	..
Crédits à long terme	..	..	..	..	..
Crédits accordés aux résidents	..	..	..	..	..
Crédits accordés aux non-résidents	..	..	..	..	..
Actions et parts de fonds d'investissement	1 715	1 715	1 328	387	0
Actions et parts de fonds d'investissements émises par les résidents	767	767	686	81	0
Actions et part de fonds d'investissements émises par les non-résidents	950	950	643	307	0
Autres comptes à recevoir	..	..	..	..	2

	Total	Fonds d'investissement non-monétaire – Total	Fonds d'investissement à capital variable, non monétaire	Fonds d'investissement à capital fixe, non monétaire	Fonds d'investissement monétaires – Total
Pasifs financiers	6 599	6 071	2 954	3 117	528
Numéraire et dépôts	..	..	..	..	..
Titres de dette	..	..	..	..	..
Titres de dette à court terme	..	..	..	..	..
Titres de dette à long terme	..	..	..	..	..
Crédits	..	..	..	..	..
Crédits à court terme	..	..	..	..	..
Crédits à long terme	..	..	..	..	..
Actions et parts de fonds d'investissement	..	..	..	..	527
Systèmes d'assurance, de pensions et garanties standard	..	..	..	..	..
Produits financiers dérivés et options sur titres des salariés	..	..	..	..	0
Autres comptes à payer	..	..	..	..	1

	Total	Sociétés d'assurance – Total	Sociétés d'assurance vie	Sociétés d'assurance non-vie	Fonds de pension autonomes – Total
Actifs financiers	17 704	16 411	13 672	2 739	1 293
Numéraire et dépôts	1 535	1 364	1 137	228	171
Titres de dette	11 133	10 380	8 647	1 732	753
Titres de dette à court terme	2 098	2 026	1 688	338	72
Titres de dette à long terme	9 035	8 354	6 959	1 394	681
Titres de dette émis par les résidents	4 428	4 138	3 447	691	290
Titres de dette émis par les non-résidents	6 705	6 242	5 200	1 042	463
Crédits	175	175	146	29	0
Crédits à court terme	7	7	6	1	0
Crédits à long terme	168	168	140	28	0
Crédits accordés aux résidents	121	121	100	20	0
Crédits accordés aux non-résidents	55	55	45	9	0
Actions et parts de fonds d'investissement	3 334	3 000	2 500	501	333
Actions et parts de fonds d'investissement émises par les résidents	1 282	1 168	973	195	114
Actions et parts de fonds d'investissement émises par les non-résidents	2 052	1 833	1 527	306	219
Autrescomptes à recevoir	1 053	1 017	847	170	36

	Total	Sociétés d'assurance – Total	Sociétés d'assurance vie	Sociétés d'assurance non-vie	Fonds de pension autonomes – Total
Pasifs financiers	17 753	16 408	13 669	2 738	1 345
Numéraire et dépôts	..	..	..	..	..
Titres de dette	2	2	1	0	..
Titres de dette à court terme	0	0	0	0	..
Titres de dette à long terme	2	2	1	0	..
Crédits	116	116	97	19	..
Crédits à court terme	31	31	26	5	..
Crédits à long terme	85	85	71	14	..
Actions et parts de fonds d'investissement	2 675	2 675	2 228	446	..
Systèmes d'assurance, de pensions et garanties standard	13 816	12 546	10 452	2 094	1 270
Produits financiers dérivés et options sur titres des salariés	1	1	1	0	..
Autres comptes à payer	1 143	1 068	890	178	75

Note : Voir les métadonnées détaillées sur : *http://metalinks.oecd.org/instinv/20190923/728c*

GRÈCE

Tableau 2. Actifs et passifs financiers des fonds d'investissement

Millions EUR

	2011	2012	2013	2014	2015	2016	2017	2018
Fonds d'investissement								
Valeur nette financière	-1 466	-1 399	-1 325	-1 849	-1 906	-2 081	-2 336	-2 517
Actifs financiers	4 380	4 866	5 129	4 868	4 235	3 983	4 317	4 082
Numéraire et dépôts	1 304	1 534	1 099	1 332	595	446	357	401
Titres de dette	1 471	1 465	1 768	1 382	1 671	1 752	1 988	1 810
Crédits	..	..	..	..	..	..	..	..
Actions et parts de fonds d'investissement	1 435	1 695	2 097	1 827	1 821	1 641	1 859	1 715
Actions	1 037	1 322	1 748	1 328	1 288	1 129	1 348	1 230
Parts de fonds d'investissement	398	373	349	499	533	512	511	485
Parts de fonds d'investissement monétaires	9	21	16	15	10	13	21	16
Parts de fonds d'investissement non monétaires	389	352	333	484	523	499	490	469
Systèmes d'assurance, de pensions et garanties standard	..	..	..	..	..	..	..	..
Produits financiers dérivés et options sur titres des salariés	77	78	75	69	..	..	..	..
Autres comptes à recevoir	93	94	90	258	..	..	..	..
Passifs financiers	5 846	6 265	6 454	6 717	6 141	6 064	6 653	6 599
Titres de dette	..	..	..	..	..	..	..	..
Titres de dette à court terme	..	..	..	..	..	..	..	..
Titres de dette à long terme	..	..	..	..	..	..	..	..
Crédits	59	86	81	312	..	..	..	..
Crédits à court terme	0	0	0	2	..	..	..	..
Crédits à long terme	59	86	81	310	..	..	..	..
Actions et parts de fonds d'investissement	5 133	5 641	6 234	6 261	..	..	..	..
Systèmes d'assurance, de pensions et garanties standard	..	..	..	..	..	..	..	..
Produits financiers dérivés et options sur titres des salariés	0	0	0	0	..	..	..	..
Autres comptes à payer	654	538	139	144	..	..	..	..
Actifs non financiers	1 462	1 397	1 322	1 845	1 905	2 081	2 337	2 517
Fonds d'investissement monétaires								
Valeur nette financière	-1	0	0	-1	-1	2	0	1
Actifs financiers	744	840	719	773	512	543	606	529
Numéraire et dépôts	627	772	365	539	161	119	97	145
Titres de dette	108	61	346	228	351	423	509	382
Crédits	..	..	..	..	..	..	..	..
Actions et parts de fonds d'investissement	5	2	2	2	0	0	0	0
Actions	0	0	0	0	0	0	0	0
Parts de fonds d'investissement	5	2	2	2	0	0	0	0
Parts de fonds d'investissement monétaires	5	2	2	2	0	0	0	0
Parts de fonds d'investissement non monétaires	0	0	0	0	0	0	0	0
Systèmes d'assurance, de pensions et garanties standard	..	..	..	..	..	..	..	..
Produits financiers dérivés et options sur titres des salariés	0	0	0	0	0	0	0	0
Autres comptes à recevoir	4	5	6	4	0	1	0	2
Passifs financiers	745	840	719	774	513	541	606	528
Titres de dette	..	..	..	..	..	..	..	..
Titres de dette à court terme	..	..	..	..	..	..	..	..
Titres de dette à long terme	..	..	..	..	..	..	..	..
Crédits	..	..	..	..	..	..	..	..
Crédits à court terme	..	..	..	..	..	..	..	..
Crédits à long terme	..	..	..	..	..	..	..	..
Actions et parts de fonds d'investissement	739	835	711	762	513	540	603	527
Systèmes d'assurance, de pensions et garanties standard	..	..	..	..	..	..	..	..
Produits financiers dérivés et options sur titres des salariés	0	0	0	0	0	0	0	0
Autres comptes à payer	6	5	8	12	0	1	3	1
Actifs non financiers	..	..	..	..	..	..	..	..
Fonds d'investissement non monéaires								
Valeur nette financière	-1 465	-1 399	-1 325	-1 848	-1 905	-2 083	-2 336	-2 518
Actifs financiers	3 636	4 026	4 410	4 095	3 723	3 440	3 711	3 553
Numéraire et dépôts	677	762	734	793	434	327	260	256
Titres de dette	1 363	1 404	1 422	1 154	1 320	1 329	1 479	1 428
Crédits	..	..	..	..	..	..	..	..
Actions et parts de fonds d'investissement	1 430	1 693	2 095	1 825	1 821	1 641	1 859	1 715
Actions	1 037	1 322	1 748	1 328	1 288	1 129	1 348	1 230
Parts de fonds d'investissement	393	371	347	497	533	512	511	485
Parts de fonds d'investissement monétaires	4	19	14	13	10	13	21	16
Parts de fonds d'investissement non monétaires	389	352	333	484	523	499	490	469
Systèmes d'assurance, de pensions et garanties standard	..	..	..	..	..	..	..	..
Produits financiers dérivés et options sur titres des salariés	77	78	75	69	..	..	..	..
Autres comptes à recevoir	89	89	84	254	..	..	..	..
Passifs financiers	5 101	5 425	5 735	5 943	5 628	5 523	6 047	6 071
Titres de dette	..	..	..	..	..	..	..	..
Titres de dette à court terme	..	..	..	..	..	..	..	..
Titres de dette à long terme	..	..	..	..	..	..	..	..
Crédits	59	86	81	312	..	..	..	..
Crédits à court terme	0	0	0	2	..	..	..	..
Crédits à long terme	59	86	81	310	..	..	..	..
Actions et parts de fonds d'investissement	4 394	4 806	5 523	5 499	..	..	..	..
Systèmes d'assurance, de pensions et garanties standard	..	..	..	..	..	..	..	..
Produits financiers dérivés et options sur titres des salariés	0	0	0	0	..	..	..	..
Autres comptes à payer	648	533	131	132	..	..	..	..
Actifs non financiers	1 462	1 397	1 322	1 845	1 905	2 081	2 337	2 517
Fonds d'investissement non monéaires à capital variable								
Valeur nette financière	-2	-2	-2	-2	-1	-2	0	-2
Actifs financiers	3 262	3 572	3 797	3 344	3 138	2 931	3 188	2 952
Numéraire et dépôts	392	405	363	580	254	187	158	157

GRÈCE

Tableau 2. Actifs et passifs financiers des fonds d'investissement *(suite)*

Millions EUR

	2011	2012	2013	2014	2015	2016	2017	2018
Titres de dette	1 363	1 404	1 420	1 151	1 319	1 323	1 469	1 428
Crédits	..	..	..	..	..	..	..	..
Actions et parts de fonds d'investissement	1 372	1 635	1 890	1 499	1 486	1 375	1 540	1 328
Actions	979	1 264	1 544	1 083	1 033	944	1 110	925
Parts de fonds d'investissement	393	371	346	416	453	431	430	403
Parts de fonds d'investissement monétaires	4	19	14	13	10	13	21	16
Parts de fonds d'investissement non monétaires	389	352	332	403	443	418	409	387
Systèmes d'assurance, de pensions et garanties standard	..	..	..	..	..	..	..	..
Produits financiers dérivés et options sur titres des salariés	..	..	..	..	..	..	..	..
Autres comptes à recevoir	..	..	..	..	..	..	..	..
Passifs financiers	3 264	3 574	3 799	3 346	3 139	2 933	3 188	2 954
Titres de dette	..	..	..	..	..	..	..	..
Titres de dette à court terme	..	..	..	..	..	..	..	..
Titres de dette à long terme	..	..	..	..	..	..	..	..
Crédits	0	0	0	0	..	..	..	..
Crédits à court terme	0	0	0	0	..	..	..	..
Crédits à long terme	0	0	0	0	..	..	..	..
Actions et parts de fonds d'investissement	3 161	3 467	3 696	3 254	..	..	..	..
Systèmes d'assurance, de pensions et garanties standard	..	..	..	..	..	..	..	..
Produits financiers dérivés et options sur titres des salariés	..	..	..	..	..	..	..	..
Autres comptes à payer	..	..	..	..	..	..	..	..
Actifs non financiers	0	0	0	0	0	0	0	0
Fonds d'investissement à capital variable								
Valeur nette financière	-3	-2	-2	-3	-2	0	0	-1
Actifs financiers	4 006	4 412	4 516	4 117	3 650	3 474	3 794	3 481
Numéraire et dépôts	1 019	1 177	728	1 119	415	306	255	302
Titres de dette	1 471	1 465	1 766	1 379	1 670	1 746	1 978	1 810
Crédits	..	..	..	..	..	..	..	..
Actions et parts de fonds d'investissement	1 377	1 637	1 892	1 501	1 486	1 375	1 540	1 328
Actions	979	1 264	1 544	1 083	1 033	944	1 110	925
Parts de fonds d'investissement	398	373	348	418	453	431	430	403
Parts de fonds d'investissement monétaires	9	21	16	15	10	13	21	16
Parts de fonds d'investissement non monétaires	389	352	332	403	443	418	409	387
Systèmes d'assurance, de pensions et garanties standard	..	..	..	..	..	..	..	..
Produits financiers dérivés et options sur titres des salariés	..	..	..	..	..	..	..	..
Autres comptes à recevoir	..	..	..	..	..	..	..	..
Passifs financiers	4 009	4 414	4 518	4 120	3 652	3 474	3 794	3 482
Titres de dette	..	..	..	..	..	..	..	..
Titres de dette à court terme	..	..	..	..	..	..	..	..
Titres de dette à long terme	..	..	..	..	..	..	..	..
Crédits	0	0	0	0	..	..	..	..
Crédits à court terme	0	0	0	0	..	..	..	..
Crédits à long terme	0	0	0	0	..	..	..	..
Actions et parts de fonds d'investissement	3 900	4 302	4 407	4 016	..	..	..	..
Systèmes d'assurance, de pensions et garanties standard	..	..	..	..	..	..	..	..
Produits financiers dérivés et options sur titres des salariés	..	..	..	..	..	..	..	..
Autres comptes à payer	..	..	..	..	..	..	..	..
Actifs non financiers	0	0	0	0	0	0	0	0

Note : Voir les métadonnées détaillées sur : *http://metalinks.oecd.org/instinv/20190923/728c*

GRÈCE

Tableau 3. Actifs et passifs financiers des sociétés d'assurance et fonds de pension

Millions EUR

	2011	2012	2013	2014	2015	2016	2017	2018
Sociétés d'assurance et fonds de pension								
Valeur nette financière	..	..	-921	-879	-1 002	-43	-180	-48
Actifs financiers	..	..	15 509	15 893	15 969	16 677	17 378	17 704
Numéraire et dépôts	..	..	3 772	2 575	1 943	1 647	1 293	1 535
Titres de dette	..	..	6 713	8 243	8 323	9 838	10 911	11 133
Crédits	..	..	132	140	160	149	137	175
Actions et parts de fonds d'investissement	..	..	2 628	2 880	3 321	3 384	3 531	3 334
Actions	..	..	365	404	545	464	550	543
Parts de fonds d'investissement	..	..	2 264	2 476	2 776	2 920	2 981	2 791
Parts de fonds d'investissement monétaires	..	..	367	416	509	626	477	435
Parts de fonds d'investissement non monétaires	..	..	1 896	2 060	2 267	2 294	2 503	2 356
Systèmes d'assurance, de pensions et garanties standard	..	..	390	375	471	465	408	469
Produits financiers dérivés et options sur titres des salariés	..	..	8	4	4	2	3	5
Autres comptes à recevoir	..	..	1 866	1 676	1 747	1 191	1 096	1 053
Passifs financiers	..	..	16 430	16 772	16 971	16 720	17 558	17 753
Titres de dette	..	..	29	29	29	2	2	2
Titres de dette à court terme	..	..	0	0	0	0	0	0
Titres de dette à long terme	..	..	29	29	29	2	2	2
Crédits	..	..	482	127	165	240	143	116
Crédits à court terme	..	..	435	65	57	68	28	31
Crédits à long terme	..	..	47	62	109	172	116	85
Actions et parts de fonds d'investissement	..	..	2 796	3 206	3 451	2 523	2 875	2 675
Systèmes d'assurance, de pensions et garanties standard	..	..	12 146	12 213	12 523	12 933	13 412	13 816
Produits financiers dérivés et options sur titres des salariés	..	..	0	0	0	0	6	1
Autres comptes à payer	..	..	977	1 198	802	1 021	1 120	1 143
Actifs non financiers	..	..	921	879	1 002	43	180	48
Sociétés d'assurance								
Valeur nette financière	-987	-865	-921	-879	-1 002	-27	-165	3
Actifs financiers	13 906	14 689	15 284	15 453	15 647	15 504	16 078	16 411
Numéraire et dépôts	2 771	2 800	3 547	2 439	1 836	1 591	1 190	1 364
Titres de dette	6 256	6 589	6 713	7 985	8 176	9 095	10 125	10 380
Crédits	97	145	132	132	154	146	137	175
Actions et parts de fonds d'investissement	2 150	2 632	2 628	2 842	3 260	3 071	3 160	3 000
Actions	284	341	365	399	532	432	487	482
Parts de fonds d'investissement	1 865	2 291	2 264	2 444	2 728	2 640	2 673	2 518
Parts de fonds d'investissement monétaires	174	468	367	416	509	528	382	358
Parts de fonds d'investissement non monétaires	1 692	1 823	1 896	2 028	2 218	2 112	2 291	2 161
Systèmes d'assurance, de pensions et garanties standard	404	426	390	375	471	465	408	469
Produits financiers dérivés et options sur titres des salariés	0	6	8	4	4	2	3	5
Autres comptes à recevoir	2 228	2 091	1 866	1 675	1 746	1 133	1 056	1 017
Passifs financiers	14 893	15 554	16 205	16 332	16 649	15 531	16 243	16 408
Titres de dette	15	15	29	29	29	2	2	2
Titres de dette à court terme	0	0	0	0	0	0	0	0
Titres de dette à long terme	15	15	29	29	29	2	2	2
Crédits	673	332	482	127	165	240	143	116
Crédits à court terme	469	275	435	65	57	68	28	31
Crédits à long terme	204	57	47	62	109	172	116	85
Actions et parts de fonds d'investissement	878	1 956	2 796	3 206	3 451	2 523	2 875	2 675
Systèmes d'assurance, de pensions et garanties standard	12 319	12 256	11 921	11 773	12 202	11 811	12 171	12 546
Produits financiers dérivés et options sur titres des salariés	1	1	0	0	0	0	6	1
Autres comptes à payer	1 007	995	977	1 198	802	955	1 047	1 068
Actifs non financiers	987	865	921	879	1 002	27	165	-3
Fonds de pension								
Valeur nette financière	..	..	0	0	0	-16	-15	-52
Actifs financiers	..	..	225	440	322	1 173	1 299	1 293
Numéraire et dépôts	..	..	225	136	107	56	103	171
Titres de dette	..	..	0	258	146	743	786	753
Crédits	..	..	0	8	6	4	0	0
Actions et parts de fonds d'investissement	..	..	0	38	61	313	371	333
Actions	..	..	0	6	12	32	63	61
Parts de fonds d'investissement	..	..	0	32	49	280	308	273
Parts de fonds d'investissement monétaires	..	..	0	0	0	99	96	77
Parts de fonds d'investissement non monétaires	..	..	0	32	49	182	212	195
Systèmes d'assurance, de pensions et garanties standard	..	..	0	0	0	0	0	0
Produits financiers dérivés et options sur titres des salariés	..	..	0	0	0	0	0	0
Autres comptes à recevoir	..	..	0	1	1	58	40	36
Passifs financiers	..	..	225	440	322	1 189	1 315	1 345
Titres de dette	..	..	..	..	..	..	..	..
Titres de dette à court terme	..	..	..	..	..	..	..	..
Titres de dette à long terme	..	..	..	..	..	..	..	..
Crédits	..	..	..	..	..	..	..	..
Crédits à court terme	..	..	..	..	..	..	..	..
Crédits à long terme	..	..	..	..	..	..	..	..
Actions et parts de fonds d'investissement	..	..	..	..	..	..	..	..
Systèmes d'assurance, de pensions et garanties standard	..	..	225	440	322	1 123	1 241	1 270
Produits financiers dérivés et options sur titres des salariés	..	..	..	..	..	..	..	..
Autres comptes à payer	..	..	..	..	..	66	74	75
Actifs non financiers	..	..	0	0	0	16	15	52

Note : Voir les métadonnées détaillées sur : *http://metalinks.oecd.org/instinv/20190923/728c*

Tableau 4. Composition du portefeuille par type d'investisseur

En pourcentage des actifs financiers et des passifs financiers

Pour cent

	2011	2012	2013	2014	2015	2016	2017	2018
Fonds d'investissement								
Actifs financiers	100.0	100.0	100.0	100.0	100.0	100.0	100.0	100.0
Numéraire et dépôts	29.8	31.5	21.4	27.4	14.0	11.2	8.3	9.8
Titres de dettes	33.6	30.1	34.5	28.4	39.5	44.0	46.1	44.3
Crédits	0.0	0.0	0.0	0.0	..	..	..	..
Actions et parts de fonds d'investissement	32.8	34.8	40.9	37.5	43.0	41.2	43.1	42.0
Systèmes d'assurance de pensions et garanties standard	0.0	0.0	0.0	0.0	..	..	..	..
Produits financiers dérivés et options sur titres des salariés	1.8	1.6	1.5	1.4	..	..	..	..
Autres comptes à recevoir	2.1	1.9	1.8	5.3	..	..	..	..
Passifs financiers	100.0	100.0	100.0	100.0	100.0	100.0	100.0	100.0
Numéraire et dépôts	0.0	0.0	0.0	0.0	..	..	..	..
Titres de dettes	0.0	0.0	0.0	0.0	..	..	..	..
Crédits	1.0	1.4	1.3	4.6	..	..	..	..
Actions et parts de fonds d'investissement	87.8	90.0	96.6	93.2	..	..	..	..
Systèmes d'assurance de pensions et garanties standard	0.0	0.0	0.0	0.0	..	..	..	..
Produits financiers dérivés et options sur titres des salariés	0.0	0.0	0.0	0.0	..	..	..	..
Autres comptes à recevoir	11.2	8.6	2.2	2.1	..	..	..	..
Sociétés d'assurance								
Actifs financiers	100.0	100.0	100.0	100.0	100.0	100.0	100.0	100.0
Numéraire et dépôts	19.9	19.1	23.2	15.8	11.7	10.3	7.4	8.3
Titres de dettes	45.0	44.9	43.9	51.7	52.3	58.7	63.0	63.2
Crédits	0.7	1.0	0.9	0.9	1.0	0.9	0.9	1.1
Actions et parts de fonds d'investissement	15.5	17.9	17.2	18.4	20.8	19.8	19.7	18.3
Systèmes d'assurance de pensions et garanties standard	2.9	2.9	2.6	2.4	3.0	3.0	2.5	2.9
Produits financiers dérivés et options sur titres des salariés	0.0	0.0	0.1	0.0	0.0	0.0	0.0	0.0
Autres comptes à recevoir	16.0	14.2	12.2	10.8	11.2	7.3	6.6	6.2
Passifs financiers	100.0	100.0	100.0	100.0	100.0	100.0	100.0	100.0
Numéraire et dépôts	0.0	0.0	0.0	0.0	0.0	0.0	0.0	0.0
Titres de dettes	0.1	0.1	0.2	0.2	0.2	0.0	0.0	0.0
Crédits	4.5	2.1	3.0	0.8	1.0	1.5	0.9	0.7
Actions et parts de fonds d'investissement	5.9	12.6	17.3	19.6	20.7	16.2	17.7	16.3
Systèmes d'assurance de pensions et garanties standard	82.7	78.8	73.6	72.1	73.3	76.0	74.9	76.5
Produits financiers dérivés et options sur titres des salariés	0.0	0.0	0.0	0.0	0.0	0.0	0.0	0.0
Autres comptes à recevoir	6.8	6.4	6.0	7.3	4.8	6.1	6.4	6.5
Fonds de pension								
Actifs financiers	..	..	100.0	100.0	100.0	100.0	100.0	100.0
Numéraire et dépôts	..	..	100.0	30.8	33.4	4.8	7.9	13.2
Titres de dettes	..	..	0.0	58.5	45.5	63.3	60.5	58.2
Crédits	..	..	0.0	1.7	2.0	0.3	0.0	0.0
Actions et parts de fonds d'investissement	..	..	0.0	8.6	19.0	26.7	28.6	25.8
Systèmes d'assurance de pensions et garanties standard	..	..	0.0	0.0	0.0	0.0	0.0	0.0
Produits financiers dérivés et options sur titres des salariés	..	..	0.0	0.0	0.0	0.0	0.0	0.0
Autres comptes à recevoir	..	..	0.0	0.3	0.2	4.9	3.1	2.8
Passifs financiers	..	..	100.0	100.0	100.0	100.0	100.0	100.0
Numéraire et dépôts	..	..	0.0	0.0	0.0	0.0	0.0	0.0
Titres de dettes	..	..	0.0	0.0	0.0	0.0	0.0	0.0
Crédits	..	..	0.0	0.0	0.0	0.0	0.0	0.0
Actions et parts de fonds d'investissement	..	..	0.0	0.0	0.0	0.0	0.0	0.0
Systèmes d'assurance de pensions et garanties standard	..	..	100.0	100.0	100.0	94.4	94.4	94.4
Produits financiers dérivés et options sur titres des salariés	..	..	0.0	0.0	0.0	0.0	0.0	0.0
Autres comptes à recevoir	..	..	0.0	0.0	0.0	5.6	5.6	5.6

Note : Voir les métadonnées détaillées sur : *http://metalinks.oecd.org/instinv/20190923/2704*

HONGRIE

Tableau 1. Actifs et passifs financiers des investisseurs institutionnels, 2018

Millions HUF

	Total	Fonds d'investissement			
		Fonds d'investissement non-monétaire			Fonds d'investissement monétaires
		Total	Fonds d'investissement à capital variable, non monétaire	Fonds d'investissement à capital fixe, non monétaire	Total
Actifs financiers	5 600 798	5 251 996	..	..	348 802
Numéraire et dépôts	1 400 288	1 162 014	..	..	238 274
Titres de dette	2 068 850	1 958 461	..	..	110 389
Titres de dette à court terme	449 874	398 433	..	..	51 441
Titres de dette à long terme	1 618 976	1 560 028	..	..	58 948
Titres de dette émis par les résidents	1 619 015	1 513 098	..	..	105 917
Titres de dette émis par les non-résidents	449 835	445 363	..	..	4 472
Crédits	12 860	12 860	..	..	0
Crédits à court terme	12 860	12 860	..	..	0
Crédits à long terme	0	0	..	..	0
Crédits accordés aux résidents	12 860	12 860	..	..	0
Crédits accordés aux non-résidents	0	0	..	..	0
Actions et parts de fonds d'investissement	1 969 596	1 969 590	..	..	6
Actions et parts de fonds d'investissements émises par les résidents	1 139 296	1 139 290	..	..	6
Actions et part de fonds d'investissements émises par les non-résidents	830 300	830 300	..	..	0
Autres comptes à recevoir	123 648	123 645	..	..	3

	Total	Fonds d'investissement			
		Fonds d'investissement non-monétaire			Fonds d'investissement monétaires
		Total	Fonds d'investissement à capital variable, non monétaire	Fonds d'investissement à capital fixe, non monétaire	Total
Pasifs financiers	6 668 021	6 291 589	..	..	376 432
Numéraire et dépôts	0	0	..	..	0
Titres de dette	0	0	..	..	0
Titres de dette à court terme	0	0	..	..	0
Titres de dette à long terme	0	0	..	..	0
Crédits	125 851	125 375	..	..	476
Crédits à court terme	18 343	17 867	..	..	476
Crédits à long terme	107 508	107 508	..	..	0
Actions et parts de fonds d'investissement	6 519 264	6 143 926	..	..	375 338
Systèmes d'assurance, de pensions et garanties standard	0	0	..	..	0
Produits financiers dérivés et options sur titres des salariés	17 002	16 812	..	..	190
Autres comptes à payer	5 904	5 476	..	..	428

	Total	Sociétés d'assurance et fonds de pension autonomes			
		Sociétés d'assurance			Fonds de pension autonomes
		Total	Sociétés d'assurance vie	Sociétés d'assurance non-vie	Total
Actifs financiers	4 609 911	2 909 227	..	..	1 700 684
Numéraire et dépôts	235 514	165 657	..	..	69 857
Titres de dette	2 636 810	1 539 680	..	..	1 097 130
Titres de dette à court terme	161 218	62 945	..	..	98 273
Titres de dette à long terme	2 475 592	1 476 735	..	..	998 857
Titres de dette émis par les résidents	2 547 806	1 468 080	..	..	1 079 726
Titres de dette émis par les non-résidents	89 004	71 600	..	..	17 404
Crédits	10 535	9 127	..	..	1 408
Crédits à court terme	7 541	7 541	..	..	0
Crédits à long terme	2 994	1 586	..	..	1 408
Crédits accordés aux résidents	2 818	1 410	..	..	1 408
Crédits accordés aux non-résidents	7 717	7 717	..	..	0
Actions et parts de fonds d'investissement	1 543 166	1 011 577	..	..	531 589
Actions et parts de fonds d'investissement émises par les résidents	769 201	441 445	..	..	327 756
Actions et parts de fonds d'investissement émises par les non-résidents	773 965	570 132	..	..	203 833
Autrescomptes à recevoir	69 397	68 895	..	..	502

	Total	Sociétés d'assurance et fonds de pension autonomes			
		Sociétés d'assurance			Fonds de pension autonomes
		Total	Sociétés d'assurance vie	Sociétés d'assurance non-vie	Total
Pasifs financiers	4 696 704	2 925 211	..	..	1 771 493
Numéraire et dépôts	0	0	..	..	0
Titres de dette	0	0	..	..	0
Titres de dette à court terme	0	0	..	..	0
Titres de dette à long terme	0	0	..	..	0
Crédits	2 611	2 600	..	..	11
Crédits à court terme	11	3	..	..	8
Crédits à long terme	2 600	2 597	..	..	3
Actions et parts de fonds d'investissement	389 092	343 362	..	..	45 730
Systèmes d'assurance, de pensions et garanties standard	4 206 362	2 489 740	..	..	1 716 622
Produits financiers dérivés et options sur titres des salariés	1 401	1 163	..	..	238
Autres comptes à payer	97 238	88 346	..	..	8 892

Note : Voir les métadonnées détaillées sur : *http://metalinks.oecd.org/instinv/20190923/6c5a*

Tableau 2. Actifs et passifs financiers des fonds d'investissement

Millions HUF

	2011	2012	2013	2014	2015	2016	2017	2018
Fonds d'investissement								
Valeur nette financière	-284 097	-319 083	-321 850	-311 636	-304 860	-399 009	-596 032	-1 067 223
Actifs financiers	3 109 859	3 283 329	4 415 604	5 335 351	5 540 129	5 539 389	5 799 576	5 600 798
Numéraire et dépôts	1 594 876	1 745 945	2 008 519	2 352 275	2 269 890	2 106 898	1 709 819	1 400 288
Titres de dette	745 223	823 020	1 438 362	1 754 128	1 919 808	1 954 598	2 105 434	2 068 850
Crédits	0	0	0	0	0	0	0	12 860
Actions et parts de fonds d'investissement	681 357	612 122	772 712	1 103 907	1 238 611	1 346 084	1 822 218	1 969 596
Actions	180 100	197 861	165 356	210 655	254 970	326 731	443 929	480 813
Parts de fonds d'investissement	501 257	414 261	607 356	893 252	983 641	1 019 353	1 378 289	1 488 783
Parts de fonds d'investissement monétaires	41 749	27 455	47 197	59 753	130 626	36 887	33 060	134 564
Parts de fonds d'investissement non monétaires	459 508	386 806	560 159	833 499	853 015	982 466	1 345 229	1 354 219
Systèmes d'assurance, de pensions et garanties standard	0	0	0	0	0	0	0	0
Produits financiers dérivés et options sur titres des salariés	27 389	41 238	55 009	45 041	31 810	33 794	40 711	25 556
Autres comptes à recevoir	61 014	61 004	141 002	80 000	80 010	98 015	121 394	123 648
Passifs financiers	3 393 956	3 602 412	4 737 454	5 646 987	5 844 989	5 938 398	6 395 608	6 668 021
Titres de dette	0	0	0	0	0	0	0	0
Titres de dette à court terme	0	0	0	0	0	0	0	0
Titres de dette à long terme	0	0	0	0	0	0	0	0
Crédits	77 994	71 011	66 700	81 145	50 867	84 459	68 865	125 851
Crédits à court terme	27 991	25 836	23 824	45 686	33 031	53 260	21 112	18 343
Crédits à long terme	50 003	45 175	42 876	35 459	17 836	31 199	47 753	107 508
Actions et parts de fonds d'investissement	3 302 829	3 463 811	4 662 549	5 528 624	5 778 120	5 838 543	6 312 107	6 519 264
Systèmes d'assurance, de pensions et garanties standard	0	0	0	0	0	0	0	0
Produits financiers dérivés et options sur titres des salariés	8 604	9 006	3 269	33 897	10 961	13 639	13 597	17 002
Autres comptes à payer	4 529	58 584	4 936	3 321	5 041	1 757	1 039	5 904
Actifs non financiers	..	..	..	..	..	..	..	..
Fonds d'investissement monéaires								
Valeur nette financière	1 262	43 912	20 044	-21 629	5 738	904	-30 964	-27 630
Actifs financiers	1 360 019	1 270 751	1 455 722	1 224 273	1 173 427	795 314	463 649	348 802
Numéraire et dépôts	1 014 210	1 004 275	1 037 929	981 956	982 384	646 582	357 643	238 274
Titres de dette	284 129	201 169	353 790	241 201	187 867	134 517	104 851	110 389
Crédits	0	0	0	0	0	0	0	0
Actions et parts de fonds d'investissement	666	4 303	3 001	1 116	3 166	1 786	317	6
Actions	0	0	0	0	0	0	0	0
Parts de fonds d'investissement	666	4 303	3 001	1 116	3 166	1 786	317	6
Parts de fonds d'investissement monétaires	666	4 303	3 001	1 116	3 166	1 786	311	0
Parts de fonds d'investissement non monétaires	0	0	0	0	0	0	6	6
Systèmes d'assurance, de pensions et garanties standard	0	0	0	0	0	0	0	0
Produits financiers dérivés et options sur titres des salariés	0	0	0	0	0	400	255	130
Autres comptes à recevoir	61 014	61 004	61 002	0	10	12 029	583	3
Passifs financiers	1 358 757	1 226 839	1 435 678	1 245 902	1 167 689	794 410	494 613	376 432
Titres de dette	0	0	0	0	0	0	0	0
Titres de dette à court terme	0	0	0	0	0	0	0	0
Titres de dette à long terme	0	0	0	0	0	0	0	0
Crédits	14	33	42	59	67	79	1 388	476
Crédits à court terme	14	33	42	59	67	79	1 388	476
Crédits à long terme	0	0	0	0	0	0	0	0
Actions et parts de fonds d'investissement	1 358 175	1 226 331	1 435 555	1 245 738	1 167 563	793 687	492 538	375 338
Systèmes d'assurance, de pensions et garanties standard	0	0	0	0	0	0	0	0
Produits financiers dérivés et options sur titres des salariés	0	0	0	0	0	190	183	190
Autres comptes à payer	568	475	81	105	59	454	504	428
Actifs non financiers	..	..	..	..	..	..	..	..
Fonds d'investissement non monéaires								
Valeur nette financière	-285 359	-362 995	-341 894	-290 007	-310 598	-399 913	-565 068	-1 039 593
Actifs financiers	1 749 840	2 012 578	2 959 882	4 111 078	4 366 702	4 744 075	5 335 927	5 251 996
Numéraire et dépôts	580 666	741 670	970 590	1 370 319	1 287 506	1 460 316	1 352 176	1 162 014
Titres de dette	461 094	621 851	1 084 572	1 512 927	1 731 941	1 820 081	2 000 583	1 958 461
Crédits	0	0	0	0	0	0	0	12 860
Actions et parts de fonds d'investissement	680 691	607 819	769 711	1 102 791	1 235 445	1 344 298	1 821 901	1 969 590
Actions	180 100	197 861	165 356	210 655	254 970	326 731	443 929	480 813
Parts de fonds d'investissement	500 591	409 958	604 355	892 136	980 475	1 017 567	1 377 972	1 488 777
Parts de fonds d'investissement monétaires	41 083	23 152	44 196	58 637	127 460	35 101	32 749	134 564
Parts de fonds d'investissement non monétaires	459 508	386 806	560 159	833 499	853 015	982 466	1 345 223	1 354 213
Systèmes d'assurance, de pensions et garanties standard	0	0	0	0	0	0	0	0
Produits financiers dérivés et options sur titres des salariés	27 389	41 238	55 009	45 041	31 810	33 394	40 456	25 426
Autres comptes à recevoir	0	0	80 000	80 000	80 000	85 986	120 811	123 645
Passifs financiers	2 035 199	2 375 573	3 301 776	4 401 085	4 677 300	5 143 988	5 900 995	6 291 589
Titres de dette	0	0	0	0	0	0	0	0
Titres de dette à court terme	0	0	0	0	0	0	0	0
Titres de dette à long terme	0	0	0	0	0	0	0	0
Crédits	77 980	70 978	66 658	81 086	50 800	84 380	67 477	125 375
Crédits à court terme	27 977	25 803	23 782	45 627	32 964	53 181	19 724	17 867
Crédits à long terme	50 003	45 175	42 876	35 459	17 836	31 199	47 753	107 508
Actions et parts de fonds d'investissement	1 944 654	2 237 480	3 226 994	4 282 886	4 610 557	5 044 856	5 819 569	6 143 926
Systèmes d'assurance, de pensions et garanties standard	0	0	0	0	0	0	0	0
Produits financiers dérivés et options sur titres des salariés	8 604	9 006	3 269	33 897	10 961	13 449	13 414	16 812
Autres comptes à payer	3 961	58 109	4 855	3 216	4 982	1 303	535	5 476
Actifs non financiers	..	..	..	..	..	..	..	..
Fonds d'investissement non monéaires à capital variable								
Valeur nette financière	..	..	..	..	..	..	..	..
Actifs financiers	..	..	..	..	..	..	..	..
Numéraire et dépôts	..	..	..	..	..	..	..	..

Tableau 2. Actifs et passifs financiers des fonds d'investissement *(suite)*

Millions HUF

	2011	2012	2013	2014	2015	2016	2017	2018
Titres de dette	..	..	..	..	..	..	..	..
Crédits	..	..	..	..	..	..	..	..
Actions et parts de fonds d'investissement	..	..	..	..	..	..	..	..
Actions	..	..	..	..	..	..	..	..
Parts de fonds d'investissement	..	..	..	..	..	..	..	..
Parts de fonds d'investissement monétaires	..	..	..	..	..	..	..	..
Parts de fonds d'investissement non monétaires	..	..	..	..	..	..	..	..
Systèmes d'assurance, de pensions et garanties standard	..	..	..	..	..	..	..	..
Produits financiers dérivés et options sur titres des salariés	..	..	..	..	..	..	..	..
Autres comptes à recevoir	..	..	..	..	..	..	..	..
Passifs financiers	..	..	..	..	..	..	..	..
Titres de dette	..	..	..	..	..	..	..	..
Titres de dette à court terme	..	..	..	..	..	..	..	..
Titres de dette à long terme	..	..	..	..	..	..	..	..
Crédits	..	..	..	..	..	..	..	..
Crédits à court terme	..	..	..	..	..	..	..	..
Crédits à long terme	..	..	..	..	..	..	..	..
Actions et parts de fonds d'investissement	..	..	..	..	..	..	..	..
Systèmes d'assurance, de pensions et garanties standard	..	..	..	..	..	..	..	..
Produits financiers dérivés et options sur titres des salariés	..	..	..	..	..	..	..	..
Autres comptes à payer	..	..	..	..	..	..	..	..
Actifs non financiers	..	..	..	..	..	..	..	..
Fonds d'investissement à capital variable								
Valeur nette financière	..	..	..	..	..	..	..	..
Actifs financiers	..	..	..	..	..	..	..	..
Numéraire et dépôts	..	..	..	..	..	..	..	..
Titres de dette	..	..	..	..	..	..	..	..
Crédits	..	..	..	..	..	..	..	..
Actions et parts de fonds d'investissement	..	..	..	..	..	..	..	..
Actions	..	..	..	..	..	..	..	..
Parts de fonds d'investissement	..	..	..	..	..	..	..	..
Parts de fonds d'investissement monétaires	..	..	..	..	..	..	..	..
Parts de fonds d'investissement non monétaires	..	..	..	..	..	..	..	..
Systèmes d'assurance, de pensions et garanties standard	..	..	..	..	..	..	..	..
Produits financiers dérivés et options sur titres des salariés	..	..	..	..	..	..	..	..
Autres comptes à recevoir	..	..	..	..	..	..	..	..
Passifs financiers	..	..	..	..	..	..	..	..
Titres de dette	..	..	..	..	..	..	..	..
Titres de dette à court terme	..	..	..	..	..	..	..	..
Titres de dette à long terme	..	..	..	..	..	..	..	..
Crédits	..	..	..	..	..	..	..	..
Crédits à court terme	..	..	..	..	..	..	..	..
Crédits à long terme	..	..	..	..	..	..	..	..
Actions et parts de fonds d'investissement	..	..	..	..	..	..	..	..
Systèmes d'assurance, de pensions et garanties standard	..	..	..	..	..	..	..	..
Produits financiers dérivés et options sur titres des salariés	..	..	..	..	..	..	..	..
Autres comptes à payer	..	..	..	..	..	..	..	..
Actifs non financiers	..	..	..	..	..	..	..	..

Note : Voir les métadonnées détaillées sur : *http://metalinks.oecd.org/instinv/20190923/6c5a*

HONGRIE

Tableau 3. Actifs et passifs financiers des sociétés d'assurance et fonds de pension

Millions HUF

	2011	2012	2013	2014	2015	2016	2017	2018
Sociétés d'assurance et fonds de pension								
Valeur nette financière	-174 696	-69 533	-78 630	-43 635	-20 222	-30 378	-34 760	-86 793
Actifs financiers	3 410 329	3 543 272	3 665 201	3 977 521	4 124 404	4 333 876	4 596 045	4 609 911
Numéraire et dépôts	212 447	172 142	212 288	252 487	265 046	199 583	210 233	235 514
Titres de dette	2 030 279	2 174 370	2 238 054	2 386 935	2 385 013	2 495 597	2 608 516	2 636 810
Crédits	16 658	10 449	7 755	7 992	8 072	8 063	9 985	10 535
Actions et parts de fonds d'investissement	1 003 348	1 027 638	1 054 997	1 177 158	1 304 401	1 465 625	1 597 330	1 543 166
Actions	133 573	120 920	112 582	125 369	140 939	181 655	191 668	202 876
Parts de fonds d'investissement	869 775	906 718	942 415	1 051 789	1 163 462	1 283 970	1 405 662	1 340 290
Parts de fonds d'investissement monétaires	77 130	72 978	77 076	54 223	68 926	52 862	42 552	32 562
Parts de fonds d'investissement non monétaires	792 645	833 740	865 339	997 566	1 094 536	1 231 108	1 363 110	1 307 728
Systèmes d'assurance, de pensions et garanties standard	89 953	93 929	88 982	92 294	100 164	104 736	107 693	114 121
Produits financiers dérivés et options sur titres des salariés	75	2	218	4 226	3 743	1 272	1 531	368
Autres comptes à recevoir	57 569	64 742	62 907	56 429	57 965	59 000	60 757	69 397
Passifs financiers	3 585 025	3 612 805	3 743 831	4 021 156	4 144 626	4 364 254	4 630 805	4 696 704
Titres de dette	0	0	26	25	0	0	0	0
Titres de dette à court terme	0	0	0	0	0	0	0	0
Titres de dette à long terme	0	0	26	25	0	0	0	0
Crédits	7 853	6 577	5 832	8 111	20 002	5 135	1 641	2 611
Crédits à court terme	1 533	3 341	1 239	1 818	14 836	7	16	11
Crédits à long terme	6 320	3 236	4 593	6 293	5 166	5 128	1 625	2 600
Actions et parts de fonds d'investissement	332 603	300 311	307 168	307 765	304 616	338 501	372 384	389 092
Systèmes d'assurance, de pensions et garanties standard	3 163 128	3 217 327	3 339 065	3 608 519	3 725 694	3 941 358	4 176 640	4 206 362
Produits financiers dérivés et options sur titres des salariés	1 228	336	56	4 955	3 684	2 282	371	1 401
Autres comptes à payer	80 213	88 254	91 684	91 781	90 630	76 978	79 769	97 238
Actifs non financiers	..	..	..	..	..	..	..	..
Sociétés d'assurance								
Valeur nette financière	-149 156	-33 036	-38 362	-14 623	9 461	5 416	19 038	-15 984
Actifs financiers	2 297 550	2 386 170	2 437 065	2 618 814	2 692 778	2 775 136	2 898 414	2 909 227
Numéraire et dépôts	149 104	109 486	123 434	160 378	181 477	125 541	141 961	165 657
Titres de dette	1 314 391	1 426 933	1 442 501	1 498 223	1 443 686	1 505 111	1 536 132	1 539 680
Crédits	15 019	8 873	6 150	6 337	6 383	6 446	8 433	9 127
Actions et parts de fonds d'investissement	671 512	682 243	712 903	800 962	899 395	973 648	1 043 144	1 011 577
Actions	64 131	57 800	55 435	58 561	51 177	64 369	70 071	77 099
Parts de fonds d'investissement	607 381	624 443	657 468	742 401	848 218	909 279	973 073	934 478
Parts de fonds d'investissement monétaires	73 575	70 532	74 389	51 016	67 718	50 009	40 996	31 738
Parts de fonds d'investissement non monétaires	533 806	553 911	583 079	691 385	780 500	859 270	932 077	902 740
Systèmes d'assurance, de pensions et garanties standard	89 953	93 929	88 982	92 294	100 164	104 736	107 693	114 121
Produits financiers dérivés et options sur titres des salariés	75	2	218	4 226	3 743	884	520	170
Autres comptes à recevoir	57 496	64 704	62 877	56 394	57 930	58 770	60 531	68 895
Passifs financiers	2 446 706	2 419 206	2 475 427	2 633 437	2 683 317	2 769 720	2 879 376	2 925 211
Titres de dette	0	0	26	25	0	0	0	0
Titres de dette à court terme	0	0	0	0	0	0	0	0
Titres de dette à long terme	0	0	26	25	0	0	0	0
Crédits	7 853	6 577	5 832	8 111	20 002	5 131	1 631	2 600
Crédits à court terme	1 533	3 341	1 239	1 818	14 836	3	12	3
Crédits à long terme	6 320	3 236	4 593	6 293	5 166	5 128	1 619	2 597
Actions et parts de fonds d'investissement	316 437	283 978	290 538	290 102	285 000	311 377	335 954	343 362
Systèmes d'assurance, de pensions et garanties standard	2 045 389	2 042 932	2 088 549	2 238 849	2 284 451	2 378 120	2 467 690	2 489 740
Produits financiers dérivés et options sur titres des salariés	1 228	336	56	4 955	3 684	1 032	245	1 163
Autres comptes à payer	75 799	85 383	90 426	91 395	90 180	74 060	73 856	88 346
Actifs non financiers	..	..	..	..	..	..	..	..
Fonds de pension								
Valeur nette financière	-25 540	-36 497	-40 268	-29 012	-29 683	-35 794	-53 798	-70 809
Actifs financiers	1 112 779	1 157 102	1 228 136	1 358 707	1 431 626	1 558 740	1 697 631	1 700 684
Numéraire et dépôts	63 343	62 656	88 854	92 109	83 569	74 042	68 272	69 857
Titres de dette	715 888	747 437	795 553	888 712	941 327	990 486	1 072 384	1 097 130
Crédits	1 639	1 576	1 605	1 655	1 689	1 617	1 552	1 408
Actions et parts de fonds d'investissement	331 836	345 395	342 094	376 196	405 006	491 977	554 186	531 589
Actions	69 442	63 120	57 147	66 808	89 762	117 286	121 597	125 777
Parts de fonds d'investissement	262 394	282 275	284 947	309 388	315 244	374 691	432 589	405 812
Parts de fonds d'investissement monétaires	3 555	2 446	2 687	3 207	1 208	2 853	1 556	824
Parts de fonds d'investissement non monétaires	258 839	279 829	282 260	306 181	314 036	371 838	431 033	404 988
Systèmes d'assurance, de pensions et garanties standard	0	0	0	0	0	0	0	0
Produits financiers dérivés et options sur titres des salariés	0	0	0	0	0	388	1 011	198
Autres comptes à recevoir	73	38	30	35	35	230	226	502
Passifs financiers	1 138 319	1 193 599	1 268 404	1 387 719	1 461 309	1 594 534	1 751 429	1 771 493
Titres de dette	0	0	0	0	0	0	0	0
Titres de dette à court terme	0	0	0	0	0	0	0	0
Titres de dette à long terme	0	0	0	0	0	0	0	0
Crédits	0	0	0	0	0	4	10	11
Crédits à court terme	0	0	0	0	0	4	4	8
Crédits à long terme	0	0	0	0	0	0	6	3
Actions et parts de fonds d'investissement	16 166	16 333	16 630	17 663	19 616	27 124	36 430	45 730
Systèmes d'assurance, de pensions et garanties standard	1 117 739	1 174 395	1 250 516	1 369 670	1 441 243	1 563 238	1 708 950	1 716 622
Produits financiers dérivés et options sur titres des salariés	0	0	0	0	0	1 250	126	238
Autres comptes à payer	4 414	2 871	1 258	386	450	2 918	5 913	8 892
Actifs non financiers	..	..	..	..	..	..	..	..

Note : Voir les métadonnées détaillées sur : *http://metalinks.oecd.org/instinv/20190923/6c5a*

Tableau 4. Composition du portefeuille par type d'investisseur

En pourcentage des actifs financiers et des passifs financiers

Pour cent

	2011	2012	2013	2014	2015	2016	2017	2018
Fonds d'investissement								
Actifs financiers	100.0	100.0	100.0	100.0	100.0	100.0	100.0	100.0
Numéraire et dépôts	51.3	53.2	45.5	44.1	41.0	38.0	29.5	25.0
Titres de dettes	24.0	25.1	32.6	32.9	34.7	35.3	36.3	36.9
Crédits	0.0	0.0	0.0	0.0	0.0	0.0	0.0	0.2
Actions et parts de fonds d'investissement	21.9	18.6	17.5	20.7	22.4	24.3	31.4	35.2
Systèmes d'assurance de pensions et garanties standard	0.0	0.0	0.0	0.0	0.0	0.0	0.0	0.0
Produits financiers dérivés et options sur titres des salariés	0.9	1.3	1.2	0.8	0.6	0.6	0.7	0.5
Autres comptes à recevoir	2.0	1.9	3.2	1.5	1.4	1.8	2.1	2.2
Passifs financiers	100.0	100.0	100.0	100.0	100.0	100.0	100.0	100.0
Numéraire et dépôts	0.0	0.0	0.0	0.0	0.0	0.0	0.0	0.0
Titres de dettes	0.0	0.0	0.0	0.0	0.0	0.0	0.0	0.0
Crédits	2.3	2.0	1.4	1.4	0.9	1.4	1.1	1.9
Actions et parts de fonds d'investissement	97.3	96.2	98.4	97.9	98.9	98.3	98.7	97.8
Systèmes d'assurance de pensions et garanties standard	0.0	0.0	0.0	0.0	0.0	0.0	0.0	0.0
Produits financiers dérivés et options sur titres des salariés	0.3	0.2	0.1	0.6	0.2	0.2	0.2	0.3
Autres comptes à recevoir	0.1	1.6	0.1	0.1	0.1	0.0	0.0	0.1
Sociétés d'assurance								
Actifs financiers	100.0	100.0	100.0	100.0	100.0	100.0	100.0	100.0
Numéraire et dépôts	6.5	4.6	5.1	6.1	6.7	4.5	4.9	5.7
Titres de dettes	57.2	59.8	59.2	57.2	53.6	54.2	53.0	52.9
Crédits	0.7	0.4	0.3	0.2	0.2	0.2	0.3	0.3
Actions et parts de fonds d'investissement	29.2	28.6	29.3	30.6	33.4	35.1	36.0	34.8
Systèmes d'assurance de pensions et garanties standard	3.9	3.9	3.7	3.5	3.7	3.8	3.7	3.9
Produits financiers dérivés et options sur titres des salariés	0.0	0.0	0.0	0.2	0.1	0.0	0.0	0.0
Autres comptes à recevoir	2.5	2.7	2.6	2.2	2.2	2.1	2.1	2.4
Passifs financiers	100.0	100.0	100.0	100.0	100.0	100.0	100.0	100.0
Numéraire et dépôts	0.0	0.0	0.0	0.0	0.0	0.0	0.0	0.0
Titres de dettes	0.0	0.0	0.0	0.0	0.0	0.0	0.0	0.0
Crédits	0.3	0.3	0.2	0.3	0.7	0.2	0.1	0.1
Actions et parts de fonds d'investissement	12.9	11.7	11.7	11.0	10.6	11.2	11.7	11.7
Systèmes d'assurance de pensions et garanties standard	83.6	84.4	84.4	85.0	85.1	85.9	85.7	85.1
Produits financiers dérivés et options sur titres des salariés	0.1	0.0	0.0	0.2	0.1	0.0	0.0	0.0
Autres comptes à recevoir	3.1	3.5	3.7	3.5	3.4	2.7	2.6	3.0
Fonds de pension								
Actifs financiers	100.0	100.0	100.0	100.0	100.0	100.0	100.0	100.0
Numéraire et dépôts	5.7	5.4	7.2	6.8	5.8	4.8	4.0	4.1
Titres de dettes	64.3	64.6	64.8	65.4	65.8	63.5	63.2	64.5
Crédits	0.1	0.1	0.1	0.1	0.1	0.1	0.1	0.1
Actions et parts de fonds d'investissement	29.8	29.9	27.9	27.7	28.3	31.6	32.6	31.3
Systèmes d'assurance de pensions et garanties standard	0.0	0.0	0.0	0.0	0.0	0.0	0.0	0.0
Produits financiers dérivés et options sur titres des salariés	0.0	0.0	0.0	0.0	0.0	0.0	0.1	0.0
Autres comptes à recevoir	0.0	0.0	0.0	0.0	0.0	0.0	0.0	0.0
Passifs financiers	100.0	100.0	100.0	100.0	100.0	100.0	100.0	100.0
Numéraire et dépôts	0.0	0.0	0.0	0.0	0.0	0.0	0.0	0.0
Titres de dettes	0.0	0.0	0.0	0.0	0.0	0.0	0.0	0.0
Crédits	0.0	0.0	0.0	0.0	0.0	0.0	0.0	0.0
Actions et parts de fonds d'investissement	1.4	1.4	1.3	1.3	1.3	1.7	2.1	2.6
Systèmes d'assurance de pensions et garanties standard	98.2	98.4	98.6	98.7	98.6	98.0	97.6	96.9
Produits financiers dérivés et options sur titres des salariés	0.0	0.0	0.0	0.0	0.0	0.1	0.0	0.0
Autres comptes à recevoir	0.4	0.2	0.1	0.0	0.0	0.2	0.3	0.5

Note : Voir les métadonnées détaillées sur : *http://metalinks.oecd.org/instinv/20190923/2704*

ISLANDE

Tableau 1. Actifs et passifs financiers des investisseurs institutionnels, 2018

Millions ISK

	Total	Fonds d'investissement			
		Fonds d'investissement non-monétaire			Fonds d'investissement monétaires
		Total	Fonds d'investissement à capital variable, non monétaire	Fonds d'investissement à capital fixe, non monétaire	Total
Actifs financiers	798 885	652 063	327 630	324 433	146 822
Numéraire et dépôts	123 003	18 149	9 878	8 270	104 854
Titres de dette	327 612	285 709	212 502	73 207	41 903
Titres de dette à court terme	24 251	8 340	3 580	4 760	15 911
Titres de dette à long terme	303 362	277 369	208 922	68 447	25 993
Titres de dette émis par les résidents	327 612	285 709	212 502	73 207	41 903
Titres de dette émis par les non-résidents	0	0	0	0	0
Crédits	62 697	62 697	0	62 697	0
Crédits à court terme	..	..	..	..	..
Crédits à long terme	..	..	..	..	..
Crédits accordés aux résidents	62 697	62 697	0	62 697	0
Crédits accordés aux non-résidents	0	0	0	0	0
Actions et parts de fonds d'investissement	262 063	262 063	104 258	157 806	0
Actions et parts de fonds d'investissements émises par les résidents	245 876	245 876	92 004	153 872	0
Actions et part de fonds d'investissements émises par les non-résidents	16 187	16 187	12 254	3 933	0
Autres comptes à recevoir	19 402	19 339	770	18 569	63

	Total	Fonds d'investissement			
		Fonds d'investissement non-monétaire			Fonds d'investissement monétaires
		Total	Fonds d'investissement à capital variable, non monétaire	Fonds d'investissement à capital fixe, non monétaire	Total
Pasifs financiers	813 463	666 641	327 630	339 011	146 822
Numéraire et dépôts	..	..	..	..	..
Titres de dette	101 196	101 196	0	101 196	0
Titres de dette à court terme	127	127	0	127	0
Titres de dette à long terme	101 069	101 069	0	101 069	0
Crédits	9 238	9 238	77	9 161	0
Crédits à court terme	4 827	4 827	44	4 783	0
Crédits à long terme	4 411	4 411	33	4 378	0
Actions et parts de fonds d'investissement	687 795	545 097	326 839	218 258	142 698
Systèmes d'assurance, de pensions et garanties standard	..	..	..	..	..
Produits financiers dérivés et options sur titres des salariés	551	551	3	548	0
Autres comptes à payer	14 683	10 559	711	9 848	4 124

	Total	Sociétés d'assurance et fonds de pension autonomes			
		Sociétés d'assurance			Fonds de pension autonomes
		Total	Sociétés d'assurance vie	Sociétés d'assurance non-vie	Total
Actifs financiers	4 477 186	229 925	18 583	211 342	4 247 262
Numéraire et dépôts	164 875	8 226	667	7 560	156 648
Titres de dette	2 029 267	115 429	7 653	107 776	1 913 838
Titres de dette à court terme	6 188	1 250	278	972	4 938
Titres de dette à long terme	2 023 079	114 179	7 375	106 805	1 908 900
Titres de dette émis par les résidents	2 008 486	98 628	7 651	90 977	1 909 858
Titres de dette émis par les non-résidents	20 782	16 801	2	16 799	3 980
Crédits	437 024	3 731	0	3 731	433 293
Crédits à court terme	6	..	..	..	6
Crédits à long terme	437 018	3 731	0	3 731	433 287
Crédits accordés aux résidents	436 715	3 731	0	3 731	432 983
Crédits accordés aux non-résidents	309	0	0	0	309
Actions et parts de fonds d'investissement	1 789 227	69 980	1 868	68 112	1 719 247
Actions et parts de fonds d'investissement émises par les résidents	708 994	61 159	1 815	59 344	647 835
Actions et parts de fonds d'investissement émises par les non-résidents	1 080 234	8 821	53	8 768	1 071 412
Autrescomptes à recevoir	6 713	3 637	45	3 592	3 076

	Total	Sociétés d'assurance et fonds de pension autonomes			
		Sociétés d'assurance			Fonds de pension autonomes
		Total	Sociétés d'assurance vie	Sociétés d'assurance non-vie	Total
Pasifs financiers	4 481 824	232 643	18 669	213 974	4 249 181
Numéraire et dépôts	..	..	..	..	..
Titres de dette	2 173	2 173	0	2 173	..
Titres de dette à court terme	0	0	0	0	..
Titres de dette à long terme	2 173	2 173	0	2 173	..
Crédits	2 714	2 714	0	2 714	0
Crédits à court terme	..	0	0	0	0
Crédits à long terme	0	2 714	0	2 714	0
Actions et parts de fonds d'investissement	131 778	131 778	6 536	125 243	..
Systèmes d'assurance, de pensions et garanties standard	4 328 131	89 510	11 100	78 411	4 238 620
Produits financiers dérivés et options sur titres des salariés	0	0	..	..	0
Autres comptes à payer	17 028	6 467	1 034	5 434	10 560

Note : Voir les métadonnées détaillées sur : *http://metalinks.oecd.org/instinv/20190923/6c5a*

ISLANDE

Tableau 2. Actifs et passifs financiers des fonds d'investissement

Millions ISK

	2011	2012	2013	2014	2015	2016	2017	2018
Fonds d'investissement								
Valeur nette financière	-3 577	-1 510	-714	-124	-172	-39 176	-38 378	-14 577
Actifs financiers	386 382	427 809	468 126	502 500	598 476	805 605	805 901	798 885
Numéraire et dépôts	41 917	35 503	51 558	78 987	117 278	177 940	147 512	123 003
Titres de dette	279 886	305 040	285 132	262 187	257 126	304 549	320 311	327 612
Crédits	0	0	0	0	1 425	8 552	20 234	62 697
Actions et parts de fonds d'investissement	58 147	85 288	129 033	158 331	213 701	301 718	298 913	262 063
Actions	19 953	39 615	77 810	102 435	152 482	240 560	222 070	188 387
Parts de fonds d'investissement	38 194	45 673	51 223	55 897	61 220	61 158	76 843	73 676
Parts de fonds d'investissement monétaires	..	..	..	..	6 706	5 029	9 288	10 040
Parts de fonds d'investissement non monétaires	..	..	..	..	54 514	56 129	67 555	63 636
Systèmes d'assurance, de pensions et garanties standard	..	..	..	..	..	..	..	..
Produits financiers dérivés et options sur titres des salariés	1 492	1 455	2 016	2 138	4 529	3 263	3 449	4 107
Autres comptes à recevoir	4 941	523	387	856	4 418	9 583	15 482	19 402
Passifs financiers	389 960	429 319	468 840	502 624	598 648	844 781	844 279	813 463
Titres de dette	4 789	26 608	32 451	56 263	57 924	99 738	107 742	101 196
Titres de dette à court terme	..	..	..	..	0	0	76	127
Titres de dette à long terme	..	..	..	..	57 924	99 738	107 666	101 069
Crédits	10 071	3 115	3 654	4 416	6 082	6 736	7 500	9 238
Crédits à court terme	0	0	0	0	5 230	5 660	5 382	4 827
Crédits à long terme	..	..	..	..	852	1 076	2 118	4 411
Actions et parts de fonds d'investissement	347 714	378 034	414 466	422 661	530 398	725 369	708 109	687 795
Systèmes d'assurance, de pensions et garanties standard	..	..	..	..	..	..	..	..
Produits financiers dérivés et options sur titres des salariés	1 555	96	190	224	753	751	912	551
Autres comptes à payer	25 832	21 466	18 077	19 061	3 491	12 186	20 016	14 683
Actifs non financiers	3 577	1 510	714	124	172	39 176	38 378	14 577
Fonds d'investissement monéaires								
Valeur nette financière	0	0	0	0	0	0	0	0
Actifs financiers	18 294	19 624	26 449	50 837	92 534	177 249	158 294	146 822
Numéraire et dépôts	11 479	14 872	22 584	47 838	86 303	141 507	120 927	104 854
Titres de dette	6 801	4 715	3 798	2 890	6 060	35 074	36 448	41 903
Crédits	0	0	0	0	0	0	0	0
Actions et parts de fonds d'investissement	0	0	0	0	0	0	0	0
Actions	0	0	0	0	0	0	0	0
Parts de fonds d'investissement	0	0	0	0	0	0	0	0
Parts de fonds d'investissement monétaires	..	..	..	..	0	0	0	0
Parts de fonds d'investissement non monétaires	..	..	..	..	0	0	0	0
Systèmes d'assurance, de pensions et garanties standard	..	..	..	..	..	..	..	..
Produits financiers dérivés et options sur titres des salariés	0	0	0	0	0	0	0	1
Autres comptes à recevoir	13	37	67	110	170	668	919	63
Passifs financiers	18 294	19 624	26 449	50 837	92 534	177 249	158 294	146 822
Titres de dette	0	0	0	0	0	0	0	0
Titres de dette à court terme	..	..	..	..	0	0	0	0
Titres de dette à long terme	..	..	..	..	0	0	0	0
Crédits	0	93	0	0	0	0	0	0
Crédits à court terme	..	..	..	..	0	0	0	0
Crédits à long terme	..	..	..	..	0	0	0	0
Actions et parts de fonds d'investissement	18 270	19 497	26 422	50 784	92 211	172 000	152 603	142 698
Systèmes d'assurance, de pensions et garanties standard	..	..	..	..	..	..	..	..
Produits financiers dérivés et options sur titres des salariés	0	0	0	0	0	0	0	0
Autres comptes à payer	24	34	26	53	323	5 249	5 691	4 124
Actifs non financiers	0	0	0	0	0	0	0	0
Fonds d'investissement non monéaires								
Valeur nette financière	-3 577	-1 510	-714	-124	-172	-39 176	-38 378	-14 577
Actifs financiers	368 089	408 185	441 677	451 663	505 943	628 356	647 607	652 063
Numéraire et dépôts	30 437	20 631	28 975	31 149	30 975	36 433	26 585	18 149
Titres de dette	273 085	300 325	281 333	259 297	251 066	269 476	283 863	285 709
Crédits	0	0	0	0	1 425	8 552	20 234	62 697
Actions et parts de fonds d'investissement	58 147	85 288	129 033	158 331	213 701	301 718	298 913	262 063
Actions	19 953	39 615	77 810	102 435	152 482	240 560	222 070	188 387
Parts de fonds d'investissement	38 194	45 673	51 223	55 897	61 220	61 158	76 843	73 676
Parts de fonds d'investissement monétaires	..	..	..	..	6 706	5 029	9 288	10 040
Parts de fonds d'investissement non monétaires	..	..	..	..	54 514	56 129	67 555	63 636
Systèmes d'assurance, de pensions et garanties standard	..	..	..	..	..	..	..	..
Produits financiers dérivés et options sur titres des salariés	1 492	1 455	2 016	2 138	4 529	3 263	3 449	4 106
Autres comptes à recevoir	4 928	485	320	747	4 247	8 915	14 563	19 339
Passifs financiers	371 666	409 695	442 391	451 787	506 115	667 532	685 985	666 641
Titres de dette	4 789	26 608	32 451	56 263	57 924	99 738	107 742	101 196
Titres de dette à court terme	..	..	..	..	0	0	76	127
Titres de dette à long terme	..	..	..	..	57 924	99 738	107 666	101 069
Crédits	10 071	3 022	3 654	4 416	6 082	6 736	7 500	9 238
Crédits à court terme	..	..	..	..	5 230	5 660	5 382	4 827
Crédits à long terme	..	..	..	..	852	1 076	2 118	4 411
Actions et parts de fonds d'investissement	329 444	358 537	388 044	371 876	438 187	553 369	555 506	545 097
Systèmes d'assurance, de pensions et garanties standard	..	..	..	..	..	..	..	..
Produits financiers dérivés et options sur titres des salariés	1 555	96	190	224	753	751	912	551
Autres comptes à payer	25 808	21 431	18 051	19 008	3 168	6 937	14 325	10 559
Actifs non financiers	3 577	1 510	714	124	172	39 176	38 378	14 577
Fonds d'investissement non monéaires à capital variable								
Valeur nette financière	-1 070	-447	-110	-20	-77	-1	0	0
Actifs financiers	296 547	319 872	340 054	323 700	368 304	340 782	330 947	327 630
Numéraire et dépôts	14 510	14 152	22 560	15 162	16 667	14 620	10 533	9 878

ISLANDE

Tableau 2. Actifs et passifs financiers des fonds d'investissement *(suite)*

Millions ISK

	2011	2012	2013	2014	2015	2016	2017	2018
Titres de dette	246 295	252 614	225 847	199 817	197 031	185 619	194 617	212 502
Crédits	0	0	0	0	0	0	0	0
Actions et parts de fonds d'investissement	33 465	52 696	91 383	108 011	153 403	139 925	124 849	104 258
Actions	11 177	27 168	59 541	73 907	112 890	100 679	75 693	53 785
Parts de fonds d'investissement	22 287	25 528	31 842	34 104	40 513	39 247	49 156	50 472
Parts de fonds d'investissement monétaires	..	..	..	..	1 838	1 012	1 996	1 302
Parts de fonds d'investissement non monétaires	..	..	..	..	38 675	38 235	47 159	49 170
Systèmes d'assurance, de pensions et garanties standard	..	..	..	..	..	..	..	..
Produits financiers dérivés et options sur titres des salariés	703	0	12	13	50	81	226	222
Autres comptes à recevoir	1 573	409	252	698	1 153	538	722	770
Passifs financiers	297 617	320 318	340 164	323 721	368 381	340 783	330 947	327 630
Titres de dette	0	0	0	0	0	0	0	0
Titres de dette à court terme	..	..	..	..	0	0	0	0
Titres de dette à long terme	..	..	..	..	0	0	0	0
Crédits	1 883	669	1	161	0	0	0	77
Crédits à court terme	..	..	..	..	0	0	0	44
Crédits à long terme	..	..	..	..	0	0	0	33
Actions et parts de fonds d'investissement	279 654	307 669	330 434	315 716	366 534	339 854	329 458	326 839
Systèmes d'assurance, de pensions et garanties standard	..	..	..	..	..	..	..	..
Produits financiers dérivés et options sur titres des salariés	1 554	0	0	9	13	2	128	3
Autres comptes à payer	14 525	11 980	9 729	7 836	1 834	927	1 361	711
Actifs non financiers	1 070	447	110	20	77	1	0	0
Fonds d'investissement à capital variable								
Valeur nette financière	-1 070	-447	-110	-20	-77	-1	0	0
Actifs financiers	314 840	339 496	366 503	374 538	460 837	518 031	489 240	474 452
Numéraire et dépôts	25 990	29 024	45 143	63 000	102 970	156 127	131 459	114 733
Titres de dette	253 096	257 330	229 645	202 706	203 091	220 692	231 065	254 405
Crédits	0	0	0	0	0	0	0	0
Actions et parts de fonds d'investissement	33 465	52 696	91 383	108 011	153 403	139 925	124 849	104 258
Actions	11 177	27 168	59 541	73 907	112 890	100 679	75 693	53 785
Parts de fonds d'investissement	22 287	25 528	31 842	34 104	40 513	39 247	49 156	50 472
Parts de fonds d'investissement monétaires	..	..	..	..	1 838	1 012	1 996	1 302
Parts de fonds d'investissement non monétaires	..	..	..	..	38 675	38 235	47 159	49 170
Systèmes d'assurance, de pensions et garanties standard	..	..	..	..	..	..	..	..
Produits financiers dérivés et options sur titres des salariés	703	0	12	13	50	81	226	223
Autres comptes à recevoir	1 586	446	319	808	1 323	1 206	1 641	833
Passifs financiers	315 911	339 943	366 613	374 558	460 914	518 032	489 240	474 452
Titres de dette	0	0	0	0	0	0	0	0
Titres de dette à court terme	..	..	..	..	0	0	0	0
Titres de dette à long terme	..	..	..	..	0	0	0	0
Crédits	1 883	762	1	161	0	0	0	77
Crédits à court terme	..	..	..	..	0	0	0	44
Crédits à long terme	..	..	..	..	0	0	0	33
Actions et parts de fonds d'investissement	297 924	327 166	356 856	366 500	458 745	511 853	482 061	469 537
Systèmes d'assurance, de pensions et garanties standard	..	..	..	..	..	..	..	..
Produits financiers dérivés et options sur titres des salariés	1 554	0	0	9	13	2	128	3
Autres comptes à payer	14 549	12 015	9 756	7 888	2 156	6 176	7 052	4 835
Actifs non financiers	1 070	447	110	20	77	1	0	0

Note : Voir les métadonnées détaillées sur : *http://metalinks.oecd.org/instinv/20190923/6c5a*

ISLANDE

Tableau 3. Actifs et passifs financiers des sociétés d'assurance et fonds de pension

Millions ISK

	2011	2012	2013	2014	2015	2016	2017	2018
Sociétés d'assurance et fonds de pension								
Valeur nette financière	-5 042	-11 693	-10 335	-10 336	-5 042	-4 266	-5 140	-4 638
Actifs financiers	2 342 409	2 618 942	2 889 892	3 137 113	3 473 482	3 746 573	4 163 150	4 477 186
Numéraire et dépôts	196 110	213 699	203 534	168 345	175 160	147 205	181 825	164 875
Titres de dette	1 208 952	1 305 933	1 411 596	1 500 539	1 595 089	1 815 212	1 907 995	2 029 267
Crédits	186 050	184 357	184 620	178 808	180 881	244 127	340 211	437 024
Actions et parts de fonds d'investissement	710 263	877 334	1 048 642	1 247 478	1 476 685	1 486 804	1 656 377	1 789 227
Actions	205 831	264 612	378 316	506 991	685 575	659 480	677 911	676 154
Parts de fonds d'investissement	504 433	612 722	670 326	740 486	791 110	827 324	978 466	1 113 073
Parts de fonds d'investissement monétaires	..	..	..	..	..	..	..	..
Parts de fonds d'investissement non monétaires	..	..	..	..	..	..	..	..
Systèmes d'assurance, de pensions et garanties standard	37 231	32 606	35 779	36 827	39 790	42 742	45 929	49 993
Produits financiers dérivés et options sur titres des salariés	0	0	0	0	0	0	0	87
Autres comptes à recevoir	3 802	5 013	5 720	5 117	5 878	10 482	30 813	6 713
Passifs financiers	2 347 451	2 630 635	2 900 227	3 147 449	3 478 524	3 750 839	4 168 290	4 481 824
Titres de dette	0	0	0	0	2 026	2 070	2 110	2 173
Titres de dette à court terme	0	0	0	0	0	0	0	0
Titres de dette à long terme	0	0	0	0	2 026	2 070	2 110	2 173
Crédits	844	516	151	118	0	2 574	2 624	2 714
Crédits à court terme	..	..	..	..	..	..	..	..
Crédits à long terme	271	82	70	95	0	2 574	2 624	0
Actions et parts de fonds d'investissement	91 741	103 423	114 363	123 438	105 901	117 579	126 682	131 778
Systèmes d'assurance, de pensions et garanties standard	2 173 761	2 469 525	2 740 835	3 003 095	3 351 115	3 612 003	4 017 986	4 328 131
Produits financiers dérivés et options sur titres des salariés	60 162	31 941	21 575	2 171	13	13	0	0
Autres comptes à payer	20 943	25 229	23 302	18 627	19 470	16 600	18 888	17 028
Actifs non financiers	5 042	11 693	10 335	10 336	5 042	4 266	5 140	4 638
Sociétés d'assurance								
Valeur nette financière	-1 647	-6 691	-6 083	-6 615	-2 018	-1 909	-1 939	-2 719
Actifs financiers	170 562	179 198	193 154	200 899	188 113	204 749	218 771	229 925
Numéraire et dépôts	38 802	45 811	38 771	32 797	14 829	12 148	12 021	8 226
Titres de dette	60 754	65 643	81 832	88 865	83 883	93 729	98 645	115 429
Crédits	4 698	3 418	3 078	2 881	1 485	1 742	3 794	3 731
Actions et parts de fonds d'investissement	39 904	41 358	44 514	50 677	59 878	66 609	73 878	69 980
Actions	20 241	22 153	25 514	35 394	46 244	51 800	57 495	51 918
Parts de fonds d'investissement	19 663	19 205	18 999	15 283	13 634	14 810	16 384	18 062
Parts de fonds d'investissement monétaires	..	..	..	..	..	..	..	..
Parts de fonds d'investissement non monétaires	..	..	..	..	..	..	..	..
Systèmes d'assurance, de pensions et garanties standard	25 344	20 653	22 565	23 537	25 473	25 542	26 639	28 921
Produits financiers dérivés et options sur titres des salariés	..	..	..	..	..	..	..	..
Autres comptes à recevoir	1 060	2 315	2 394	2 143	2 564	4 978	3 794	3 637
Passifs financiers	172 209	185 889	199 236	207 514	190 131	206 658	220 710	232 643
Titres de dette	0	0	0	0	2 026	2 070	2 110	2 173
Titres de dette à court terme	0	0	0	0	0	0	0	0
Titres de dette à long terme	0	0	0	0	2 026	2 070	2 110	2 173
Crédits	271	82	70	95	0	2 574	2 624	2 714
Crédits à court terme	0	0	0	0	0	0	0	0
Crédits à long terme	271	82	70	95	0	2 574	2 624	2 714
Actions et parts de fonds d'investissement	91 741	103 423	114 363	123 438	105 901	117 579	126 682	131 778
Systèmes d'assurance, de pensions et garanties standard	75 913	77 383	80 216	78 703	75 215	78 715	83 431	89 510
Produits financiers dérivés et options sur titres des salariés	0	0	0	0	0	0	0	0
Autres comptes à payer	4 285	5 001	4 586	5 277	6 990	5 720	5 864	6 467
Actifs non financiers	1 647	6 691	6 083	6 615	2 018	1 909	1 939	2 719
Fonds de pension								
Valeur nette financière	-3 395	-5 002	-4 253	-3 721	-3 024	-2 357	-3 201	-1 919
Actifs financiers	2 171 846	2 439 744	2 696 738	2 936 214	3 285 369	3 541 824	3 944 379	4 247 262
Numéraire et dépôts	157 308	167 887	164 764	135 548	160 331	135 057	169 804	156 648
Titres de dette	1 148 198	1 240 290	1 329 764	1 411 674	1 511 206	1 721 483	1 809 350	1 913 838
Crédits	181 352	180 939	181 543	175 927	179 396	242 386	336 417	433 293
Actions et parts de fonds d'investissement	670 360	835 977	1 004 128	1 196 801	1 416 807	1 420 194	1 582 498	1 719 247
Actions	185 590	242 459	352 802	471 597	639 331	607 680	620 416	624 237
Parts de fonds d'investissement	484 770	593 517	651 326	725 204	777 476	812 514	962 082	1 095 011
Parts de fonds d'investissement monétaires	..	..	..	..	..	..	..	..
Parts de fonds d'investissement non monétaires	..	..	..	..	..	..	..	..
Systèmes d'assurance, de pensions et garanties standard	11 887	11 953	13 214	13 291	14 316	17 200	19 290	21 072
Produits financiers dérivés et options sur titres des salariés	0	0	0	0	0	0	0	87
Autres comptes à recevoir	2 742	2 698	3 326	2 974	3 314	5 503	27 019	3 076
Passifs financiers	2 175 242	2 444 746	2 700 991	2 939 935	3 288 393	3 544 181	3 947 580	4 249 181
Titres de dette	..	..	..	..	..	..	..	..
Titres de dette à court terme	..	..	..	..	..	..	..	..
Titres de dette à long terme	..	..	..	..	..	..	..	..
Crédits	574	435	81	22	0	0	0	0
Crédits à court terme	574	435	81	22	0	0	0	0
Crédits à long terme	0	0	0	0	0	0	0	0
Actions et parts de fonds d'investissement	..	..	..	..	..	..	..	..
Systèmes d'assurance, de pensions et garanties standard	2 097 849	2 392 142	2 660 618	2 924 392	3 275 901	3 533 289	3 934 555	4 238 620
Produits financiers dérivés et options sur titres des salariés	60 162	31 941	21 575	2 171	13	13	0	0
Autres comptes à payer	16 658	20 228	18 716	13 350	12 480	10 880	13 025	10 560
Actifs non financiers	3 395	5 002	4 253	3 721	3 024	2 357	3 201	1 919

Note : Voir les métadonnées détaillées sur : *http://metalinks.oecd.org/instinv/20190923/6c5a*

ISLANDE

Tableau 4. Composition du portefeuille par type d'investisseur

En pourcentage des actifs financiers et des passifs financiers

Pour cent

	2011	2012	2013	2014	2015	2016	2017	2018
Fonds d'investissement								
Actifs financiers	100.0	100.0	100.0	100.0	100.0	100.0	100.0	100.0
Numéraire et dépôts	10.8	8.3	11.0	15.7	19.6	22.1	18.3	15.4
Titres de dettes	72.4	71.3	60.9	52.2	43.0	37.8	39.7	41.0
Crédits	0.0	0.0	0.0	0.0	0.2	1.1	2.5	7.8
Actions et parts de fonds d'investissement	15.0	19.9	27.6	31.5	35.7	37.5	37.1	32.8
Systèmes d'assurance de pensions et garanties standard	0.0	0.0	0.0	0.0	0.0	0.0	0.0	0.0
Produits financiers dérivés et options sur titres des salariés	0.4	0.3	0.4	0.4	0.8	0.4	0.4	0.5
Autres comptes à recevoir	1.3	0.1	0.1	0.2	0.7	1.2	1.9	2.4
Passifs financiers	100.0	100.0	100.0	100.0	100.0	100.0	100.0	100.0
Numéraire et dépôts	0.0	0.0	0.0	0.0	0.0	0.0	0.0	0.0
Titres de dettes	1.2	6.2	6.9	11.2	9.7	11.8	12.8	12.4
Crédits	2.6	0.7	0.8	0.9	1.0	0.8	0.9	1.1
Actions et parts de fonds d'investissement	89.2	88.1	88.4	84.1	88.6	85.9	83.9	84.6
Systèmes d'assurance de pensions et garanties standard	0.0	0.0	0.0	0.0	0.0	0.0	0.0	0.0
Produits financiers dérivés et options sur titres des salariés	0.4	0.0	0.0	0.0	0.1	0.1	0.1	0.1
Autres comptes à recevoir	6.6	5.0	3.9	3.8	0.6	1.4	2.4	1.8
Sociétés d'assurance								
Actifs financiers	100.0	100.0	100.0	100.0	100.0	100.0	100.0	100.0
Numéraire et dépôts	22.7	25.6	20.1	16.3	7.9	5.9	5.5	3.6
Titres de dettes	35.6	36.6	42.4	44.2	44.6	45.8	45.1	50.2
Crédits	2.8	1.9	1.6	1.4	0.8	0.9	1.7	1.6
Actions et parts de fonds d'investissement	23.4	23.1	23.0	25.2	31.8	32.5	33.8	30.4
Systèmes d'assurance de pensions et garanties standard	14.9	11.5	11.7	11.7	13.5	12.5	12.2	12.6
Produits financiers dérivés et options sur titres des salariés	0.0	0.0	0.0	0.0	0.0	0.0	0.0	0.0
Autres comptes à recevoir	0.6	1.3	1.2	1.1	1.4	2.4	1.7	1.6
Passifs financiers	100.0	100.0	100.0	100.0	100.0	100.0	100.0	100.0
Numéraire et dépôts	0.0	0.0	0.0	0.0	0.0	0.0	0.0	0.0
Titres de dettes	0.0	0.0	0.0	0.0	1.1	1.0	1.0	0.9
Crédits	0.2	0.0	0.0	0.0	0.0	1.2	1.2	1.2
Actions et parts de fonds d'investissement	53.3	55.6	57.4	59.5	55.7	56.9	57.4	56.6
Systèmes d'assurance de pensions et garanties standard	44.1	41.6	40.3	37.9	39.6	38.1	37.8	38.5
Produits financiers dérivés et options sur titres des salariés	0.0	0.0	0.0	0.0	0.0	0.0	0.0	0.0
Autres comptes à recevoir	2.5	2.7	2.3	2.5	3.7	2.8	2.7	2.8
Fonds de pension								
Actifs financiers	100.0	100.0	100.0	100.0	100.0	100.0	100.0	100.0
Numéraire et dépôts	7.2	6.9	6.1	4.6	4.9	3.8	4.3	3.7
Titres de dettes	52.9	50.8	49.3	48.1	46.0	48.6	45.9	45.1
Crédits	8.4	7.4	6.7	6.0	5.5	6.8	8.5	10.2
Actions et parts de fonds d'investissement	30.9	34.3	37.2	40.8	43.1	40.1	40.1	40.5
Systèmes d'assurance de pensions et garanties standard	0.5	0.5	0.5	0.5	0.4	0.5	0.5	0.5
Produits financiers dérivés et options sur titres des salariés	0.0	0.0	0.0	0.0	0.0	0.0	0.0	0.0
Autres comptes à recevoir	0.1	0.1	0.1	0.1	0.1	0.2	0.7	0.1
Passifs financiers	100.0	100.0	100.0	100.0	100.0	100.0	100.0	100.0
Numéraire et dépôts	0.0	0.0	0.0	0.0	0.0	0.0	0.0	0.0
Titres de dettes	0.0	0.0	0.0	0.0	0.0	0.0	0.0	0.0
Crédits	0.0	0.0	0.0	0.0	0.0	0.0	0.0	0.0
Actions et parts de fonds d'investissement	0.0	0.0	0.0	0.0	0.0	0.0	0.0	0.0
Systèmes d'assurance de pensions et garanties standard	96.4	97.8	98.5	99.5	99.6	99.7	99.7	99.8
Produits financiers dérivés et options sur titres des salariés	2.8	1.3	0.8	0.1	0.0	0.0	0.0	0.0
Autres comptes à recevoir	0.8	0.8	0.7	0.5	0.4	0.3	0.3	0.2

Note : Voir les métadonnées détaillées sur : *http://metalinks.oecd.org/instinv/20190923/2704*

IRLANDE

Tableau 1. Actifs et passifs financiers des investisseurs institutionnels, 2018

Millions EUR (1999 IEP euro)

	Total	Fonds d'investissement			
		Fonds d'investissement non-monétaire			Fonds d'investissement monétaires
		Total	Fonds d'investissement à capital variable, non monétaire	Fonds d'investissement à capital fixe, non monétaire	Total
Actifs financiers	..	2 317 351 e	..	..	..
Numéraire et dépôts	..	135 633 e	..	..	..
Titres de dette	..	932 197 e	..	..	..
Titres de dette à court terme	..	85 946 e	..	..	..
Titres de dette à long terme	..	846 251 e	..	..	..
Titres de dette émis par les résidents	..	..	..	..	..
Titres de dette émis par les non-résidents	..	..	..	..	..
Crédits	..	73 651 e	..	..	..
Crédits à court terme	..	0 e	..	..	..
Crédits à long terme	..	73 651 e	..	..	..
Crédits accordés aux résidents	..	..	..	..	..
Crédits accordés aux non-résidents	..	..	..	..	..
Actions et parts de fonds d'investissement	..	999 889 e	..	..	..
Actions et parts de fonds d'investissements émises par les résidents	..	..	..	..	..
Actions et part de fonds d'investissements émises par les non-résidents	..	..	..	..	..
Autres comptes à recevoir	..	83 504 e	..	..	..

	Total	Fonds d'investissement			
		Fonds d'investissement non-monétaire			Fonds d'investissement monétaires
		Total	Fonds d'investissement à capital variable, non monétaire	Fonds d'investissement à capital fixe, non monétaire	Total
Pasifs financiers	..	2 292 738 e	..	..	..
Numéraire et dépôts	..	0 e	..	..	..
Titres de dette	..	0 e	..	..	..
Titres de dette à court terme	..	0 e	..	..	..
Titres de dette à long terme	..	0 e	..	..	..
Crédits	..	233 444 e	..	..	..
Crédits à court terme	..	214 851 e	..	..	..
Crédits à long terme	..	18 593 e	..	..	..
Actions et parts de fonds d'investissement	..	1 903 242 e	..	..	..
Systèmes d'assurance, de pensions et garanties standard	..	0 e	..	..	..
Produits financiers dérivés et options sur titres des salariés	..	89 291 e	..	..	..
Autres comptes à payer	..	66 761 e	..	..	..

	Total	Sociétés d'assurance et fonds de pension autonomes			
		Sociétés d'assurance			Fonds de pension autonomes
		Total	Sociétés d'assurance vie	Sociétés d'assurance non-vie	Total
Actifs financiers	395 996 e	275 435 e	..	..	120 561 e
Numéraire et dépôts	28 319 e	22 772 e	..	..	5 547 e
Titres de dette	91 769 e	48 569 e	..	..	43 200 e
Titres de dette à court terme	10 956 e	6 148 e	..	..	4 808 e
Titres de dette à long terme	80 813 e	42 421 e	..	..	38 392 e
Titres de dette émis par les résidents	..	..	..	..	..
Titres de dette émis par les non-résidents	..	..	..	..	..
Crédits	2 259 e	2 259 e	..	..	0 e
Crédits à court terme	1 147 e	1 147 e	..	..	0 e
Crédits à long terme	1 112 e	1 112 e	..	..	0 e
Crédits accordés aux résidents	..	..	..	..	..
Crédits accordés aux non-résidents	..	..	..	..	..
Actions et parts de fonds d'investissement	216 811 e	147 606 e	..	..	69 205 e
Actions et parts de fonds d'investissement émises par les résidents	..	..	..	..	..
Actions et parts de fonds d'investissement émises par les non-résidents	..	..	..	..	..
Autrescomptes à recevoir	24 608 e	22 100 e	..	..	2 508 e

	Total	Sociétés d'assurance et fonds de pension autonomes			
		Sociétés d'assurance			Fonds de pension autonomes
		Total	Sociétés d'assurance vie	Sociétés d'assurance non-vie	Total
Pasifs financiers	405 388 e	284 943 e	..	..	120 445 e
Numéraire et dépôts	0 e	0 e	..	..	0 e
Titres de dette	1 670 e	1 670 e	..	..	0 e
Titres de dette à court terme	0 e	0 e	..	..	0 e
Titres de dette à long terme	1 670 e	1 670 e	..	..	0 e
Crédits	2 873 e	2 865 e	..	..	8 e
Crédits à court terme	262 e	261 e	..	..	1 e
Crédits à long terme	2 611 e	2 604 e	..	..	7 e
Actions et parts de fonds d'investissement	32 124 e	32 119 e	..	..	4 e
Systèmes d'assurance, de pensions et garanties standard	350 082 e	229 650 e	..	..	120 433 e
Produits financiers dérivés et options sur titres des salariés	0 e	0 e	..	..	0 e
Autres comptes à payer	18 639 e	18 639 e	..	..	0 e

Note : Voir les métadonnées détaillées sur : *http://metalinks.oecd.org/instinv/20190923/6c5a*

IRLANDE

Tableau 2. Actifs et passifs financiers des fonds d'investissement

Millions EUR

	2011	2012	2013	2014	2015	2016	2017	2018
Fonds d'investissement								
Valeur nette financière	..	..	..	..	..	..	..	..
Actifs financiers	..	..	..	..	..	..	..	..
Numéraire et dépôts	..	..	..	..	..	..	..	..
Titres de dette	..	..	..	..	..	..	..	..
Crédits	..	..	..	..	..	..	..	..
Actions et parts de fonds d'investissement	..	..	..	..	..	..	..	..
Actions	..	..	..	..	..	..	..	..
Parts de fonds d'investissement	..	..	..	..	..	..	..	..
Parts de fonds d'investissement monétaires	..	..	..	..	..	..	..	..
Parts de fonds d'investissement non monétaires	..	..	..	..	..	..	..	..
Systèmes d'assurance, de pensions et garanties standard	..	..	..	..	..	..	..	..
Produits financiers dérivés et options sur titres des salariés	..	..	..	..	..	..	..	..
Autres comptes à recevoir	..	..	..	..	..	..	..	..
Passifs financiers	..	..	..	..	..	..	..	..
Titres de dette	..	..	..	..	..	..	..	..
Titres de dette à court terme	..	..	..	..	..	..	..	..
Titres de dette à long terme	..	..	..	..	..	..	..	..
Crédits	..	..	..	..	..	..	..	..
Crédits à court terme	..	..	..	..	..	..	..	..
Crédits à long terme	..	..	..	..	..	..	..	..
Actions et parts de fonds d'investissement	..	..	..	..	..	..	..	..
Systèmes d'assurance, de pensions et garanties standard	..	..	..	..	..	..	..	..
Produits financiers dérivés et options sur titres des salariés	..	..	..	..	..	..	..	..
Autres comptes à payer	..	..	..	..	..	..	..	..
Actifs non financiers	..	..	..	..	..	..	..	..
Fonds d'investissement monéaires								
Valeur nette financière	..	..	..	..	..	..	..	..
Actifs financiers	..	..	..	..	..	..	..	..
Numéraire et dépôts	..	..	..	..	..	..	..	..
Titres de dette	..	..	..	..	..	..	..	..
Crédits	..	..	..	..	..	..	..	..
Actions et parts de fonds d'investissement	..	..	..	..	..	..	..	..
Actions	..	..	..	..	..	..	..	..
Parts de fonds d'investissement	..	..	..	..	..	..	..	..
Parts de fonds d'investissement monétaires	..	..	..	..	..	..	..	..
Parts de fonds d'investissement non monétaires	..	..	..	..	..	..	..	..
Systèmes d'assurance, de pensions et garanties standard	..	..	..	..	..	..	..	..
Produits financiers dérivés et options sur titres des salariés	..	..	..	..	..	..	..	..
Autres comptes à recevoir	..	..	..	..	..	..	..	..
Passifs financiers	..	..	..	..	..	..	..	..
Titres de dette	..	..	..	..	..	..	..	..
Titres de dette à court terme	..	..	..	..	..	..	..	..
Titres de dette à long terme	..	..	..	..	..	..	..	..
Crédits	..	..	..	..	..	..	..	..
Crédits à court terme	..	..	..	..	..	..	..	..
Crédits à long terme	..	..	..	..	..	..	..	..
Actions et parts de fonds d'investissement	..	..	..	..	..	..	..	..
Systèmes d'assurance, de pensions et garanties standard	..	..	..	..	..	..	..	..
Produits financiers dérivés et options sur titres des salariés	..	..	..	..	..	..	..	..
Autres comptes à payer	..	..	..	..	..	..	..	..
Actifs non financiers	..	..	..	..	..	..	..	..
Fonds d'investissement non monéaires								
Valeur nette financière	..	..	..	..	..	..	..	..
Actifs financiers	792 472 e	1 031 186 e	1 205 013 e	1 525 918 e	1 803 597 e	1 920 081 e	2 218 643 e	2 317 351 e
Numéraire et dépôts	42 886 e	49 293 e	52 075 e	55 251 e	70 416 e	67 518 e	122 583 e	135 633 e
Titres de dette	355 204 e	459 271 e	519 352 e	554 030 e	616 171 e	745 370 e	875 733 e	932 197 e
Crédits	17 831 e	31 131 e	23 290 e	15 179 e	31 364 e	33 796 e	69 178 e	73 651 e
Actions et parts de fonds d'investissement	343 900 e	421 448 e	523 179 e	688 070 e	810 230 e	848 789 e	988 518 e	999 889 e
Actions	267 563 e	330 951 e	401 400 e	502 401 e	591 845 e	619 973 e	736 784 e	718 127 e
Parts de fonds d'investissement	76 337 e	90 497 e	121 779 e	185 668 e	218 386 e	228 817 e	251 733 e	281 762 e
Parts de fonds d'investissement monétaires	4 577 e	5 087 e	12 945 e	17 786 e	27 097 e	30 000 e	24 346 e	33 998 e
Parts de fonds d'investissement non monétaires	71 760 e	85 410 e	108 834 e	167 883 e	191 289 e	198 817 e	227 388 e	247 764 e
Systèmes d'assurance, de pensions et garanties standard	0 e	0 e	0 e	0 e	0 e	0 e	0 e	0 e
Produits financiers dérivés et options sur titres des salariés	18 907 e	32 231 e	39 759 e	139 229 e	168 378 e	161 027 e	89 757 e	92 477 e
Autres comptes à recevoir	13 744 e	37 813 e	47 357 e	74 159 e	107 037 e	63 580 e	72 874 e	83 504 e
Passifs financiers	826 228 e	1 019 098 e	1 194 785 e	1 552 485 e	1 779 119 e	1 919 920 e	2 201 577 e	2 292 738 e
Titres de dette	0 e	0 e	0 e	0 e	0 e	0 e	0 e	0 e
Titres de dette à court terme	0 e	0 e	0 e	0 e	0 e	0 e	0 e	0 e
Titres de dette à long terme	0 e	0 e	0 e	0 e	0 e	0 e	0 e	0 e
Crédits	5 877 e	22 179 e	36 093 e	57 624 e	95 654 e	119 940 e	192 911 e	233 444 e
Crédits à court terme	5 387 e	21 744 e	33 183 e	52 446 e	86 342 e	109 345 e	175 205 e	214 851 e
Crédits à long terme	490 e	435 e	2 911 e	5 178 e	9 312 e	10 596 e	17 706 e	18 593 e
Actions et parts de fonds d'investissement	776 906 e	924 227 e	1 065 863 e	1 285 089 e	1 420 330 e	1 590 808 e	1 873 637 e	1 903 242 e
Systèmes d'assurance, de pensions et garanties standard	0 e	0 e	0 e	0 e	0 e	0 e	0 e	0 e
Produits financiers dérivés et options sur titres des salariés	10 943 e	34 873 e	40 270 e	131 161 e	161 926 e	153 591 e	80 962 e	89 291 e
Autres comptes à payer	32 503 e	37 819 e	52 559 e	78 612 e	101 209 e	55 581 e	54 067 e	66 761 e
Actifs non financiers	..	..	..	..	..	..	..	..
Fonds d'investissement non monéaires à capital variable								
Valeur nette financière	..	..	..	..	..	..	..	..
Actifs financiers	..	..	..	..	..	..	..	..
Numéraire et dépôts	..	..	..	..	..	..	..	..

IRLANDE

Tableau 2. Actifs et passifs financiers des fonds d'investissement *(suite)*

Millions EUR

	2011	2012	2013	2014	2015	2016	2017	2018
Titres de dette	..	..	..	..	..	..	..	..
Crédits	..	..	..	..	..	..	..	..
Actions et parts de fonds d'investissement	..	..	..	..	..	..	..	..
Actions	..	..	..	..	..	..	..	..
Parts de fonds d'investissement	..	..	..	..	..	..	..	..
Parts de fonds d'investissement monétaires	..	..	..	..	..	..	..	..
Parts de fonds d'investissement non monétaires	..	..	..	..	..	..	..	..
Systèmes d'assurance, de pensions et garanties standard	..	..	..	..	..	..	..	..
Produits financiers dérivés et options sur titres des salariés	..	..	..	..	..	..	..	..
Autres comptes à recevoir	..	..	..	..	..	..	..	..
Passifs financiers	..	..	..	..	..	..	..	..
Titres de dette	..	..	..	..	..	..	..	..
Titres de dette à court terme	..	..	..	..	..	..	..	..
Titres de dette à long terme	..	..	..	..	..	..	..	..
Crédits	..	..	..	..	..	..	..	..
Crédits à court terme	..	..	..	..	..	..	..	..
Crédits à long terme	..	..	..	..	..	..	..	..
Actions et parts de fonds d'investissement	..	..	..	..	..	..	..	..
Systèmes d'assurance, de pensions et garanties standard	..	..	..	..	..	..	..	..
Produits financiers dérivés et options sur titres des salariés	..	..	..	..	..	..	..	..
Autres comptes à payer	..	..	..	..	..	..	..	..
Actifs non financiers	..	..	..	..	..	..	..	..
Fonds d'investissement à capital variable								
Valeur nette financière	..	..	..	..	..	..	..	..
Actifs financiers	..	..	..	..	..	..	..	..
Numéraire et dépôts	..	..	..	..	..	..	..	..
Titres de dette	..	..	..	..	..	..	..	..
Crédits	..	..	..	..	..	..	..	..
Actions et parts de fonds d'investissement	..	..	..	..	..	..	..	..
Actions	..	..	..	..	..	..	..	..
Parts de fonds d'investissement	..	..	..	..	..	..	..	..
Parts de fonds d'investissement monétaires	..	..	..	..	..	..	..	..
Parts de fonds d'investissement non monétaires	..	..	..	..	..	..	..	..
Systèmes d'assurance, de pensions et garanties standard	..	..	..	..	..	..	..	..
Produits financiers dérivés et options sur titres des salariés	..	..	..	..	..	..	..	..
Autres comptes à recevoir	..	..	..	..	..	..	..	..
Passifs financiers	..	..	..	..	..	..	..	..
Titres de dette	..	..	..	..	..	..	..	..
Titres de dette à court terme	..	..	..	..	..	..	..	..
Titres de dette à long terme	..	..	..	..	..	..	..	..
Crédits	..	..	..	..	..	..	..	..
Crédits à court terme	..	..	..	..	..	..	..	..
Crédits à long terme	..	..	..	..	..	..	..	..
Actions et parts de fonds d'investissement	..	..	..	..	..	..	..	..
Systèmes d'assurance, de pensions et garanties standard	..	..	..	..	..	..	..	..
Produits financiers dérivés et options sur titres des salariés	..	..	..	..	..	..	..	..
Autres comptes à payer	..	..	..	..	..	..	..	..
Actifs non financiers	..	..	..	..	..	..	..	..

Note : Voir les métadonnées détaillées sur : *http://metalinks.oecd.org/instinv/20190923/6c5a*

IRLANDE

Tableau 3. Actifs et passifs financiers des sociétés d'assurance et fonds de pension

Millions EUR

	2011	2012	2013	2014	2015	2016	2017	2018
Sociétés d'assurance et fonds de pension								
Valeur nette financière	..	..	..	..	..	..	..	..
Actifs financiers	284 970 e	296 717 e	304 198 e	343 198 e	368 600 e	390 324 e	406 227 e	395 996 e
Numéraire et dépôts	24 688 e	25 444 e	24 061 e	24 091 e	27 197 e	27 752 e	29 532 e	28 319 e
Titres de dette	80 233 e	83 276 e	79 530 e	88 796 e	91 887 e	91 861 e	91 244 e	91 769 e
Crédits	3 678 e	2 785 e	1 290 e	1 515 e	1 341 e	2 054 e	2 065 e	2 259 e
Actions et parts de fonds d'investissement	127 488 e	138 203 e	150 756 e	176 130 e	190 148 e	207 256 e	226 510 e	216 811 e
Actions	62 439 e	67 597 e	68 797 e	76 673 e	75 041 e	79 939 e	84 018 e	77 871 e
Parts de fonds d'investissement	65 050 e	70 606 e	81 959 e	99 457 e	115 107 e	127 317 e	142 491 e	138 940 e
Parts de fonds d'investissement monétaires	707 e	4 305 e	3 211 e	1 550 e	1 468 e	1 453 e	1 568 e	1 627 e
Parts de fonds d'investissement non monétaires	64 343 e	66 301 e	78 748 e	97 907 e	113 639 e	125 864 e	140 923 e	137 313 e
Systèmes d'assurance, de pensions et garanties standard	29 978 e	28 352 e	26 698 e	31 991 e	33 733 e	35 037 e	32 334 e	30 722 e
Produits financiers dérivés et options sur titres des salariés	2 433 e	2 461 e	1 768 e	2 443 e	1 758 e	1 814 e	1 597 e	1 508 e
Autres comptes à recevoir	16 471 e	16 196 e	20 094 e	18 232 e	22 536 e	24 548 e	22 946 e	24 608 e
Passifs financiers	289 874 e	303 791 e	309 340 e	352 933 e	378 663 e	399 088 e	415 315 e	405 388 e
Titres de dette	1 169 e	1 152 e	879 e	1 126 e	1 710 e	1 933 e	1 566 e	1 670 e
Titres de dette à court terme	0 e	0 e	0 e	0 e	0 e	0 e	0 e	0 e
Titres de dette à long terme	1 169 e	1 152 e	879 e	1 126 e	1 710 e	1 933 e	1 566 e	1 670 e
Crédits	4 103 e	4 236 e	3 163 e	3 204 e	3 395 e	3 509 e	2 871 e	2 873 e
Crédits à court terme	743 e	887 e	207 e	143 e	197 e	190 e	271 e	262 e
Crédits à long terme	3 359 e	3 348 e	2 956 e	3 061 e	3 198 e	3 319 e	2 600 e	2 611 e
Actions et parts de fonds d'investissement	25 919 e	27 241 e	24 892 e	26 930 e	29 200 e	32 346 e	33 292 e	32 124 e
Systèmes d'assurance, de pensions et garanties standard	244 837 e	257 654 e	265 223 e	305 925 e	326 319 e	342 454 e	360 209 e	350 082 e
Produits financiers dérivés et options sur titres des salariés	0 e	0 e	0 e	0 e	0 e	0 e	0 e	0 e
Autres comptes à payer	13 847 e	13 508 e	15 184 e	15 748 e	18 039 e	18 846 e	17 376 e	18 639 e
Actifs non financiers	..	..	..	..	..	..	..	..
Sociétés d'assurance								
Valeur nette financière	..	..	..	..	..	..	..	..
Actifs financiers	214 971 e	219 876 e	216 334 e	242 516 e	257 870 e	270 354 e	283 781 e	275 435 e
Numéraire et dépôts	22 325 e	22 139 e	20 735 e	19 872 e	22 465 e	22 636 e	24 147 e	22 772 e
Titres de dette	55 341 e	55 247 e	47 534 e	48 649 e	49 977 e	50 745 e	49 458 e	48 569 e
Crédits	3 678 e	2 785 e	1 290 e	1 515 e	1 341 e	2 054 e	2 065 e	2 259 e
Actions et parts de fonds d'investissement	85 481 e	93 656 e	99 195 e	121 172 e	128 349 e	135 692 e	153 676 e	147 606 e
Actions	28 909 e	30 185 e	23 496 e	27 598 e	18 333 e	13 688 e	16 174 e	13 322 e
Parts de fonds d'investissement	56 572 e	63 471 e	75 700 e	93 574 e	110 015 e	122 005 e	137 503 e	134 284 e
Parts de fonds d'investissement monétaires	397 e	4 198 e	3 131 e	1 216 e	1 174 e	1 215 e	1 356 e	1 405 e
Parts de fonds d'investissement non monétaires	56 175 e	59 273 e	72 568 e	92 358 e	108 842 e	120 789 e	136 147 e	132 879 e
Systèmes d'assurance, de pensions et garanties standard	29 978 e	28 352 e	26 698 e	31 991 e	33 733 e	35 037 e	32 334 e	30 722 e
Produits financiers dérivés et options sur titres des salariés	2 225 e	2 235 e	1 619 e	2 316 e	1 649 e	1 669 e	1 452 e	1 406 e
Autres comptes à recevoir	15 942 e	15 462 e	19 262 e	17 001 e	20 356 e	22 520 e	20 649 e	22 100 e
Passifs financiers	219 375 e	226 701 e	221 685 e	252 371 e	268 044 e	279 146 e	292 979 e	284 943 e
Titres de dette	1 169 e	1 152 e	879 e	1 126 e	1 710 e	1 933 e	1 566 e	1 670 e
Titres de dette à court terme	0 e	0 e	0 e	0 e	0 e	0 e	0 e	0 e
Titres de dette à long terme	1 169 e	1 152 e	879 e	1 126 e	1 710 e	1 933 e	1 566 e	1 670 e
Crédits	4 103 e	3 987 e	3 017 e	3 184 e	3 364 e	3 475 e	2 859 e	2 865 e
Crédits à court terme	743 e	887 e	207 e	123 e	184 e	181 e	265 e	261 e
Crédits à long terme	3 359 e	3 099 e	2 810 e	3 061 e	3 180 e	3 294 e	2 594 e	2 604 e
Actions et parts de fonds d'investissement	25 919 e	27 241 e	24 892 e	26 930 e	29 200 e	32 286 e	33 269 e	32 119 e
Systèmes d'assurance, de pensions et garanties standard	174 338 e	180 813 e	177 714 e	205 382 e	215 731 e	222 606 e	237 909 e	229 650 e
Produits financiers dérivés et options sur titres des salariés	0 e	0 e	0 e	0 e	0 e	0 e	0 e	0 e
Autres comptes à payer	13 847 e	13 508 e	15 184 e	15 748 e	18 039 e	18 846 e	17 376 e	18 639 e
Actifs non financiers	..	..	..	..	..	..	..	..
Fonds de pension								
Valeur nette financière	..	..	..	..	..	..	..	..
Actifs financiers	69 999 e	76 841 e	87 864 e	100 682 e	110 730 e	119 970 e	122 446 e	120 561 e
Numéraire et dépôts	2 363 e	3 305 e	3 326 e	4 219 e	4 732 e	5 116 e	5 385 e	5 547 e
Titres de dette	24 891 e	28 029 e	31 996 e	40 147 e	41 910 e	41 117 e	41 785 e	43 200 e
Crédits	0 e	0 e	0 e	0 e	0 e	0 e	0 e	0 e
Actions et parts de fonds d'investissement	42 007 e	44 548 e	51 561 e	54 958 e	61 800 e	71 564 e	72 833 e	69 205 e
Actions	33 530 e	37 413 e	45 301 e	49 074 e	56 708 e	66 251 e	67 844 e	64 549 e
Parts de fonds d'investissement	8 477 e	7 135 e	6 260 e	5 884 e	5 092 e	5 313 e	4 989 e	4 656 e
Parts de fonds d'investissement monétaires	309 e	107 e	80 e	334 e	294 e	238 e	213 e	222 e
Parts de fonds d'investissement non monétaires	8 168 e	7 028 e	6 180 e	5 550 e	4 798 e	5 075 e	4 776 e	4 433 e
Systèmes d'assurance, de pensions et garanties standard	0 e	0 e	0 e	0 e	0 e	0 e	0 e	0 e
Produits financiers dérivés et options sur titres des salariés	208 e	226 e	150 e	127 e	109 e	145 e	145 e	101 e
Autres comptes à recevoir	530 e	734 e	832 e	1 231 e	2 179 e	2 029 e	2 298 e	2 508 e
Passifs financiers	70 499 e	77 090 e	87 655 e	100 562 e	110 619 e	119 943 e	122 336 e	120 445 e
Titres de dette	0 e	0 e	0 e	0 e	0 e	0 e	0 e	0 e
Titres de dette à court terme	0 e	0 e	0 e	0 e	0 e	0 e	0 e	0 e
Titres de dette à long terme	0 e	0 e	0 e	0 e	0 e	0 e	0 e	0 e
Crédits	0 e	249 e	146 e	20 e	31 e	34 e	12 e	8 e
Crédits à court terme	0 e	0 e	0 e	20 e	13 e	9 e	6 e	1 e
Crédits à long terme	0 e	249 e	146 e	0 e	18 e	25 e	6 e	7 e
Actions et parts de fonds d'investissement	0 e	0 e	0 e	0 e	0 e	60 e	24 e	4 e
Systèmes d'assurance, de pensions et garanties standard	70 499 e	76 841 e	87 509 e	100 542 e	110 588 e	119 849 e	122 300 e	120 433 e
Produits financiers dérivés et options sur titres des salariés	0 e	0 e	0 e	0 e	0 e	0 e	0 e	0 e
Autres comptes à payer	0 e	0 e	0 e	0 e	0 e	0 e	0 e	0 e
Actifs non financiers	..	..	..	..	..	..	..	..

Note : Voir les métadonnées détaillées sur : *http://metalinks.oecd.org/instinv/20190923/6c5a*

IRLANDE

Tableau 4. Composition du portefeuille par type d'investisseur

En pourcentage des actifs financiers et des passifs financiers

Pour cent

	2011	2012	2013	2014	2015	2016	2017	2018
Fonds d'investissement								
Actifs financiers	..	..	..	..	..	..	..	..
Numéraire et dépôts	..	..	..	..	..	..	..	..
Titres de dettes	..	..	..	..	..	..	..	..
Crédits	..	..	..	..	..	..	..	..
Actions et parts de fonds d'investissement	..	..	..	..	..	..	..	..
Systèmes d'assurance de pensions et garanties standard	..	..	..	..	..	..	..	..
Produits financiers dérivés et options sur titres des salariés	..	..	..	..	..	..	..	..
Autres comptes à recevoir	..	..	..	..	..	..	..	..
Passifs financiers	..	..	..	..	..	..	..	..
Numéraire et dépôts	..	..	..	..	..	..	..	..
Titres de dettes	..	..	..	..	..	..	..	..
Crédits	..	..	..	..	..	..	..	..
Actions et parts de fonds d'investissement	..	..	..	..	..	..	..	..
Systèmes d'assurance de pensions et garanties standard	..	..	..	..	..	..	..	..
Produits financiers dérivés et options sur titres des salariés	..	..	..	..	..	..	..	..
Autres comptes à recevoir	..	..	..	..	..	..	..	..
Sociétés d'assurance								
Actifs financiers	100.0	100.0	100.0	100.0	100.0	100.0	100.0	100.0
Numéraire et dépôts	10.4	10.1	9.6	8.2	8.7	8.4	8.5	8.3
Titres de dettes	25.7	25.1	22.0	20.1	19.4	18.8	17.4	17.6
Crédits	1.7	1.3	0.6	0.6	0.5	0.8	0.7	0.8
Actions et parts de fonds d'investissement	39.8	42.6	45.9	50.0	49.8	50.2	54.2	53.6
Systèmes d'assurance de pensions et garanties standard	13.9	12.9	12.3	13.2	13.1	13.0	11.4	11.2
Produits financiers dérivés et options sur titres des salariés	1.0	1.0	0.7	1.0	0.6	0.6	0.5	0.5
Autres comptes à recevoir	7.4	7.0	8.9	7.0	7.9	8.3	7.3	8.0
Passifs financiers	100.0	100.0	100.0	100.0	100.0	100.0	100.0	100.0
Numéraire et dépôts	0.0	0.0	0.0	0.0	0.0	0.0	0.0	0.0
Titres de dettes	0.5	0.5	0.4	0.4	0.6	0.7	0.5	0.6
Crédits	1.9	1.8	1.4	1.3	1.3	1.2	1.0	1.0
Actions et parts de fonds d'investissement	11.8	12.0	11.2	10.7	10.9	11.6	11.4	11.3
Systèmes d'assurance de pensions et garanties standard	79.5	79.8	80.2	81.4	80.5	79.7	81.2	80.6
Produits financiers dérivés et options sur titres des salariés	0.0	0.0	0.0	0.0	0.0	0.0	0.0	0.0
Autres comptes à recevoir	6.3	6.0	6.8	6.2	6.7	6.8	5.9	6.5
Fonds de pension								
Actifs financiers	100.0	100.0	100.0	100.0	100.0	100.0	100.0	100.0
Numéraire et dépôts	3.4	4.3	3.8	4.2	4.3	4.3	4.4	4.6
Titres de dettes	35.6	36.5	36.4	39.9	37.8	34.3	34.1	35.8
Crédits	0.0	0.0	0.0	0.0	0.0	0.0	0.0	0.0
Actions et parts de fonds d'investissement	60.0	58.0	58.7	54.6	55.8	59.7	59.5	57.4
Systèmes d'assurance de pensions et garanties standard	0.0	0.0	0.0	0.0	0.0	0.0	0.0	0.0
Produits financiers dérivés et options sur titres des salariés	0.3	0.3	0.2	0.1	0.1	0.1	0.1	0.1
Autres comptes à recevoir	0.8	1.0	0.9	1.2	2.0	1.7	1.9	2.1
Passifs financiers	100.0	100.0	100.0	100.0	100.0	100.0	100.0	100.0
Numéraire et dépôts	0.0	0.0	0.0	0.0	0.0	0.0	0.0	0.0
Titres de dettes	0.0	0.0	0.0	0.0	0.0	0.0	0.0	0.0
Crédits	0.0	0.3	0.2	0.0	0.0	0.0	0.0	0.0
Actions et parts de fonds d'investissement	0.0	0.0	0.0	0.0	0.0	0.0	0.0	0.0
Systèmes d'assurance de pensions et garanties standard	100.0	99.7	99.8	100.0	100.0	99.9	100.0	100.0
Produits financiers dérivés et options sur titres des salariés	0.0	0.0	0.0	0.0	0.0	0.0	0.0	0.0
Autres comptes à recevoir	0.0	0.0	0.0	0.0	0.0	0.0	0.0	0.0

Note : Voir les métadonnées détaillées sur : *http://metalinks.oecd.org/instinv/20190923/2704*

ISRAËL

Tableau 1. Actifs et passifs financiers des investisseurs institutionnels, 2018

Millions ILS

	Total	Fonds d'investissement			
		Fonds d'investissement non-monétaire			Fonds d'investissement monétaires
		Total	Fonds d'investissement à capital variable, non monétaire	Fonds d'investissement à capital fixe, non monétaire	Total
Actifs financiers	307 180	284 185	284 185	..	22 995
Numéraire et dépôts	35 476	25 261	25 261	..	10 215
Titres de dette	217 601	204 822	204 822	..	12 779
Titres de dette à court terme	37 251	32 262	32 262	..	4 989
Titres de dette à long terme	180 351	172 561	172 561	..	7 790
Titres de dette émis par les résidents	201 437	192 767	192 767	..	8 670
Titres de dette émis par les non-résidents	16 164	12 055	12 055	..	4 109
Crédits	0	0	0	..	0
Crédits à court terme	0	0	0	..	0
Crédits à long terme	0	0	0	..	0
Crédits accordés aux résidents	0	0	0	..	0
Crédits accordés aux non-résidents	0	0	0	..	0
Actions et parts de fonds d'investissement	55 582	55 582	55 582	..	0
Actions et parts de fonds d'investissements émises par les résidents	43 007	43 007	43 007	..	0
Actions et part de fonds d'investissements émises par les non-résidents	12 576	12 576	12 576	..	0
Autres comptes à recevoir	..	..	..	..	..

	Total	Fonds d'investissement			
		Fonds d'investissement non-monétaire			Fonds d'investissement monétaires
		Total	Fonds d'investissement à capital variable, non monétaire	Fonds d'investissement à capital fixe, non monétaire	Total
Pasifs financiers	..	..	..	..	..
Numéraire et dépôts	..	..	..	..	..
Titres de dette	..	..	..	..	..
Titres de dette à court terme	..	..	..	..	..
Titres de dette à long terme	..	..	..	..	..
Crédits	..	..	..	..	..
Crédits à court terme	..	..	..	..	..
Crédits à long terme	..	..	..	..	..
Actions et parts de fonds d'investissement	..	..	..	..	..
Systèmes d'assurance, de pensions et garanties standard	..	..	..	..	..
Produits financiers dérivés et options sur titres des salariés	..	..	..	..	..
Autres comptes à payer	..	..	..	..	..

	Total	Sociétés d'assurance et fonds de pension autonomes			
		Sociétés d'assurance			Fonds de pension autonomes
		Total	Sociétés d'assurance vie	Sociétés d'assurance non-vie	Total
Actifs financiers	1 604 586	518 737	..	..	1 085 848
Numéraire et dépôts	119 852	40 156	..	..	79 695
Titres de dette	824 870	234 492	..	..	590 379
Titres de dette à court terme	22 900	3 270	..	..	19 630
Titres de dette à long terme	801 970	231 222	..	..	570 749
Titres de dette émis par les résidents	751 219	207 869	..	..	543 350
Titres de dette émis par les non-résidents	73 651	26 622	..	..	47 029
Crédits	122 374	51 484	..	..	70 889
Crédits à court terme	..	..	..	..	..
Crédits à long terme	..	..	..	..	..
Crédits accordés aux résidents	108 943	45 053	..	..	63 891
Crédits accordés aux non-résidents	13 430	6 432	..	..	6 999
Actions et parts de fonds d'investissement	482 094	144 241	..	..	337 853
Actions et parts de fonds d'investissement émises par les résidents	207 919	63 018	..	..	144 901
Actions et parts de fonds d'investissement émises par les non-résidents	274 174	81 223	..	..	192 952
Autrescomptes à recevoir	35 613	26 601	..	..	9 012

	Total	Sociétés d'assurance et fonds de pension autonomes			
		Sociétés d'assurance			Fonds de pension autonomes
		Total	Sociétés d'assurance vie	Sociétés d'assurance non-vie	Total
Pasifs financiers	..	..	..	..	..
Numéraire et dépôts	..	..	..	..	..
Titres de dette	..	..	..	..	..
Titres de dette à court terme	..	..	..	..	..
Titres de dette à long terme	..	..	..	..	..
Crédits	..	..	..	..	..
Crédits à court terme	..	..	..	..	..
Crédits à long terme	..	..	..	..	..
Actions et parts de fonds d'investissement	..	..	..	..	..
Systèmes d'assurance, de pensions et garanties standard	..	..	..	..	..
Produits financiers dérivés et options sur titres des salariés	..	..	..	..	..
Autres comptes à payer	..	..	..	..	..

Note : Voir les métadonnées détaillées sur : *http://metalinks.oecd.org/instinv/20190923/5187*

Informations sur les données concernant Israël : *http://oe.cd/israel-disclaimer*

ISRAËL

Tableau 2. Actifs et passifs financiers des fonds d'investissement

Millions ILS

	2011	2012	2013	2014	2015	2016	2017	2018
Fonds d'investissement								
Valeur nette financière	..	..	..	..	..	..	..	..
Actifs financiers	142 353	170 099	230 785	261 522	229 155	214 080	243 099	307 180
Numéraire et dépôts	17 173	23 524	42 730	42 192	28 026	20 568	24 306	35 476
Titres de dette	112 183	133 809	167 843	194 131	174 598	165 512	180 368	217 601
Crédits	0	0	0	0	0	0	0	0
Actions et parts de fonds d'investissement	13 198	12 863	20 295	25 218	26 690	28 059	38 369	55 582
Actions	12 469	12 028	19 845	24 395	26 130	26 978	37 844	54 296
Parts de fonds d'investissement	729	835	450	822	560	1 081	525	1 286
Parts de fonds d'investissement monétaires	..	..	..	..	..	..	..	..
Parts de fonds d'investissement non monétaires	..	..	..	..	..	..	..	..
Systèmes d'assurance, de pensions et garanties standard	..	..	..	..	..	..	..	..
Produits financiers dérivés et options sur titres des salariés	-201	-97	-83	-17	-160	-58	56	-1 481
Autres comptes à recevoir	..	..	..	..	..	..	..	..
Passifs financiers	..	..	..	..	..	..	..	..
Titres de dette	..	..	..	..	..	..	..	..
Titres de dette à court terme	..	..	..	..	..	..	..	..
Titres de dette à long terme	..	..	..	..	..	..	..	..
Crédits	..	..	..	..	..	..	..	..
Crédits à court terme	..	..	..	..	..	..	..	..
Crédits à long terme	..	..	..	..	..	..	..	..
Actions et parts de fonds d'investissement	..	..	..	..	..	..	..	..
Systèmes d'assurance, de pensions et garanties standard	..	..	..	..	..	..	..	..
Produits financiers dérivés et options sur titres des salariés	..	..	..	..	..	..	..	..
Autres comptes à payer	..	..	..	..	..	..	..	..
Actifs non financiers	0	0	0	0	0	0	0	0
Fonds d'investissement monéaires								
Valeur nette financière	..	..	..	..	..	..	..	..
Actifs financiers	34 076	35 688	61 079	54 035	27 383	18 884	15 420	22 995
Numéraire et dépôts	12 934	16 635	31 060	28 956	14 830	6 805	5 321	10 215
Titres de dette	21 141	19 053	30 019	25 078	12 553	12 079	10 099	12 779
Crédits	0	0	0	0	0	0	0	0
Actions et parts de fonds d'investissement	0	0	0	0	0	0	0	0
Actions	0	0	0	0	0	0	0	0
Parts de fonds d'investissement	0	0	0	0	0	0	0	0
Parts de fonds d'investissement monétaires	..	..	..	..	..	..	..	..
Parts de fonds d'investissement non monétaires	..	..	..	..	..	..	..	..
Systèmes d'assurance, de pensions et garanties standard	..	..	..	..	..	..	..	..
Produits financiers dérivés et options sur titres des salariés	0	0	0	0	0	0	0	0
Autres comptes à recevoir	..	..	..	..	..	..	..	..
Passifs financiers	..	..	..	..	..	..	..	..
Titres de dette	..	..	..	..	..	..	..	..
Titres de dette à court terme	..	..	..	..	..	..	..	..
Titres de dette à long terme	..	..	..	..	..	..	..	..
Crédits	..	..	..	..	..	..	..	..
Crédits à court terme	..	..	..	..	..	..	..	..
Crédits à long terme	..	..	..	..	..	..	..	..
Actions et parts de fonds d'investissement	..	..	..	..	..	..	..	..
Systèmes d'assurance, de pensions et garanties standard	..	..	..	..	..	..	..	..
Produits financiers dérivés et options sur titres des salariés	..	..	..	..	..	..	..	..
Autres comptes à payer	..	..	..	..	..	..	..	..
Actifs non financiers	0	0	0	0	0	0	0	0
Fonds d'investissement non monéaires								
Valeur nette financière	..	..	..	..	..	..	..	..
Actifs financiers	108 277	134 411	169 705	207 488	201 771	195 196	227 679	284 185
Numéraire et dépôts	4 239	6 889	11 670	13 235	13 197	13 762	18 985	25 261
Titres de dette	91 042	114 756	137 824	169 053	162 045	153 433	170 269	204 822
Crédits	0	0	0	0	0	0	0	0
Actions et parts de fonds d'investissement	13 198	12 863	20 295	25 218	26 690	28 059	38 369	55 582
Actions	12 469	12 028	19 845	24 395	26 130	26 978	37 844	54 296
Parts de fonds d'investissement	729	835	450	822	560	1 081	525	1 286
Parts de fonds d'investissement monétaires	..	..	..	..	..	..	..	..
Parts de fonds d'investissement non monétaires	..	..	..	..	..	..	..	..
Systèmes d'assurance, de pensions et garanties standard	..	..	..	..	..	..	..	..
Produits financiers dérivés et options sur titres des salariés	-201	-97	-83	-17	-160	-58	56	-1 481
Autres comptes à recevoir	..	..	..	..	..	..	..	..
Passifs financiers	..	..	..	..	..	..	..	..
Titres de dette	..	..	..	..	..	..	..	..
Titres de dette à court terme	..	..	..	..	..	..	..	..
Titres de dette à long terme	..	..	..	..	..	..	..	..
Crédits	..	..	..	..	..	..	..	..
Crédits à court terme	..	..	..	..	..	..	..	..
Crédits à long terme	..	..	..	..	..	..	..	..
Actions et parts de fonds d'investissement	..	..	..	..	..	..	..	..
Systèmes d'assurance, de pensions et garanties standard	..	..	..	..	..	..	..	..
Produits financiers dérivés et options sur titres des salariés	..	..	..	..	..	..	..	..
Autres comptes à payer	..	..	..	..	..	..	..	..
Actifs non financiers	0	0	0	0	0	0	0	0
Fonds d'investissement non monéaires à capital variable								
Valeur nette financière	..	..	..	..	..	..	..	..
Actifs financiers	108 277	134 411	169 705	207 488	201 771	195 196	227 679	284 185
Numéraire et dépôts	4 239	6 889	11 670	13 235	13 197	13 762	18 985	25 261

Tableau 2. Actifs et passifs financiers des fonds d'investissement *(suite)*

Millions ILS

	2011	2012	2013	2014	2015	2016	2017	2018
Titres de dette	91 042	114 756	137 824	169 053	162 045	153 433	170 269	204 822
Crédits	0	0	0	0	0	0	0	0
Actions et parts de fonds d'investissement	13 198	12 863	20 295	25 218	26 690	28 059	38 369	55 582
Actions	12 469	12 028	19 845	24 395	26 130	26 978	37 844	54 296
Parts de fonds d'investissement	729	835	450	822	560	1 081	525	1 286
Parts de fonds d'investissement monétaires	..	..	..	..	..	..	..	..
Parts de fonds d'investissement non monétaires	..	..	..	..	..	..	..	..
Systèmes d'assurance, de pensions et garanties standard	..	..	..	..	..	..	..	..
Produits financiers dérivés et options sur titres des salariés	-201	-97	-83	-17	-160	-58	56	-1 481
Autres comptes à recevoir	..	..	..	..	..	..	..	..
Passifs financiers	..	..	..	..	..	..	..	..
Titres de dette	..	..	..	..	..	..	..	..
Titres de dette à court terme	..	..	..	..	..	..	..	..
Titres de dette à long terme	..	..	..	..	..	..	..	..
Crédits	..	..	..	..	..	..	..	..
Crédits à court terme	..	..	..	..	..	..	..	..
Crédits à long terme	..	..	..	..	..	..	..	..
Actions et parts de fonds d'investissement	..	..	..	..	..	..	..	..
Systèmes d'assurance, de pensions et garanties standard	..	..	..	..	..	..	..	..
Produits financiers dérivés et options sur titres des salariés	..	..	..	..	..	..	..	..
Autres comptes à payer	..	..	..	..	..	..	..	..
Actifs non financiers	0	0	0	0	0	0	0	0
Fonds d'investissement à capital variable								
Valeur nette financière	..	..	..	..	..	..	..	..
Actifs financiers	142 353	170 099	230 785	261 522	229 155	214 080	243 099	307 180
Numéraire et dépôts	17 173	23 524	42 730	42 192	28 026	20 568	24 306	35 476
Titres de dette	112 183	133 809	167 843	194 131	174 598	165 512	180 368	217 601
Crédits	0	0	0	0	0	0	0	0
Actions et parts de fonds d'investissement	13 198	12 863	20 295	25 218	26 690	28 059	38 369	55 582
Actions	12 469	12 028	19 845	24 395	26 130	26 978	37 844	54 296
Parts de fonds d'investissement	729	835	450	822	560	1 081	525	1 286
Parts de fonds d'investissement monétaires	..	..	..	..	..	..	..	..
Parts de fonds d'investissement non monétaires	..	..	..	..	..	..	..	..
Systèmes d'assurance, de pensions et garanties standard	..	..	..	..	..	..	..	..
Produits financiers dérivés et options sur titres des salariés	-201	-97	-83	-17	-160	-58	56	-1 481
Autres comptes à recevoir	..	..	..	..	..	..	..	..
Passifs financiers	..	..	..	..	..	..	..	..
Titres de dette	..	..	..	..	..	..	..	..
Titres de dette à court terme	..	..	..	..	..	..	..	..
Titres de dette à long terme	..	..	..	..	..	..	..	..
Crédits	..	..	..	..	..	..	..	..
Crédits à court terme	..	..	..	..	..	..	..	..
Crédits à long terme	..	..	..	..	..	..	..	..
Actions et parts de fonds d'investissement	..	..	..	..	..	..	..	..
Systèmes d'assurance, de pensions et garanties standard	..	..	..	..	..	..	..	..
Produits financiers dérivés et options sur titres des salariés	..	..	..	..	..	..	..	..
Autres comptes à payer	..	..	..	..	..	..	..	..
Actifs non financiers	0	0	0	0	0	0	0	0

Note : Voir les métadonnées détaillées sur : *http://metalinks.oecd.org/instinv/20190923/5187*
Informations sur les données concernant Israël : *http://oe.cd/israel-disclaimer*

ISRAËL

Tableau 3. Actifs et passifs financiers des sociétés d'assurance et fonds de pension

Millions ILS

	2011	2012	2013	2014	2015	2016	2017	2018
Sociétés d'assurance et fonds de pension								
Valeur nette financière	..	..	..	..	..	..	..	..
Actifs financiers	906 865	1 011 560	1 117 101	1 221 043	1 302 591	1 386 621	1 540 793	1 604 586
Numéraire et dépôts	68 910	73 576	78 134	82 003	100 245	107 142	132 405	119 852
Titres de dette	561 429	607 790	642 423	690 205	722 299	749 440	799 797	824 870
Crédits	31 599	41 079	51 951	60 459	73 731	92 274	110 398	122 374
Actions et parts de fonds d'investissement	208 026	247 784	300 937	343 806	360 762	385 783	443 849	482 094
Actions	149 408	181 334	221 469	250 003	259 311	277 446	315 480	340 138
Parts de fonds d'investissement	58 618	66 450	79 468	93 803	101 451	108 337	128 369	141 956
Parts de fonds d'investissement monétaires	..	..	..	..	..	..	..	..
Parts de fonds d'investissement non monétaires	..	..	..	..	..	..	..	..
Systèmes d'assurance, de pensions et garanties standard	14 386	14 639	14 997	14 819	14 015	16 375	18 631	20 367
Produits financiers dérivés et options sur titres des salariés	-504	2 358	4 691	2 154	1 857	4 730	4 873	-585
Autres comptes à recevoir	23 018	24 334	23 968	27 597	29 682	30 877	30 840	35 613
Passifs financiers	..	..	..	..	..	..	..	..
Titres de dette	..	..	..	..	..	..	..	..
Titres de dette à court terme	..	..	..	..	..	..	..	..
Titres de dette à long terme	..	..	..	..	..	..	..	..
Crédits	..	..	..	..	..	..	..	..
Crédits à court terme	..	..	..	..	..	..	..	..
Crédits à long terme	..	..	..	..	..	..	..	..
Actions et parts de fonds d'investissement	..	..	..	..	..	..	..	..
Systèmes d'assurance, de pensions et garanties standard	..	..	..	..	..	..	..	..
Produits financiers dérivés et options sur titres des salariés	..	..	..	..	..	..	..	..
Autres comptes à payer	..	..	..	..	..	..	..	..
Actifs non financiers	15 151	17 111	19 996	22 771	24 408	25 535	27 105	28 371
Sociétés d'assurance								
Valeur nette financière	..	..	..	..	..	..	..	..
Actifs financiers	292 257	328 405	363 866	395 785	419 748	444 817	492 509	518 737
Numéraire et dépôts	24 361	25 111	26 780	25 346	34 952	37 845	44 274	40 156
Titres de dette	149 944	167 129	180 900	194 668	200 576	207 021	221 970	234 492
Crédits	16 885	19 832	23 579	25 704	30 733	39 316	46 956	51 484
Actions et parts de fonds d'investissement	69 613	82 930	97 803	113 666	116 783	119 747	135 440	144 241
Actions	50 347	61 276	71 969	83 613	83 647	83 323	91 876	97 978
Parts de fonds d'investissement	19 266	21 654	25 835	30 052	33 136	36 423	43 564	46 263
Parts de fonds d'investissement monétaires	..	..	..	..	..	..	..	..
Parts de fonds d'investissement non monétaires	..	..	..	..	..	..	..	..
Systèmes d'assurance, de pensions et garanties standard	14 386	14 639	14 997	14 819	14 015	16 375	18 631	20 367
Produits financiers dérivés et options sur titres des salariés	373	1 407	1 664	1 486	1 060	1 814	2 013	1 396
Autres comptes à recevoir	16 696	17 358	18 142	20 097	21 628	22 701	23 226	26 601
Passifs financiers	..	..	..	..	..	..	..	..
Titres de dette	..	..	..	..	..	..	..	..
Titres de dette à court terme	..	..	..	..	..	..	..	..
Titres de dette à long terme	..	..	..	..	..	..	..	..
Crédits	..	..	..	..	..	..	..	..
Crédits à court terme	..	..	..	..	..	..	..	..
Crédits à long terme	..	..	..	..	..	..	..	..
Actions et parts de fonds d'investissement	..	..	..	..	..	..	..	..
Systèmes d'assurance, de pensions et garanties standard	..	..	..	..	..	..	..	..
Produits financiers dérivés et options sur titres des salariés	..	..	..	..	..	..	..	..
Autres comptes à payer	..	..	..	..	..	..	..	..
Actifs non financiers	12 093	13 654	15 955	18 156	19 581	20 729	22 037	22 943
Fonds de pension								
Valeur nette financière	..	..	..	..	..	..	..	..
Actifs financiers	614 608	683 155	753 235	825 258	882 843	941 804	1 048 284	1 085 848
Numéraire et dépôts	44 550	48 465	51 354	56 657	65 293	69 297	88 130	79 695
Titres de dette	411 485	440 661	461 523	495 537	521 723	542 420	577 827	590 379
Crédits	14 715	21 247	28 372	34 755	42 998	52 958	63 443	70 889
Actions et parts de fonds d'investissement	138 413	164 854	203 134	230 140	243 979	266 036	308 409	337 853
Actions	99 061	120 058	149 501	166 389	175 664	194 123	223 604	242 161
Parts de fonds d'investissement	39 352	44 796	53 633	63 751	68 315	71 914	84 805	95 693
Parts de fonds d'investissement monétaires	..	..	..	..	..	..	..	..
Parts de fonds d'investissement non monétaires	..	..	..	..	..	..	..	..
Systèmes d'assurance, de pensions et garanties standard	0	0	0	0	0	0	0	0
Produits financiers dérivés et options sur titres des salariés	-877	951	3 027	668	797	2 916	2 860	-1 981
Autres comptes à recevoir	6 322	6 977	5 826	7 500	8 053	8 177	7 614	9 012
Passifs financiers	..	..	..	..	..	..	..	..
Titres de dette	..	..	..	..	..	..	..	..
Titres de dette à court terme	..	..	..	..	..	..	..	..
Titres de dette à long terme	..	..	..	..	..	..	..	..
Crédits	..	..	..	..	..	..	..	..
Crédits à court terme	..	..	..	..	..	..	..	..
Crédits à long terme	..	..	..	..	..	..	..	..
Actions et parts de fonds d'investissement	..	..	..	..	..	..	..	..
Systèmes d'assurance, de pensions et garanties standard	..	..	..	..	..	..	..	..
Produits financiers dérivés et options sur titres des salariés	..	..	..	..	..	..	..	..
Autres comptes à payer	..	..	..	..	..	..	..	..
Actifs non financiers	3 059	3 457	4 041	4 616	4 828	4 806	5 068	5 428

Note : Voir les métadonnées détaillées sur : *http://metalinks.oecd.org/instinv/20190923/5187*
Informations sur les données concernant Israël : *http://oe.cd/israel-disclaimer*

Tableau 4. Composition du portefeuille par type d'investisseur

En pourcentage des actifs financiers et des passifs financiers

Pour cent

	2011	2012	2013	2014	2015	2016	2017	2018
Fonds d'investissement								
Actifs financiers	100.0	100.0	100.0	100.0	100.0	100.0	100.0	100.0
Numéraire et dépôts	12.1	13.8	18.5	16.1	12.2	9.6	10.0	11.5
Titres de dettes	78.8	78.7	72.7	74.2	76.2	77.3	74.2	70.8
Crédits	0.0	0.0	0.0	0.0	0.0	0.0	0.0	0.0
Actions et parts de fonds d'investissement	9.3	7.6	8.8	9.6	11.6	13.1	15.8	18.1
Systèmes d'assurance de pensions et garanties standard	0.0	0.0	0.0	0.0	0.0	0.0	0.0	0.0
Produits financiers dérivés et options sur titres des salariés	-0.1	-0.1	0.0	0.0	-0.1	0.0	0.0	-0.5
Autres comptes à recevoir	0.0	0.0	0.0	0.0	0.0	0.0	0.0	0.0
Passifs financiers	..	..	..	..	..	..	..	..
Numéraire et dépôts	..	..	..	..	..	..	..	..
Titres de dettes	..	..	..	..	..	..	..	..
Crédits	..	..	..	..	..	..	..	..
Actions et parts de fonds d'investissement	..	..	..	..	..	..	..	..
Systèmes d'assurance de pensions et garanties standard	..	..	..	..	..	..	..	..
Produits financiers dérivés et options sur titres des salariés	..	..	..	..	..	..	..	..
Autres comptes à recevoir	..	..	..	..	..	..	..	..
Sociétés d'assurance								
Actifs financiers	100.0	100.0	100.0	100.0	100.0	100.0	100.0	100.0
Numéraire et dépôts	8.3	7.6	7.4	6.4	8.3	8.5	9.0	7.7
Titres de dettes	51.3	50.9	49.7	49.2	47.8	46.5	45.1	45.2
Crédits	5.8	6.0	6.5	6.5	7.3	8.8	9.5	9.9
Actions et parts de fonds d'investissement	23.8	25.3	26.9	28.7	27.8	26.9	27.5	27.8
Systèmes d'assurance de pensions et garanties standard	4.9	4.5	4.1	3.7	3.3	3.7	3.8	3.9
Produits financiers dérivés et options sur titres des salariés	0.1	0.4	0.5	0.4	0.3	0.4	0.4	0.3
Autres comptes à recevoir	5.7	5.3	5.0	5.1	5.2	5.1	4.7	5.1
Passifs financiers	..	..	..	..	..	..	..	..
Numéraire et dépôts	..	..	..	..	..	..	..	..
Titres de dettes	..	..	..	..	..	..	..	..
Crédits	..	..	..	..	..	..	..	..
Actions et parts de fonds d'investissement	..	..	..	..	..	..	..	..
Systèmes d'assurance de pensions et garanties standard	..	..	..	..	..	..	..	..
Produits financiers dérivés et options sur titres des salariés	..	..	..	..	..	..	..	..
Autres comptes à recevoir	..	..	..	..	..	..	..	..
Fonds de pension								
Actifs financiers	100.0	100.0	100.0	100.0	100.0	100.0	100.0	100.0
Numéraire et dépôts	7.2	7.1	6.8	6.9	7.4	7.4	8.4	7.3
Titres de dettes	67.0	64.5	61.3	60.0	59.1	57.6	55.1	54.4
Crédits	2.4	3.1	3.8	4.2	4.9	5.6	6.1	6.5
Actions et parts de fonds d'investissement	22.5	24.1	27.0	27.9	27.6	28.2	29.4	31.1
Systèmes d'assurance de pensions et garanties standard	0.0	0.0	0.0	0.0	0.0	0.0	0.0	0.0
Produits financiers dérivés et options sur titres des salariés	-0.1	0.1	0.4	0.1	0.1	0.3	0.3	-0.2
Autres comptes à recevoir	1.0	1.0	0.8	0.9	0.9	0.9	0.7	0.8
Passifs financiers	..	..	..	..	..	..	..	..
Numéraire et dépôts	..	..	..	..	..	..	..	..
Titres de dettes	..	..	..	..	..	..	..	..
Crédits	..	..	..	..	..	..	..	..
Actions et parts de fonds d'investissement	..	..	..	..	..	..	..	..
Systèmes d'assurance de pensions et garanties standard	..	..	..	..	..	..	..	..
Produits financiers dérivés et options sur titres des salariés	..	..	..	..	..	..	..	..
Autres comptes à recevoir	..	..	..	..	..	..	..	..

Note : Voir les métadonnées détaillées sur : *http://metalinks.oecd.org/instinv/20190923/2704*
Informations sur les données concernant Israël : *http://oe.cd/israel-disclaimer*

ITALIE

Tableau 1. Actifs et passifs financiers des investisseurs institutionnels, 2018

Millions EUR (1999 ITL euro)

	Total	Fonds d'investissement			
		Fonds d'investissement non-monétaire			Fonds d'investissement monétaires
		Total	Fonds d'investissement à capital variable, non monétaire	Fonds d'investissement à capital fixe, non monétaire	Total
Actifs financiers	266 493	263 222	239 428	23 794	3 271
Numéraire et dépôts	..	28 220	22 172	6 048	..
Titres de dette	132 794	129 939	129 823	116	2 855
Titres de dette à court terme	8 545	8 515	8 459	56	30
Titres de dette à long terme	124 249	121 424	121 364	60	2 825
Titres de dette émis par les résidents	72 374	72 315	68 595	3 720	59
Titres de dette émis par les non-résidents	60 419	57 623	61 228	-3 605	2 796
Crédits	416	0	0	0	416
Crédits à court terme	416	0	0	0	416
Crédits à long terme	0	0	0	0	0
Crédits accordés aux résidents	416	0	0	0	416
Crédits accordés aux non-résidents	0	0	0	0	0
Actions et parts de fonds d'investissement	103 715	103 715	86 084	17 631	0
Actions et parts de fonds d'investissements émises par les résidents	19 801	19 801	4 743	15 058	0
Actions et part de fonds d'investissements émises par les non-résidents	83 914	83 914	81 341	2 572	0
Autres comptes à recevoir	0	0	0	0	0

	Total	Fonds d'investissement			
		Fonds d'investissement non-monétaire			Fonds d'investissement monétaires
		Total	Fonds d'investissement à capital variable, non monétaire	Fonds d'investissement à capital fixe, non monétaire	Total
Pasifs financiers	320 476	317 315	270 580	46 735	3 161
Numéraire et dépôts	0	0	0	0	0
Titres de dette	0	0	0	0	0
Titres de dette à court terme	0	0	0	0	0
Titres de dette à long terme	0	0	0	0	0
Crédits	0	0	0	0	0
Crédits à court terme	0	0	0	0	0
Crédits à long terme	0	0	0	0	0
Actions et parts de fonds d'investissement	320 078	316 917	270 183	46 735	3 161
Systèmes d'assurance, de pensions et garanties standard	0	0	0	0	0
Produits financiers dérivés et options sur titres des salariés	398	398	398	0	0
Autres comptes à payer	0	0	0	0	0

	Total	Sociétés d'assurance et fonds de pension autonomes			
		Sociétés d'assurance			Fonds de pension autonomes
		Total	Sociétés d'assurance vie	Sociétés d'assurance non-vie	Total
Actifs financiers	932 825	836 645	778 222	58 423	96 180
Numéraire et dépôts	22 107	15 550	14 464	1 086	6 557
Titres de dette	583 511	527 863	491 003	36 860	55 648
Titres de dette à court terme	8 241	7 348	6 835	513	893
Titres de dette à long terme	575 269	520 515	484 168	36 347	54 755
Titres de dette émis par les résidents	362 464	343 110	319 151	23 959	19 354
Titres de dette émis par les non-résidents	221 047	184 753	171 852	12 901	36 294
Crédits	9 430	9 430	8 772	658	0
Crédits à court terme	1 527	1 527	1 420	107	0
Crédits à long terme	7 903	7 903	7 351	552	0
Crédits accordés aux résidents	522	329	306	23	193
Crédits accordés aux non-résidents	8 908	9 101	8 465	636	-193
Actions et parts de fonds d'investissement	312 836	278 861	259 388	19 473	33 975
Actions et parts de fonds d'investissement émises par les résidents	59 964	41 004	38 141	2 863	18 960
Actions et parts de fonds d'investissement émises par les non-résidents	..	..	..	..	..
Autrescomptes à recevoir	2 514	2 514	2 338	176	0

	Total	Sociétés d'assurance et fonds de pension autonomes			
		Sociétés d'assurance			Fonds de pension autonomes
		Total	Sociétés d'assurance vie	Sociétés d'assurance non-vie	Total
Pasifs financiers	979 133	876 716	815 495	61 221	102 416
Numéraire et dépôts	0	0	0	0	0
Titres de dette	16 451	16 451	15 302	1 149	0
Titres de dette à court terme	0	0	0	0	0
Titres de dette à long terme	16 451	16 451	15 302	1 149	0
Crédits	10 952	10 759	10 007	751	193
Crédits à court terme	1 522	1 329	1 237	93	193
Crédits à long terme	9 430	9 429	8 771	658	1
Actions et parts de fonds d'investissement	105 951	105 951	98 552	7 399	0
Systèmes d'assurance, de pensions et garanties standard	842 368	740 145	688 461	51 684	102 223
Produits financiers dérivés et options sur titres des salariés	631	631	587	44	0
Autres comptes à payer	2 779	2 779	2 585	194	0

Note : Voir les métadonnées détaillées sur : *http://metalinks.oecd.org/instinv/20190923/6c5a*

ITALIE

Tableau 2. Actifs et passifs financiers des fonds d'investissement

Millions EUR

	2011	2012	2013	2014	2015	2016	2017	2018
Fonds d'investissement								
Valeur nette financière	-26 393	-25 205	-18 745	-29 861	-33 157	-38 803	-47 626	-53 983
Actifs financiers	160 362	157 922	183 319	223 784	253 061	261 995	280 482	266 493
Numéraire et dépôts	..	..	..	..	..	..	..	..
Titres de dette	98 563	94 549	102 404	130 241	136 672	138 619	145 255	132 794
Crédits	2 925	1 347	749	232	168	442	508	416
Actions et parts de fonds d'investissement	45 511	45 761	61 084	74 128	92 530	99 490	109 247	103 715
Actions	23 455	22 629	27 225	28 096	37 686	39 329	46 225	47 824
Parts de fonds d'investissement	22 056	23 131	33 860	46 032	54 845	60 161	63 022	55 891
Parts de fonds d'investissement monétaires	..	..	..	..	..	..	..	..
Parts de fonds d'investissement non monétaires	..	..	..	..	..	..	..	..
Systèmes d'assurance, de pensions et garanties standard	0	0	0	0	0	0	0	0
Produits financiers dérivés et options sur titres des salariés	335	449	884	1 266	1 385	1 606	1 309	1 348
Autres comptes à recevoir	0	0	0	0	0	0	0	0
Passifs financiers	186 755	183 127	202 064	253 645	286 218	300 798	328 108	320 476
Titres de dette	0	0	0	0	0	0	0	0
Titres de dette à court terme	0	0	0	0	0	0	0	0
Titres de dette à long terme	0	0	0	0	0	0	0	0
Crédits	0	0	0	0	0	0	0	0
Crédits à court terme	0	0	0	0	0	0	0	0
Crédits à long terme	0	0	0	0	0	0	0	0
Actions et parts de fonds d'investissement	186 755	183 127	202 064	253 645	286 218	300 798	327 715	320 078
Systèmes d'assurance, de pensions et garanties standard	0	0	0	0	0	0	0	0
Produits financiers dérivés et options sur titres des salariés	0	0	0	0	0	0	394	398
Autres comptes à payer	0	0	0	0	0	0	0	0
Actifs non financiers	..	..	..	..	..	..	..	..
Fonds d'investissement monéaires								
Valeur nette financière	604	31	114	22	99	191	181	110
Actifs financiers	27 537	9 154	9 636	7 325	6 033	4 947	4 228	3 271
Numéraire et dépôts	..	..	..	..	..	..	..	..
Titres de dette	24 485	7 770	8 775	7 093	5 826	4 472	3 720	2 855
Crédits	2 925	1 347	749	232	168	442	508	416
Actions et parts de fonds d'investissement	127	36	112	0	38	33	0	0
Actions	116	36	37	0	38	33	0	0
Parts de fonds d'investissement	11	0	76	0	0	0	0	0
Parts de fonds d'investissement monétaires	..	..	..	..	..	..	..	..
Parts de fonds d'investissement non monétaires	..	..	..	..	..	..	..	..
Systèmes d'assurance, de pensions et garanties standard	0	0	0	0	0	0	0	0
Produits financiers dérivés et options sur titres des salariés	0	0	0	0	0	0	0	0
Autres comptes à recevoir	0	0	0	0	0	0	0	0
Passifs financiers	26 933	9 123	9 522	7 303	5 933	4 756	4 047	3 161
Titres de dette	0	0	0	0	0	0	0	0
Titres de dette à court terme	0	0	0	0	0	0	0	0
Titres de dette à long terme	0	0	0	0	0	0	0	0
Crédits	0	0	0	0	0	0	0	0
Crédits à court terme	0	0	0	0	0	0	0	0
Crédits à long terme	0	0	0	0	0	0	0	0
Actions et parts de fonds d'investissement	26 933	9 123	9 522	7 303	5 933	4 756	4 047	3 161
Systèmes d'assurance, de pensions et garanties standard	0	0	0	0	0	0	0	0
Produits financiers dérivés et options sur titres des salariés	0	0	0	0	0	0	0	0
Autres comptes à payer	0	0	0	0	0	0	0	0
Actifs non financiers	..	..	..	..	..	..	..	..
Fonds d'investissement non monéaires								
Valeur nette financière	-26 997	-25 236	-18 859	-29 883	-33 256	-38 994	-47 807	-54 093
Actifs financiers	132 825	148 768	173 683	216 459	247 028	257 048	276 254	263 222
Numéraire et dépôts	13 029	15 815	18 198	17 917	22 305	21 839	24 163	28 220
Titres de dette	74 078	86 779	93 630	123 148	130 845	134 147	141 535	129 939
Crédits	0	0	0	0	0	0	0	0
Actions et parts de fonds d'investissement	45 383	45 724	60 972	74 128	92 493	99 457	109 247	103 715
Actions	23 339	22 593	27 188	28 096	37 648	39 296	46 225	47 824
Parts de fonds d'investissement	22 045	23 131	33 784	46 032	54 845	60 161	63 022	55 891
Parts de fonds d'investissement monétaires	..	..	..	..	..	..	..	..
Parts de fonds d'investissement non monétaires	..	..	..	..	..	..	..	..
Systèmes d'assurance, de pensions et garanties standard	0	0	0	0	0	0	0	0
Produits financiers dérivés et options sur titres des salariés	335	449	884	1 266	1 385	1 606	1 309	1 348
Autres comptes à recevoir	0	0	0	0	0	0	0	0
Passifs financiers	159 822	174 004	192 543	246 342	280 285	296 042	324 061	317 315
Titres de dette	0	0	0	0	0	0	0	0
Titres de dette à court terme	0	0	0	0	0	0	0	0
Titres de dette à long terme	0	0	0	0	0	0	0	0
Crédits	0	0	0	0	0	0	0	0
Crédits à court terme	0	0	0	0	0	0	0	0
Crédits à long terme	0	0	0	0	0	0	0	0
Actions et parts de fonds d'investissement	159 822	174 004	192 543	246 342	280 285	296 042	323 668	316 917
Systèmes d'assurance, de pensions et garanties standard	0	0	0	0	0	0	0	0
Produits financiers dérivés et options sur titres des salariés	0	0	0	0	0	0	394	398
Autres comptes à payer	0	0	0	0	0	0	0	0
Actifs non financiers	..	..	..	..	..	..	..	..
Fonds d'investissement non monéaires à capital variable								
Valeur nette financière	-8 117	-8 310	-3 408	-13 172	-17 025	-22 897	-28 225	-31 153
Actifs financiers	131 515	146 853	171 910	202 432	231 527	237 652	257 464	239 428
Numéraire et dépôts	13 029	15 815	18 198	14 232	18 131	16 550	18 792	22 172

ITALIE

Tableau 2. Actifs et passifs financiers des fonds d'investissement *(suite)*

Millions EUR

	2011	2012	2013	2014	2015	2016	2017	2018
Titres de dette	73 886	86 477	93 397	122 787	130 645	134 039	141 382	129 823
Crédits	0	0	0	0	0	0	0	0
Actions et parts de fonds d'investissement	44 266	44 111	59 431	64 147	81 365	85 457	95 981	86 084
Actions	23 339	22 593	27 188	21 418	30 304	29 845	38 216	36 424
Parts de fonds d'investissement	20 927	21 519	32 243	42 729	51 062	55 612	57 765	49 661
Parts de fonds d'investissement monétaires	..	..	..	..	..	..	..	..
Parts de fonds d'investissement non monétaires	..	..	..	..	..	..	..	..
Systèmes d'assurance, de pensions et garanties standard	0	0	0	0	0	0	0	0
Produits financiers dérivés et options sur titres des salariés	335	449	884	1 266	1 385	1 606	1 309	1 348
Autres comptes à recevoir	0	0	0	0	0	0	0	0
Passifs financiers	139 632	155 162	175 318	215 604	248 552	260 549	285 689	270 580
Titres de dette	0	0	0	0	0	0	0	0
Titres de dette à court terme	0	0	0	0	0	0	0	0
Titres de dette à long terme	0	0	0	0	0	0	0	0
Crédits	0	0	0	0	0	0	0	0
Crédits à court terme	0	0	0	0	0	0	0	0
Crédits à long terme	0	0	0	0	0	0	0	0
Actions et parts de fonds d'investissement	139 632	155 162	175 318	215 604	248 552	260 549	285 295	270 183
Systèmes d'assurance, de pensions et garanties standard	0	0	0	0	0	0	0	0
Produits financiers dérivés et options sur titres des salariés	0	0	0	0	0	0	394	398
Autres comptes à payer	0	0	0	0	0	0	0	0
Actifs non financiers	..	..	..	..	..	..	..	..
Fonds d'investissement à capital variable								
Valeur nette financière	-7 513	-8 279	-3 294	-13 150	-16 926	-22 706	-28 044	-31 043
Actifs financiers	159 053	156 007	181 546	209 757	237 559	242 599	261 692	242 699
Numéraire et dépôts	13 029	15 815	18 198	14 232	18 131	16 550	18 792	22 172
Titres de dette	98 371	94 247	102 172	129 881	136 471	138 511	145 102	132 678
Crédits	2 925	1 347	749	232	168	442	508	416
Actions et parts de fonds d'investissement	44 393	44 148	59 543	64 147	81 403	85 490	95 981	86 084
Actions	23 455	22 629	27 225	21 418	30 341	29 878	38 216	36 424
Parts de fonds d'investissement	20 938	21 519	32 318	42 729	51 062	55 612	57 765	49 661
Parts de fonds d'investissement monétaires	..	..	..	..	..	..	..	..
Parts de fonds d'investissement non monétaires	..	..	..	..	..	..	..	..
Systèmes d'assurance, de pensions et garanties standard	0	0	0	0	0	0	0	0
Produits financiers dérivés et options sur titres des salariés	335	449	884	1 266	1 385	1 606	1 309	1 348
Autres comptes à recevoir	0	0	0	0	0	0	0	0
Passifs financiers	166 565	164 285	184 840	222 907	254 485	265 306	289 736	273 741
Titres de dette	0	0	0	0	0	0	0	0
Titres de dette à court terme	0	0	0	0	0	0	0	0
Titres de dette à long terme	0	0	0	0	0	0	0	0
Crédits	0	0	0	0	0	0	0	0
Crédits à court terme	0	0	0	0	0	0	0	0
Crédits à long terme	0	0	0	0	0	0	0	0
Actions et parts de fonds d'investissement	166 565	164 285	184 840	222 907	254 485	265 306	289 343	273 344
Systèmes d'assurance, de pensions et garanties standard	0	0	0	0	0	0	0	0
Produits financiers dérivés et options sur titres des salariés	0	0	0	0	0	0	394	398
Autres comptes à payer	0	0	0	0	0	0	0	0
Actifs non financiers	..	..	..	..	..	..	..	..

Note : Voir les métadonnées détaillées sur : *http://metalinks.oecd.org/instinv/20190923/6c5a*

ITALIE

Tableau 3. Actifs et passifs financiers des sociétés d'assurance et fonds de pension

Millions EUR

	2011	2012	2013	2014	2015	2016	2017	2018
Sociétés d'assurance et fonds de pension								
Valeur nette financière	-81 278	-50 279	-49 723	-26 846	-3	-5 666	-35 155	-46 308
Actifs financiers	535 348	588 708	643 424	740 285	839 475	901 728	952 256	932 825
Numéraire et dépôts	21 242	27 781	25 655	22 987	29 038	26 930	25 904	22 107
Titres de dette	351 549	392 584	430 777	500 784	553 751	574 381	592 915	583 511
Crédits	11 412	10 701	9 115	9 002	8 304	10 006	10 524	9 430
Actions et parts de fonds d'investissement	146 904	153 467	173 493	203 291	243 322	284 778	316 544	312 836
Actions	66 320	65 095	75 028	77 653	81 956	101 460	116 700	112 795
Parts de fonds d'investissement	80 584	88 372	98 465	125 638	161 366	183 318	199 844	200 041
Parts de fonds d'investissement monétaires	303	133	191	167	337	180	198	222
Parts de fonds d'investissement non monétaires	80 281	88 239	98 274	125 470	161 029	183 138	199 646	199 819
Systèmes d'assurance, de pensions et garanties standard	2 146	2 122	1 973	1 533	2 555	1 768	3 063	2 020
Produits financiers dérivés et options sur titres des salariés	1 567	1 391	1 321	653	477	742	464	406
Autres comptes à recevoir	528	662	1 089	2 036	2 028	3 124	2 843	2 514
Passifs financiers	616 626	638 987	693 147	767 131	839 477	907 394	987 411	979 133
Titres de dette	6 334	9 380	9 201	14 117	15 043	16 067	16 321	16 451
Titres de dette à court terme	0	0	0	0	0	0	0	0
Titres de dette à long terme	6 334	9 380	9 201	14 117	15 043	16 067	16 321	16 451
Crédits	14 080	13 502	12 686	10 564	11 200	11 510	11 182	10 952
Crédits à court terme	622	154	5 648	634	521	1 521	2 075	1 522
Crédits à long terme	13 458	13 349	7 037	9 929	10 679	9 989	9 108	9 430
Actions et parts de fonds d'investissement	39 538	41 082	60 330	60 520	69 827	80 920	114 570	105 951
Systèmes d'assurance, de pensions et garanties standard	553 639	571 721	607 180	677 904	740 393	795 051	841 671	842 368
Produits financiers dérivés et options sur titres des salariés	1 645	1 803	1 350	1 514	645	855	749	631
Autres comptes à payer	1 391	1 498	2 399	2 513	2 369	2 992	2 917	2 779
Actifs non financiers	..	..	..	..	..	..	..	..
Sociétés d'assurance								
Valeur nette financière	-52 366	-42 606	-38 903	-20 591	2 438	11 272	-29 046	-40 071
Actifs financiers	503 692	526 703	577 421	660 559	751 864	822 862	856 976	836 645
Numéraire et dépôts	17 710	24 126	22 254	19 099	24 750	21 304	19 579	15 550
Titres de dette	339 906	353 113	388 045	450 553	499 663	531 516	539 786	527 863
Crédits	11 412	10 701	9 115	9 002	8 304	10 006	10 524	9 430
Actions et parts de fonds d'investissement	130 423	134 588	153 624	177 684	214 086	254 402	280 718	278 861
Actions	59 279	55 217	64 907	63 077	66 235	84 822	96 738	93 835
Parts de fonds d'investissement	71 144	79 371	88 717	114 607	147 851	169 580	183 980	185 026
Parts de fonds d'investissement monétaires	275	122	174	154	309	167	183	205
Parts de fonds d'investissement non monétaires	70 869	79 249	88 543	114 453	147 542	169 413	183 797	184 821
Systèmes d'assurance, de pensions et garanties standard	2 146	2 122	1 973	1 533	2 555	1 768	3 063	2 020
Produits financiers dérivés et options sur titres des salariés	1 567	1 391	1 321	653	477	742	464	406
Autres comptes à recevoir	528	662	1 089	2 036	2 028	3 124	2 843	2 514
Passifs financiers	556 058	569 309	616 323	681 151	749 426	811 590	886 021	876 716
Titres de dette	6 334	9 380	9 201	14 117	15 043	16 067	16 321	16 451
Titres de dette à court terme	0	0	0	0	0	0	0	0
Titres de dette à long terme	6 334	9 380	9 201	14 117	15 043	16 067	16 321	16 451
Crédits	14 072	13 477	12 683	10 560	11 197	11 493	10 985	10 759
Crédits à court terme	614	129	5 647	631	519	1 505	1 878	1 329
Crédits à long terme	13 458	13 348	7 037	9 929	10 678	9 988	9 107	9 429
Actions et parts de fonds d'investissement	39 538	41 082	60 330	60 520	69 827	80 920	114 570	105 951
Systèmes d'assurance, de pensions et garanties standard	493 079	502 068	530 359	591 927	650 344	699 263	740 479	740 145
Produits financiers dérivés et options sur titres des salariés	1 645	1 803	1 350	1 514	645	855	749	631
Autres comptes à payer	1 391	1 498	2 399	2 513	2 369	2 992	2 917	2 779
Actifs non financiers	..	..	..	..	..	..	..	..
Fonds de pension								
Valeur nette financière	-28 912	-7 673	-10 820	-6 255	-2 440	-16 938	-6 109	-6 236
Actifs financiers	31 656	62 005	66 003	79 726	87 611	78 867	95 281	96 180
Numéraire et dépôts	3 532	3 655	3 401	3 888	4 287	5 626	6 325	6 557
Titres de dette	11 643	39 470	42 732	50 230	54 088	42 865	53 129	55 648
Crédits	0	0	0	0	0	0	0	0
Actions et parts de fonds d'investissement	16 481	18 879	19 869	25 607	29 236	30 376	35 826	33 975
Actions	7 041	9 878	10 121	14 576	15 721	16 638	19 962	18 960
Parts de fonds d'investissement	9 440	9 001	9 748	11 031	13 515	13 738	15 864	15 015
Parts de fonds d'investissement monétaires	28	11	17	14	28	14	16	17
Parts de fonds d'investissement non monétaires	9 412	8 990	9 731	11 017	13 487	13 724	15 848	14 998
Systèmes d'assurance, de pensions et garanties standard	0	0	0	0	0	0	0	0
Produits financiers dérivés et options sur titres des salariés	0	0	0	0	0	0	0	0
Autres comptes à recevoir	0	0	0	0	0	0	0	0
Passifs financiers	60 568	69 678	76 823	85 981	90 051	95 805	101 389	102 416
Titres de dette	0	0	0	0	0	0	0	0
Titres de dette à court terme	0	0	0	0	0	0	0	0
Titres de dette à long terme	0	0	0	0	0	0	0	0
Crédits	8	25	2	4	2	17	197	193
Crédits à court terme	8	24	2	3	2	16	197	193
Crédits à long terme	1	0	1	0	1	1	1	1
Actions et parts de fonds d'investissement	0	0	0	0	0	0	0	0
Systèmes d'assurance, de pensions et garanties standard	60 560	69 653	76 821	85 977	90 049	95 788	101 192	102 223
Produits financiers dérivés et options sur titres des salariés	0	0	0	0	0	0	0	0
Autres comptes à payer	0	0	0	0	0	0	0	0
Actifs non financiers	..	..	..	..	..	..	..	..

Note : Voir les métadonnées détaillées sur : *http://metalinks.oecd.org/instinv/20190923/6c5a*

ITALIE

Tableau 4. Composition du portefeuille par type d'investisseur

En pourcentage des actifs financiers et des passifs financiers

Pour cent

	2011	2012	2013	2014	2015	2016	2017	2018
Fonds d'investissement								
Actifs financiers	100.0	100.0	100.0	100.0	100.0	100.0	100.0	100.0
Numéraire et dépôts	..	..	..	..	..	..	..	..
Titres de dettes	61.5	59.9	55.9	58.2	54.0	52.9	51.8	49.8
Crédits	1.8	0.9	0.4	0.1	0.1	0.2	0.2	0.2
Actions et parts de fonds d'investissement	28.4	29.0	33.3	33.1	36.6	38.0	38.9	38.9
Systèmes d'assurance de pensions et garanties standard	0.0	0.0	0.0	0.0	0.0	0.0	0.0	0.0
Produits financiers dérivés et options sur titres des salariés	0.2	0.3	0.5	0.6	0.5	0.6	0.5	0.5
Autres comptes à recevoir	0.0	0.0	0.0	0.0	0.0	0.0	0.0	0.0
Passifs financiers	100.0	100.0	100.0	100.0	100.0	100.0	100.0	100.0
Numéraire et dépôts	0.0	0.0	0.0	0.0	0.0	0.0	0.0	0.0
Titres de dettes	0.0	0.0	0.0	0.0	0.0	0.0	0.0	0.0
Crédits	0.0	0.0	0.0	0.0	0.0	0.0	0.0	0.0
Actions et parts de fonds d'investissement	100.0	100.0	100.0	100.0	100.0	100.0	99.9	99.9
Systèmes d'assurance de pensions et garanties standard	0.0	0.0	0.0	0.0	0.0	0.0	0.0	0.0
Produits financiers dérivés et options sur titres des salariés	0.0	0.0	0.0	0.0	0.0	0.0	0.1	0.1
Autres comptes à recevoir	0.0	0.0	0.0	0.0	0.0	0.0	0.0	0.0
Sociétés d'assurance								
Actifs financiers	100.0	100.0	100.0	100.0	100.0	100.0	100.0	100.0
Numéraire et dépôts	3.5	4.6	3.9	2.9	3.3	2.6	2.3	1.9
Titres de dettes	67.5	67.0	67.2	68.2	66.5	64.6	63.0	63.1
Crédits	2.3	2.0	1.6	1.4	1.1	1.2	1.2	1.1
Actions et parts de fonds d'investissement	25.9	25.6	26.6	26.9	28.5	30.9	32.8	33.3
Systèmes d'assurance de pensions et garanties standard	0.4	0.4	0.3	0.2	0.3	0.2	0.4	0.2
Produits financiers dérivés et options sur titres des salariés	0.3	0.3	0.2	0.1	0.1	0.1	0.1	0.0
Autres comptes à recevoir	0.1	0.1	0.2	0.3	0.3	0.4	0.3	0.3
Passifs financiers	100.0	100.0	100.0	100.0	100.0	100.0	100.0	100.0
Numéraire et dépôts	0.0	0.0	0.0	0.0	0.0	0.0	0.0	0.0
Titres de dettes	1.1	1.6	1.5	2.1	2.0	2.0	1.8	1.9
Crédits	2.5	2.4	2.1	1.6	1.5	1.4	1.2	1.2
Actions et parts de fonds d'investissement	7.1	7.2	9.8	8.9	9.3	10.0	12.9	12.1
Systèmes d'assurance de pensions et garanties standard	88.7	88.2	86.1	86.9	86.8	86.2	83.6	84.4
Produits financiers dérivés et options sur titres des salariés	0.3	0.3	0.2	0.2	0.1	0.1	0.1	0.1
Autres comptes à recevoir	0.3	0.3	0.4	0.4	0.3	0.4	0.3	0.3
Fonds de pension								
Actifs financiers	100.0	100.0	100.0	100.0	100.0	100.0	100.0	100.0
Numéraire et dépôts	11.2	5.9	5.2	4.9	4.9	7.1	6.6	6.8
Titres de dettes	36.8	63.7	64.7	63.0	61.7	54.4	55.8	57.9
Crédits	0.0	0.0	0.0	0.0	0.0	0.0	0.0	0.0
Actions et parts de fonds d'investissement	52.1	30.4	30.1	32.1	33.4	38.5	37.6	35.3
Systèmes d'assurance de pensions et garanties standard	0.0	0.0	0.0	0.0	0.0	0.0	0.0	0.0
Produits financiers dérivés et options sur titres des salariés	0.0	0.0	0.0	0.0	0.0	0.0	0.0	0.0
Autres comptes à recevoir	0.0	0.0	0.0	0.0	0.0	0.0	0.0	0.0
Passifs financiers	100.0	100.0	100.0	100.0	100.0	100.0	100.0	100.0
Numéraire et dépôts	0.0	0.0	0.0	0.0	0.0	0.0	0.0	0.0
Titres de dettes	0.0	0.0	0.0	0.0	0.0	0.0	0.0	0.0
Crédits	0.0	0.0	0.0	0.0	0.0	0.0	0.2	0.2
Actions et parts de fonds d'investissement	0.0	0.0	0.0	0.0	0.0	0.0	0.0	0.0
Systèmes d'assurance de pensions et garanties standard	100.0	100.0	100.0	100.0	100.0	100.0	99.8	99.8
Produits financiers dérivés et options sur titres des salariés	0.0	0.0	0.0	0.0	0.0	0.0	0.0	0.0
Autres comptes à recevoir	0.0	0.0	0.0	0.0	0.0	0.0	0.0	0.0

Note : Voir les métadonnées détaillées sur : *http://metalinks.oecd.org/instinv/20190923/2704*

JAPON

Tableau 1. Actifs et passifs financiers des investisseurs institutionnels, 2018

Milliards JPY

	Fonds d'investissement				
	Total	Fonds d'investissement non-monétaire			Fonds d'investissement monétaires
		Total	Fonds d'investissement à capital variable, non monétaire	Fonds d'investissement à capital fixe, non monétaire	Total
Actifs financiers	212 641	201 345	..	..	11 297
Numéraire et dépôts	8 718	3 705	..	..	5 013
Titres de dette	26 719	20 765	..	..	5 954
Titres de dette à court terme	..	..	..	..	..
Titres de dette à long terme	..	..	..	..	..
Titres de dette émis par les résidents	26 719	20 765	..	..	5 954
Titres de dette émis par les non-résidents	..	..	..	..	..
Crédits	12 260	11 930	..	..	330
Crédits à court terme	..	..	..	..	..
Crédits à long terme	..	..	..	..	..
Crédits accordés aux résidents	..	..	..	..	..
Crédits accordés aux non-résidents	..	..	..	..	..
Actions et parts de fonds d'investissement	58 745	58 745	..	..	0
Actions et parts de fonds d'investissements émises par les résidents	58 745	58 745	..	..	0
Actions et part de fonds d'investissements émises par les non-résidents	..	..	..	..	..
Autres comptes à recevoir	105 936	105 936	..	..	0

	Fonds d'investissement				
	Total	Fonds d'investissement non-monétaire			Fonds d'investissement monétaires
		Total	Fonds d'investissement à capital variable, non monétaire	Fonds d'investissement à capital fixe, non monétaire	Total
Pasifs financiers	212 641	201 345	..	..	11 297
Numéraire et dépôts	0	0	..	..	0
Titres de dette	0	0	..	..	0
Titres de dette à court terme	..	..	..	..	..
Titres de dette à long terme	..	..	..	..	..
Crédits	1 349	1 349	..	..	0
Crédits à court terme	..	..	..	..	..
Crédits à long terme	..	..	..	..	..
Actions et parts de fonds d'investissement	194 724	183 816	..	..	10 909
Systèmes d'assurance, de pensions et garanties standard	0	0	..	..	0
Produits financiers dérivés et options sur titres des salariés	635	635	..	..	0
Autres comptes à payer	15 933	15 545	..	..	388

	Sociétés d'assurance et fonds de pension autonomes				
	Total	Sociétés d'assurance			Fonds de pension autonomes
		Total	Sociétés d'assurance vie	Sociétés d'assurance non-vie	Total
Actifs financiers	642 809	487 631	440 139	47 492	155 178
Numéraire et dépôts	31 228	20 042	8 302	11 740	11 187
Titres de dette	306 336	265 749	254 089	11 660	40 587
Titres de dette à court terme	..	..	..	..	..
Titres de dette à long terme	..	..	..	..	..
Titres de dette émis par les résidents	306 336	265 749	254 089	11 660	40 587
Titres de dette émis par les non-résidents	..	..	..	..	..
Crédits	46 569	40 941	39 036	1 905	5 628
Crédits à court terme	..	..	..	..	..
Crédits à long terme	..	..	..	..	..
Crédits accordés aux résidents	..	..	..	..	..
Crédits accordés aux non-résidents	..	..	..	..	..
Actions et parts de fonds d'investissement	67 126	43 326	36 527	6 798	23 801
Actions et parts de fonds d'investissement émises par les résidents	67 126	43 326	36 527	6 798	23 801
Actions et parts de fonds d'investissement émises par les non-résidents	..	..	..	..	..
Autrescomptes à recevoir	162 303	115 877	101 741	14 136	46 426

	Sociétés d'assurance et fonds de pension autonomes				
	Total	Sociétés d'assurance			Fonds de pension autonomes
		Total	Sociétés d'assurance vie	Sociétés d'assurance non-vie	Total
Pasifs financiers	579 827	427 154	392 255	34 899	152 673
Numéraire et dépôts	0	0	0	0	0
Titres de dette	4 378	4 034	3 090	944	343
Titres de dette à court terme	..	..	..	..	..
Titres de dette à long terme	..	..	..	..	..
Crédits	16 918	16 842	14 864	1 977	77
Crédits à court terme	..	..	..	..	..
Crédits à long terme	..	..	..	..	..
Actions et parts de fonds d'investissement	20 384	20 368	8 673	11 695	16
Systèmes d'assurance, de pensions et garanties standard	527 071	377 622	360 009	17 614	149 449
Produits financiers dérivés et options sur titres des salariés	2 921	1 860	1 738	122	1 061
Autres comptes à payer	8 155	6 428	3 881	2 547	1 728

Note : Voir les métadonnées détaillées sur : *http://metalinks.oecd.org/instinv/20190923/6c5a*

JAPON

Tableau 2. Actifs et passifs financiers des fonds d'investissement

Milliards JPY

	2011	2012	2013	2014	2015	2016	2017	2018
Fonds d'investissement								
Valeur nette financière	0	0	0	0	0	0	0	0
Actifs financiers	90 089	101 921	130 850	150 119	172 367	182 511	207 983	212 641
Numéraire et dépôts	524	630	694	924	749	8 468	7 367	8 718
Titres de dette	14 206	14 843	18 943	22 101	23 149	21 274	22 293	26 719
Crédits	4 747	5 450	7 653	8 506	12 713	8 539	10 753	12 260
Actions et parts de fonds d'investissement	15 845	19 063	29 839	32 588	42 322	44 592	58 194	58 745
Actions	12 695	15 103	24 124	24 849	33 409	35 271	48 025	48 353
Parts de fonds d'investissement	3 150	3 959	5 715	7 739	8 913	9 321	10 169	10 392
Parts de fonds d'investissement monétaires	..	..	..	..	..	..	..	..
Parts de fonds d'investissement non monétaires	..	..	..	..	..	..	..	..
Systèmes d'assurance, de pensions et garanties standard	0	0	0	0	0	0	0	0
Produits financiers dérivés et options sur titres des salariés	209	237	286	389	453	405	264	263
Autres comptes à recevoir	54 559	61 699	73 436	85 613	92 980	99 234	109 112	105 936
Passifs financiers	90 089	101 921	130 850	150 119	172 367	182 511	207 983	212 641
Titres de dette	0	0	0	0	0	0	0	0
Titres de dette à court terme	..	..	..	..	..	..	..	..
Titres de dette à long terme	..	..	..	..	..	..	..	..
Crédits	0	0	0	0	0	0	0	1 349
Crédits à court terme	..	..	..	..	..	..	..	..
Crédits à long terme	..	..	..	..	..	..	..	..
Actions et parts de fonds d'investissement	85 930	95 944	122 003	140 435	159 772	170 738	196 760	194 724
Systèmes d'assurance, de pensions et garanties standard	0	0	0	0	0	0	0	0
Produits financiers dérivés et options sur titres des salariés	672	581	526	634	674	849	637	635
Autres comptes à payer	3 487	5 397	8 322	9 051	11 922	10 925	10 587	15 933
Actifs non financiers	..	..	..	..	..	..	..	..
Fonds d'investissement monéaires								
Valeur nette financière	0	0	0	0	0	0	0	0
Actifs financiers	8 115	8 539	14 390	13 915	13 653	12 898	13 139	11 297
Numéraire et dépôts	13	11	0	0	0	6 722	4 946	5 013
Titres de dette	6 422	7 185	10 177	11 035	9 578	6 176	6 903	5 954
Crédits	1 008	889	1 922	1 434	2 662	0	1 290	330
Actions et parts de fonds d'investissement	0	0	0	0	0	0	0	0
Actions	0	0	0	0	0	0	0	0
Parts de fonds d'investissement	0	0	0	0	0	0	0	0
Parts de fonds d'investissement monétaires	..	..	..	..	..	..	..	..
Parts de fonds d'investissement non monétaires	..	..	..	..	..	..	..	..
Systèmes d'assurance, de pensions et garanties standard	0	0	0	0	0	0	0	0
Produits financiers dérivés et options sur titres des salariés	0	0	0	0	0	0	0	0
Autres comptes à recevoir	672	454	2 292	1 446	1 414	0	0	0
Passifs financiers	8 115	8 539	14 390	13 915	13 653	12 898	13 139	11 297
Titres de dette	0	0	0	0	0	0	0	0
Titres de dette à court terme	..	..	..	..	..	..	..	..
Titres de dette à long terme	..	..	..	..	..	..	..	..
Crédits	0	0	0	0	0	0	0	0
Crédits à court terme	..	..	..	..	..	..	..	..
Crédits à long terme	..	..	..	..	..	..	..	..
Actions et parts de fonds d'investissement	7 624	8 254	13 105	13 100	12 838	12 763	12 994	10 909
Systèmes d'assurance, de pensions et garanties standard	0	0	0	0	0	0	0	0
Produits financiers dérivés et options sur titres des salariés	0	0	0	0	0	0	0	0
Autres comptes à payer	492	285	1 285	814	816	135	145	388
Actifs non financiers	..	..	..	..	..	..	..	..
Fonds d'investissement non monéaires								
Valeur nette financière	0	0	0	0	0	0	0	0
Actifs financiers	81 974	93 382	116 460	136 205	158 713	169 613	194 844	201 345
Numéraire et dépôts	511	619	694	924	749	1 747	2 421	3 705
Titres de dette	7 784	7 658	8 766	11 066	13 572	15 098	15 390	20 765
Crédits	3 738	4 560	5 731	7 072	10 051	8 539	9 463	11 930
Actions et parts de fonds d'investissement	15 845	19 063	29 839	32 588	42 322	44 592	58 194	58 745
Actions	12 695	15 103	24 124	24 849	33 409	35 271	48 025	48 353
Parts de fonds d'investissement	3 150	3 959	5 715	7 739	8 913	9 321	10 169	10 392
Parts de fonds d'investissement monétaires	..	..	..	..	..	..	..	..
Parts de fonds d'investissement non monétaires	..	..	..	..	..	..	..	..
Systèmes d'assurance, de pensions et garanties standard	0	0	0	0	0	0	0	0
Produits financiers dérivés et options sur titres des salariés	209	237	286	389	453	405	264	263
Autres comptes à recevoir	53 887	61 245	71 144	84 166	91 566	99 234	109 112	105 936
Passifs financiers	81 974	93 382	116 460	136 205	158 713	169 613	194 844	201 345
Titres de dette	0	0	0	0	0	0	0	0
Titres de dette à court terme	..	..	..	..	..	..	..	..
Titres de dette à long terme	..	..	..	..	..	..	..	..
Crédits	0	0	0	0	0	0	0	1 349
Crédits à court terme	..	..	..	..	..	..	..	..
Crédits à long terme	..	..	..	..	..	..	..	..
Actions et parts de fonds d'investissement	78 307	87 690	108 898	127 335	146 934	157 975	183 766	183 816
Systèmes d'assurance, de pensions et garanties standard	0	0	0	0	0	0	0	0
Produits financiers dérivés et options sur titres des salariés	672	581	526	634	674	849	637	635
Autres comptes à payer	2 995	5 111	7 036	8 236	11 106	10 790	10 442	15 545
Actifs non financiers	..	..	..	..	..	..	..	..
Fonds d'investissement non monéaires à capital variable								
Valeur nette financière	..	..	..	..	..	..	..	..
Actifs financiers	..	..	..	..	..	..	..	..
Numéraire et dépôts	..	..	..	..	..	..	..	..

JAPON

Tableau 2. Actifs et passifs financiers des fonds d'investissement *(suite)*

Milliards JPY

	2011	2012	2013	2014	2015	2016	2017	2018
Titres de dette	..	..	..	..	..	..	..	..
Crédits	..	..	..	..	..	..	..	..
Actions et parts de fonds d'investissement	..	..	..	..	..	..	..	..
Actions	..	..	..	..	..	..	..	..
Parts de fonds d'investissement	..	..	..	..	..	..	..	..
Parts de fonds d'investissement monétaires	..	..	..	..	..	..	..	..
Parts de fonds d'investissement non monétaires	..	..	..	..	..	..	..	..
Systèmes d'assurance, de pensions et garanties standard	..	..	..	..	..	..	..	..
Produits financiers dérivés et options sur titres des salariés	..	..	..	..	..	..	..	..
Autres comptes à recevoir	..	..	..	..	..	..	..	..
Passifs financiers	..	..	..	..	..	..	..	..
Titres de dette	..	..	..	..	..	..	..	..
Titres de dette à court terme	..	..	..	..	..	..	..	..
Titres de dette à long terme	..	..	..	..	..	..	..	..
Crédits	..	..	..	..	..	..	..	..
Crédits à court terme	..	..	..	..	..	..	..	..
Crédits à long terme	..	..	..	..	..	..	..	..
Actions et parts de fonds d'investissement	..	..	..	..	..	..	..	..
Systèmes d'assurance, de pensions et garanties standard	..	..	..	..	..	..	..	..
Produits financiers dérivés et options sur titres des salariés	..	..	..	..	..	..	..	..
Autres comptes à payer	..	..	..	..	..	..	..	..
Actifs non financiers	..	..	..	..	..	..	..	..
Fonds d'investissement à capital variable								
Valeur nette financière	..	..	..	..	..	..	..	..
Actifs financiers	..	..	..	..	..	..	..	..
Numéraire et dépôts	..	..	..	..	..	..	..	..
Titres de dette	..	..	..	..	..	..	..	..
Crédits	..	..	..	..	..	..	..	..
Actions et parts de fonds d'investissement	..	..	..	..	..	..	..	..
Actions	..	..	..	..	..	..	..	..
Parts de fonds d'investissement	..	..	..	..	..	..	..	..
Parts de fonds d'investissement monétaires	..	..	..	..	..	..	..	..
Parts de fonds d'investissement non monétaires	..	..	..	..	..	..	..	..
Systèmes d'assurance, de pensions et garanties standard	..	..	..	..	..	..	..	..
Produits financiers dérivés et options sur titres des salariés	..	..	..	..	..	..	..	..
Autres comptes à recevoir	..	..	..	..	..	..	..	..
Passifs financiers	..	..	..	..	..	..	..	..
Titres de dette	..	..	..	..	..	..	..	..
Titres de dette à court terme	..	..	..	..	..	..	..	..
Titres de dette à long terme	..	..	..	..	..	..	..	..
Crédits	..	..	..	..	..	..	..	..
Crédits à court terme	..	..	..	..	..	..	..	..
Crédits à long terme	..	..	..	..	..	..	..	..
Actions et parts de fonds d'investissement	..	..	..	..	..	..	..	..
Systèmes d'assurance, de pensions et garanties standard	..	..	..	..	..	..	..	..
Produits financiers dérivés et options sur titres des salariés	..	..	..	..	..	..	..	..
Autres comptes à payer	..	..	..	..	..	..	..	..
Actifs non financiers	..	..	..	..	..	..	..	..

Note : Voir les métadonnées détaillées sur : *http://metalinks.oecd.org/instinv/20190923/6c5a*

JAPON

Tableau 3. Actifs et passifs financiers des sociétés d'assurance et fonds de pension

Milliards JPY

	2011	2012	2013	2014	2015	2016	2017	2018
Sociétés d'assurance et fonds de pension								
Valeur nette financière	20 254	24 374	40 819	57 017	58 015	66 786	67 589	62 982
Actifs financiers	526 779	552 887	590 039	620 336	628 675	641 419	646 811	642 809
Numéraire et dépôts	18 440	18 262	22 513	24 302	25 704	29 269	30 075	31 228
Titres de dette	269 977	282 144	295 038	306 210	302 743	311 402	305 857	306 336
Crédits	55 113	52 944	52 085	53 079	53 636	47 697	46 709	46 569
Actions et parts de fonds d'investissement	50 083	54 915	69 201	68 721	70 986	67 833	75 105	67 126
Actions	28 724	30 979	41 957	42 201	44 487	40 781	46 558	38 226
Parts de fonds d'investissement	21 359	23 936	27 244	26 520	26 500	27 051	28 546	28 900
Parts de fonds d'investissement monétaires	..	..	..	..	..	..	..	..
Parts de fonds d'investissement non monétaires	..	..	..	..	..	..	..	..
Systèmes d'assurance, de pensions et garanties standard	46 386	42 964	27 899	28 160	30 764	29 794	24 078	27 764
Produits financiers dérivés et options sur titres des salariés	1 781	2 068	1 123	1 601	1 951	3 515	1 473	1 482
Autres comptes à recevoir	85 000	99 590	122 181	138 264	142 892	151 909	163 514	162 303
Passifs financiers	506 525	528 513	549 220	563 318	570 661	574 633	579 222	579 827
Titres de dette	1 184	1 650	1 993	2 163	2 400	3 742	4 327	4 378
Titres de dette à court terme	..	..	..	..	..	..	..	..
Titres de dette à long terme	..	..	..	..	..	..	..	..
Crédits	7 189	12 677	14 835	14 932	13 583	16 038	14 744	16 918
Crédits à court terme	..	..	..	..	..	..	..	..
Crédits à long terme	..	..	..	..	..	..	..	..
Actions et parts de fonds d'investissement	11 921	13 659	17 631	18 554	21 127	20 636	22 254	20 384
Systèmes d'assurance, de pensions et garanties standard	477 230	490 941	502 601	515 020	521 626	523 215	526 838	527 071
Produits financiers dérivés et options sur titres des salariés	868	1 404	1 757	3 364	2 276	1 977	3 073	2 921
Autres comptes à payer	8 132	8 182	10 405	9 286	9 649	9 025	7 987	8 155
Actifs non financiers	..	..	..	..	..	..	..	..
Sociétés d'assurance								
Valeur nette financière	21 157	24 921	39 510	55 402	56 012	64 531	64 350	60 477
Actifs financiers	383 477	405 371	438 179	460 043	466 046	484 485	489 939	487 631
Numéraire et dépôts	11 465	10 962	13 885	14 969	15 330	18 699	19 304	20 042
Titres de dette	231 835	243 404	251 887	261 567	259 396	269 691	265 090	265 749
Crédits	51 603	49 434	47 911	48 193	48 277	42 722	41 199	40 941
Actions et parts de fonds d'investissement	31 621	34 513	42 990	43 512	44 604	43 414	48 203	43 326
Actions	18 087	18 955	26 016	27 974	30 049	28 392	32 550	27 753
Parts de fonds d'investissement	13 534	15 558	16 974	15 538	14 555	15 023	15 652	15 572
Parts de fonds d'investissement monétaires	..	..	..	..	..	..	..	..
Parts de fonds d'investissement non monétaires	..	..	..	..	..	..	..	..
Systèmes d'assurance, de pensions et garanties standard	2 266	2 015	1 868	1 591	1 715	1 598	1 304	1 121
Produits financiers dérivés et options sur titres des salariés	1 268	1 462	544	540	1 029	2 603	724	576
Autres comptes à recevoir	53 420	63 580	79 094	89 671	95 697	105 758	114 116	115 877
Passifs financiers	362 320	380 450	398 669	404 641	410 034	419 954	425 589	427 154
Titres de dette	514	980	1 386	1 614	1 915	3 311	3 948	4 034
Titres de dette à court terme	..	..	..	..	..	..	..	..
Titres de dette à long terme	..	..	..	..	..	..	..	..
Crédits	7 087	12 575	14 747	14 843	13 493	15 945	14 655	16 842
Crédits à court terme	..	..	..	..	..	..	..	..
Crédits à long terme	..	..	..	..	..	..	..	..
Actions et parts de fonds d'investissement	11 906	13 643	17 615	18 539	21 112	20 621	22 238	20 368
Systèmes d'assurance, de pensions et garanties standard	335 818	345 616	354 812	359 186	364 155	371 598	375 903	377 622
Produits financiers dérivés et options sur titres des salariés	277	721	1 080	2 131	1 198	917	2 211	1 860
Autres comptes à payer	6 718	6 915	9 028	8 328	8 162	7 562	6 634	6 428
Actifs non financiers	..	..	..	..	..	..	..	..
Fonds de pension								
Valeur nette financière	-903	-547	1 309	1 616	2 003	2 255	3 239	2 505
Actifs financiers	143 302	147 516	151 860	160 293	162 629	156 934	156 872	155 178
Numéraire et dépôts	6 975	7 300	8 627	9 333	10 374	10 570	10 771	11 187
Titres de dette	38 142	38 740	43 151	44 643	43 348	41 711	40 767	40 587
Crédits	3 510	3 510	4 175	4 886	5 358	4 975	5 510	5 628
Actions et parts de fonds d'investissement	18 462	20 402	26 211	25 209	26 383	24 418	26 902	23 801
Actions	10 637	12 025	15 941	14 227	14 438	12 390	14 008	10 473
Parts de fonds d'investissement	7 825	8 378	10 270	10 982	11 945	12 029	12 894	13 328
Parts de fonds d'investissement monétaires	..	..	..	..	..	..	..	..
Parts de fonds d'investissement non monétaires	..	..	..	..	..	..	..	..
Systèmes d'assurance, de pensions et garanties standard	44 120	40 949	26 031	26 569	29 049	28 196	22 774	26 643
Produits financiers dérivés et options sur titres des salariés	513	606	579	1 060	922	912	749	907
Autres comptes à recevoir	31 581	36 010	43 087	48 594	47 195	46 152	49 399	46 426
Passifs financiers	144 206	148 063	150 551	158 677	160 626	154 679	153 633	152 673
Titres de dette	670	671	607	549	485	431	378	343
Titres de dette à court terme	..	..	..	..	..	..	..	..
Titres de dette à long terme	..	..	..	..	..	..	..	..
Crédits	102	102	88	90	90	93	89	77
Crédits à court terme	..	..	..	..	..	..	..	..
Crédits à long terme	..	..	..	..	..	..	..	..
Actions et parts de fonds d'investissement	16	16	16	16	16	16	16	16
Systèmes d'assurance, de pensions et garanties standard	141 413	145 325	147 788	155 833	157 471	151 618	150 935	149 449
Produits financiers dérivés et options sur titres des salariés	592	683	676	1 232	1 078	1 060	862	1 061
Autres comptes à payer	1 414	1 267	1 377	957	1 487	1 463	1 353	1 728
Actifs non financiers	..	..	..	..	..	..	..	..

Note : Voir les métadonnées détaillées sur : *http://metalinks.oecd.org/instinv/20190923/6c5a*

JAPON

Tableau 4. Composition du portefeuille par type d'investisseur

En pourcentage des actifs financiers et des passifs financiers

Pour cent

	2011	2012	2013	2014	2015	2016	2017	2018
Fonds d'investissement								
Actifs financiers	100.0	100.0	100.0	100.0	100.0	100.0	100.0	100.0
Numéraire et dépôts	0.6	0.6	0.5	0.6	0.4	4.6	3.5	4.1
Titres de dettes	15.8	14.6	14.5	14.7	13.4	11.7	10.7	12.6
Crédits	5.3	5.3	5.8	5.7	7.4	4.7	5.2	5.8
Actions et parts de fonds d'investissement	17.6	18.7	22.8	21.7	24.6	24.4	28.0	27.6
Systèmes d'assurance de pensions et garanties standard	0.0	0.0	0.0	0.0	0.0	0.0	0.0	0.0
Produits financiers dérivés et options sur titres des salariés	0.2	0.2	0.2	0.3	0.3	0.2	0.1	0.1
Autres comptes à recevoir	60.6	60.5	56.1	57.0	53.9	54.4	52.5	49.8
Passifs financiers	100.0	100.0	100.0	100.0	100.0	100.0	100.0	100.0
Numéraire et dépôts	0.0	0.0	0.0	0.0	0.0	0.0	0.0	0.0
Titres de dettes	0.0	0.0	0.0	0.0	0.0	0.0	0.0	0.0
Crédits	0.0	0.0	0.0	0.0	0.0	0.0	0.0	0.6
Actions et parts de fonds d'investissement	95.4	94.1	93.2	93.5	92.7	93.5	94.6	91.6
Systèmes d'assurance de pensions et garanties standard	0.0	0.0	0.0	0.0	0.0	0.0	0.0	0.0
Produits financiers dérivés et options sur titres des salariés	0.7	0.6	0.4	0.4	0.4	0.5	0.3	0.3
Autres comptes à recevoir	3.9	5.3	6.4	6.0	6.9	6.0	5.1	7.5
Sociétés d'assurance								
Actifs financiers	100.0	100.0	100.0	100.0	100.0	100.0	100.0	100.0
Numéraire et dépôts	3.0	2.7	3.2	3.3	3.3	3.9	3.9	4.1
Titres de dettes	60.5	60.0	57.5	56.9	55.7	55.7	54.1	54.5
Crédits	13.5	12.2	10.9	10.5	10.4	8.8	8.4	8.4
Actions et parts de fonds d'investissement	8.2	8.5	9.8	9.5	9.6	9.0	9.8	8.9
Systèmes d'assurance de pensions et garanties standard	0.6	0.5	0.4	0.3	0.4	0.3	0.3	0.2
Produits financiers dérivés et options sur titres des salariés	0.3	0.4	0.1	0.1	0.2	0.5	0.1	0.1
Autres comptes à recevoir	13.9	15.7	18.1	19.5	20.5	21.8	23.3	23.8
Passifs financiers	100.0	100.0	100.0	100.0	100.0	100.0	100.0	100.0
Numéraire et dépôts	0.0	0.0	0.0	0.0	0.0	0.0	0.0	0.0
Titres de dettes	0.1	0.3	0.3	0.4	0.5	0.8	0.9	0.9
Crédits	2.0	3.3	3.7	3.7	3.3	3.8	3.4	3.9
Actions et parts de fonds d'investissement	3.3	3.6	4.4	4.6	5.1	4.9	5.2	4.8
Systèmes d'assurance de pensions et garanties standard	92.7	90.8	89.0	88.8	88.8	88.5	88.3	88.4
Produits financiers dérivés et options sur titres des salariés	0.1	0.2	0.3	0.5	0.3	0.2	0.5	0.4
Autres comptes à recevoir	1.9	1.8	2.3	2.1	2.0	1.8	1.6	1.5
Fonds de pension								
Actifs financiers	100.0	100.0	100.0	100.0	100.0	100.0	100.0	100.0
Numéraire et dépôts	4.9	4.9	5.7	5.8	6.4	6.7	6.9	7.2
Titres de dettes	26.6	26.3	28.4	27.9	26.7	26.6	26.0	26.2
Crédits	2.4	2.4	2.7	3.0	3.3	3.2	3.5	3.6
Actions et parts de fonds d'investissement	12.9	13.8	17.3	15.7	16.2	15.6	17.1	15.3
Systèmes d'assurance de pensions et garanties standard	30.8	27.8	17.1	16.6	17.9	18.0	14.5	17.2
Produits financiers dérivés et options sur titres des salariés	0.4	0.4	0.4	0.7	0.6	0.6	0.5	0.6
Autres comptes à recevoir	22.0	24.4	28.4	30.3	29.0	29.4	31.5	29.9
Passifs financiers	100.0	100.0	100.0	100.0	100.0	100.0	100.0	100.0
Numéraire et dépôts	0.0	0.0	0.0	0.0	0.0	0.0	0.0	0.0
Titres de dettes	0.5	0.5	0.4	0.3	0.3	0.3	0.2	0.2
Crédits	0.1	0.1	0.1	0.1	0.1	0.1	0.1	0.1
Actions et parts de fonds d'investissement	0.0	0.0	0.0	0.0	0.0	0.0	0.0	0.0
Systèmes d'assurance de pensions et garanties standard	98.1	98.2	98.2	98.2	98.0	98.0	98.2	97.9
Produits financiers dérivés et options sur titres des salariés	0.4	0.5	0.4	0.8	0.7	0.7	0.6	0.7
Autres comptes à recevoir	1.0	0.9	0.9	0.6	0.9	0.9	0.9	1.1

Note : Voir les métadonnées détaillées sur : *http://metalinks.oecd.org/instinv/20190923/2704*

CORÉE

Tableau 1. Actifs et passifs financiers des investisseurs institutionnels, 2018

Milliards KRW

	Fonds d'investissement				
	Total	Fonds d'investissement non-monétaire			Fonds d'investissement monétaires
		Total	Fonds d'investissement à capital variable, non monétaire	Fonds d'investissement à capital fixe, non monétaire	Total
Actifs financiers	587 945	497 461	..	..	90 484
Numéraire et dépôts	53 307	24 423	..	..	28 884
Titres de dette	240 466	185 214	..	..	55 252
Titres de dette à court terme	79 403	32 736	..	..	46 667
Titres de dette à long terme	161 063	152 479	..	..	8 585
Titres de dette émis par les résidents	209 717	154 465	..	..	55 252
Titres de dette émis par les non-résidents	30 749	30 749	..	..	0
Crédits	19 455	18 477	..	..	978
Crédits à court terme	2 436	1 458	..	..	978
Crédits à long terme	17 019	17 019	..	..	0
Crédits accordés aux résidents	..	..	..	..	..
Crédits accordés aux non-résidents	..	..	..	..	..
Actions et parts de fonds d'investissement	174 295	169 711	..	..	4 584
Actions et parts de fonds d'investissements émises par les résidents	101 765	97 181	..	..	4 584
Actions et part de fonds d'investissements émises par les non-résidents	72 530	72 530	..	..	0
Autres comptes à recevoir	86 537	85 750	..	..	787

	Fonds d'investissement				
	Total	Fonds d'investissement non-monétaire			Fonds d'investissement monétaires
		Total	Fonds d'investissement à capital variable, non monétaire	Fonds d'investissement à capital fixe, non monétaire	Total
Pasifs financiers	588 436	497 960	..	..	90 476
Numéraire et dépôts	26 356	26 287	..	..	69
Titres de dette	188	188	..	..	0
Titres de dette à court terme	0	0	..	..	0
Titres de dette à long terme	188	188	..	..	0
Crédits	1 068	1 068	..	..	0
Crédits à court terme	31	31	..	..	0
Crédits à long terme	1 036	1 036	..	..	0
Actions et parts de fonds d'investissement	540 299	450 024	..	..	90 275
Systèmes d'assurance, de pensions et garanties standard	0	0	..	..	0
Produits financiers dérivés et options sur titres des salariés	51	51	..	..	0
Autres comptes à payer	20 475	20 342	..	..	133

	Sociétés d'assurance et fonds de pension autonomes				
	Total	Sociétés d'assurance			Fonds de pension autonomes
		Total	Sociétés d'assurance vie	Sociétés d'assurance non-vie	Total
Actifs financiers	1 457 872	1 244 728	885 061	359 667	213 144
Numéraire et dépôts	134 566	49 492	23 456	26 035	85 075
Titres de dette	704 452	659 861	532 081	127 780	44 590
Titres de dette à court terme	6 585	4 932	3 681	1 252	1 653
Titres de dette à long terme	697 866	654 929	528 401	126 529	42 937
Titres de dette émis par les résidents	598 724	556 211	447 577	108 634	42 513
Titres de dette émis par les non-résidents	105 728	103 650	84 504	19 146	2 077
Crédits	238 967	223 461	142 362	81 099	15 505
Crédits à court terme	21 315	16 493	12 433	4 060	4 822
Crédits à long terme	217 652	206 968	129 930	77 039	10 684
Crédits accordés aux résidents	..	..	..	..	..
Crédits accordés aux non-résidents	..	..	..	..	..
Actions et parts de fonds d'investissement	251 084	228 303	146 844	81 459	22 781
Actions et parts de fonds d'investissement émises par les résidents	234 821	212 095	132 997	79 098	22 726
Actions et parts de fonds d'investissement émises par les non-résidents	16 263	16 208	13 847	2 361	55
Autrescomptes à recevoir	99 346	72 904	37 772	35 132	26 443

	Sociétés d'assurance et fonds de pension autonomes				
	Total	Sociétés d'assurance			Fonds de pension autonomes
		Total	Sociétés d'assurance vie	Sociétés d'assurance non-vie	Total
Pasifs financiers	1 414 928	1 201 700	849 162	352 538	213 228
Numéraire et dépôts	0	0	0	0	0
Titres de dette	8 374	8 374	4 586	3 788	0
Titres de dette à court terme	60	60	0	60	0
Titres de dette à long terme	8 314	8 314	4 586	3 728	0
Crédits	216	216	103	113	0
Crédits à court terme	0	0	0	0	0
Crédits à long terme	215	215	103	113	0
Actions et parts de fonds d'investissement	66 843	66 843	30 923	35 920	0
Systèmes d'assurance, de pensions et garanties standard	1 279 458	1 072 857	781 455	291 401	206 601
Produits financiers dérivés et options sur titres des salariés	1 931	1 858	1 442	416	73
Autres comptes à payer	58 107	51 553	30 654	20 899	6 554

Note : Voir les métadonnées détaillées sur : *http://metalinks.oecd.org/instinv/20190923/6c5a*

Tableau 2. Actifs et passifs financiers des fonds d'investissement

Milliards KRW

	2011	2012	2013	2014	2015	2016	2017	2018
Fonds d'investissement								
Valeur nette financière	-2 144	-1 723	-1 715	-2 711	-2 007	1 876	-565	-491
Actifs financiers	286 261	316 742	336 290	381 924	426 176	489 782	542 564	587 945
Numéraire et dépôts	27 305	24 937	22 391	30 627	38 934	40 877	49 362	53 307
Titres de dette	98 774	113 715	130 179	156 593	182 011	229 099	228 402	240 466
Crédits	18 412	23 138	21 280	15 997	17 059	18 571	18 426	19 455
Actions et parts de fonds d'investissement	109 094	114 341	118 247	116 741	119 276	124 091	162 157	174 295
Actions	107 167	112 499	115 279	114 730	117 865	121 598	159 263	167 669
Parts de fonds d'investissement	1 927	1 842	2 968	2 012	1 411	2 493	2 894	6 626
Parts de fonds d'investissement monétaires	..	..	..	..	..	..	..	..
Parts de fonds d'investissement non monétaires	..	..	..	..	..	..	..	..
Systèmes d'assurance, de pensions et garanties standard	0	0	0	0	0	0	0	0
Produits financiers dérivés et options sur titres des salariés	10 663	10 774	11 302	11 428	11 426	12 314	16 065	13 886
Autres comptes à recevoir	22 014	29 838	32 892	50 537	57 470	64 831	68 152	86 537
Passifs financiers	288 406	318 465	338 005	384 635	428 184	487 906	543 129	588 436
Titres de dette	239	282	343	258	257	242	230	188
Titres de dette à court terme	0	0	0	0	0	0	55	0
Titres de dette à long terme	239	282	343	258	257	242	175	188
Crédits	2 319	729	549	470	346	493	341	1 068
Crédits à court terme	171	214	276	291	216	31	31	31
Crédits à long terme	2 148	515	274	179	130	462	309	1 036
Actions et parts de fonds d'investissement	278 824	308 632	329 843	372 366	412 763	460 356	503 571	540 299
Systèmes d'assurance, de pensions et garanties standard	0	0	0	0	0	0	0	0
Produits financiers dérivés et options sur titres des salariés	0	0	0	0	0	260	20	51
Autres comptes à payer	4 917	8 163	5 401	7 385	8 876	8 467	17 962	20 475
Actifs non financiers	..	..	..	..	..	..	..	..
Fonds d'investissement monétaires								
Valeur nette financière	-560	-240	-707	-1 091	-334	-512	-3	8
Actifs financiers	54 077	64 183	66 742	82 422	94 080	104 777	98 286	90 484
Numéraire et dépôts	16 709	17 059	14 159	20 087	24 654	23 812	28 289	28 884
Titres de dette	34 371	42 570	48 285	59 874	66 617	78 215	66 727	55 252
Crédits	1 636	3 732	2 118	966	2 256	945	857	978
Actions et parts de fonds d'investissement	169	252	1 430	568	343	1 449	1 593	4 584
Actions	0	0	0	0	0	0	0	0
Parts de fonds d'investissement	169	252	1 430	568	343	1 449	1 593	4 584
Parts de fonds d'investissement monétaires	..	..	..	..	..	..	..	..
Parts de fonds d'investissement non monétaires	..	..	..	..	..	..	..	..
Systèmes d'assurance, de pensions et garanties standard	0	0	0	0	0	0	0	0
Produits financiers dérivés et options sur titres des salariés	0	0	0	0	0	0	0	0
Autres comptes à recevoir	1 192	570	750	929	209	355	820	787
Passifs financiers	54 637	64 424	67 448	83 514	94 414	105 288	98 289	90 476
Titres de dette	0	0	0	0	0	0	0	0
Titres de dette à court terme	0	0	0	0	0	0	0	0
Titres de dette à long terme	0	0	0	0	0	0	0	0
Crédits	0	0	0	0	0	0	0	0
Crédits à court terme	0	0	0	0	0	0	0	0
Crédits à long terme	0	0	0	0	0	0	0	0
Actions et parts de fonds d'investissement	54 386	63 985	67 089	83 234	94 073	104 996	97 963	90 275
Systèmes d'assurance, de pensions et garanties standard	0	0	0	0	0	0	0	0
Produits financiers dérivés et options sur titres des salariés	0	0	0	0	0	0	0	0
Autres comptes à payer	251	439	359	280	283	62	262	133
Actifs non financiers	..	..	..	..	..	..	..	..
Fonds d'investissement non monéaires								
Valeur nette financière	-1 584	-1 482	-1 008	-1 620	-1 673	2 388	-561	-500
Actifs financiers	232 185	252 559	269 548	299 501	332 096	385 006	444 279	497 461
Numéraire et dépôts	10 596	7 877	8 231	10 541	14 280	17 064	21 073	24 423
Titres de dette	64 403	71 145	81 895	96 720	115 394	150 884	161 675	185 214
Crédits	16 776	19 406	19 162	15 031	14 803	17 626	17 570	18 477
Actions et parts de fonds d'investissement	108 925	114 089	116 816	116 174	118 933	122 642	160 564	169 711
Actions	107 167	112 499	115 279	114 730	117 865	121 598	159 263	167 669
Parts de fonds d'investissement	1 759	1 591	1 537	1 444	1 068	1 043	1 301	2 042
Parts de fonds d'investissement monétaires	..	..	..	..	..	..	..	..
Parts de fonds d'investissement non monétaires	..	..	..	..	..	..	..	..
Systèmes d'assurance, de pensions et garanties standard	0	0	0	0	0	0	0	0
Produits financiers dérivés et options sur titres des salariés	10 663	10 774	11 302	11 428	11 426	12 314	16 065	13 886
Autres comptes à recevoir	20 822	29 268	32 143	49 608	57 261	64 476	67 332	85 750
Passifs financiers	233 769	254 041	270 556	301 121	333 769	382 618	444 840	497 960
Titres de dette	239	282	343	258	257	242	230	188
Titres de dette à court terme	0	0	0	0	0	0	55	0
Titres de dette à long terme	239	282	343	258	257	242	175	188
Crédits	2 319	729	549	470	346	493	341	1 068
Crédits à court terme	171	214	276	291	216	31	31	31
Crédits à long terme	2 148	515	274	179	130	462	309	1 036
Actions et parts de fonds d'investissement	224 437	244 647	262 754	289 132	318 691	355 361	405 609	450 024
Systèmes d'assurance, de pensions et garanties standard	0	0	0	0	0	0	0	0
Produits financiers dérivés et options sur titres des salariés	0	0	0	0	0	260	20	51
Autres comptes à payer	4 666	7 724	5 042	7 105	8 594	8 405	17 700	20 342
Actifs non financiers	..	..	..	..	..	..	..	..
Fonds d'investissement non monéaires à capital variable								
Valeur nette financière	..	..	..	..	..	..	..	..
Actifs financiers	..	..	..	..	..	..	..	..
Numéraire et dépôts	..	..	..	..	..	..	..	..

CORÉE

Tableau 2. Actifs et passifs financiers des fonds d'investissement *(suite)*

Milliards KRW

	2011	2012	2013	2014	2015	2016	2017	2018
Titres de dette	..	..	..	..	..	..	..	..
Crédits	..	..	..	..	..	..	..	..
Actions et parts de fonds d'investissement	..	..	..	..	..	..	..	..
Actions	..	..	..	..	..	..	..	..
Parts de fonds d'investissement	..	..	..	..	..	..	..	..
Parts de fonds d'investissement monétaires	..	..	..	..	..	..	..	..
Parts de fonds d'investissement non monétaires	..	..	..	..	..	..	..	..
Systèmes d'assurance, de pensions et garanties standard	..	..	..	..	..	..	..	..
Produits financiers dérivés et options sur titres des salariés	..	..	..	..	..	..	..	..
Autres comptes à recevoir	..	..	..	..	..	..	..	..
Passifs financiers	..	..	..	..	..	..	..	..
Titres de dette	..	..	..	..	..	..	..	..
Titres de dette à court terme	..	..	..	..	..	..	..	..
Titres de dette à long terme	..	..	..	..	..	..	..	..
Crédits	..	..	..	..	..	..	..	..
Crédits à court terme	..	..	..	..	..	..	..	..
Crédits à long terme	..	..	..	..	..	..	..	..
Actions et parts de fonds d'investissement	..	..	..	..	..	..	..	..
Systèmes d'assurance, de pensions et garanties standard	..	..	..	..	..	..	..	..
Produits financiers dérivés et options sur titres des salariés	..	..	..	..	..	..	..	..
Autres comptes à payer	..	..	..	..	..	..	..	..
Actifs non financiers	..	..	..	..	..	..	..	..
Fonds d'investissement à capital variable								
Valeur nette financière	..	..	..	..	..	..	..	..
Actifs financiers	..	..	..	..	..	..	..	..
Numéraire et dépôts	..	..	..	..	..	..	..	..
Titres de dette	..	..	..	..	..	..	..	..
Crédits	..	..	..	..	..	..	..	..
Actions et parts de fonds d'investissement	..	..	..	..	..	..	..	..
Actions	..	..	..	..	..	..	..	..
Parts de fonds d'investissement	..	..	..	..	..	..	..	..
Parts de fonds d'investissement monétaires	..	..	..	..	..	..	..	..
Parts de fonds d'investissement non monétaires	..	..	..	..	..	..	..	..
Systèmes d'assurance, de pensions et garanties standard	..	..	..	..	..	..	..	..
Produits financiers dérivés et options sur titres des salariés	..	..	..	..	..	..	..	..
Autres comptes à recevoir	..	..	..	..	..	..	..	..
Passifs financiers	..	..	..	..	..	..	..	..
Titres de dette	..	..	..	..	..	..	..	..
Titres de dette à court terme	..	..	..	..	..	..	..	..
Titres de dette à long terme	..	..	..	..	..	..	..	..
Crédits	..	..	..	..	..	..	..	..
Crédits à court terme	..	..	..	..	..	..	..	..
Crédits à long terme	..	..	..	..	..	..	..	..
Actions et parts de fonds d'investissement	..	..	..	..	..	..	..	..
Systèmes d'assurance, de pensions et garanties standard	..	..	..	..	..	..	..	..
Produits financiers dérivés et options sur titres des salariés	..	..	..	..	..	..	..	..
Autres comptes à payer	..	..	..	..	..	..	..	..
Actifs non financiers	..	..	..	..	..	..	..	..

Note : Voir les métadonnées détaillées sur : *http://metalinks.oecd.org/instinv/20190923/6c5a*

CORÉE

Tableau 3. Actifs et passifs financiers des sociétés d'assurance et fonds de pension

Milliards KRW

	2011	2012	2013	2014	2015	2016	2017	2018
Sociétés d'assurance et fonds de pension								
Valeur nette financière	-9 119	2 281	-7 160	6 039	200	17 782	28 118	42 944
Actifs financiers	711 787	834 819	920 938	1 047 690	1 151 196	1 271 900	1 384 134	1 457 872
Numéraire et dépôts	67 999	88 807	87 363	106 019	109 622	114 762	122 039	134 566
Titres de dette	344 326	397 271	450 172	513 051	578 196	637 316	669 642	704 452
Crédits	119 358	129 919	144 703	161 657	181 328	205 064	223 340	238 967
Actions et parts de fonds d'investissement	110 390	140 967	156 595	172 577	180 170	200 872	239 595	251 084
Actions	56 999	67 072	73 378	79 874	80 409	93 850	110 397	97 537
Parts de fonds d'investissement	53 391	73 895	83 217	92 703	99 762	107 023	129 198	153 547
Parts de fonds d'investissement monétaires	..	..	..	..	..	..	..	..
Parts de fonds d'investissement non monétaires	..	..	..	..	..	..	..	..
Systèmes d'assurance, de pensions et garanties standard	5 234	5 739	7 015	11 261	14 449	18 337	23 989	26 861
Produits financiers dérivés et options sur titres des salariés	609	1 844	2 326	808	666	567	7 318	2 596
Autres comptes à recevoir	63 872	70 272	72 764	82 317	86 765	94 982	98 212	99 346
Passifs financiers	720 906	832 538	928 097	1 041 650	1 150 996	1 254 118	1 356 016	1 414 928
Titres de dette	1 236	1 660	2 124	2 107	2 730	3 301	6 289	8 374
Titres de dette à court terme	686	611	296	386	370	700	360	60
Titres de dette à long terme	550	1 049	1 828	1 721	2 360	2 601	5 929	8 314
Crédits	1 448	1 345	805	857	792	206	333	216
Crédits à court terme	247	343	63	9	16	0	112	0
Crédits à long terme	1 202	1 003	742	849	776	206	221	215
Actions et parts de fonds d'investissement	56 521	62 221	65 835	69 200	71 722	69 159	80 383	66 843
Systèmes d'assurance, de pensions et garanties standard	624 517	725 519	820 437	920 289	1 020 415	1 118 216	1 211 152	1 279 458
Produits financiers dérivés et options sur titres des salariés	2 586	1 348	1 215	2 405	4 042	6 787	432	1 931
Autres comptes à payer	34 599	40 140	37 662	46 792	51 234	56 450	57 427	58 107
Actifs non financiers	..	..	..	..	..	..	..	..
Sociétés d'assurance								
Valeur nette financière	-9 511	2 618	-6 590	6 459	-21	18 456	28 395	43 028
Actifs financiers	654 944	764 577	834 616	932 883	1 014 221	1 110 612	1 195 353	1 244 728
Numéraire et dépôts	36 934	47 676	40 385	49 670	47 315	46 134	46 734	49 492
Titres de dette	332 210	383 966	432 224	490 346	550 551	603 958	628 939	659 861
Crédits	118 248	128 313	142 015	156 647	171 971	192 533	209 521	223 461
Actions et parts de fonds d'investissement	106 331	136 005	150 112	164 439	167 336	187 150	221 933	228 303
Actions	56 721	66 909	73 301	79 755	80 219	93 381	110 137	97 304
Parts de fonds d'investissement	49 610	69 096	76 811	84 684	87 117	93 769	111 796	130 999
Parts de fonds d'investissement monétaires	..	..	..	..	..	..	..	..
Parts de fonds d'investissement non monétaires	..	..	..	..	..	..	..	..
Systèmes d'assurance, de pensions et garanties standard	5 025	5 429	5 831	6 527	6 878	7 342	7 556	8 206
Produits financiers dérivés et options sur titres des salariés	602	1 811	2 288	787	654	551	6 961	2 501
Autres comptes à recevoir	55 595	61 378	61 762	64 467	69 517	72 943	73 710	72 904
Passifs financiers	664 455	761 959	841 206	926 424	1 014 242	1 092 155	1 166 959	1 201 700
Titres de dette	1 236	1 660	2 124	2 107	2 730	3 301	6 289	8 374
Titres de dette à court terme	686	611	296	386	370	700	360	60
Titres de dette à long terme	550	1 049	1 828	1 721	2 360	2 601	5 929	8 314
Crédits	1 445	1 342	805	857	792	206	333	216
Crédits à court terme	247	343	63	9	16	0	112	0
Crédits à long terme	1 198	999	742	849	776	206	221	215
Actions et parts de fonds d'investissement	56 521	62 221	65 835	69 200	71 722	69 159	80 383	66 843
Systèmes d'assurance, de pensions et garanties standard	570 438	656 952	735 656	809 993	887 130	961 026	1 027 653	1 072 857
Produits financiers dérivés et options sur titres des salariés	2 582	1 348	1 210	2 351	3 902	6 546	430	1 858
Autres comptes à payer	32 235	38 131	35 556	41 917	47 907	51 918	51 872	51 553
Actifs non financiers	..	..	..	..	..	..	..	..
Fonds de pension								
Valeur nette financière	392	-337	-570	-419	221	-674	-276	-83
Actifs financiers	56 843	70 242	86 322	114 807	136 974	161 289	188 781	213 144
Numéraire et dépôts	31 064	41 131	46 978	56 349	62 307	68 627	75 305	85 075
Titres de dette	12 116	13 305	17 949	22 706	27 645	33 359	40 703	44 590
Crédits	1 110	1 606	2 688	5 011	9 357	12 531	13 819	15 505
Actions et parts de fonds d'investissement	4 060	4 962	6 483	8 138	12 835	13 722	17 662	22 781
Actions	279	163	77	119	190	469	261	233
Parts de fonds d'investissement	3 781	4 799	6 407	8 019	12 645	13 253	17 402	22 548
Parts de fonds d'investissement monétaires	..	..	..	..	..	..	..	..
Parts de fonds d'investissement non monétaires	..	..	..	..	..	..	..	..
Systèmes d'assurance, de pensions et garanties standard	209	310	1 184	4 734	7 571	10 995	16 433	18 655
Produits financiers dérivés et options sur titres des salariés	8	33	38	21	11	16	357	95
Autres comptes à recevoir	8 277	8 894	11 002	17 849	17 249	22 039	24 502	26 443
Passifs financiers	56 451	70 579	86 892	115 226	136 753	161 963	189 057	213 228
Titres de dette	0	0	0	0	0	0	0	0
Titres de dette à court terme	0	0	0	0	0	0	0	0
Titres de dette à long terme	0	0	0	0	0	0	0	0
Crédits	4	4	0	0	0	0	0	0
Crédits à court terme	0	0	0	0	0	0	0	0
Crédits à long terme	4	4	0	0	0	0	0	0
Actions et parts de fonds d'investissement	0	0	0	0	0	0	0	0
Systèmes d'assurance, de pensions et garanties standard	54 080	68 567	84 781	110 296	133 286	157 189	183 500	206 601
Produits financiers dérivés et options sur titres des salariés	4	0	5	55	140	241	2	73
Autres comptes à payer	2 364	2 009	2 106	4 875	3 327	4 533	5 555	6 554
Actifs non financiers	..	..	..	..	..	..	..	..

Note : Voir les métadonnées détaillées sur : *http://metalinks.oecd.org/instinv/20190923/6c5a*

Tableau 4. Composition du portefeuille par type d'investisseur

En pourcentage des actifs financiers et des passifs financiers

Pour cent

	2011	2012	2013	2014	2015	2016	2017	2018
Fonds d'investissement								
Actifs financiers	100.0	100.0	100.0	100.0	100.0	100.0	100.0	100.0
Numéraire et dépôts	9.5	7.9	6.7	8.0	9.1	8.3	9.1	9.1
Titres de dettes	34.5	35.9	38.7	41.0	42.7	46.8	42.1	40.9
Crédits	6.4	7.3	6.3	4.2	4.0	3.8	3.4	3.3
Actions et parts de fonds d'investissement	38.1	36.1	35.2	30.6	28.0	25.3	29.9	29.6
Systèmes d'assurance de pensions et garanties standard	0.0	0.0	0.0	0.0	0.0	0.0	0.0	0.0
Produits financiers dérivés et options sur titres des salariés	3.7	3.4	3.4	3.0	2.7	2.5	3.0	2.4
Autres comptes à recevoir	7.7	9.4	9.8	13.2	13.5	13.2	12.6	14.7
Passifs financiers	100.0	100.0	100.0	100.0	100.0	100.0	100.0	100.0
Numéraire et dépôts	0.7	0.2	0.6	1.1	1.4	3.7	3.9	4.5
Titres de dettes	0.1	0.1	0.1	0.1	0.1	0.0	0.0	0.0
Crédits	0.8	0.2	0.2	0.1	0.1	0.1	0.1	0.2
Actions et parts de fonds d'investissement	96.7	96.9	97.6	96.8	96.4	94.4	92.7	91.8
Systèmes d'assurance de pensions et garanties standard	0.0	0.0	0.0	0.0	0.0	0.0	0.0	0.0
Produits financiers dérivés et options sur titres des salariés	0.0	0.0	0.0	0.0	0.0	0.1	0.0	0.0
Autres comptes à recevoir	1.7	2.6	1.6	1.9	2.1	1.7	3.3	3.5
Sociétés d'assurance								
Actifs financiers	100.0	100.0	100.0	100.0	100.0	100.0	100.0	100.0
Numéraire et dépôts	5.6	6.2	4.8	5.3	4.7	4.2	3.9	4.0
Titres de dettes	50.7	50.2	51.8	52.6	54.3	54.4	52.6	53.0
Crédits	18.1	16.8	17.0	16.8	17.0	17.3	17.5	18.0
Actions et parts de fonds d'investissement	16.2	17.8	18.0	17.6	16.5	16.9	18.6	18.3
Systèmes d'assurance de pensions et garanties standard	0.8	0.7	0.7	0.7	0.7	0.7	0.6	0.7
Produits financiers dérivés et options sur titres des salariés	0.1	0.2	0.3	0.1	0.1	0.0	0.6	0.2
Autres comptes à recevoir	8.5	8.0	7.4	6.9	6.9	6.6	6.2	5.9
Passifs financiers	100.0	100.0	100.0	100.0	100.0	100.0	100.0	100.0
Numéraire et dépôts	0.0	0.0	0.0	0.0	0.0	0.0	0.0	0.0
Titres de dettes	0.2	0.2	0.3	0.2	0.3	0.3	0.5	0.7
Crédits	0.2	0.2	0.1	0.1	0.1	0.0	0.0	0.0
Actions et parts de fonds d'investissement	8.5	8.2	7.8	7.5	7.1	6.3	6.9	5.6
Systèmes d'assurance de pensions et garanties standard	85.9	86.2	87.5	87.4	87.5	88.0	88.1	89.3
Produits financiers dérivés et options sur titres des salariés	0.4	0.2	0.1	0.3	0.4	0.6	0.0	0.2
Autres comptes à recevoir	4.9	5.0	4.2	4.5	4.7	4.8	4.4	4.3
Fonds de pension								
Actifs financiers	100.0	100.0	100.0	100.0	100.0	100.0	100.0	100.0
Numéraire et dépôts	54.6	58.6	54.4	49.1	45.5	42.5	39.9	39.9
Titres de dettes	21.3	18.9	20.8	19.8	20.2	20.7	21.6	20.9
Crédits	2.0	2.3	3.1	4.4	6.8	7.8	7.3	7.3
Actions et parts de fonds d'investissement	7.1	7.1	7.5	7.1	9.4	8.5	9.4	10.7
Systèmes d'assurance de pensions et garanties standard	0.4	0.4	1.4	4.1	5.5	6.8	8.7	8.8
Produits financiers dérivés et options sur titres des salariés	0.0	0.0	0.0	0.0	0.0	0.0	0.2	0.0
Autres comptes à recevoir	14.6	12.7	12.7	15.5	12.6	13.7	13.0	12.4
Passifs financiers	100.0	100.0	100.0	100.0	100.0	100.0	100.0	100.0
Numéraire et dépôts	0.0	0.0	0.0	0.0	0.0	0.0	0.0	0.0
Titres de dettes	0.0	0.0	0.0	0.0	0.0	0.0	0.0	0.0
Crédits	0.0	0.0	0.0	0.0	0.0	0.0	0.0	0.0
Actions et parts de fonds d'investissement	0.0	0.0	0.0	0.0	0.0	0.0	0.0	0.0
Systèmes d'assurance de pensions et garanties standard	95.8	97.1	97.6	95.7	97.5	97.1	97.1	96.9
Produits financiers dérivés et options sur titres des salariés	0.0	0.0	0.0	0.0	0.1	0.1	0.0	0.0
Autres comptes à recevoir	4.2	2.8	2.4	4.2	2.4	2.8	2.9	3.1

Note : Voir les métadonnées détaillées sur : *http://metalinks.oecd.org/instinv/20190923/2704*

LETTONIE

Tableau 1. Actifs et passifs financiers des investisseurs institutionnels, 2018

Millions EUR (2014 LVL euro)

	Total	Fonds d'investissement – Fonds d'investissement non-monétaire – Total	Fonds d'investissement à capital variable, non monétaire	Fonds d'investissement à capital fixe, non monétaire	Fonds d'investissement monétaires – Total
Actifs financiers	..	..	..	..	..
Numéraire et dépôts	..	..	..	..	..
Titres de dette	..	..	..	..	..
Titres de dette à court terme	..	..	..	..	..
Titres de dette à long terme	..	..	..	..	..
Titres de dette émis par les résidents	..	..	..	..	..
Titres de dette émis par les non-résidents	..	..	..	..	..
Crédits	..	..	..	..	..
Crédits à court terme	..	..	..	..	..
Crédits à long terme	..	..	..	..	..
Crédits accordés aux résidents	..	..	..	..	..
Crédits accordés aux non-résidents	..	..	..	..	..
Actions et parts de fonds d'investissement	..	..	..	..	..
Actions et parts de fonds d'investissements émises par les résidents	..	..	..	..	..
Actions et part de fonds d'investissements émises par les non-résidents	..	..	..	..	..
Autres comptes à recevoir	..	..	..	..	..

	Total	Fonds d'investissement – Fonds d'investissement non-monétaire – Total	Fonds d'investissement à capital variable, non monétaire	Fonds d'investissement à capital fixe, non monétaire	Fonds d'investissement monétaires – Total
Pasifs financiers	..	..	..	..	..
Numéraire et dépôts	..	..	..	..	..
Titres de dette	..	..	..	..	..
Titres de dette à court terme	..	..	..	..	..
Titres de dette à long terme	..	..	..	..	..
Crédits	..	..	..	..	..
Crédits à court terme	..	..	..	..	..
Crédits à long terme	..	..	..	..	..
Actions et parts de fonds d'investissement	..	..	..	..	..
Systèmes d'assurance, de pensions et garanties standard	..	..	..	..	..
Produits financiers dérivés et options sur titres des salariés	..	..	..	..	..
Autres comptes à payer	..	..	..	..	..

	Total	Sociétés d'assurance et fonds de pension autonomes – Sociétés d'assurance – Total	Sociétés d'assurance vie	Sociétés d'assurance non-vie	Fonds de pension autonomes – Total
Actifs financiers	..	..	..	..	4 008
Numéraire et dépôts	..	..	..	..	246
Titres de dette	..	..	..	..	1 691
Titres de dette à court terme	..	..	..	..	0
Titres de dette à long terme	..	..	..	..	1 691
Titres de dette émis par les résidents	..	..	..	..	471
Titres de dette émis par les non-résidents	..	..	..	..	1 220
Crédits	..	..	..	..	0
Crédits à court terme	..	..	..	..	0
Crédits à long terme	..	..	..	..	0
Crédits accordés aux résidents	..	..	..	..	0
Crédits accordés aux non-résidents	..	..	..	..	0
Actions et parts de fonds d'investissement	..	..	..	..	2 069
Actions et parts de fonds d'investissement émises par les résidents	..	..	..	..	47
Actions et parts de fonds d'investissement émises par les non-résidents	..	..	..	..	2 022
Autrescomptes à recevoir	..	..	..	..	1

	Total	Sociétés d'assurance et fonds de pension autonomes – Sociétés d'assurance – Total	Sociétés d'assurance vie	Sociétés d'assurance non-vie	Fonds de pension autonomes – Total
Pasifs financiers	..	..	..	..	4 007
Numéraire et dépôts	..	..	..	..	0
Titres de dette	..	..	..	..	0
Titres de dette à court terme	..	..	..	..	0
Titres de dette à long terme	..	..	..	..	0
Crédits	..	..	..	..	0
Crédits à court terme	..	..	..	..	0
Crédits à long terme	..	..	..	..	0
Actions et parts de fonds d'investissement	..	..	..	..	3
Systèmes d'assurance, de pensions et garanties standard	..	..	..	..	3 989
Produits financiers dérivés et options sur titres des salariés	..	..	..	..	0
Autres comptes à payer	..	..	..	..	15

Note : Voir les métadonnées détaillées sur : *http://metalinks.oecd.org/instinv/20190923/1fe3*

LETTONIE

Tableau 3. Actifs et passifs financiers des sociétés d'assurance et fonds de pension

Millions EUR

	2011	2012	2013	2014	2015	2016	2017	2018
Sociétés d'assurance et fonds de pension								
Valeur nette financière	..	..	..	..	..	..	..	..
Actifs financiers	..	..	..	..	..	..	..	..
Numéraire et dépôts	..	..	..	..	..	..	..	..
Titres de dette	..	..	..	..	..	..	..	..
Crédits	..	..	..	..	..	..	..	..
Actions et parts de fonds d'investissement	..	..	..	..	..	..	..	..
Actions	..	..	..	..	..	..	..	..
Parts de fonds d'investissement	..	..	..	..	..	..	..	..
Parts de fonds d'investissement monétaires	..	..	..	..	..	..	..	..
Parts de fonds d'investissement non monétaires	..	..	..	..	..	..	..	..
Systèmes d'assurance, de pensions et garanties standard	..	..	..	..	..	..	..	..
Produits financiers dérivés et options sur titres des salariés	..	..	..	..	..	..	..	..
Autres comptes à recevoir	..	..	..	..	..	..	..	..
Passifs financiers	..	..	..	..	..	..	..	..
Titres de dette	..	..	..	..	..	..	..	..
Titres de dette à court terme	..	..	..	..	..	..	..	..
Titres de dette à long terme	..	..	..	..	..	..	..	..
Crédits	..	..	..	..	..	..	..	..
Crédits à court terme	..	..	..	..	..	..	..	..
Crédits à long terme	..	..	..	..	..	..	..	..
Actions et parts de fonds d'investissement	..	..	..	..	..	..	..	..
Systèmes d'assurance, de pensions et garanties standard	..	..	..	..	..	..	..	..
Produits financiers dérivés et options sur titres des salariés	..	..	..	..	..	..	..	..
Autres comptes à payer	..	..	..	..	..	..	..	..
Actifs non financiers	..	..	..	..	..	..	..	..
Sociétés d'assurance								
Valeur nette financière	..	..	..	..	..	..	..	..
Actifs financiers	..	..	..	..	..	..	..	..
Numéraire et dépôts	..	..	..	..	..	..	..	..
Titres de dette	..	..	..	..	..	..	..	..
Crédits	..	..	..	..	..	..	..	..
Actions et parts de fonds d'investissement	..	..	..	..	..	..	..	..
Actions	..	..	..	..	..	..	..	..
Parts de fonds d'investissement	..	..	..	..	..	..	..	..
Parts de fonds d'investissement monétaires	..	..	..	..	..	..	..	..
Parts de fonds d'investissement non monétaires	..	..	..	..	..	..	..	..
Systèmes d'assurance, de pensions et garanties standard	..	..	..	..	..	..	..	..
Produits financiers dérivés et options sur titres des salariés	..	..	..	..	..	..	..	..
Autres comptes à recevoir	..	..	..	..	..	..	..	..
Passifs financiers	..	..	..	..	..	..	..	..
Titres de dette	..	..	..	..	..	..	..	..
Titres de dette à court terme	..	..	..	..	..	..	..	..
Titres de dette à long terme	..	..	..	..	..	..	..	..
Crédits	..	..	..	..	..	..	..	..
Crédits à court terme	..	..	..	..	..	..	..	..
Crédits à long terme	..	..	..	..	..	..	..	..
Actions et parts de fonds d'investissement	..	..	..	..	..	..	..	..
Systèmes d'assurance, de pensions et garanties standard	..	..	..	..	..	..	..	..
Produits financiers dérivés et options sur titres des salariés	..	..	..	..	..	..	..	..
Autres comptes à payer	..	..	..	..	..	..	..	..
Actifs non financiers	..	..	..	..	..	..	..	..
Fonds de pension								
Valeur nette financière	0	0	0	0	-4	0	17	1
Actifs financiers	1 425	1 669	1 907	2 320	2 667	3 160	3 770	4 008
Numéraire et dépôts	354	332	296	312	519	404	266	246
Titres de dette	580	686	839	1 090	1 229	1 499	1 600	1 691
Crédits	0	0	0	0	0	0	0	0
Actions et parts de fonds d'investissement	488	649	735	916	919	1 254	1 862	2 069
Actions	10	12	18	25	44	77	73	79
Parts de fonds d'investissement	478	637	718	891	875	1 177	1 789	1 990
Parts de fonds d'investissement monétaires	82	2	2	6	0	0	0	0
Parts de fonds d'investissement non monétaires	396	635	715	885	875	1 177	1 789	1 990
Systèmes d'assurance, de pensions et garanties standard	0	0	0	0	0	0	0	0
Produits financiers dérivés et options sur titres des salariés	0	0	0	0	0	2	1	1
Autres comptes à recevoir	3	2	37	1	1	1	42	1
Passifs financiers	1 426	1 670	1 907	2 320	2 672	3 160	3 753	4 007
Titres de dette	0	0	0	0	0	0	0	0
Titres de dette à court terme	0	0	0	0	0	0	0	0
Titres de dette à long terme	0	0	0	0	0	0	0	0
Crédits	0	0	0	0	0	0	0	0
Crédits à court terme	0	0	0	0	0	0	0	0
Crédits à long terme	0	0	0	0	0	0	0	0
Actions et parts de fonds d'investissement	2	3	2	3	3	3	3	3
Systèmes d'assurance, de pensions et garanties standard	1 417	1 664	1 899	2 289	2 656	3 133	3 712	3 989
Produits financiers dérivés et options sur titres des salariés	1	0	0	1	0	0	0	0
Autres comptes à payer	5	4	6	27	13	24	38	15
Actifs non financiers	..	..	..	..	..	..	..	..

Note : Voir les métadonnées détaillées sur : *http://metalinks.oecd.org/instinv/20190923/1fe3*

LETTONIE

Tableau 4. Composition du portefeuille par type d'investisseur
En pourcentage des actifs financiers et des passifs financiers

Pour cent

	2011	2012	2013	2014	2015	2016	2017	2018
Fonds d'investissement								
Actifs financiers	100.0	100.0	100.0	100.0	..	..	..	..
Numéraire et dépôts	32.8	25.1	25.6	19.5	..	..	..	..
Titres de dettes	22.3	33.3	40.7	51.5	..	..	..	..
Crédits	6.4	7.6	3.0	5.9	..	..	..	..
Actions et parts de fonds d'investissement	37.6	33.4	20.2	21.3	..	..	..	..
Systèmes d'assurance de pensions et garanties standard	0.0	0.0	0.0	0.0	..	..	..	..
Produits financiers dérivés et options sur titres des salariés	0.0	0.1	0.1	0.0	..	..	..	..
Autres comptes à recevoir	0.9	0.6	10.3	1.7	..	..	..	..
Passifs financiers	100.0	100.0	100.0	100.0	..	..	..	..
Numéraire et dépôts	0.0	0.0	0.0	0.0	..	..	..	..
Titres de dettes	0.0	0.0	0.0	0.0	..	..	..	..
Crédits	0.0	1.5	0.0	0.0	..	..	..	..
Actions et parts de fonds d'investissement	99.1	98.1	90.9	96.0	..	..	..	..
Systèmes d'assurance de pensions et garanties standard	0.0	0.0	0.0	0.0	..	..	..	..
Produits financiers dérivés et options sur titres des salariés	0.2	0.0	0.0	0.3	..	..	..	..
Autres comptes à recevoir	0.7	0.4	9.1	3.6	..	..	..	..
Sociétés d'assurance								
Actifs financiers	..	..	..	..	..	..	..	..
Numéraire et dépôts	..	..	..	..	..	..	..	..
Titres de dettes	..	..	..	..	..	..	..	..
Crédits	..	..	..	..	..	..	..	..
Actions et parts de fonds d'investissement	..	..	..	..	..	..	..	..
Systèmes d'assurance de pensions et garanties standard	..	..	..	..	..	..	..	..
Produits financiers dérivés et options sur titres des salariés	..	..	..	..	..	..	..	..
Autres comptes à recevoir	..	..	..	..	..	..	..	..
Passifs financiers	..	..	..	..	..	..	..	..
Numéraire et dépôts	..	..	..	..	..	..	..	..
Titres de dettes	..	..	..	..	..	..	..	..
Crédits	..	..	..	..	..	..	..	..
Actions et parts de fonds d'investissement	..	..	..	..	..	..	..	..
Systèmes d'assurance de pensions et garanties standard	..	..	..	..	..	..	..	..
Produits financiers dérivés et options sur titres des salariés	..	..	..	..	..	..	..	..
Autres comptes à recevoir	..	..	..	..	..	..	..	..
Fonds de pension								
Actifs financiers	100.0	100.0	100.0	100.0	100.0	100.0	100.0	100.0
Numéraire et dépôts	24.9	19.9	15.5	13.5	19.4	12.8	7.0	6.1
Titres de dettes	40.7	41.1	44.0	47.0	46.1	47.4	42.5	42.2
Crédits	0.0	0.0	0.0	0.0	0.0	0.0	0.0	0.0
Actions et parts de fonds d'investissement	34.3	38.9	38.6	39.5	34.5	39.7	49.4	51.6
Systèmes d'assurance de pensions et garanties standard	0.0	0.0	0.0	0.0	0.0	0.0	0.0	0.0
Produits financiers dérivés et options sur titres des salariés	0.0	0.0	0.0	0.0	0.0	0.1	0.0	0.0
Autres comptes à recevoir	0.2	0.1	1.9	0.1	0.0	0.0	1.1	0.0
Passifs financiers	100.0	100.0	100.0	100.0	100.0	100.0	100.0	100.0
Numéraire et dépôts	0.0	0.0	0.0	0.0	0.0	0.0	0.0	0.0
Titres de dettes	0.0	0.0	0.0	0.0	0.0	0.0	0.0	0.0
Crédits	0.0	0.0	0.0	0.0	0.0	0.0	0.0	0.0
Actions et parts de fonds d'investissement	0.2	0.1	0.1	0.1	0.1	0.1	0.1	0.1
Systèmes d'assurance de pensions et garanties standard	99.4	99.6	99.6	98.7	99.4	99.1	98.9	99.6
Produits financiers dérivés et options sur titres des salariés	0.1	0.0	0.0	0.0	0.0	0.0	0.0	0.0
Autres comptes à recevoir	0.4	0.2	0.3	1.2	0.5	0.8	1.0	0.4

Note : Voir les métadonnées détaillées sur : *http://metalinks.oecd.org/instinv/20190923/2704*

Tableau 1. Actifs et passifs financiers des investisseurs institutionnels, 2018

Millions EUR (2015 LTL euro)

	Total	Fonds d'investissement			
		Fonds d'investissement non-monétaire			Fonds d'investissement monétaires
		Total	Fonds d'investissement à capital variable, non monétaire	Fonds d'investissement à capital fixe, non monétaire	Total
Actifs financiers	819	819	212	607	0
Numéraire et dépôts	71	71	29	41	0
Titres de dette	233	233	66	167	0
Titres de dette à court terme	11	11	3	8	0
Titres de dette à long terme	222	222	63	159	0
Titres de dette émis par les résidents	184	184	52	132	0
Titres de dette émis par les non-résidents	49	49	14	35	0
Crédits	121	121	26	96	0
Crédits à court terme	31	31	7	25	0
Crédits à long terme	90	90	19	71	0
Crédits accordés aux résidents	23	23	5	18	0
Crédits accordés aux non-résidents	98	98	21	77	0
Actions et parts de fonds d'investissement	376	376	88	288	0
Actions et parts de fonds d'investissements émises par les résidents	254	254	59	195	0
Actions et part de fonds d'investissements émises par les non-résidents	122	122	28	93	0
Autres comptes à recevoir	15	15	2	12	0

	Total	Fonds d'investissement			
		Fonds d'investissement non-monétaire			Fonds d'investissement monétaires
		Total	Fonds d'investissement à capital variable, non monétaire	Fonds d'investissement à capital fixe, non monétaire	Total
Pasifs financiers	1 141	1 141	298	843	0
Numéraire et dépôts	0	0	..	..	0
Titres de dette	2	2	0	2	0
Titres de dette à court terme	0	0	..	..	0
Titres de dette à long terme	2	2	..	..	0
Crédits	203	203	38	165	0
Crédits à court terme	9	9	2	7	0
Crédits à long terme	194	194	36	157	0
Actions et parts de fonds d'investissement	908	908	253	655	0
Systèmes d'assurance, de pensions et garanties standard	0	0	..	..	0
Produits financiers dérivés et options sur titres des salariés	4	4	1	3	0
Autres comptes à payer	25	25	7	18	0

	Total	Sociétés d'assurance et fonds de pension autonomes			
		Sociétés d'assurance			Fonds de pension autonomes
		Total	Sociétés d'assurance vie	Sociétés d'assurance non-vie	Total
Actifs financiers	5 333	2 059	1 252	807	3 274
Numéraire et dépôts	341	105	44	61	236
Titres de dette	2 229	999	466	533	1 230
Titres de dette à court terme	0	0	0	0	0
Titres de dette à long terme	2 229	999	466	533	1 230
Titres de dette émis par les résidents	778	265	91	174	512
Titres de dette émis par les non-résidents	1 452	734	375	359	718
Crédits	10	10	6	4	0
Crédits à court terme	0	0	0	0	0
Crédits à long terme	10	10	6	4	0
Crédits accordés aux résidents	0	0	0	0	0
Crédits accordés aux non-résidents	10	10	6	4	0
Actions et parts de fonds d'investissement	2 594	787	723	64	1 807
Actions et parts de fonds d'investissement émises par les résidents	75	22	19	4	53
Actions et parts de fonds d'investissement émises par les non-résidents	2 519	764	704	60	1 755
Autrescomptes à recevoir	110	110	13	96	0

	Total	Sociétés d'assurance et fonds de pension autonomes			
		Sociétés d'assurance			Fonds de pension autonomes
		Total	Sociétés d'assurance vie	Sociétés d'assurance non-vie	Total
Pasifs financiers	5 394	2 120	1 246	874	3 274
Numéraire et dépôts	0	0	0	0	0
Titres de dette	0	0	0	0	0
Titres de dette à court terme	0	0	0	0	0
Titres de dette à long terme	0	0	0	0	0
Crédits	52	52	4	48	0
Crédits à court terme	22	22	0	22	0
Crédits à long terme	29	29	4	26	0
Actions et parts de fonds d'investissement	616	616	351	265	0
Systèmes d'assurance, de pensions et garanties standard	4 560	1 286	830	456	3 274
Produits financiers dérivés et options sur titres des salariés	0	0	0	0	0
Autres comptes à payer	167	167	61	106	0

Note : Voir les métadonnées détaillées sur : *http://metalinks.oecd.org/instinv/20190923/fbb2*

LITHUANIALITUANIE

Tableau 2. Actifs et passifs financiers des fonds d'investissement

Millions EUR

	2011	2012	2013	2014	2015	2016	2017	2018
Fonds d'investissement								
Valeur nette financière	0	-4	-4	-19	-47	-289	-319	-322
Actifs financiers	151	182	240	295	354	529	719	819
Numéraire et dépôts	10	11	27	39	44	87	71	71
Titres de dette	34	42	81	98	113	160	200	233
Crédits	0	1	4	11	11	11	104	121
Actions et parts de fonds d'investissement	106	126	129	143	178	232	327	376
Actions	36	47	52	61	86	199	276	314
Parts de fonds d'investissement	70	80	77	82	92	33	51	62
Parts de fonds d'investissement monétaires	0	0	0	1	0	0	0	0
Parts de fonds d'investissement non monétaires	70	80	77	81	92	33	51	62
Systèmes d'assurance, de pensions et garanties standard	0	0	0	0	0	0	0	0
Produits financiers dérivés et options sur titres des salariés	0	0	0	0	1	1	5	3
Autres comptes à recevoir	0	1	0	4	6	37	12	15
Passifs financiers	151	186	244	313	401	818	1 039	1 141
Titres de dette	0	0	0	0	0	2	2	2
Titres de dette à court terme	0	0	0	0	0	0	0	0
Titres de dette à long terme	0	0	0	0	0	2	2	2
Crédits	2	1	5	17	5	158	205	203
Crédits à court terme	1	0	5	0	0	28	13	9
Crédits à long terme	1	0	0	16	5	130	192	194
Actions et parts de fonds d'investissement	148	184	237	288	390	620	802	908
Systèmes d'assurance, de pensions et garanties standard	0	0	0	0	0	0	0	0
Produits financiers dérivés et options sur titres des salariés	0	0	0	0	0	1	3	4
Autres comptes à payer	0	2	2	8	5	36	26	25
Actifs non financiers	..	..	4	19	47	289	319	324
Fonds d'investissement monéaires								
Valeur nette financière	0	0	0	0	0	0	0	0
Actifs financiers	15	12	0	0	0	0	0	0
Numéraire et dépôts	4	4	0	0	0	0	0	0
Titres de dette	11	7	0	0	0	0	0	0
Crédits	0	0	0	0	0	0	0	0
Actions et parts de fonds d'investissement	0	0	0	0	0	0	0	0
Actions	0	0	0	0	0	0	0	0
Parts de fonds d'investissement	0	0	0	0	0	0	0	0
Parts de fonds d'investissement monétaires	0	0	0	0	0	0	0	0
Parts de fonds d'investissement non monétaires	0	0	0	0	0	0	0	0
Systèmes d'assurance, de pensions et garanties standard	0	0	0	0	0	0	0	0
Produits financiers dérivés et options sur titres des salariés	0	0	0	0	0	0	0	0
Autres comptes à recevoir	0	0	0	0	0	0	0	0
Passifs financiers	15	12	0	0	0	0	0	0
Titres de dette	0	0	0	0	0	0	0	0
Titres de dette à court terme	0	0	0	0	0	0	0	0
Titres de dette à long terme	0	0	0	0	0	0	0	0
Crédits	0	0	0	0	0	0	0	0
Crédits à court terme	0	0	0	0	0	0	0	0
Crédits à long terme	0	0	0	0	0	0	0	0
Actions et parts de fonds d'investissement	15	12	0	0	0	0	0	0
Systèmes d'assurance, de pensions et garanties standard	0	0	0	0	0	0	0	0
Produits financiers dérivés et options sur titres des salariés	0	0	0	0	0	0	0	0
Autres comptes à payer	0	0	0	0	0	0	0	0
Actifs non financiers	..	..	..	..	..	..	..	..
Fonds d'investissement non monéaires								
Valeur nette financière	0	-4	-4	-19	-47	-289	-319	-322
Actifs financiers	136	170	240	295	354	529	719	819
Numéraire et dépôts	6	7	27	39	44	87	71	71
Titres de dette	24	35	81	98	113	160	200	233
Crédits	0	1	4	11	11	11	104	121
Actions et parts de fonds d'investissement	106	126	129	143	178	232	327	376
Actions	36	47	52	61	86	199	276	314
Parts de fonds d'investissement	70	80	77	82	92	33	51	62
Parts de fonds d'investissement monétaires	0	0	0	1	0	0	0	0
Parts de fonds d'investissement non monétaires	70	80	77	81	92	33	51	62
Systèmes d'assurance, de pensions et garanties standard	0	0	0	0	0	0	0	0
Produits financiers dérivés et options sur titres des salariés	0	0	0	0	1	1	5	3
Autres comptes à recevoir	0	1	0	4	6	37	12	15
Passifs financiers	136	174	244	313	401	818	1 039	1 141
Titres de dette	0	0	0	0	0	2	2	2
Titres de dette à court terme	0	0	0	0	0	0	0	0
Titres de dette à long terme	0	0	0	0	0	2	2	2
Crédits	2	1	5	17	5	158	205	203
Crédits à court terme	1	0	5	0	0	28	13	9
Crédits à long terme	1	0	0	16	5	130	192	194
Actions et parts de fonds d'investissement	133	172	237	288	390	620	802	908
Systèmes d'assurance, de pensions et garanties standard	0	0	0	0	0	0	0	0
Produits financiers dérivés et options sur titres des salariés	0	0	0	0	0	1	3	4
Autres comptes à payer	0	2	2	8	5	36	26	25
Actifs non financiers	0	4	4	19	47	289	319	324
Fonds d'investissement non monéaires à capital variable								
Valeur nette financière	..	0	0	0	-3	-89	-97	-86
Actifs financiers	..	128	155	160	180	176	242	212
Numéraire et dépôts	..	4	22	26	31	36	42	29

Tableau 2. Actifs et passifs financiers des fonds d'investissement *(suite)*

Millions EUR

	2011	2012	2013	2014	2015	2016	2017	2018
Titres de dette	..	16	24	24	21	34	62	66
Crédits	..	0	0	0	0	0	14	26
Actions et parts de fonds d'investissement	..	107	109	110	126	99	117	88
Actions	..	40	44	47	61	85	99	73
Parts de fonds d'investissement	..	68	65	63	65	14	18	14
Parts de fonds d'investissement monétaires	..	0	0	1	0	0	0	0
Parts de fonds d'investissement non monétaires	..	68	65	62	65	14	18	14
Systèmes d'assurance, de pensions et garanties standard	..	..	..	..	..	..	..	..
Produits financiers dérivés et options sur titres des salariés	..	0	0	0	0	0	2	0
Autres comptes à recevoir	..	0	0	0	1	6	5	2
Passifs financiers	..	128	155	160	183	265	339	298
Titres de dette	..	0	0	0	0	0	0	0
Titres de dette à court terme	..	..	..	..	..	..	..	..
Titres de dette à long terme	..	..	..	..	..	..	..	..
Crédits	..	0	0	0	0	42	43	38
Crédits à court terme	..	0	0	0	0	7	3	2
Crédits à long terme	..	0	0	0	0	35	40	36
Actions et parts de fonds d'investissement	..	126	154	159	181	211	277	253
Systèmes d'assurance, de pensions et garanties standard	..	..	..	..	..	..	..	..
Produits financiers dérivés et options sur titres des salariés	..	0	0	0	0	1	0	1
Autres comptes à payer	..	2	1	0	2	10	19	7
Actifs non financiers	..	0	0	0	3	89	98	88
Fonds d'investissement à capital variable								
Valeur nette financière	0	..	0	0	-3	-89	-97	-86
Actifs financiers	129	..	155	160	180	176	242	212
Numéraire et dépôts	10	..	22	26	31	36	42	29
Titres de dette	24	..	24	24	21	34	62	66
Crédits	0	..	0	0	0	0	14	26
Actions et parts de fonds d'investissement	95	..	109	110	126	99	117	88
Actions	32	..	44	47	61	85	99	73
Parts de fonds d'investissement	63	..	65	63	65	14	18	14
Parts de fonds d'investissement monétaires	0	..	0	1	0	0	0	0
Parts de fonds d'investissement non monétaires	63	..	65	62	65	14	18	14
Systèmes d'assurance, de pensions et garanties standard	..	..	..	..	..	..	..	..
Produits financiers dérivés et options sur titres des salariés	0	..	0	0	0	0	2	0
Autres comptes à recevoir	0	..	0	0	1	6	5	2
Passifs financiers	129	..	155	160	183	265	339	298
Titres de dette	0	..	0	0	0	0	0	0
Titres de dette à court terme	..	..	..	..	..	..	..	..
Titres de dette à long terme	..	..	..	..	..	..	..	..
Crédits	2	..	0	0	0	42	43	38
Crédits à court terme	1	..	0	0	0	7	3	2
Crédits à long terme	1	..	0	0	0	35	40	36
Actions et parts de fonds d'investissement	126	..	154	159	181	211	277	253
Systèmes d'assurance, de pensions et garanties standard	..	..	..	..	..	..	..	..
Produits financiers dérivés et options sur titres des salariés	0	..	0	0	0	1	0	1
Autres comptes à payer	0	..	1	0	2	10	19	7
Actifs non financiers	0	..	0	0	3	89	98	88

Note : Voir les métadonnées détaillées sur : *http://metalinks.oecd.org/instinv/20190923/fbb2*

LITHUANIALITUANIE

Tableau 3. Actifs et passifs financiers des sociétés d'assurance et fonds de pension

Millions EUR

	2011	2012	2013	2014	2015	2016	2017	2018
Sociétés d'assurance et fonds de pension								
Valeur nette financière	-39	-12	-52	13	26	-48	-50	-61
Actifs financiers	2 027	2 343	2 507	3 089	3 513	4 312	4 899	5 333
Numéraire et dépôts	123	139	107	206	293	339	241	341
Titres de dette	902	1 015	1 079	1 277	1 480	1 771	2 001	2 229
Crédits	1	2	3	4	1	6	6	10
Actions et parts de fonds d'investissement	884	1 067	1 203	1 476	1 601	2 080	2 515	2 594
Actions	20	19	27	25	23	38	53	62
Parts de fonds d'investissement	864	1 048	1 176	1 451	1 577	2 042	2 462	2 532
Parts de fonds d'investissement monétaires	5	2	1	5	1	8	5	2
Parts de fonds d'investissement non monétaires	859	1 046	1 175	1 446	1 576	2 034	2 456	2 529
Systèmes d'assurance, de pensions et garanties standard	15	16	16	16	18	29	44	49
Produits financiers dérivés et options sur titres des salariés	0	0	0	0	0	0	0	0
Autres comptes à recevoir	101	103	98	109	120	87	92	110
Passifs financiers	2 066	2 355	2 559	3 076	3 487	4 359	4 948	5 394
Titres de dette	0	0	0	0	0	0	0	0
Titres de dette à court terme	0	0	0	0	0	0	0	0
Titres de dette à long terme	0	0	0	0	0	0	0	0
Crédits	7	9	14	62	83	43	36	52
Crédits à court terme	0	0	0	0	13	20	16	22
Crédits à long terme	7	9	14	62	70	23	20	29
Actions et parts de fonds d'investissement	184	192	175	209	197	502	565	616
Systèmes d'assurance, de pensions et garanties standard	1 816	2 094	2 303	2 732	3 121	3 703	4 225	4 560
Produits financiers dérivés et options sur titres des salariés	1	0	0	1	1	5	0	0
Autres comptes à payer	59	58	67	71	85	107	121	167
Actifs non financiers	..	..	..	..	..	..	..	..
Sociétés d'assurance								
Valeur nette financière	-39	-12	-52	13	26	-48	-50	-61
Actifs financiers	817	919	890	1 170	1 327	1 736	1 885	2 059
Numéraire et dépôts	44	85	56	88	89	107	93	105
Titres de dette	449	463	439	547	601	813	857	999
Crédits	1	2	3	4	1	6	6	10
Actions et parts de fonds d'investissement	207	251	279	410	499	695	792	787
Actions	7	7	9	10	9	26	32	35
Parts de fonds d'investissement	200	244	270	400	490	668	761	752
Parts de fonds d'investissement monétaires	5	2	1	1	1	8	5	2
Parts de fonds d'investissement non monétaires	195	243	269	398	489	661	755	749
Systèmes d'assurance, de pensions et garanties standard	15	16	16	16	18	29	44	49
Produits financiers dérivés et options sur titres des salariés	0	0	0	0	0	0	0	0
Autres comptes à recevoir	101	101	96	105	119	87	92	110
Passifs financiers	856	930	942	1 157	1 301	1 783	1 934	2 120
Titres de dette	0	0	0	0	0	0	0	0
Titres de dette à court terme	0	0	0	0	0	0	0	0
Titres de dette à long terme	0	0	0	0	0	0	0	0
Crédits	7	9	14	62	83	43	36	52
Crédits à court terme	0	0	0	0	13	20	16	22
Crédits à long terme	7	9	14	62	70	23	20	29
Actions et parts de fonds d'investissement	184	192	175	209	197	502	565	616
Systèmes d'assurance, de pensions et garanties standard	608	672	693	818	942	1 130	1 211	1 286
Produits financiers dérivés et options sur titres des salariés	1	0	0	1	1	2	0	0
Autres comptes à payer	57	56	60	67	78	107	121	167
Actifs non financiers	..	..	..	..	..	..	..	..
Fonds de pension								
Valeur nette financière	0	0	0	0	0	0	0	0
Actifs financiers	1 210	1 424	1 617	1 918	2 186	2 576	3 014	3 274
Numéraire et dépôts	79	55	51	118	204	233	148	236
Titres de dette	453	552	641	730	879	958	1 143	1 230
Crédits	0	0	0	0	0	0	0	0
Actions et parts de fonds d'investissement	677	816	923	1 066	1 101	1 385	1 723	1 807
Actions	13	12	17	15	14	12	21	27
Parts de fonds d'investissement	664	804	906	1 051	1 087	1 374	1 701	1 780
Parts de fonds d'investissement monétaires	0	0	0	4	0	0	0	0
Parts de fonds d'investissement non monétaires	664	804	906	1 047	1 087	1 374	1 701	1 780
Systèmes d'assurance, de pensions et garanties standard	0	0	0	0	0	0	0	0
Produits financiers dérivés et options sur titres des salariés	0	0	0	0	0	0	0	0
Autres comptes à recevoir	0	1	2	4	2	0	0	0
Passifs financiers	1 210	1 424	1 617	1 918	2 186	2 576	3 014	3 274
Titres de dette	0	0	0	0	0	0	0	0
Titres de dette à court terme	0	0	0	0	0	0	0	0
Titres de dette à long terme	0	0	0	0	0	0	0	0
Crédits	0	0	0	0	0	0	0	0
Crédits à court terme	0	0	0	0	0	0	0	0
Crédits à long terme	0	0	0	0	0	0	0	0
Actions et parts de fonds d'investissement	0	0	0	0	0	0	0	0
Systèmes d'assurance, de pensions et garanties standard	1 207	1 422	1 609	1 914	2 179	2 573	3 014	3 274
Produits financiers dérivés et options sur titres des salariés	0	0	0	1	0	3	0	0
Autres comptes à payer	2	2	8	3	6	0	0	0
Actifs non financiers	..	..	..	..	..	..	..	..

Note : Voir les métadonnées détaillées sur : *http://metalinks.oecd.org/instinv/20190923/fbb2*

Tableau 4. Composition du portefeuille par type d'investisseur

En pourcentage des actifs financiers et des passifs financiers

Pour cent

	2011	2012	2013	2014	2015	2016	2017	2018
Fonds d'investissement								
Actifs financiers	100.0	100.0	100.0	100.0	100.0	100.0	100.0	100.0
Numéraire et dépôts	6.7	6.1	11.1	13.2	12.5	16.5	9.9	8.6
Titres de dettes	22.7	23.3	33.5	33.3	32.0	30.2	27.8	28.5
Crédits	0.2	0.7	1.7	3.7	3.2	2.1	14.5	14.8
Actions et parts de fonds d'investissement	70.2	69.4	53.5	48.5	50.3	43.9	45.5	45.9
Systèmes d'assurance de pensions et garanties standard	0.0	0.0	0.0	0.0	0.0	0.0	0.0	0.0
Produits financiers dérivés et options sur titres des salariés	0.1	0.1	0.1	0.0	0.3	0.2	0.7	0.4
Autres comptes à recevoir	0.1	0.3	0.1	1.4	1.7	7.0	1.7	1.8
Passifs financiers	100.0	100.0	100.0	100.0	100.0	100.0	100.0	100.0
Numéraire et dépôts	0.0	0.0	0.0	0.0	0.0	0.0	0.0	0.0
Titres de dettes	0.0	0.0	0.0	0.0	0.0	0.3	0.2	0.2
Crédits	1.2	0.3	2.0	5.3	1.3	19.3	19.7	17.8
Actions et parts de fonds d'investissement	98.2	98.6	97.1	91.9	97.3	75.8	77.2	79.6
Systèmes d'assurance de pensions et garanties standard	0.0	0.0	0.0	0.0	0.0	0.0	0.0	0.0
Produits financiers dérivés et options sur titres des salariés	0.3	0.0	0.0	0.1	0.1	0.2	0.3	0.3
Autres comptes à recevoir	0.3	1.1	0.9	2.7	1.2	4.4	2.5	2.2
Sociétés d'assurance								
Actifs financiers	100.0	100.0	100.0	100.0	100.0	100.0	100.0	100.0
Numéraire et dépôts	5.4	9.2	6.3	7.5	6.7	6.1	5.0	5.1
Titres de dettes	54.9	50.4	49.3	46.7	45.3	46.8	45.5	48.5
Crédits	0.2	0.2	0.3	0.3	0.1	0.3	0.3	0.5
Actions et parts de fonds d'investissement	25.3	27.3	31.4	35.0	37.6	40.0	42.0	38.2
Systèmes d'assurance de pensions et garanties standard	1.9	1.8	1.8	1.4	1.4	1.6	2.3	2.4
Produits financiers dérivés et options sur titres des salariés	0.0	0.0	0.0	0.0	0.0	0.0	0.0	0.0
Autres comptes à recevoir	12.3	11.0	10.8	9.0	8.9	5.0	4.9	5.3
Passifs financiers	100.0	100.0	100.0	100.0	100.0	100.0	100.0	100.0
Numéraire et dépôts	0.0	0.0	0.0	0.0	0.0	0.0	0.0	0.0
Titres de dettes	0.0	0.0	0.0	0.0	0.0	0.0	0.0	0.0
Crédits	0.8	1.0	1.5	5.4	6.4	2.4	1.9	2.4
Actions et parts de fonds d'investissement	21.4	20.7	18.6	18.1	15.1	28.1	29.2	29.1
Systèmes d'assurance de pensions et garanties standard	71.0	72.3	73.6	70.7	72.4	63.4	62.6	60.6
Produits financiers dérivés et options sur titres des salariés	0.1	0.0	0.0	0.0	0.0	0.1	0.0	0.0
Autres comptes à recevoir	6.6	6.0	6.3	5.8	6.0	6.0	6.3	7.9
Fonds de pension								
Actifs financiers	100.0	100.0	100.0	100.0	100.0	100.0	100.0	100.0
Numéraire et dépôts	6.5	3.8	3.2	6.2	9.3	9.0	4.9	7.2
Titres de dettes	37.5	38.8	39.6	38.0	40.2	37.2	37.9	37.6
Crédits	0.0	0.0	0.0	0.0	0.0	0.0	0.0	0.0
Actions et parts de fonds d'investissement	56.0	57.3	57.1	55.6	50.4	53.8	57.2	55.2
Systèmes d'assurance de pensions et garanties standard	0.0	0.0	0.0	0.0	0.0	0.0	0.0	0.0
Produits financiers dérivés et options sur titres des salariés	0.0	0.0	0.0	0.0	0.0	0.0	0.0	0.0
Autres comptes à recevoir	0.0	0.1	0.1	0.2	0.1	0.0	0.0	0.0
Passifs financiers	100.0	100.0	100.0	100.0	100.0	100.0	100.0	100.0
Numéraire et dépôts	0.0	0.0	0.0	0.0	0.0	0.0	0.0	0.0
Titres de dettes	0.0	0.0	0.0	0.0	0.0	0.0	0.0	0.0
Crédits	0.0	0.0	0.0	0.0	0.0	0.0	0.0	0.0
Actions et parts de fonds d'investissement	0.0	0.0	0.0	0.0	0.0	0.0	0.0	0.0
Systèmes d'assurance de pensions et garanties standard	99.8	99.8	99.5	99.8	99.7	99.9	100.0	100.0
Produits financiers dérivés et options sur titres des salariés	0.0	0.0	0.0	0.0	0.0	0.1	0.0	0.0
Autres comptes à recevoir	0.2	0.2	0.5	0.2	0.3	0.0	0.0	0.0

Note : Voir les métadonnées détaillées sur : *http://metalinks.oecd.org/instinv/20190923/2704*

Tableau 1. Actifs et passifs financiers des investisseurs institutionnels, 2018

Millions EUR (1999 LUF euro)

	Fonds d'investissement				
	Total	Fonds d'investissement non-monétaire			Fonds d'investissement monétaires
		Total	Fonds d'investissement à capital variable, non monétaire	Fonds d'investissement à capital fixe, non monétaire	Total
Actifs financiers	4 503 999	4 195 330	4 077 185	118 145	308 669
Numéraire et dépôts	350 121	264 619	249 681	14 938	85 502
Titres de dette	1 874 002	1 655 382	1 637 405	17 977	218 620
Titres de dette à court terme	280 694	129 725	129 641	84	150 969
Titres de dette à long terme	1 593 307	1 525 657	1 507 764	17 893	67 651
Titres de dette émis par les résidents	79 001	73 837	60 595	13 243	5 163
Titres de dette émis par les non-résidents	1 795 001	1 581 545	1 576 810	4 735	213 456
Crédits	0	0	0	0	0
Crédits à court terme	0	0	0	0	0
Crédits à long terme	0	0	0	0	0
Crédits accordés aux résidents	0	0	0	0	0
Crédits accordés aux non-résidents	0	0	0	0	0
Actions et parts de fonds d'investissement	1 967 621	1 966 268	1 886 285	79 983	1 353
Actions et parts de fonds d'investissements émises par les résidents	345 761	345 498	311 688	33 810	263
Actions et part de fonds d'investissements émises par les non-résidents	1 621 860	1 620 770	1 574 597	46 173	1 090
Autres comptes à recevoir	115 184	112 370	107 827	4 543	2 814

	Fonds d'investissement				
	Total	Fonds d'investissement non-monétaire			Fonds d'investissement monétaires
		Total	Fonds d'investissement à capital variable, non monétaire	Fonds d'investissement à capital fixe, non monétaire	Total
Pasifs financiers	4 520 450	4 211 781	4 093 331	118 450	308 669
Numéraire et dépôts	0	0	0	0	0
Titres de dette	900	900	900	0	0
Titres de dette à court terme	0	0	0	0	0
Titres de dette à long terme	900	900	900	0	0
Crédits	75 587	75 303	64 208	11 095	285
Crédits à court terme	62 497	62 212	54 062	8 150	285
Crédits à long terme	13 091	13 091	10 146	2 945	0
Actions et parts de fonds d'investissement	4 133 984	3 832 602	3 729 269	103 333	301 382
Systèmes d'assurance, de pensions et garanties standard	0	0	0	0	0
Produits financiers dérivés et options sur titres des salariés	182 768	182 402	182 334	68	366
Autres comptes à payer	127 210	120 574	116 621	3 954	6 636

	Sociétés d'assurance et fonds de pension autonomes				
	Total	Sociétés d'assurance			Fonds de pension autonomes
		Total	Sociétés d'assurance vie	Sociétés d'assurance non-vie	Total
Actifs financiers	205 171	203 103	174 624	28 480	2 067
Numéraire et dépôts	19 819	19 723	16 634	3 089	96
Titres de dette	44 247	43 519	35 273	8 247	727
Titres de dette à court terme	619	619	366	253	0
Titres de dette à long terme	43 627	42 900	34 906	7 994	727
Titres de dette émis par les résidents	3 589	3 271	2 855	416	318
Titres de dette émis par les non-résidents	40 657	40 248	32 417	7 831	409
Crédits	4 837	4 836	369	4 468	1
Crédits à court terme	3 955	3 954	2	3 953	1
Crédits à long terme	882	882	367	515	0
Crédits accordés aux résidents	1 757	1 756	116	1 639	1
Crédits accordés aux non-résidents	3 081	3 081	252	2 828	0
Actions et parts de fonds d'investissement	103 151	101 958	94 734	7 224	1 193
Actions et parts de fonds d'investissement émises par les résidents	45 450	44 493	39 907	4 586	957
Actions et parts de fonds d'investissement émises par les non-résidents	57 701	57 465	54 827	2 638	236
Autrescomptes à recevoir	10 097	10 047	6 697	3 350	50

	Sociétés d'assurance et fonds de pension autonomes				
	Total	Sociétés d'assurance			Fonds de pension autonomes
		Total	Sociétés d'assurance vie	Sociétés d'assurance non-vie	Total
Pasifs financiers	205 499	203 432	174 732	28 699	2 067
Numéraire et dépôts	0	0	0	0	0
Titres de dette	407	407	405	3	0
Titres de dette à court terme	0	0	0	0	0
Titres de dette à long terme	407	407	405	3	0
Crédits	890	890	481	410	0
Crédits à court terme	890	890	481	410	0
Crédits à long terme	0	0	0	0	0
Actions et parts de fonds d'investissement	5 221	5 221	2 071	3 150	0
Systèmes d'assurance, de pensions et garanties standard	182 092	180 048	166 088	13 960	2 044
Produits financiers dérivés et options sur titres des salariés	405	405	405	0	0
Autres comptes à payer	16 484	16 460	5 283	11 177	24

Note : Voir les métadonnées détaillées sur : *http://metalinks.oecd.org/instinv/20190923/851d*

Tableau 2. Actifs et passifs financiers des fonds d'investissement

Millions EUR

	2011	2012	2013	2014	2015	2016	2017	2018
Fonds d'investissement								
Valeur nette financière	-7 799	-7 776	-8 065	-10 635	-9 625	-10 669	-11 487	-16 451
Actifs financiers	2 361 149	2 650 942	2 921 807	3 382 462	3 842 682	4 103 160	4 544 987	4 503 999
Numéraire et dépôts	216 250	204 793	230 406	266 209	264 672	302 592	330 709	350 121
Titres de dette	1 004 787	1 175 833	1 206 105	1 456 845	1 607 171	1 739 892	1 863 858	1 874 002
Crédits	0	0	0	0	0	0	0	0
Actions et parts de fonds d'investissement	871 707	993 919	1 196 586	1 457 488	1 702 484	1 781 551	2 043 413	1 967 621
Actions	635 878	724 696	876 831	1 060 511	1 236 958	1 287 062	1 501 267	1 441 808
Parts de fonds d'investissement	235 829	269 223	319 755	396 976	465 526	494 489	542 145	525 812
Parts de fonds d'investissement monétaires	23 391	11 651	17 142	22 095	35 933	35 495	39 543	45 869
Parts de fonds d'investissement non monétaires	212 438	257 572	302 614	374 881	429 593	458 994	502 602	479 944
Systèmes d'assurance, de pensions et garanties standard	0	0	0	0	0	0	0	0
Produits financiers dérivés et options sur titres des salariés	192 169	190 826	203 777	106 787	167 450	187 760	205 093	197 071
Autres comptes à recevoir	76 236	85 572	84 933	95 134	100 905	91 366	101 915	115 184
Passifs financiers	2 368 949	2 658 718	2 929 872	3 393 098	3 852 307	4 113 828	4 556 474	4 520 450
Titres de dette	1 691	1 582	2 449	3 307	3 441	3 416	905	900
Titres de dette à court terme	0	0	0	0	0	0	0	0
Titres de dette à long terme	1 691	1 582	2 449	3 307	3 441	3 416	905	900
Crédits	27 744	30 116	48 442	60 753	49 961	59 528	60 153	75 587
Crédits à court terme	24 599	27 255	45 167	57 791	43 938	51 343	53 413	62 497
Crédits à long terme	3 145	2 861	3 275	2 962	6 022	8 185	6 740	13 091
Actions et parts de fonds d'investissement	2 106 445	2 397 513	2 627 253	3 139 510	3 550 911	3 769 855	4 192 552	4 133 984
Systèmes d'assurance, de pensions et garanties standard	0	0	0	0	0	0	0	0
Produits financiers dérivés et options sur titres des salariés	148 761	142 402	161 744	72 126	147 634	168 168	177 866	182 768
Autres comptes à payer	84 306	87 103	89 984	117 402	100 360	112 860	124 997	127 210
Actifs non financiers	7 799	7 776	8 065	10 635	9 625	10 669	11 487	16 451
Fonds d'investissement monéaires								
Valeur nette financière	0	0	0	0	0	0	0	0
Actifs financiers	305 900	224 286	198 793	224 106	255 868	292 776	291 616	308 669
Numéraire et dépôts	75 450	52 086	43 604	34 788	41 610	60 567	65 637	85 502
Titres de dette	223 421	167 631	149 345	182 398	206 532	223 072	217 724	218 620
Crédits	0	0	0	0	0	0	0	0
Actions et parts de fonds d'investissement	858	647	3 555	4 152	5 151	6 482	5 480	1 353
Actions	20	0	5	0	0	0	0	0
Parts de fonds d'investissement	838	647	3 550	4 152	5 151	6 482	5 480	1 353
Parts de fonds d'investissement monétaires	782	549	3 547	4 152	5 151	6 474	5 472	1 353
Parts de fonds d'investissement non monétaires	56	98	3	0	0	7	7	0
Systèmes d'assurance, de pensions et garanties standard	0	0	0	0	0	0	0	0
Produits financiers dérivés et options sur titres des salariés	821	28	25	53	114	466	481	380
Autres comptes à recevoir	5 350	3 894	2 264	2 715	2 461	2 189	2 294	2 814
Passifs financiers	305 900	224 286	198 793	224 106	255 868	292 776	291 616	308 669
Titres de dette	0	0	0	0	0	0	0	0
Titres de dette à court terme	0	0	0	0	0	0	0	0
Titres de dette à long terme	0	0	0	0	0	0	0	0
Crédits	957	67	594	532	522	681	1 474	285
Crédits à court terme	957	67	594	532	522	681	1 474	285
Crédits à long terme	0	0	0	0	0	0	0	0
Actions et parts de fonds d'investissement	298 168	220 251	194 787	213 987	251 545	288 128	284 772	301 382
Systèmes d'assurance, de pensions et garanties standard	0	0	0	0	0	0	0	0
Produits financiers dérivés et options sur titres des salariés	845	32	5	12	98	316	504	366
Autres comptes à payer	5 930	3 937	3 407	9 574	3 703	3 651	4 866	6 636
Actifs non financiers	0	0	0	0	0	0	0	0
Fonds d'investissement non monéaires								
Valeur nette financière	-7 799	-7 776	-8 065	-10 635	-9 625	-10 669	-11 487	-16 451
Actifs financiers	2 055 249	2 426 656	2 723 014	3 158 356	3 586 815	3 810 384	4 253 371	4 195 330
Numéraire et dépôts	140 800	152 707	186 802	231 420	223 062	242 026	265 071	264 619
Titres de dette	781 366	1 008 202	1 056 760	1 274 447	1 400 639	1 516 819	1 646 134	1 655 382
Crédits	0	0	0	0	0	0	0	0
Actions et parts de fonds d'investissement	870 849	993 272	1 193 031	1 453 336	1 697 333	1 775 069	2 037 933	1 966 268
Actions	635 858	724 696	876 826	1 060 511	1 236 958	1 287 062	1 501 267	1 441 808
Parts de fonds d'investissement	234 991	268 576	316 205	392 825	460 375	488 007	536 665	524 459
Parts de fonds d'investissement monétaires	22 609	11 101	13 595	17 943	30 782	29 021	34 070	44 516
Parts de fonds d'investissement non monétaires	212 382	257 474	302 610	374 881	429 593	458 986	502 595	479 943
Systèmes d'assurance, de pensions et garanties standard	0	0	0	0	0	0	0	0
Produits financiers dérivés et options sur titres des salariés	191 347	190 798	203 752	106 733	167 336	187 293	204 612	196 690
Autres comptes à recevoir	70 887	81 678	82 669	92 420	98 444	89 177	99 621	112 370
Passifs financiers	2 063 048	2 434 432	2 731 079	3 168 992	3 596 439	3 821 052	4 264 858	4 211 781
Titres de dette	1 691	1 582	2 449	3 307	3 441	3 416	905	900
Titres de dette à court terme	0	0	0	0	0	0	0	0
Titres de dette à long terme	1 691	1 582	2 449	3 307	3 441	3 416	905	900
Crédits	26 787	30 050	47 848	60 221	49 438	58 847	58 679	75 303
Crédits à court terme	23 642	27 188	44 573	57 258	43 416	50 662	51 939	62 212
Crédits à long terme	3 145	2 861	3 275	2 962	6 022	8 185	6 740	13 091
Actions et parts de fonds d'investissement	1 808 277	2 177 262	2 432 465	2 925 523	3 299 367	3 481 727	3 907 780	3 832 602
Systèmes d'assurance, de pensions et garanties standard	0	0	0	0	0	0	0	0
Produits financiers dérivés et options sur titres des salariés	147 917	142 371	161 739	72 114	147 537	167 852	177 361	182 402
Autres comptes à payer	78 376	83 167	86 577	107 828	96 657	109 209	120 132	120 574
Actifs non financiers	7 799	7 776	8 065	10 635	9 625	10 669	11 487	16 451
Fonds d'investissement non monéaires à capital variable								
Valeur nette financière	-7 691	-7 755	-8 037	-9 457	-9 106	-10 386	-11 270	-16 146
Actifs financiers	2 042 949	2 412 370	2 706 977	3 102 438	3 521 088	3 735 652	4 169 570	4 077 185
Numéraire et dépôts	138 057	149 686	184 463	223 656	215 732	231 912	254 095	249 681

Tableau 2. Actifs et passifs financiers des fonds d'investissement *(suite)*

Millions EUR

	2011	2012	2013	2014	2015	2016	2017	2018
Titres de dette	779 035	1 005 479	1 054 245	1 267 773	1 392 108	1 507 695	1 636 389	1 637 405
Crédits	0	0	0	0	0	0	0	0
Actions et parts de fonds d'investissement	864 252	985 877	1 183 723	1 415 903	1 652 402	1 724 429	1 980 348	1 886 285
Actions	630 959	719 214	870 545	1 038 983	1 212 112	1 256 129	1 464 794	1 389 580
Parts de fonds d'investissement	233 293	266 663	313 179	376 920	440 290	468 299	515 555	496 705
Parts de fonds d'investissement monétaires	22 537	11 032	13 594	17 937	30 770	28 973	33 945	44 419
Parts de fonds d'investissement non monétaires	210 756	255 631	299 585	358 983	409 520	439 326	481 610	452 287
Systèmes d'assurance, de pensions et garanties standard	0	0	0	0	0	0	0	0
Produits financiers dérivés et options sur titres des salariés	191 339	190 796	203 752	106 446	166 663	186 774	204 047	195 986
Autres comptes à recevoir	70 267	80 531	80 794	88 660	94 182	84 842	94 691	107 827
Passifs financiers	2 050 640	2 420 124	2 715 014	3 111 895	3 530 195	3 746 038	4 180 840	4 093 331
Titres de dette	1 691	1 582	2 449	3 277	3 258	3 333	905	900
Titres de dette à court terme	0	0	0	0	0	0	0	0
Titres de dette à long terme	1 691	1 582	2 449	3 277	3 258	3 333	905	900
Crédits	26 437	29 135	47 282	58 223	46 573	55 869	53 975	64 208
Crédits à court terme	23 598	27 129	44 535	56 418	41 742	48 821	48 547	54 062
Crédits à long terme	2 839	2 006	2 747	1 805	4 831	7 048	5 429	10 146
Actions et parts de fonds d'investissement	1 796 830	2 164 687	2 417 568	2 872 905	3 239 152	3 413 616	3 832 150	3 729 269
Systèmes d'assurance, de pensions et garanties standard	0	0	0	0	0	0	0	0
Produits financiers dérivés et options sur titres des salariés	147 887	142 352	161 739	72 081	147 517	167 739	177 310	182 334
Autres comptes à payer	77 795	82 368	85 976	105 409	93 695	105 482	116 500	116 621
Actifs non financiers	7 691	7 755	8 037	9 457	9 106	10 386	11 270	16 146
Fonds d'investissement à capital variable								
Valeur nette financière	-7 691	-7 755	-8 037	-9 457	-9 106	-10 386	-11 270	-16 146
Actifs financiers	2 348 850	2 636 655	2 905 770	3 326 544	3 776 956	4 028 428	4 461 186	4 385 854
Numéraire et dépôts	213 507	201 772	228 067	258 444	257 343	292 479	319 732	335 183
Titres de dette	1 002 456	1 173 110	1 203 590	1 450 171	1 598 640	1 730 767	1 854 113	1 856 025
Crédits	0	0	0	0	0	0	0	0
Actions et parts de fonds d'investissement	865 111	986 524	1 187 279	1 420 055	1 657 553	1 730 910	1 985 828	1 887 638
Actions	630 980	719 214	870 550	1 038 983	1 212 112	1 256 129	1 464 794	1 389 580
Parts de fonds d'investissement	234 131	267 310	316 729	381 071	445 441	474 781	521 034	498 058
Parts de fonds d'investissement monétaires	23 319	11 581	17 140	22 089	35 921	35 447	39 417	45 771
Parts de fonds d'investissement non monétaires	210 812	255 729	299 589	358 983	409 520	439 334	481 617	452 287
Systèmes d'assurance, de pensions et garanties standard	0	0	0	0	0	0	0	0
Produits financiers dérivés et options sur titres des salariés	192 160	190 824	203 776	106 499	166 778	187 241	204 528	196 367
Autres comptes à recevoir	75 616	84 425	83 058	91 374	96 643	87 031	96 985	110 641
Passifs financiers	2 356 541	2 644 410	2 913 807	3 336 001	3 786 063	4 038 814	4 472 456	4 402 000
Titres de dette	1 691	1 582	2 449	3 277	3 258	3 333	905	900
Titres de dette à court terme	0	0	0	0	0	0	0	0
Titres de dette à long terme	1 691	1 582	2 449	3 277	3 258	3 333	905	900
Crédits	27 394	29 202	47 876	58 756	47 095	56 550	55 449	64 493
Crédits à court terme	24 555	27 196	45 129	56 951	42 264	49 502	50 020	54 347
Crédits à long terme	2 839	2 006	2 747	1 805	4 831	7 048	5 429	10 146
Actions et parts de fonds d'investissement	2 094 998	2 384 938	2 612 355	3 086 891	3 490 697	3 701 744	4 116 923	4 030 651
Systèmes d'assurance, de pensions et garanties standard	0	0	0	0	0	0	0	0
Produits financiers dérivés et options sur titres des salariés	148 732	142 383	161 744	72 094	147 615	168 055	177 814	182 700
Autres comptes à payer	83 726	86 305	89 383	114 983	97 399	109 133	121 365	123 256
Actifs non financiers	7 691	7 755	8 037	9 457	9 106	10 386	11 270	16 146

Note : Voir les métadonnées détaillées sur : *http://metalinks.oecd.org/instinv/20190923/851d*

LUXEMBOURGLUXEMBOURG

Tableau 3. Actifs et passifs financiers des sociétés d'assurance et fonds de pension

Millions EUR

	2011	2012	2013	2014	2015	2016	2017	2018
Sociétés d'assurance et fonds de pension								
Valeur nette financière	626	913	880	2 094	-174	-240	-253	-328
Actifs financiers	123 153	135 052	143 835	164 411	177 762	187 668	192 810	205 171
Numéraire et dépôts	10 830	11 748	12 210	12 993	15 501	15 526	15 421	19 819
Titres de dette	37 256	40 096	39 994	44 641	40 584	42 041	41 482	44 247
Crédits	1 786	2 076	1 739	1 982	9 518	10 944	4 775	4 837
Actions et parts de fonds d'investissement	55 832	62 269	67 364	77 162	88 319	93 308	102 885	103 151
Actions	12 653	12 925	14 308	13 820	16 955	18 335	18 294	19 064
Parts de fonds d'investissement	43 178	49 343	53 056	63 343	71 365	74 972	84 591	84 087
Parts de fonds d'investissement monétaires	5 500	3 968	3 087	3 602	3 877	4 175	4 081	5 222
Parts de fonds d'investissement non monétaires	37 679	45 375	49 969	59 740	67 488	70 798	80 510	78 865
Systèmes d'assurance, de pensions et garanties standard	16 312	17 514	21 250	26 212	18 276	18 508	20 181	22 280
Produits financiers dérivés et options sur titres des salariés	0	0	0	0	333	280	496	740
Autres comptes à recevoir	1 137	1 350	1 279	1 421	5 230	7 060	7 570	10 097
Passifs financiers	122 527	134 139	142 955	162 317	177 936	187 907	193 064	205 499
Titres de dette	6	6	3	3	313	387	355	407
Titres de dette à court terme	0	0	0	0	0	0	0	0
Titres de dette à long terme	6	6	3	3	313	387	355	407
Crédits	8 729	6 204	6 284	7 764	7 460	8 258	889	890
Crédits à court terme	8 655	6 152	6 231	7 702	7 460	8 258	889	890
Crédits à long terme	75	52	53	62	0	0	0	0
Actions et parts de fonds d'investissement	10 416	10 635	9 506	10 170	5 400	5 147	5 060	5 221
Systèmes d'assurance, de pensions et garanties standard	102 714	116 546	126 414	143 409	148 978	158 807	170 749	182 092
Produits financiers dérivés et options sur titres des salariés	0	0	0	0	55	107	243	405
Autres comptes à payer	662	748	747	971	15 731	15 200	15 767	16 484
Actifs non financiers	291	230	235	335	179	240	254	328
Sociétés d'assurance								
Valeur nette financière	626	913	880	2 093	-179	-240	-254	-328
Actifs financiers	122 184	133 963	142 654	162 648	175 925	185 729	190 796	203 103
Numéraire et dépôts	10 789	11 707	12 164	12 909	15 431	15 488	15 354	19 723
Titres de dette	36 752	39 554	39 419	43 868	39 827	41 277	40 737	43 519
Crédits	1 784	2 075	1 737	1 981	9 517	10 943	4 774	4 836
Actions et parts de fonds d'investissement	55 425	61 776	66 820	76 274	87 352	92 207	101 734	101 958
Actions	12 652	12 924	14 260	13 820	16 955	18 322	18 273	19 042
Parts de fonds d'investissement	42 772	48 852	52 560	62 454	70 397	73 885	83 461	82 916
Parts de fonds d'investissement monétaires	5 448	3 929	3 058	3 552	3 816	4 157	4 053	5 096
Parts de fonds d'investissement non monétaires	37 324	44 923	49 502	58 902	66 581	69 728	79 409	77 820
Systèmes d'assurance, de pensions et garanties standard	16 312	17 514	21 250	26 212	18 276	18 508	20 181	22 280
Produits financiers dérivés et options sur titres des salariés	0	0	0	0	333	280	496	740
Autres comptes à recevoir	1 122	1 338	1 264	1 405	5 189	7 026	7 520	10 047
Passifs financiers	121 558	133 050	141 775	160 554	176 104	185 969	191 049	203 432
Titres de dette	6	6	3	3	313	387	355	407
Titres de dette à court terme	0	0	0	0	0	0	0	0
Titres de dette à long terme	6	6	3	3	313	387	355	407
Crédits	8 729	6 204	6 284	7 764	7 460	8 258	889	890
Crédits à court terme	8 655	6 152	6 231	7 702	7 460	8 258	889	890
Crédits à long terme	75	52	53	62	0	0	0	0
Actions et parts de fonds d'investissement	10 416	10 635	9 506	10 170	5 400	5 147	5 060	5 221
Systèmes d'assurance, de pensions et garanties standard	101 753	115 462	125 241	141 689	147 174	156 894	168 758	180 048
Produits financiers dérivés et options sur titres des salariés	0	0	0	0	55	107	243	405
Autres comptes à payer	654	743	740	928	15 703	15 175	15 744	16 460
Actifs non financiers	291	230	235	335	179	240	254	328
Fonds de pension								
Valeur nette financière	0	0	0	0	5	0	0	0
Actifs financiers	969	1 089	1 181	1 763	1 837	1 939	2 015	2 067
Numéraire et dépôts	41	41	46	84	70	38	67	96
Titres de dette	503	542	575	773	757	764	746	727
Crédits	2	1	1	1	1	1	1	1
Actions et parts de fonds d'investissement	407	493	544	889	968	1 101	1 151	1 193
Actions	1	2	48	0	0	13	22	22
Parts de fonds d'investissement	406	491	496	889	968	1 088	1 130	1 172
Parts de fonds d'investissement monétaires	52	40	29	51	61	18	28	127
Parts de fonds d'investissement non monétaires	355	452	467	838	907	1 070	1 101	1 045
Systèmes d'assurance, de pensions et garanties standard	0	0	0	0	0	0	0	0
Produits financiers dérivés et options sur titres des salariés	0	0	0	0	0	0	0	0
Autres comptes à recevoir	16	12	15	17	42	34	50	50
Passifs financiers	968	1 089	1 180	1 763	1 832	1 938	2 015	2 067
Titres de dette	0	0	0	0	0	0	0	0
Titres de dette à court terme	0	0	0	0	0	0	0	0
Titres de dette à long terme	0	0	0	0	0	0	0	0
Crédits	0	0	0	0	0	0	0	0
Crédits à court terme	0	0	0	0	0	0	0	0
Crédits à long terme	0	0	0	0	0	0	0	0
Actions et parts de fonds d'investissement	0	0	0	0	0	0	0	0
Systèmes d'assurance, de pensions et garanties standard	961	1 084	1 173	1 720	1 803	1 913	1 991	2 044
Produits financiers dérivés et options sur titres des salariés	0	0	0	0	0	0	0	0
Autres comptes à payer	8	5	7	43	29	25	24	24
Actifs non financiers	0	0	0	0	0	0	0	0

Note : Voir les métadonnées détaillées sur : *http://metalinks.oecd.org/instinv/20190923/851d*

Tableau 4. Composition du portefeuille par type d'investisseur

En pourcentage des actifs financiers et des passifs financiers

Pour cent

	2011	2012	2013	2014	2015	2016	2017	2018
Fonds d'investissement								
Actifs financiers	100.0	100.0	100.0	100.0	100.0	100.0	100.0	100.0
Numéraire et dépôts	9.2	7.7	7.9	7.9	6.9	7.4	7.3	7.8
Titres de dettes	42.6	44.4	41.3	43.1	41.8	42.4	41.0	41.6
Crédits	0.0	0.0	0.0	0.0	0.0	0.0	0.0	0.0
Actions et parts de fonds d'investissement	36.9	37.5	41.0	43.1	44.3	43.4	45.0	43.7
Systèmes d'assurance de pensions et garanties standard	0.0	0.0	0.0	0.0	0.0	0.0	0.0	0.0
Produits financiers dérivés et options sur titres des salariés	8.1	7.2	7.0	3.2	4.4	4.6	4.5	4.4
Autres comptes à recevoir	3.2	3.2	2.9	2.8	2.6	2.2	2.2	2.6
Passifs financiers	100.0	100.0	100.0	100.0	100.0	100.0	100.0	100.0
Numéraire et dépôts	0.0	0.0	0.0	0.0	0.0	0.0	0.0	0.0
Titres de dettes	0.1	0.1	0.1	0.1	0.1	0.1	0.0	0.0
Crédits	1.2	1.1	1.7	1.8	1.3	1.4	1.3	1.7
Actions et parts de fonds d'investissement	88.9	90.2	89.7	92.5	92.2	91.6	92.0	91.5
Systèmes d'assurance de pensions et garanties standard	0.0	0.0	0.0	0.0	0.0	0.0	0.0	0.0
Produits financiers dérivés et options sur titres des salariés	6.3	5.4	5.5	2.1	3.8	4.1	3.9	4.0
Autres comptes à recevoir	3.6	3.3	3.1	3.5	2.6	2.7	2.7	2.8
Sociétés d'assurance								
Actifs financiers	100.0	100.0	100.0	100.0	100.0	100.0	100.0	100.0
Numéraire et dépôts	8.8	8.7	8.5	7.9	8.8	8.3	8.0	9.7
Titres de dettes	30.1	29.5	27.6	27.0	22.6	22.2	21.4	21.4
Crédits	1.5	1.5	1.2	1.2	5.4	5.9	2.5	2.4
Actions et parts de fonds d'investissement	45.4	46.1	46.8	46.9	49.7	49.6	53.3	50.2
Systèmes d'assurance de pensions et garanties standard	13.4	13.1	14.9	16.1	10.4	10.0	10.6	11.0
Produits financiers dérivés et options sur titres des salariés	0.0	0.0	0.0	0.0	0.2	0.2	0.3	0.4
Autres comptes à recevoir	0.9	1.0	0.9	0.9	2.9	3.8	3.9	4.9
Passifs financiers	100.0	100.0	100.0	100.0	100.0	100.0	100.0	100.0
Numéraire et dépôts	0.0	0.0	0.0	0.0	0.0	0.0	0.0	0.0
Titres de dettes	0.0	0.0	0.0	0.0	0.2	0.2	0.2	0.2
Crédits	7.2	4.7	4.4	4.8	4.2	4.4	0.5	0.4
Actions et parts de fonds d'investissement	8.6	8.0	6.7	6.3	3.1	2.8	2.6	2.6
Systèmes d'assurance de pensions et garanties standard	83.7	86.8	88.3	88.2	83.6	84.4	88.3	88.5
Produits financiers dérivés et options sur titres des salariés	0.0	0.0	0.0	0.0	0.0	0.1	0.1	0.2
Autres comptes à recevoir	0.5	0.6	0.5	0.6	8.9	8.2	8.2	8.1
Fonds de pension								
Actifs financiers	100.0	100.0	100.0	100.0	100.0	100.0	100.0	100.0
Numéraire et dépôts	4.2	3.8	3.9	4.8	3.8	2.0	3.3	4.6
Titres de dettes	52.0	49.8	48.7	43.8	41.2	39.4	37.0	35.2
Crédits	0.2	0.1	0.1	0.1	0.1	0.1	0.0	0.0
Actions et parts de fonds d'investissement	42.0	45.3	46.1	50.4	52.7	56.8	57.1	57.7
Systèmes d'assurance de pensions et garanties standard	0.0	0.0	0.0	0.0	0.0	0.0	0.0	0.0
Produits financiers dérivés et options sur titres des salariés	0.0	0.0	0.0	0.0	0.0	0.0	0.0	0.0
Autres comptes à recevoir	1.6	1.1	1.3	0.9	2.3	1.8	2.5	2.4
Passifs financiers	100.0	100.0	100.0	100.0	100.0	100.0	100.0	100.0
Numéraire et dépôts	0.0	0.0	0.0	0.0	0.0	0.0	0.0	0.0
Titres de dettes	0.0	0.0	0.0	0.0	0.0	0.0	0.0	0.0
Crédits	0.0	0.0	0.0	0.0	0.0	0.0	0.0	0.0
Actions et parts de fonds d'investissement	0.0	0.0	0.0	0.0	0.0	0.0	0.0	0.0
Systèmes d'assurance de pensions et garanties standard	99.2	99.5	99.4	97.6	98.4	98.7	98.8	98.9
Produits financiers dérivés et options sur titres des salariés	0.0	0.0	0.0	0.0	0.0	0.0	0.0	0.0
Autres comptes à recevoir	0.8	0.5	0.6	2.4	1.6	1.3	1.2	1.1

Note : Voir les métadonnées détaillées sur : *http://metalinks.oecd.org/instinv/20190923/2704*

PAYS-BAS

Tableau 1. Actifs et passifs financiers des investisseurs institutionnels, 2018

Millions EUR (1999 NLD euro)

	Total	Fonds d'investissement			
		Fonds d'investissement non-monétaire			Fonds d'investissement monétaires
		Total	Fonds d'investissement à capital variable, non monétaire	Fonds d'investissement à capital fixe, non monétaire	Total
Actifs financiers	..	816 582	..	..	..
Numéraire et dépôts	..	10 980	..	..	..
Titres de dette	..	205 829	..	..	..
Titres de dette à court terme	..	2 138	..	..	..
Titres de dette à long terme	..	203 691	..	..	..
Titres de dette émis par les résidents	..	17 088	..	..	..
Titres de dette émis par les non-résidents	..	188 741	..	..	..
Crédits	..	81 967	..	..	..
Crédits à court terme	..	31 044	..	..	..
Crédits à long terme	..	50 923	..	..	..
Crédits accordés aux résidents	..	72 043	..	..	..
Crédits accordés aux non-résidents	..	9 924	..	..	..
Actions et parts de fonds d'investissement	..	510 720	..	..	..
Actions et parts de fonds d'investissements émises par les résidents	..	70 049	..	..	..
Actions et part de fonds d'investissements émises par les non-résidents	..	440 671	..	..	..
Autres comptes à recevoir	..	6 788	..	..	..

	Total	Fonds d'investissement			
		Fonds d'investissement non-monétaire			Fonds d'investissement monétaires
		Total	Fonds d'investissement à capital variable, non monétaire	Fonds d'investissement à capital fixe, non monétaire	Total
Pasifs financiers	..	856 843	..	..	..
Numéraire et dépôts	..	..	..	..	..
Titres de dette	..	598	..	..	..
Titres de dette à court terme	..	0	..	..	..
Titres de dette à long terme	..	598	..	..	..
Crédits	..	18 126	..	..	..
Crédits à court terme	..	7 846	..	..	..
Crédits à long terme	..	10 280	..	..	..
Actions et parts de fonds d'investissement	..	832 808	..	..	..
Systèmes d'assurance, de pensions et garanties standard	..	..	..	..	..
Produits financiers dérivés et options sur titres des salariés	..	50	..	..	..
Autres comptes à payer	..	5 261	..	..	..

	Total	Sociétés d'assurance et fonds de pension autonomes			
		Sociétés d'assurance			Fonds de pension autonomes
		Total	Sociétés d'assurance vie	Sociétés d'assurance non-vie	Total
Actifs financiers	1 839 286	447 222	..	..	1 392 064
Numéraire et dépôts	23 159	10 993	..	..	12 166
Titres de dette	591 717	183 472	..	..	408 245
Titres de dette à court terme	12 582	4 455	..	..	8 127
Titres de dette à long terme	579 135	179 017	..	..	400 118
Titres de dette émis par les résidents	111 044	42 509	..	..	68 535
Titres de dette émis par les non-résidents	480 673	140 963	..	..	339 710
Crédits	127 946	96 572	..	..	31 374
Crédits à court terme	23 060	4 681	..	..	18 379
Crédits à long terme	104 886	91 891	..	..	12 995
Crédits accordés aux résidents	118 890	90 774	..	..	28 116
Crédits accordés aux non-résidents	9 056	5 798	..	..	3 258
Actions et parts de fonds d'investissement	1 001 469	113 638	..	..	887 831
Actions et parts de fonds d'investissement émises par les résidents	735 728	84 997	..	..	650 731
Actions et parts de fonds d'investissement émises par les non-résidents	265 741	28 641	..	..	237 100
Autrescomptes à recevoir	37 728	28 688	..	..	9 040

	Total	Sociétés d'assurance et fonds de pension autonomes			
		Sociétés d'assurance			Fonds de pension autonomes
		Total	Sociétés d'assurance vie	Sociétés d'assurance non-vie	Total
Pasifs financiers	1 860 071	479 711	..	..	1 380 360
Numéraire et dépôts	..	..	..	..	..
Titres de dette	962	962	..	..	0
Titres de dette à court terme	0	0	..	..	0
Titres de dette à long terme	962	962	..	..	0
Crédits	48 824	15 391	..	..	33 433
Crédits à court terme	39 644	6 933	..	..	32 711
Crédits à long terme	9 180	8 458	..	..	722
Actions et parts de fonds d'investissement	58 866	58 866	..	..	0
Systèmes d'assurance, de pensions et garanties standard	1 688 795	373 161	..	..	1 315 634
Produits financiers dérivés et options sur titres des salariés	51	47	..	..	4
Autres comptes à payer	62 573	31 284	..	..	31 289

Note : Voir les métadonnées détaillées sur : *http://metalinks.oecd.org/instinv/20190923/6c5a*

PAYS-BAS

Tableau 2. Actifs et passifs financiers des fonds d'investissement

Millions EUR

	2011	2012	2013	2014	2015	2016	2017	2018
Fonds d'investissement								
Valeur nette financière	..	..	..	..	..	..	..	..
Actifs financiers	..	..	..	..	..	..	..	..
Numéraire et dépôts	..	..	..	..	..	..	..	..
Titres de dette	..	..	..	..	..	..	..	..
Crédits	..	..	..	..	..	..	..	..
Actions et parts de fonds d'investissement	..	..	..	..	..	..	..	..
Actions	..	..	..	..	..	..	..	..
Parts de fonds d'investissement	..	..	..	..	..	..	..	..
Parts de fonds d'investissement monétaires	..	..	..	..	..	..	..	..
Parts de fonds d'investissement non monétaires	..	..	..	..	..	..	..	..
Systèmes d'assurance, de pensions et garanties standard	..	..	..	..	..	..	..	..
Produits financiers dérivés et options sur titres des salariés	..	..	..	..	..	..	..	..
Autres comptes à recevoir	..	..	..	..	..	..	..	..
Passifs financiers	..	..	..	..	..	..	..	..
Titres de dette	..	..	..	..	..	..	..	..
Titres de dette à court terme	..	..	..	..	..	..	..	..
Titres de dette à long terme	..	..	..	..	..	..	..	..
Crédits	..	..	..	..	..	..	..	..
Crédits à court terme	..	..	..	..	..	..	..	..
Crédits à long terme	..	..	..	..	..	..	..	..
Actions et parts de fonds d'investissement	..	..	..	..	..	..	..	..
Systèmes d'assurance, de pensions et garanties standard	..	..	..	..	..	..	..	..
Produits financiers dérivés et options sur titres des salariés	..	..	..	..	..	..	..	..
Autres comptes à payer	..	..	..	..	..	..	..	..
Actifs non financiers	..	..	..	..	..	..	..	..
Fonds d'investissement monéaires								
Valeur nette financière	..	..	..	..	..	..	..	..
Actifs financiers	..	..	..	..	..	..	..	..
Numéraire et dépôts	..	..	..	..	..	..	..	..
Titres de dette	..	..	..	..	..	..	..	..
Crédits	..	..	..	..	..	..	..	..
Actions et parts de fonds d'investissement	..	..	..	..	..	..	..	..
Actions	..	..	..	..	..	..	..	..
Parts de fonds d'investissement	..	..	..	..	..	..	..	..
Parts de fonds d'investissement monétaires	..	..	..	..	..	..	..	..
Parts de fonds d'investissement non monétaires	..	..	..	..	..	..	..	..
Systèmes d'assurance, de pensions et garanties standard	..	..	..	..	..	..	..	..
Produits financiers dérivés et options sur titres des salariés	..	..	..	..	..	..	..	..
Autres comptes à recevoir	..	..	..	..	..	..	..	..
Passifs financiers	..	..	..	..	..	..	..	..
Titres de dette	..	..	..	..	..	..	..	..
Titres de dette à court terme	..	..	..	..	..	..	..	..
Titres de dette à long terme	..	..	..	..	..	..	..	..
Crédits	..	..	..	..	..	..	..	..
Crédits à court terme	..	..	..	..	..	..	..	..
Crédits à long terme	..	..	..	..	..	..	..	..
Actions et parts de fonds d'investissement	..	..	..	..	..	..	..	..
Systèmes d'assurance, de pensions et garanties standard	..	..	..	..	..	..	..	..
Produits financiers dérivés et options sur titres des salariés	..	..	..	..	..	..	..	..
Autres comptes à payer	..	..	..	..	..	..	..	..
Actifs non financiers	..	..	..	..	..	..	..	..
Fonds d'investissement non monéaires								
Valeur nette financière	-31 678	-31 329	-30 393	-29 087	-30 970	-32 610	-34 479	-40 261
Actifs financiers	480 820	557 698	618 261	722 895	728 955	793 928	857 346	816 582
Numéraire et dépôts	9 707	11 659	11 953	16 287	12 737	10 523	11 677	10 980
Titres de dette	169 156	198 070	210 856	233 446	245 146	249 960	220 522	205 829
Crédits	31 902	41 170	47 827	49 195	55 517	66 134	78 204	81 967
Actions et parts de fonds d'investissement	263 893	299 683	331 087	412 582	409 778	460 572	541 446	510 720
Actions	197 306	231 299	256 625	313 462	299 843	338 549	377 963	343 343
Parts de fonds d'investissement	66 587	68 384	74 462	99 120	109 935	122 023	163 483	167 377
Parts de fonds d'investissement monétaires	1 345	1 651	1 823	6 047	7 089	6 066	6 279	7 139
Parts de fonds d'investissement non monétaires	65 242	66 733	72 639	93 073	102 846	115 957	157 204	160 238
Systèmes d'assurance, de pensions et garanties standard	0	0	0	0	0	0	0	0
Produits financiers dérivés et options sur titres des salariés	-416	2 226	472	-66	799	-1 148	543	298
Autres comptes à recevoir	6 578	4 890	16 066	11 451	4 978	7 887	4 954	6 788
Passifs financiers	512 498	589 027	648 654	751 982	759 925	826 538	891 825	856 843
Titres de dette	1 403	1 612	2 215	3 051	686	669	650	598
Titres de dette à court terme	0	0	128	413	0	0	0	0
Titres de dette à long terme	1 403	1 612	2 087	2 638	686	669	650	598
Crédits	18 203	19 393	15 374	20 745	19 433	16 076	15 034	18 126
Crédits à court terme	7 121	8 963	4 688	11 486	9 058	6 038	5 048	7 846
Crédits à long terme	11 082	10 430	10 686	9 259	10 375	10 038	9 986	10 280
Actions et parts de fonds d'investissement	487 243	561 381	614 675	715 756	731 492	803 079	870 708	832 808
Systèmes d'assurance, de pensions et garanties standard	..	..	..	..	..	..	..	..
Produits financiers dérivés et options sur titres des salariés	118	166	60	122	62	8	2	50
Autres comptes à payer	5 531	6 475	16 330	12 308	8 252	6 706	5 431	5 261
Actifs non financiers	31 234	30 675	29 573	28 352	30 376	31 707	34 806	39 586
Fonds d'investissement non monéaires à capital variable								
Valeur nette financière	..	..	..	..	..	..	..	..
Actifs financiers	..	..	..	..	..	..	..	..
Numéraire et dépôts	..	..	..	..	..	..	..	..

PAYS-BAS

Tableau 2. Actifs et passifs financiers des fonds d'investissement *(suite)*

Millions EUR

	2011	2012	2013	2014	2015	2016	2017	2018
Titres de dette	..	..	..	..	..	..	..	..
Crédits	..	..	..	..	..	..	..	..
Actions et parts de fonds d'investissement	..	..	..	..	..	..	..	..
Actions	..	..	..	..	..	..	..	..
Parts de fonds d'investissement	..	..	..	..	..	..	..	..
Parts de fonds d'investissement monétaires	..	..	..	..	..	..	..	..
Parts de fonds d'investissement non monétaires	..	..	..	..	..	..	..	..
Systèmes d'assurance, de pensions et garanties standard	..	..	..	..	..	..	..	..
Produits financiers dérivés et options sur titres des salariés	..	..	..	..	..	..	..	..
Autres comptes à recevoir	..	..	..	..	..	..	..	..
Passifs financiers	..	..	..	..	..	..	..	..
Titres de dette	..	..	..	..	..	..	..	..
Titres de dette à court terme	..	..	..	..	..	..	..	..
Titres de dette à long terme	..	..	..	..	..	..	..	..
Crédits	..	..	..	..	..	..	..	..
Crédits à court terme	..	..	..	..	..	..	..	..
Crédits à long terme	..	..	..	..	..	..	..	..
Actions et parts de fonds d'investissement	..	..	..	..	..	..	..	..
Systèmes d'assurance, de pensions et garanties standard	..	..	..	..	..	..	..	..
Produits financiers dérivés et options sur titres des salariés	..	..	..	..	..	..	..	..
Autres comptes à payer	..	..	..	..	..	..	..	..
Actifs non financiers	..	..	..	..	..	..	..	..
Fonds d'investissement à capital variable								
Valeur nette financière	..	..	..	..	..	..	..	..
Actifs financiers	..	..	..	..	..	..	..	..
Numéraire et dépôts	..	..	..	..	..	..	..	..
Titres de dette	..	..	..	..	..	..	..	..
Crédits	..	..	..	..	..	..	..	..
Actions et parts de fonds d'investissement	..	..	..	..	..	..	..	..
Actions	..	..	..	..	..	..	..	..
Parts de fonds d'investissement	..	..	..	..	..	..	..	..
Parts de fonds d'investissement monétaires	..	..	..	..	..	..	..	..
Parts de fonds d'investissement non monétaires	..	..	..	..	..	..	..	..
Systèmes d'assurance, de pensions et garanties standard	..	..	..	..	..	..	..	..
Produits financiers dérivés et options sur titres des salariés	..	..	..	..	..	..	..	..
Autres comptes à recevoir	..	..	..	..	..	..	..	..
Passifs financiers	..	..	..	..	..	..	..	..
Titres de dette	..	..	..	..	..	..	..	..
Titres de dette à court terme	..	..	..	..	..	..	..	..
Titres de dette à long terme	..	..	..	..	..	..	..	..
Crédits	..	..	..	..	..	..	..	..
Crédits à court terme	..	..	..	..	..	..	..	..
Crédits à long terme	..	..	..	..	..	..	..	..
Actions et parts de fonds d'investissement	..	..	..	..	..	..	..	..
Systèmes d'assurance, de pensions et garanties standard	..	..	..	..	..	..	..	..
Produits financiers dérivés et options sur titres des salariés	..	..	..	..	..	..	..	..
Autres comptes à payer	..	..	..	..	..	..	..	..
Actifs non financiers	..	..	..	..	..	..	..	..

Note : Voir les métadonnées détaillées sur : *http://metalinks.oecd.org/instinv/20190923/6c5a*

Tableau 3. Actifs et passifs financiers des sociétés d'assurance et fonds de pension

Millions EUR

	2011	2012	2013	2014	2015	2016	2017	2018
Sociétés d'assurance et fonds de pension								
Valeur nette financière	-51 724	-11 695	46 512	66 522	-12 048	-24 078	44 710	-20 785
Actifs financiers	1 260 708	1 420 536	1 425 619	1 680 380	1 673 405	1 795 554	1 864 685	1 839 286
Numéraire et dépôts	27 753	31 509	19 829	26 771	22 628	24 485	24 227	23 159
Titres de dette	377 306	432 810	419 558	503 130	509 088	534 790	562 497	591 717
Crédits	107 642	107 114	106 358	114 413	112 055	119 007	137 841	127 946
Actions et parts de fonds d'investissement	630 581	723 287	789 743	898 696	919 160	1 009 806	1 045 758	1 001 469
Actions	128 751	149 423	159 258	179 213	193 655	212 039	212 395	191 657
Parts de fonds d'investissement	501 830	573 864	630 485	719 483	725 505	797 767	833 363	809 812
Parts de fonds d'investissement monétaires	7 357	11 199	10 532	12 080	11 103	12 481	22 176	25 413
Parts de fonds d'investissement non monétaires	494 473	562 665	619 953	707 403	714 402	785 286	811 187	784 399
Systèmes d'assurance, de pensions et garanties standard	21 548	22 852	25 781	23 022	20 916	14 872	11 227	9 002
Produits financiers dérivés et options sur titres des salariés	58 499	66 915	30 854	78 425	50 713	53 944	48 712	48 265
Autres comptes à recevoir	37 379	36 049	33 496	35 923	38 845	38 650	34 423	37 728
Passifs financiers	1 312 432	1 432 231	1 379 107	1 613 858	1 685 453	1 819 632	1 819 975	1 860 071
Titres de dette	548	809	1 088	1 359	1 113	1 167	1 233	962
Titres de dette à court terme	0	0	0	0	0	0	0	0
Titres de dette à long terme	548	809	1 088	1 359	1 113	1 167	1 233	962
Crédits	52 556	46 867	32 451	42 181	34 492	39 278	45 569	48 824
Crédits à court terme	33 770	25 791	16 340	25 189	21 088	29 373	37 805	39 644
Crédits à long terme	18 786	21 076	16 111	16 992	13 404	9 905	7 764	9 180
Actions et parts de fonds d'investissement	44 322	47 331	44 895	52 355	56 203	58 241	59 537	58 866
Systèmes d'assurance, de pensions et garanties standard	1 167 299	1 268 472	1 246 622	1 446 920	1 530 204	1 661 263	1 642 819	1 688 795
Produits financiers dérivés et options sur titres des salariés	436	439	456	332	89	67	157	51
Autres comptes à payer	47 271	68 313	53 595	70 711	63 352	59 616	70 660	62 573
Actifs non financiers	16 766	16 017	14 033	13 008	12 360	13 163	15 030	15 382
Sociétés d'assurance								
Valeur nette financière	-15 036	-5 216	764	32	-25 004	-29 465	-37 421	-32 489
Actifs financiers	414 134	443 121	428 888	476 992	463 707	469 619	452 376	447 222
Numéraire et dépôts	17 735	18 386	9 173	14 470	12 198	13 774	13 150	10 993
Titres de dette	178 489	201 579	182 020	206 233	198 450	202 362	186 314	183 472
Crédits	74 596	71 032	75 843	79 040	84 535	90 704	93 977	96 572
Actions et parts de fonds d'investissement	90 156	101 147	118 133	121 286	116 881	114 306	116 076	113 638
Actions	31 356	32 330	28 997	23 077	24 451	24 843	23 378	22 072
Parts de fonds d'investissement	58 800	68 817	89 136	98 209	92 430	89 463	92 698	91 566
Parts de fonds d'investissement monétaires	1 047	3 562	3 646	2 984	2 694	2 604	4 270	6 421
Parts de fonds d'investissement non monétaires	57 753	65 255	85 490	95 225	89 736	86 859	88 428	85 145
Systèmes d'assurance, de pensions et garanties standard	6 653	7 539	9 713	9 785	8 051	4 549	4 328	2 425
Produits financiers dérivés et options sur titres des salariés	14 059	13 236	6 442	16 544	10 038	12 120	9 145	11 434
Autres comptes à recevoir	32 446	30 202	27 564	29 634	33 554	31 804	29 386	28 688
Passifs financiers	429 170	448 337	428 124	476 960	488 711	499 084	489 797	479 711
Titres de dette	548	809	1 088	1 359	1 113	1 167	1 233	962
Titres de dette à court terme	0	0	0	0	0	0	0	0
Titres de dette à long terme	548	809	1 088	1 359	1 113	1 167	1 233	962
Crédits	29 962	28 352	20 841	23 181	19 559	17 491	13 183	15 391
Crédits à court terme	13 085	9 166	6 568	7 832	7 074	8 461	6 274	6 933
Crédits à long terme	16 877	19 186	14 273	15 349	12 485	9 030	6 909	8 458
Actions et parts de fonds d'investissement	44 322	47 331	44 895	52 355	56 203	58 241	59 537	58 866
Systèmes d'assurance, de pensions et garanties standard	318 500	333 199	324 485	362 086	377 288	389 583	380 975	373 161
Produits financiers dérivés et options sur titres des salariés	280	284	167	173	3	54	135	47
Autres comptes à payer	35 558	38 362	36 648	37 806	34 545	32 548	34 734	31 284
Actifs non financiers	7 692	7 373	5 610	5 365	4 916	5 368	6 527	6 072
Fonds de pension								
Valeur nette financière	-36 688	-6 479	45 748	66 490	12 956	5 387	82 131	11 704
Actifs financiers	846 574	977 415	996 731	1 203 388	1 209 698	1 325 935	1 412 309	1 392 064
Numéraire et dépôts	10 018	13 123	10 656	12 301	10 430	10 711	11 077	12 166
Titres de dette	198 817	231 231	237 538	296 897	310 638	332 428	376 183	408 245
Crédits	33 046	36 082	30 515	35 373	27 520	28 303	43 864	31 374
Actions et parts de fonds d'investissement	540 425	622 140	671 610	777 410	802 279	895 500	929 682	887 831
Actions	97 395	117 093	130 261	156 136	169 204	187 196	189 017	169 585
Parts de fonds d'investissement	443 030	505 047	541 349	621 274	633 075	708 304	740 665	718 246
Parts de fonds d'investissement monétaires	6 310	7 637	6 886	9 096	8 409	9 877	17 906	18 992
Parts de fonds d'investissement non monétaires	436 720	497 410	534 463	612 178	624 666	698 427	722 759	699 254
Systèmes d'assurance, de pensions et garanties standard	14 895	15 313	16 068	13 237	12 865	10 323	6 899	6 577
Produits financiers dérivés et options sur titres des salariés	44 440	53 679	24 412	61 881	40 675	41 824	39 567	36 831
Autres comptes à recevoir	4 933	5 847	5 932	6 289	5 291	6 846	5 037	9 040
Passifs financiers	883 262	983 894	950 983	1 136 898	1 196 742	1 320 548	1 330 178	1 380 360
Titres de dette	0	0	0	0	0	0	0	0
Titres de dette à court terme	0	0	0	0	0	0	0	0
Titres de dette à long terme	0	0	0	0	0	0	0	0
Crédits	22 594	18 515	11 610	19 000	14 933	21 787	32 386	33 433
Crédits à court terme	20 685	16 625	9 772	17 357	14 014	20 912	31 531	32 711
Crédits à long terme	1 909	1 890	1 838	1 643	919	875	855	722
Actions et parts de fonds d'investissement	0	0	0	0	0	0	0	0
Systèmes d'assurance, de pensions et garanties standard	848 799	935 273	922 137	1 084 834	1 152 916	1 271 680	1 261 844	1 315 634
Produits financiers dérivés et options sur titres des salariés	156	155	289	159	86	13	22	4
Autres comptes à payer	11 713	29 951	16 947	32 905	28 807	27 068	35 926	31 289
Actifs non financiers	9 074	8 644	8 423	7 643	7 444	7 795	8 503	9 310

Note : Voir les métadonnées détaillées sur : *http://metalinks.oecd.org/instinv/20190923/6c5a*

Tableau 4. Composition du portefeuille par type d'investisseur

En pourcentage des actifs financiers et des passifs financiers

Pour cent

	2011	2012	2013	2014	2015	2016	2017	2018
Fonds d'investissement								
Actifs financiers	..	..	..	..	..	..	..	..
Numéraire et dépôts	..	..	..	..	..	..	..	..
Titres de dettes	..	..	..	..	..	..	..	..
Crédits	..	..	..	..	..	..	..	..
Actions et parts de fonds d'investissement	..	..	..	..	..	..	..	..
Systèmes d'assurance de pensions et garanties standard	..	..	..	..	..	..	..	..
Produits financiers dérivés et options sur titres des salariés	..	..	..	..	..	..	..	..
Autres comptes à recevoir	..	..	..	..	..	..	..	..
Passifs financiers	..	..	..	..	..	..	..	..
Numéraire et dépôts	..	..	..	..	..	..	..	..
Titres de dettes	..	..	..	..	..	..	..	..
Crédits	..	..	..	..	..	..	..	..
Actions et parts de fonds d'investissement	..	..	..	..	..	..	..	..
Systèmes d'assurance de pensions et garanties standard	..	..	..	..	..	..	..	..
Produits financiers dérivés et options sur titres des salariés	..	..	..	..	..	..	..	..
Autres comptes à recevoir	..	..	..	..	..	..	..	..
Sociétés d'assurance								
Actifs financiers	100.0	100.0	100.0	100.0	100.0	100.0	100.0	100.0
Numéraire et dépôts	4.3	4.1	2.1	3.0	2.6	2.9	2.9	2.5
Titres de dettes	43.1	45.5	42.4	43.2	42.8	43.1	41.2	41.0
Crédits	18.0	16.0	17.7	16.6	18.2	19.3	20.8	21.6
Actions et parts de fonds d'investissement	21.8	22.8	27.5	25.4	25.2	24.3	25.7	25.4
Systèmes d'assurance de pensions et garanties standard	1.6	1.7	2.3	2.1	1.7	1.0	1.0	0.5
Produits financiers dérivés et options sur titres des salariés	3.4	3.0	1.5	3.5	2.2	2.6	2.0	2.6
Autres comptes à recevoir	7.8	6.8	6.4	6.2	7.2	6.8	6.5	6.4
Passifs financiers	100.0	100.0	100.0	100.0	100.0	100.0	100.0	100.0
Numéraire et dépôts	0.0	0.0	0.0	0.0	0.0	0.0	0.0	0.0
Titres de dettes	0.1	0.2	0.3	0.3	0.2	0.2	0.3	0.2
Crédits	7.0	6.3	4.9	4.9	4.0	3.5	2.7	3.2
Actions et parts de fonds d'investissement	10.3	10.6	10.5	11.0	11.5	11.7	12.2	12.3
Systèmes d'assurance de pensions et garanties standard	74.2	74.3	75.8	75.9	77.2	78.1	77.8	77.8
Produits financiers dérivés et options sur titres des salariés	0.1	0.1	0.0	0.0	0.0	0.0	0.0	0.0
Autres comptes à recevoir	8.3	8.6	8.6	7.9	7.1	6.5	7.1	6.5
Fonds de pension								
Actifs financiers	100.0	100.0	100.0	100.0	100.0	100.0	100.0	100.0
Numéraire et dépôts	1.2	1.3	1.1	1.0	0.9	0.8	0.8	0.9
Titres de dettes	23.5	23.7	23.8	24.7	25.7	25.1	26.6	29.3
Crédits	3.9	3.7	3.1	2.9	2.3	2.1	3.1	2.3
Actions et parts de fonds d'investissement	63.8	63.7	67.4	64.6	66.3	67.5	65.8	63.8
Systèmes d'assurance de pensions et garanties standard	1.8	1.6	1.6	1.1	1.1	0.8	0.5	0.5
Produits financiers dérivés et options sur titres des salariés	5.2	5.5	2.4	5.1	3.4	3.2	2.8	2.6
Autres comptes à recevoir	0.6	0.6	0.6	0.5	0.4	0.5	0.4	0.6
Passifs financiers	100.0	100.0	100.0	100.0	100.0	100.0	100.0	100.0
Numéraire et dépôts	0.0	0.0	0.0	0.0	0.0	0.0	0.0	0.0
Titres de dettes	0.0	0.0	0.0	0.0	0.0	0.0	0.0	0.0
Crédits	2.6	1.9	1.2	1.7	1.2	1.6	2.4	2.4
Actions et parts de fonds d'investissement	0.0	0.0	0.0	0.0	0.0	0.0	0.0	0.0
Systèmes d'assurance de pensions et garanties standard	96.1	95.1	97.0	95.4	96.3	96.3	94.9	95.3
Produits financiers dérivés et options sur titres des salariés	0.0	0.0	0.0	0.0	0.0	0.0	0.0	0.0
Autres comptes à recevoir	1.3	3.0	1.8	2.9	2.4	2.0	2.7	2.3

Note : Voir les métadonnées détaillées sur : *http://metalinks.oecd.org/instinv/20190923/2704*

NOUVELLE-ZÉLANDE

Tableau 1. Actifs et passifs financiers des investisseurs institutionnels, 2018

Millions NZD

	Total	Fonds d'investissement			
		Fonds d'investissement non-monétaire			Fonds d'investissement monétaires
		Total	Fonds d'investissement à capital variable, non monétaire	Fonds d'investissement à capital fixe, non monétaire	Total
Actifs financiers	148 064	132 962	..	..	15 102
Numéraire et dépôts	29 277	19 685	..	..	9 593
Titres de dette	48 381	42 872	..	..	5 509
Titres de dette à court terme	8 644	4 039	..	..	4 605
Titres de dette à long terme	39 737	38 833	..	..	904
Titres de dette émis par les résidents	27 139	21 630	..	..	5 509
Titres de dette émis par les non-résidents	21 242	21 242	..	..	0
Crédits	10	10	..	..	0
Crédits à court terme	..	..	..	..	..
Crédits à long terme	..	..	..	..	..
Crédits accordés aux résidents	10	10	..	..	0
Crédits accordés aux non-résidents	0	0	..	..	0
Actions et parts de fonds d'investissement	69 457	69 457	..	..	0
Actions et parts de fonds d'investissements émises par les résidents	25 238	25 238	..	..	0
Actions et part de fonds d'investissements émises par les non-résidents	44 219	44 219	..	..	0
Autres comptes à recevoir	731	731	..	..	0

	Total	Fonds d'investissement			
		Fonds d'investissement non-monétaire			Fonds d'investissement monétaires
		Total	Fonds d'investissement à capital variable, non monétaire	Fonds d'investissement à capital fixe, non monétaire	Total
Pasifs financiers	..	..	..	..	..
Numéraire et dépôts	..	..	..	..	..
Titres de dette	..	..	..	..	..
Titres de dette à court terme	..	..	..	..	..
Titres de dette à long terme	..	..	..	..	..
Crédits	..	..	..	..	..
Crédits à court terme	..	..	..	..	..
Crédits à long terme	..	..	..	..	..
Actions et parts de fonds d'investissement	..	..	..	..	..
Systèmes d'assurance, de pensions et garanties standard	..	..	..	..	..
Produits financiers dérivés et options sur titres des salariés	..	..	..	..	..
Autres comptes à payer	..	..	..	..	..

	Total	Sociétés d'assurance et fonds de pension autonomes			
		Sociétés d'assurance			Fonds de pension autonomes
		Total	Sociétés d'assurance vie	Sociétés d'assurance non-vie	Total
Actifs financiers	..	..	..	..	81 047
Numéraire et dépôts	..	..	..	..	6 384
Titres de dette	..	..	..	..	19 614
Titres de dette à court terme	..	..	..	..	1 344
Titres de dette à long terme	..	..	..	..	18 270
Titres de dette émis par les résidents	..	..	..	..	8 043
Titres de dette émis par les non-résidents	..	..	..	..	11 571
Crédits	..	..	..	..	10
Crédits à court terme	..	..	..	..	..
Crédits à long terme	..	..	..	..	..
Crédits accordés aux résidents	..	..	..	..	10
Crédits accordés aux non-résidents	..	..	..	..	0
Actions et parts de fonds d'investissement	..	..	..	..	54 196
Actions et parts de fonds d'investissement émises par les résidents	..	..	..	..	26 236
Actions et parts de fonds d'investissement émises par les non-résidents	..	..	..	..	27 960
Autrescomptes à recevoir	..	..	..	..	646

	Total	Sociétés d'assurance et fonds de pension autonomes			
		Sociétés d'assurance			Fonds de pension autonomes
		Total	Sociétés d'assurance vie	Sociétés d'assurance non-vie	Total
Pasifs financiers	..	..	..	..	..
Numéraire et dépôts	..	..	..	..	..
Titres de dette	..	..	..	..	..
Titres de dette à court terme	..	..	..	..	..
Titres de dette à long terme	..	..	..	..	..
Crédits	..	..	..	..	..
Crédits à court terme	..	..	..	..	..
Crédits à long terme	..	..	..	..	..
Actions et parts de fonds d'investissement	..	..	..	..	..
Systèmes d'assurance, de pensions et garanties standard	..	..	..	..	..
Produits financiers dérivés et options sur titres des salariés	..	..	..	..	..
Autres comptes à payer	..	..	..	..	..

Note : Voir les métadonnées détaillées sur : *http://metalinks.oecd.org/instinv/20190923/6c5a*

NOUVELLE-ZÉLANDE

Tableau 2. Actifs et passifs financiers des fonds d'investissement

Millions NZD

	2011	2012	2013	2014	2015	2016	2017	2018
Fonds d'investissement								
Valeur nette financière	..	..	..	..	..	..	..	..
Actifs financiers	..	..	..	87 587	102 519	116 476	137 445	148 064
Numéraire et dépôts	..	..	..	20 404	21 957	24 382	26 765	29 277
Titres de dette	..	..	..	25 325	31 180	37 041	43 795	48 381
Crédits	..	..	..	75	47	4	8	10
Actions et parts de fonds d'investissement	..	..	..	40 943	48 286	54 049	65 544	69 457
Actions	..	..	..	22 431	26 452	32 818	44 223	46 115
Parts de fonds d'investissement	..	..	..	18 512	21 834	21 231	21 321	23 342
Parts de fonds d'investissement monétaires	..	..	..	..	..	..	..	..
Parts de fonds d'investissement non monétaires	..	..	..	..	..	..	..	..
Systèmes d'assurance, de pensions et garanties standard	..	..	..	..	..	..	..	..
Produits financiers dérivés et options sur titres des salariés	..	..	..	296	448	378	567	208
Autres comptes à recevoir	..	..	..	545	601	623	767	731
Passifs financiers	..	..	..	..	..	..	..	..
Titres de dette	..	..	..	..	..	..	..	..
Titres de dette à court terme	..	..	..	..	..	..	..	..
Titres de dette à long terme	..	..	..	..	..	..	..	..
Crédits	..	..	..	..	..	..	..	..
Crédits à court terme	..	..	..	..	..	..	..	..
Crédits à long terme	..	..	..	..	..	..	..	..
Actions et parts de fonds d'investissement	..	..	..	..	..	..	..	..
Systèmes d'assurance, de pensions et garanties standard	..	..	..	..	..	..	..	..
Produits financiers dérivés et options sur titres des salariés	..	..	..	..	..	..	..	..
Autres comptes à payer	..	..	..	..	..	..	..	..
Actifs non financiers	..	..	..	1	1	1	2	5
Fonds d'investissement monéaires								
Valeur nette financière	..	..	..	..	..	..	..	..
Actifs financiers	..	..	..	10 038	11 815	13 006	13 753	15 102
Numéraire et dépôts	..	..	..	7 816	8 168	8 157	8 752	9 593
Titres de dette	..	..	..	2 222	3 647	4 849	5 001	5 509
Crédits	..	..	..	0	0	0	0	0
Actions et parts de fonds d'investissement	..	..	..	0	0	0	0	0
Actions	..	..	..	0	0	0	0	0
Parts de fonds d'investissement	..	..	..	0	0	0	0	0
Parts de fonds d'investissement monétaires	..	..	..	..	..	..	..	..
Parts de fonds d'investissement non monétaires	..	..	..	..	..	..	..	..
Systèmes d'assurance, de pensions et garanties standard	..	..	..	..	..	..	..	..
Produits financiers dérivés et options sur titres des salariés	..	..	..	0	0	0	0	0
Autres comptes à recevoir	..	..	..	0	0	0	0	0
Passifs financiers	..	..	..	..	..	..	..	..
Titres de dette	..	..	..	..	..	..	..	..
Titres de dette à court terme	..	..	..	..	..	..	..	..
Titres de dette à long terme	..	..	..	..	..	..	..	..
Crédits	..	..	..	..	..	..	..	..
Crédits à court terme	..	..	..	..	..	..	..	..
Crédits à long terme	..	..	..	..	..	..	..	..
Actions et parts de fonds d'investissement	..	..	..	..	..	..	..	..
Systèmes d'assurance, de pensions et garanties standard	..	..	..	..	..	..	..	..
Produits financiers dérivés et options sur titres des salariés	..	..	..	..	..	..	..	..
Autres comptes à payer	..	..	..	..	..	..	..	..
Actifs non financiers	..	..	..	0	0	0	0	0
Fonds d'investissement non monéaires								
Valeur nette financière	..	..	..	..	..	..	..	..
Actifs financiers	..	..	..	77 549	90 704	103 471	123 692	132 962
Numéraire et dépôts	..	..	..	12 588	13 788	16 225	18 013	19 685
Titres de dette	..	..	..	23 103	27 534	32 192	38 794	42 872
Crédits	..	..	..	75	47	4	8	10
Actions et parts de fonds d'investissement	..	..	..	40 943	48 286	54 049	65 544	69 457
Actions	..	..	..	22 431	26 452	32 818	44 223	46 115
Parts de fonds d'investissement	..	..	..	18 512	21 834	21 231	21 321	23 342
Parts de fonds d'investissement monétaires	..	..	..	..	..	..	..	..
Parts de fonds d'investissement non monétaires	..	..	..	..	..	..	..	..
Systèmes d'assurance, de pensions et garanties standard	..	..	..	..	..	..	..	..
Produits financiers dérivés et options sur titres des salariés	..	..	..	296	448	378	567	208
Autres comptes à recevoir	..	..	..	545	601	623	767	731
Passifs financiers	..	..	..	..	..	..	..	..
Titres de dette	..	..	..	..	..	..	..	..
Titres de dette à court terme	..	..	..	..	..	..	..	..
Titres de dette à long terme	..	..	..	..	..	..	..	..
Crédits	..	..	..	..	..	..	..	..
Crédits à court terme	..	..	..	..	..	..	..	..
Crédits à long terme	..	..	..	..	..	..	..	..
Actions et parts de fonds d'investissement	..	..	..	..	..	..	..	..
Systèmes d'assurance, de pensions et garanties standard	..	..	..	..	..	..	..	..
Produits financiers dérivés et options sur titres des salariés	..	..	..	..	..	..	..	..
Autres comptes à payer	..	..	..	..	..	..	..	..
Actifs non financiers	..	..	..	1	1	1	2	5
Fonds d'investissement non monéaires à capital variable								
Valeur nette financière	..	..	..	..	..	..	..	..
Actifs financiers	..	..	..	..	..	..	..	..
Numéraire et dépôts	..	..	..	..	..	..	..	..

NOUVELLE-ZÉLANDE

Tableau 2. Actifs et passifs financiers des fonds d'investissement *(suite)*

Millions NZD

	2011	2012	2013	2014	2015	2016	2017	2018
Titres de dette	..	..	..	..	..	..	..	..
Crédits	..	..	..	..	..	..	..	..
Actions et parts de fonds d'investissement	..	..	..	..	..	..	..	..
Actions	..	..	..	..	..	..	..	..
Parts de fonds d'investissement	..	..	..	..	..	..	..	..
Parts de fonds d'investissement monétaires	..	..	..	..	..	..	..	..
Parts de fonds d'investissement non monétaires	..	..	..	..	..	..	..	..
Systèmes d'assurance, de pensions et garanties standard	..	..	..	..	..	..	..	..
Produits financiers dérivés et options sur titres des salariés	..	..	..	..	..	..	..	..
Autres comptes à recevoir	..	..	..	..	..	..	..	..
Passifs financiers	..	..	..	..	..	..	..	..
Titres de dette	..	..	..	..	..	..	..	..
Titres de dette à court terme	..	..	..	..	..	..	..	..
Titres de dette à long terme	..	..	..	..	..	..	..	..
Crédits	..	..	..	..	..	..	..	..
Crédits à court terme	..	..	..	..	..	..	..	..
Crédits à long terme	..	..	..	..	..	..	..	..
Actions et parts de fonds d'investissement	..	..	..	..	..	..	..	..
Systèmes d'assurance, de pensions et garanties standard	..	..	..	..	..	..	..	..
Produits financiers dérivés et options sur titres des salariés	..	..	..	..	..	..	..	..
Autres comptes à payer	..	..	..	..	..	..	..	..
Actifs non financiers	..	..	..	..	..	..	..	..
Fonds d'investissement à capital variable								
Valeur nette financière	..	..	..	..	..	..	..	..
Actifs financiers	..	..	..	..	..	..	..	..
Numéraire et dépôts	..	..	..	..	..	..	..	..
Titres de dette	..	..	..	..	..	..	..	..
Crédits	..	..	..	..	..	..	..	..
Actions et parts de fonds d'investissement	..	..	..	..	..	..	..	..
Actions	..	..	..	..	..	..	..	..
Parts de fonds d'investissement	..	..	..	..	..	..	..	..
Parts de fonds d'investissement monétaires	..	..	..	..	..	..	..	..
Parts de fonds d'investissement non monétaires	..	..	..	..	..	..	..	..
Systèmes d'assurance, de pensions et garanties standard	..	..	..	..	..	..	..	..
Produits financiers dérivés et options sur titres des salariés	..	..	..	..	..	..	..	..
Autres comptes à recevoir	..	..	..	..	..	..	..	..
Passifs financiers	..	..	..	..	..	..	..	..
Titres de dette	..	..	..	..	..	..	..	..
Titres de dette à court terme	..	..	..	..	..	..	..	..
Titres de dette à long terme	..	..	..	..	..	..	..	..
Crédits	..	..	..	..	..	..	..	..
Crédits à court terme	..	..	..	..	..	..	..	..
Crédits à long terme	..	..	..	..	..	..	..	..
Actions et parts de fonds d'investissement	..	..	..	..	..	..	..	..
Systèmes d'assurance, de pensions et garanties standard	..	..	..	..	..	..	..	..
Produits financiers dérivés et options sur titres des salariés	..	..	..	..	..	..	..	..
Autres comptes à payer	..	..	..	..	..	..	..	..
Actifs non financiers	..	..	..	..	..	..	..	..

Note : Voir les métadonnées détaillées sur : *http://metalinks.oecd.org/instinv/20190923/6c5a*

NOUVELLE-ZÉLANDE

Tableau 3. Actifs et passifs financiers des sociétés d'assurance et fonds de pension

Millions NZD

	2011	2012	2013	2014	2015	2016	2017	2018
Sociétés d'assurance et fonds de pension								
Valeur nette financière	..	..	..	..	..	..	..	..
Actifs financiers	..	..	..	..	..	..	..	..
Numéraire et dépôts	..	..	..	..	..	..	..	..
Titres de dette	..	..	..	..	..	..	..	..
Crédits	..	..	..	..	..	..	..	..
Actions et parts de fonds d'investissement	..	..	..	..	..	..	..	..
Actions	..	..	..	..	..	..	..	..
Parts de fonds d'investissement	..	..	..	..	..	..	..	..
Parts de fonds d'investissement monétaires	..	..	..	..	..	..	..	..
Parts de fonds d'investissement non monétaires	..	..	..	..	..	..	..	..
Systèmes d'assurance, de pensions et garanties standard	..	..	..	..	..	..	..	..
Produits financiers dérivés et options sur titres des salariés	..	..	..	..	..	..	..	..
Autres comptes à recevoir	..	..	..	..	..	..	..	..
Passifs financiers	..	..	..	..	..	..	..	..
Titres de dette	..	..	..	..	..	..	..	..
Titres de dette à court terme	..	..	..	..	..	..	..	..
Titres de dette à long terme	..	..	..	..	..	..	..	..
Crédits	..	..	..	..	..	..	..	..
Crédits à court terme	..	..	..	..	..	..	..	..
Crédits à long terme	..	..	..	..	..	..	..	..
Actions et parts de fonds d'investissement	..	..	..	..	..	..	..	..
Systèmes d'assurance, de pensions et garanties standard	..	..	..	..	..	..	..	..
Produits financiers dérivés et options sur titres des salariés	..	..	..	..	..	..	..	..
Autres comptes à payer	..	..	..	..	..	..	..	..
Actifs non financiers	..	..	..	..	..	..	..	..
Sociétés d'assurance								
Valeur nette financière	..	..	..	..	..	..	..	..
Actifs financiers	..	..	..	..	..	..	..	..
Numéraire et dépôts	..	..	..	..	..	..	..	..
Titres de dette	..	..	..	..	..	..	..	..
Crédits	..	..	..	..	..	..	..	..
Actions et parts de fonds d'investissement	..	..	..	..	..	..	..	..
Actions	..	..	..	..	..	..	..	..
Parts de fonds d'investissement	..	..	..	..	..	..	..	..
Parts de fonds d'investissement monétaires	..	..	..	..	..	..	..	..
Parts de fonds d'investissement non monétaires	..	..	..	..	..	..	..	..
Systèmes d'assurance, de pensions et garanties standard	..	..	..	..	..	..	..	..
Produits financiers dérivés et options sur titres des salariés	..	..	..	..	..	..	..	..
Autres comptes à recevoir	..	..	..	..	..	..	..	..
Passifs financiers	..	..	..	..	..	..	..	..
Titres de dette	..	..	..	..	..	..	..	..
Titres de dette à court terme	..	..	..	..	..	..	..	..
Titres de dette à long terme	..	..	..	..	..	..	..	..
Crédits	..	..	..	..	..	..	..	..
Crédits à court terme	..	..	..	..	..	..	..	..
Crédits à long terme	..	..	..	..	..	..	..	..
Actions et parts de fonds d'investissement	..	..	..	..	..	..	..	..
Systèmes d'assurance, de pensions et garanties standard	..	..	..	..	..	..	..	..
Produits financiers dérivés et options sur titres des salariés	..	..	..	..	..	..	..	..
Autres comptes à payer	..	..	..	..	..	..	..	..
Actifs non financiers	..	..	..	..	..	..	..	..
Fonds de pension								
Valeur nette financière	..	..	..	..	..	..	..	..
Actifs financiers	..	..	..	51 611	57 904	64 994	75 932	81 047
Numéraire et dépôts	..	..	..	3 775	3 957	4 556	5 125	6 384
Titres de dette	..	..	..	11 474	12 789	14 515	17 757	19 614
Crédits	..	..	..	22	10	7	12	10
Actions et parts de fonds d'investissement	..	..	..	35 790	40 296	45 157	51 977	54 196
Actions	..	..	..	14 121	15 399	18 979	24 881	25 829
Parts de fonds d'investissement	..	..	..	21 669	24 897	26 179	27 096	28 367
Parts de fonds d'investissement monétaires	..	..	..	..	..	..	..	..
Parts de fonds d'investissement non monétaires	..	..	..	..	..	..	..	..
Systèmes d'assurance, de pensions et garanties standard	..	..	..	..	..	..	..	..
Produits financiers dérivés et options sur titres des salariés	..	..	..	305	585	333	688	197
Autres comptes à recevoir	..	..	..	246	268	427	373	646
Passifs financiers	..	..	..	..	..	..	..	..
Titres de dette	..	..	..	..	..	..	..	..
Titres de dette à court terme	..	..	..	..	..	..	..	..
Titres de dette à long terme	..	..	..	..	..	..	..	..
Crédits	..	..	..	..	..	..	..	..
Crédits à court terme	..	..	..	..	..	..	..	..
Crédits à long terme	..	..	..	..	..	..	..	..
Actions et parts de fonds d'investissement	..	..	..	..	..	..	..	..
Systèmes d'assurance, de pensions et garanties standard	..	..	..	..	..	..	..	..
Produits financiers dérivés et options sur titres des salariés	..	..	..	..	..	..	..	..
Autres comptes à payer	..	..	..	..	..	..	..	..
Actifs non financiers	..	..	..	114	111	117	119	108

Note : Voir les métadonnées détaillées sur : *http://metalinks.oecd.org/instinv/20190923/6c5a*

NOUVELLE-ZÉLANDE

Tableau 4. Composition du portefeuille par type d'investisseur

En pourcentage des actifs financiers et des passifs financiers

Pour cent

	2011	2012	2013	2014	2015	2016	2017	2018
Fonds d'investissement								
Actifs financiers	..	..	..	100.0	100.0	100.0	100.0	100.0
Numéraire et dépôts	..	..	..	23.3	21.4	20.9	19.5	19.8
Titres de dettes	..	..	..	28.9	30.4	31.8	31.9	32.7
Crédits	..	..	..	0.1	0.0	0.0	0.0	0.0
Actions et parts de fonds d'investissement	..	..	..	46.7	47.1	46.4	47.7	46.9
Systèmes d'assurance de pensions et garanties standard	..	..	..	0.0	0.0	0.0	0.0	0.0
Produits financiers dérivés et options sur titres des salariés	..	..	..	0.3	0.4	0.3	0.4	0.1
Autres comptes à recevoir	..	..	..	0.6	0.6	0.5	0.6	0.5
Passifs financiers	..	..	..	..	..	..	..	..
Numéraire et dépôts	..	..	..	..	..	..	..	..
Titres de dettes	..	..	..	..	..	..	..	..
Crédits	..	..	..	..	..	..	..	..
Actions et parts de fonds d'investissement	..	..	..	..	..	..	..	..
Systèmes d'assurance de pensions et garanties standard	..	..	..	..	..	..	..	..
Produits financiers dérivés et options sur titres des salariés	..	..	..	..	..	..	..	..
Autres comptes à recevoir	..	..	..	..	..	..	..	..
Sociétés d'assurance								
Actifs financiers	..	..	..	..	..	..	..	..
Numéraire et dépôts	..	..	..	..	..	..	..	..
Titres de dettes	..	..	..	..	..	..	..	..
Crédits	..	..	..	..	..	..	..	..
Actions et parts de fonds d'investissement	..	..	..	..	..	..	..	..
Systèmes d'assurance de pensions et garanties standard	..	..	..	..	..	..	..	..
Produits financiers dérivés et options sur titres des salariés	..	..	..	..	..	..	..	..
Autres comptes à recevoir	..	..	..	..	..	..	..	..
Passifs financiers	..	..	..	..	..	..	..	..
Numéraire et dépôts	..	..	..	..	..	..	..	..
Titres de dettes	..	..	..	..	..	..	..	..
Crédits	..	..	..	..	..	..	..	..
Actions et parts de fonds d'investissement	..	..	..	..	..	..	..	..
Systèmes d'assurance de pensions et garanties standard	..	..	..	..	..	..	..	..
Produits financiers dérivés et options sur titres des salariés	..	..	..	..	..	..	..	..
Autres comptes à recevoir	..	..	..	..	..	..	..	..
Fonds de pension								
Actifs financiers	..	..	..	100.0	100.0	100.0	100.0	100.0
Numéraire et dépôts	..	..	..	7.3	6.8	7.0	6.7	7.9
Titres de dettes	..	..	..	22.2	22.1	22.3	23.4	24.2
Crédits	..	..	..	0.0	0.0	0.0	0.0	0.0
Actions et parts de fonds d'investissement	..	..	..	69.3	69.6	69.5	68.5	66.9
Systèmes d'assurance de pensions et garanties standard	..	..	..	0.0	0.0	0.0	0.0	0.0
Produits financiers dérivés et options sur titres des salariés	..	..	..	0.6	1.0	0.5	0.9	0.2
Autres comptes à recevoir	..	..	..	0.5	0.5	0.7	0.5	0.8
Passifs financiers	..	..	..	..	..	..	..	..
Numéraire et dépôts	..	..	..	..	..	..	..	..
Titres de dettes	..	..	..	..	..	..	..	..
Crédits	..	..	..	..	..	..	..	..
Actions et parts de fonds d'investissement	..	..	..	..	..	..	..	..
Systèmes d'assurance de pensions et garanties standard	..	..	..	..	..	..	..	..
Produits financiers dérivés et options sur titres des salariés	..	..	..	..	..	..	..	..
Autres comptes à recevoir	..	..	..	..	..	..	..	..

Note : Voir les métadonnées détaillées sur : *http://metalinks.oecd.org/instinv/20190923/2704*

NORVÈGE

Tableau 1. Actifs et passifs financiers des investisseurs institutionnels, 2018

Millions NOK

	Fonds d'investissement				
	Total	Fonds d'investissement non-monétaire			Fonds d'investissement monétaires
		Total	Fonds d'investissement à capital variable, non monétaire	Fonds d'investissement à capital fixe, non monétaire	Total
Actifs financiers	..	..	1 064 413	..	109 887
Numéraire et dépôts	..	..	28 640	..	11 788
Titres de dette	..	..	353 832	..	91 142
Titres de dette à court terme	..	..	13 142	..	10 573
Titres de dette à long terme	..	..	340 690	..	80 569
Titres de dette émis par les résidents	..	..	212 521	..	85 064
Titres de dette émis par les non-résidents	..	..	141 311	..	6 078
Crédits	..	..	0	..	..
Crédits à court terme	..	..	..	..	..
Crédits à long terme	..	..	0	..	..
Crédits accordés aux résidents	..	..	0	..	..
Crédits accordés aux non-résidents	..	..	..	..	..
Actions et parts de fonds d'investissement	..	..	673 875	..	6 611
Actions et parts de fonds d'investissements émises par les résidents	..	..	269 572	..	6 595
Actions et part de fonds d'investissements émises par les non-résidents	..	..	404 303	..	..
Autres comptes à recevoir	..	..	10 037	..	346

	Fonds d'investissement				
	Total	Fonds d'investissement non-monétaire			Fonds d'investissement monétaires
		Total	Fonds d'investissement à capital variable, non monétaire	Fonds d'investissement à capital fixe, non monétaire	Total
Pasifs financiers	..	..	1 063 792	..	109 701
Numéraire et dépôts	..	..	..	..	..
Titres de dette	..	..	..	..	..
Titres de dette à court terme	..	..	..	..	..
Titres de dette à long terme	..	..	..	..	..
Crédits	..	..	2 962	..	..
Crédits à court terme	..	..	2 962	..	..
Crédits à long terme	..	..	..	..	..
Actions et parts de fonds d'investissement	..	..	1 055 475	..	109 372
Systèmes d'assurance, de pensions et garanties standard	..	..	..	..	..
Produits financiers dérivés et options sur titres des salariés	..	..	..	..	..
Autres comptes à payer	..	..	5 355	..	329

	Sociétés d'assurance et fonds de pension autonomes				
	Total	Sociétés d'assurance			Fonds de pension autonomes
		Total	Sociétés d'assurance vie	Sociétés d'assurance non-vie	Total
Actifs financiers	2 121 601	1 770 782	1 536 078	234 704	350 819
Numéraire et dépôts	43 124	34 770	24 854	9 916	8 354
Titres de dette	816 559	674 567	579 532	95 035	141 992
Titres de dette à court terme	35 974	30 568	20 886	9 682	5 406
Titres de dette à long terme	780 585	643 999	558 646	85 353	136 586
Titres de dette émis par les résidents	433 343	315 721	251 568	64 153	117 622
Titres de dette émis par les non-résidents	383 216	358 846	327 964	30 882	24 370
Crédits	153 640	145 815	142 575	3 240	7 825
Crédits à court terme	0	0	0	0	..
Crédits à long terme	153 640	145 815	142 575	3 240	7 825
Crédits accordés aux résidents	142 737	135 088	131 848	3 240	7 649
Crédits accordés aux non-résidents	10 903	10 727	10 727	0	176
Actions et parts de fonds d'investissement	1 016 801	825 884	775 204	50 680	190 917
Actions et parts de fonds d'investissement émises par les résidents	735 929	611 246	582 309	28 937	124 683
Actions et parts de fonds d'investissement émises par les non-résidents	280 872	214 638	192 895	21 743	66 234
Autrescomptes à recevoir	66 765	65 188	9 361	55 827	1 577

	Sociétés d'assurance et fonds de pension autonomes				
	Total	Sociétés d'assurance			Fonds de pension autonomes
		Total	Sociétés d'assurance vie	Sociétés d'assurance non-vie	Total
Pasifs financiers	2 192 131	1 815 540	1 539 600	275 940	376 591
Numéraire et dépôts	..	..	..	..	..
Titres de dette	21 100	21 100	17 346	3 754	0
Titres de dette à court terme	..	..	..	..	..
Titres de dette à long terme	21 100	21 100	17 346	3 754	0
Crédits	12 448	12 013	11 734	279	435
Crédits à court terme	3	3	3	0	..
Crédits à long terme	12 445	12 010	11 731	279	435
Actions et parts de fonds d'investissement	280 732	239 995	105 978	134 017	40 737
Systèmes d'assurance, de pensions et garanties standard	1 832 086	1 498 592	1 379 456	119 136	333 494
Produits financiers dérivés et options sur titres des salariés	11 628	10 945	10 147	798	683
Autres comptes à payer	34 137	32 895	14 939	17 956	1 242

Note : Voir les métadonnées détaillées sur : *http://metalinks.oecd.org/instinv/20190923/6c5a*

NORVÈGE

Tableau 2. Actifs et passifs financiers des fonds d'investissement

Millions NOK

	2011	2012	2013	2014	2015	2016	2017	2018
Fonds d'investissement								
Valeur nette financière	..	..	..	..	..	..	..	..
Actifs financiers	..	..	..	..	..	..	..	..
Numéraire et dépôts	..	..	..	..	..	..	..	..
Titres de dette	..	..	..	..	..	..	..	..
Crédits	..	..	..	..	..	..	..	..
Actions et parts de fonds d'investissement	..	..	..	..	..	..	..	..
Actions	..	..	..	..	..	..	..	..
Parts de fonds d'investissement	..	..	..	..	..	..	..	..
Parts de fonds d'investissement monétaires	..	..	..	..	..	..	..	..
Parts de fonds d'investissement non monétaires	..	..	..	..	..	..	..	..
Systèmes d'assurance, de pensions et garanties standard	..	..	..	..	..	..	..	..
Produits financiers dérivés et options sur titres des salariés	..	..	..	..	..	..	..	..
Autres comptes à recevoir	..	..	..	..	..	..	..	..
Passifs financiers	..	..	..	..	..	..	..	..
Titres de dette	..	..	..	..	..	..	..	..
Titres de dette à court terme	..	..	..	..	..	..	..	..
Titres de dette à long terme	..	..	..	..	..	..	..	..
Crédits	..	..	..	..	..	..	..	..
Crédits à court terme	..	..	..	..	..	..	..	..
Crédits à long terme	..	..	..	..	..	..	..	..
Actions et parts de fonds d'investissement	..	..	..	..	..	..	..	..
Systèmes d'assurance, de pensions et garanties standard	..	..	..	..	..	..	..	..
Produits financiers dérivés et options sur titres des salariés	..	..	..	..	..	..	..	..
Autres comptes à payer	..	..	..	..	..	..	..	..
Actifs non financiers	..	..	..	..	..	..	..	..
Fonds d'investissement monéaires								
Valeur nette financière	265	573	745	48	58	61	-208	186
Actifs financiers	120 275	96 333	91 353	86 717	82 313	95 875	105 955	109 887
Numéraire et dépôts	5 494	10 993	12 715	13 422	10 216	10 187	12 125	11 788
Titres de dette	98 069	77 127	68 707	66 345	65 384	77 984	86 545	91 142
Crédits	..	..	..	..	..	..	..	..
Actions et parts de fonds d'investissement	16 006	7 605	8 614	6 505	6 377	7 288	6 939	6 611
Actions	..	..	..	..	..	..	..	..
Parts de fonds d'investissement	16 006	7 605	8 614	6 505	6 377	7 288	6 939	6 611
Parts de fonds d'investissement monétaires	16 006	7 592	8 560	6 468	6 364	7 282	6 923	6 595
Parts de fonds d'investissement non monétaires	0	13	54	37	13	6	16	16
Systèmes d'assurance, de pensions et garanties standard	..	..	..	..	..	..	..	..
Produits financiers dérivés et options sur titres des salariés	..	..	..	..	..	..	..	..
Autres comptes à recevoir	706	608	1 317	445	336	416	346	346
Passifs financiers	120 010	95 760	90 608	86 669	82 255	95 814	106 163	109 701
Titres de dette	..	..	..	..	..	..	..	..
Titres de dette à court terme	..	..	..	..	..	..	..	..
Titres de dette à long terme	..	..	..	..	..	..	..	..
Crédits	..	..	..	..	..	..	..	..
Crédits à court terme	..	..	..	..	..	..	..	..
Crédits à long terme	..	..	..	..	..	..	..	..
Actions et parts de fonds d'investissement	119 472	95 520	89 545	86 236	81 929	95 450	105 831	109 372
Systèmes d'assurance, de pensions et garanties standard	..	..	..	..	..	..	..	..
Produits financiers dérivés et options sur titres des salariés	..	..	..	..	..	..	..	..
Autres comptes à payer	538	240	1 063	433	326	364	332	329
Actifs non financiers	..	..	..	..	..	..	..	..
Fonds d'investissement non monéaires								
Valeur nette financière	..	..	..	..	..	..	..	..
Actifs financiers	..	..	..	..	..	..	..	..
Numéraire et dépôts	..	..	..	..	..	..	..	..
Titres de dette	..	..	..	..	..	..	..	..
Crédits	..	..	..	..	..	..	..	..
Actions et parts de fonds d'investissement	..	..	..	..	..	..	..	..
Actions	..	..	..	..	..	..	..	..
Parts de fonds d'investissement	..	..	..	..	..	..	..	..
Parts de fonds d'investissement monétaires	..	..	..	..	..	..	..	..
Parts de fonds d'investissement non monétaires	..	..	..	..	..	..	..	..
Systèmes d'assurance, de pensions et garanties standard	..	..	..	..	..	..	..	..
Produits financiers dérivés et options sur titres des salariés	..	..	..	..	..	..	..	..
Autres comptes à recevoir	..	..	..	..	..	..	..	..
Passifs financiers	..	..	..	..	..	..	..	..
Titres de dette	..	..	..	..	..	..	..	..
Titres de dette à court terme	..	..	..	..	..	..	..	..
Titres de dette à long terme	..	..	..	..	..	..	..	..
Crédits	..	..	..	..	..	..	..	..
Crédits à court terme	..	..	..	..	..	..	..	..
Crédits à long terme	..	..	..	..	..	..	..	..
Actions et parts de fonds d'investissement	..	..	..	..	..	..	..	..
Systèmes d'assurance, de pensions et garanties standard	..	..	..	..	..	..	..	..
Produits financiers dérivés et options sur titres des salariés	..	..	..	..	..	..	..	..
Autres comptes à payer	..	..	..	..	..	..	..	..
Actifs non financiers	..	..	..	..	..	..	..	..
Fonds d'investissement non monéaires à capital variable								
Valeur nette financière	2 719	-319	-821	-444	748	4 148	1 110	621
Actifs financiers	409 383	517 233	639 820	824 220	890 760	959 881	1 085 378	1 064 413
Numéraire et dépôts	16 470	16 293	18 721	26 214	32 916	25 724	29 550	28 640

NORVÈGE

Tableau 2. Actifs et passifs financiers des fonds d'investissement *(suite)*

Millions NOK

	2011	2012	2013	2014	2015	2016	2017	2018
Titres de dette	107 306	158 212	178 034	293 703	314 868	329 071	344 596	353 832
Crédits	0	0	0	0	0	0	0	0
Actions et parts de fonds d'investissement	282 251	330 059	437 547	498 160	536 473	596 411	697 020	673 875
Actions	232 679	259 667	341 971	378 923	398 798	436 979	524 363	502 145
Parts de fonds d'investissement	49 572	70 392	95 576	119 237	137 675	159 432	172 657	171 730
Parts de fonds d'investissement monétaires	0	6 274	4 895	5 977	6 372	6 816	3 742	2 902
Parts de fonds d'investissement non monétaires	49 572	64 118	90 681	113 260	131 303	152 616	168 915	168 828
Systèmes d'assurance, de pensions et garanties standard	..	..	..	..	..	..	..	..
Produits financiers dérivés et options sur titres des salariés	0	705	-190	-5 349	-5 523	-3 261	-1 971	-1 971
Autres comptes à recevoir	3 356	11 964	5 708	11 492	12 026	11 936	16 183	10 037
Passifs financiers	406 664	517 552	640 641	824 664	890 012	955 733	1 084 268	1 063 792
Titres de dette	..	..	..	..	..	..	..	..
Titres de dette à court terme	..	..	..	..	..	..	..	..
Titres de dette à long terme	..	..	..	..	..	..	..	..
Crédits	0	1 109	645	1 960	9 849	435	1 427	2 962
Crédits à court terme	0	1 109	645	1 960	9 849	435	1 427	2 962
Crédits à long terme	..	..	..	..	..	..	..	..
Actions et parts de fonds d'investissement	406 598	513 910	636 305	818 518	876 168	950 878	1 077 483	1 055 475
Systèmes d'assurance, de pensions et garanties standard	..	..	..	..	..	..	..	..
Produits financiers dérivés et options sur titres des salariés	..	..	..	..	..	..	..	..
Autres comptes à payer	66	2 533	3 691	4 186	3 995	4 420	5 358	5 355
Actifs non financiers	..	..	..	..	..	..	..	..
Fonds d'investissement à capital variable								
Valeur nette financière	2 984	254	-76	-396	806	4 209	902	807
Actifs financiers	529 658	613 566	731 173	910 937	973 073	1 055 756	1 191 333	1 174 300
Numéraire et dépôts	21 964	27 286	31 436	39 636	43 132	35 911	41 675	40 428
Titres de dette	205 375	235 339	246 741	360 048	380 252	407 055	431 141	444 974
Crédits	0	0	0	0	0	0	0	0
Actions et parts de fonds d'investissement	298 257	337 664	446 161	504 665	542 850	603 699	703 959	680 486
Actions	232 679	259 667	341 971	378 923	398 798	436 979	524 363	502 145
Parts de fonds d'investissement	65 578	77 997	104 190	125 742	144 052	166 720	179 596	178 341
Parts de fonds d'investissement monétaires	16 006	13 866	13 455	12 445	12 736	14 098	10 665	9 497
Parts de fonds d'investissement non monétaires	49 572	64 131	90 735	113 297	131 316	152 622	168 931	168 844
Systèmes d'assurance, de pensions et garanties standard	..	..	..	..	..	..	..	..
Produits financiers dérivés et options sur titres des salariés	0	705	-190	-5 349	-5 523	-3 261	-1 971	-1 971
Autres comptes à recevoir	4 062	12 572	7 025	11 937	12 362	12 352	16 529	10 383
Passifs financiers	526 674	613 312	731 249	911 333	972 267	1 051 547	1 190 431	1 173 493
Titres de dette	..	..	..	..	..	..	..	..
Titres de dette à court terme	..	..	..	..	..	..	..	..
Titres de dette à long terme	..	..	..	..	..	..	..	..
Crédits	0	1 109	645	1 960	9 849	435	1 427	2 962
Crédits à court terme	0	1 109	645	1 960	9 849	435	1 427	2 962
Crédits à long terme	..	..	..	..	..	..	..	..
Actions et parts de fonds d'investissement	526 070	609 430	725 850	904 754	958 097	1 046 328	1 183 314	1 164 847
Systèmes d'assurance, de pensions et garanties standard	..	..	..	..	..	..	..	..
Produits financiers dérivés et options sur titres des salariés	..	..	..	..	..	..	..	..
Autres comptes à payer	604	2 773	4 754	4 619	4 321	4 784	5 690	5 684
Actifs non financiers	..	..	..	..	..	..	..	..

Note : Voir les métadonnées détaillées sur : *http://metalinks.oecd.org/instinv/20190923/6c5a*

NORVÈGE

Tableau 3. Actifs et passifs financiers des sociétés d'assurance et fonds de pension

Millions NOK

	2011	2012	2013	2014	2015	2016	2017	2018
Sociétés d'assurance et fonds de pension								
Valeur nette financière	19 050	-21 572	-35 298	-30 967	-49 589	-35 525	-49 119	-70 530
Actifs financiers	1 273 579	1 409 897	1 553 099	1 718 828	1 834 339	1 945 219	2 095 683	2 121 601
Numéraire et dépôts	38 768	44 378	54 657	45 782	48 798	43 034	43 040	43 124
Titres de dette	615 902	670 429	730 812	703 311	732 815	766 703	803 251	816 559
Crédits	54 059	55 997	67 407	88 072	98 399	115 107	126 641	153 640
Actions et parts de fonds d'investissement	492 237	565 114	623 753	799 020	867 466	935 700	1 039 217	1 016 801
Actions	218 490	239 911	244 159	267 308	285 940	300 659	317 316	299 728
Parts de fonds d'investissement	273 747	325 203	379 594	531 712	581 526	635 041	721 901	717 073
Parts de fonds d'investissement monétaires	41 235	36 833	32 472	30 393	26 770	27 492	26 221	28 156
Parts de fonds d'investissement non monétaires	232 512	288 370	347 122	501 319	554 756	607 549	695 680	688 917
Systèmes d'assurance, de pensions et garanties standard	13 065	14 209	15 624	16 147	19 446	18 157	21 125	21 248
Produits financiers dérivés et options sur titres des salariés	1 509	5 568	3 294	4 951	3 936	5 465	3 119	3 464
Autres comptes à recevoir	58 039	54 202	57 552	61 545	63 479	61 053	59 290	66 765
Passifs financiers	1 254 529	1 431 469	1 588 397	1 749 795	1 883 928	1 980 744	2 144 802	2 192 131
Titres de dette	10 994	11 016	11 381	13 162	20 190	20 737	23 735	21 100
Titres de dette à court terme	..	..	..	..	..	..	..	..
Titres de dette à long terme	10 994	11 016	11 381	13 162	20 190	20 737	23 735	21 100
Crédits	4 393	4 775	3 859	4 578	11 237	12 392	12 216	12 448
Crédits à court terme	0	37	25	31	375	1 099	1 149	3
Crédits à long terme	4 393	4 738	3 834	4 547	10 862	11 293	11 067	12 445
Actions et parts de fonds d'investissement	90 483	175 434	209 020	227 487	261 368	262 897	289 197	280 732
Systèmes d'assurance, de pensions et garanties standard	1 120 210	1 214 055	1 335 038	1 460 748	1 553 781	1 651 951	1 786 168	1 832 086
Produits financiers dérivés et options sur titres des salariés	2 083	2 392	4 153	18 398	12 398	7 658	6 708	11 628
Autres comptes à payer	26 366	23 797	24 946	25 422	24 954	25 109	26 778	34 137
Actifs non financiers	..	..	..	..	..	..	..	..
Sociétés d'assurance								
Valeur nette financière	47 435	-14 733	-31 239	-31 025	-52 826	-39 324	-52 763	-44 758
Actifs financiers	1 088 313	1 186 091	1 296 668	1 428 225	1 517 268	1 609 934	1 731 868	1 770 782
Numéraire et dépôts	32 732	38 011	48 573	38 262	41 539	35 839	34 686	34 770
Titres de dette	502 667	555 667	607 376	571 529	595 015	628 548	660 010	674 567
Crédits	51 949	51 131	61 934	81 978	92 879	109 210	118 870	145 815
Actions et parts de fonds d'investissement	434 270	469 458	503 627	655 835	703 009	754 275	836 506	825 884
Actions	193 022	208 111	206 420	227 377	242 187	252 264	266 123	248 606
Parts de fonds d'investissement	241 248	261 347	297 207	428 458	460 822	502 011	570 383	577 278
Parts de fonds d'investissement monétaires	41 235	32 278	26 499	23 474	18 930	19 482	18 719	20 308
Parts de fonds d'investissement non monétaires	200 013	229 069	270 708	404 984	441 892	482 529	551 664	556 970
Systèmes d'assurance, de pensions et garanties standard	13 065	14 209	15 624	16 147	19 446	18 157	21 125	21 248
Produits financiers dérivés et options sur titres des salariés	1 509	4 996	3 050	4 612	3 660	5 169	2 957	3 310
Autres comptes à recevoir	52 121	52 619	56 484	59 862	61 720	58 736	57 714	65 188
Passifs financiers	1 040 878	1 200 824	1 327 907	1 459 250	1 570 094	1 649 258	1 784 631	1 815 540
Titres de dette	10 994	10 779	11 034	13 161	20 190	20 737	23 705	21 100
Titres de dette à court terme	..	..	..	..	..	..	..	..
Titres de dette à long terme	10 994	10 779	11 034	13 161	20 190	20 737	23 705	21 100
Crédits	4 393	4 280	3 347	4 118	10 813	11 957	11 781	12 013
Crédits à court terme	0	37	25	31	375	1 099	1 149	3
Crédits à long terme	4 393	4 243	3 322	4 087	10 438	10 858	10 632	12 010
Actions et parts de fonds d'investissement	72 861	153 763	184 586	200 521	230 210	227 378	248 460	239 995
Systèmes d'assurance, de pensions et garanties standard	925 684	1 007 025	1 100 965	1 201 061	1 273 678	1 357 862	1 469 111	1 498 592
Produits financiers dérivés et options sur titres des salariés	2 083	2 169	3 810	15 939	11 051	7 090	6 038	10 945
Autres comptes à payer	24 863	22 808	24 165	24 450	24 152	24 234	25 536	32 895
Actifs non financiers	..	..	..	..	..	..	..	..
Fonds de pension								
Valeur nette financière	-28 385	-6 839	-4 059	58	3 237	3 799	3 644	-25 772
Actifs financiers	185 266	223 806	256 431	290 603	317 071	335 285	363 815	350 819
Numéraire et dépôts	6 036	6 367	6 084	7 520	7 259	7 195	8 354	8 354
Titres de dette	113 235	114 762	123 436	131 782	137 800	138 155	143 241	141 992
Crédits	2 110	4 866	5 473	6 094	5 520	5 897	7 771	7 825
Actions et parts de fonds d'investissement	57 967	95 656	120 126	143 185	164 457	181 425	202 711	190 917
Actions	25 468	31 800	37 739	39 931	43 753	48 395	51 193	51 122
Parts de fonds d'investissement	32 499	63 856	82 387	103 254	120 704	133 030	151 518	139 795
Parts de fonds d'investissement monétaires	0	4 555	5 973	6 919	7 840	8 010	7 502	7 848
Parts de fonds d'investissement non monétaires	32 499	59 301	76 414	96 335	112 864	125 020	144 016	131 947
Systèmes d'assurance, de pensions et garanties standard	..	..	..	..	..	..	..	..
Produits financiers dérivés et options sur titres des salariés	0	572	244	339	276	296	162	154
Autres comptes à recevoir	5 918	1 583	1 068	1 683	1 759	2 317	1 576	1 577
Passifs financiers	213 651	230 645	260 490	290 545	313 834	331 486	360 171	376 591
Titres de dette	0	237	347	1	0	0	30	0
Titres de dette à court terme	..	..	..	..	..	..	..	..
Titres de dette à long terme	0	237	347	1	0	0	30	0
Crédits	0	495	512	460	424	435	435	435
Crédits à court terme	..	..	..	..	..	..	..	..
Crédits à long terme	0	495	512	460	424	435	435	435
Actions et parts de fonds d'investissement	17 622	21 671	24 434	26 966	31 158	35 519	40 737	40 737
Systèmes d'assurance, de pensions et garanties standard	194 526	207 030	234 073	259 687	280 103	294 089	317 057	333 494
Produits financiers dérivés et options sur titres des salariés	0	223	343	2 459	1 347	568	670	683
Autres comptes à payer	1 503	989	781	972	802	875	1 242	1 242
Actifs non financiers	..	..	..	..	..	..	..	..

Note : Voir les métadonnées détaillées sur : *http://metalinks.oecd.org/instinv/20190923/6c5a*

Tableau 4. Composition du portefeuille par type d'investisseur

En pourcentage des actifs financiers et des passifs financiers

Pour cent

	2011	2012	2013	2014	2015	2016	2017	2018
Fonds d'investissement								
Actifs financiers	..	..	..	..	..	..	..	..
Numéraire et dépôts	..	..	..	..	..	..	..	..
Titres de dettes	..	..	..	..	..	..	..	..
Crédits	..	..	..	..	..	..	..	..
Actions et parts de fonds d'investissement	..	..	..	..	..	..	..	..
Systèmes d'assurance de pensions et garanties standard	..	..	..	..	..	..	..	..
Produits financiers dérivés et options sur titres des salariés	..	..	..	..	..	..	..	..
Autres comptes à recevoir	..	..	..	..	..	..	..	..
Passifs financiers	..	..	..	..	..	..	..	..
Numéraire et dépôts	..	..	..	..	..	..	..	..
Titres de dettes	..	..	..	..	..	..	..	..
Crédits	..	..	..	..	..	..	..	..
Actions et parts de fonds d'investissement	..	..	..	..	..	..	..	..
Systèmes d'assurance de pensions et garanties standard	..	..	..	..	..	..	..	..
Produits financiers dérivés et options sur titres des salariés	..	..	..	..	..	..	..	..
Autres comptes à recevoir	..	..	..	..	..	..	..	..
Sociétés d'assurance								
Actifs financiers	100.0	100.0	100.0	100.0	100.0	100.0	100.0	100.0
Numéraire et dépôts	3.0	3.2	3.7	2.7	2.7	2.2	2.0	2.0
Titres de dettes	46.2	46.8	46.8	40.0	39.2	39.0	38.1	38.1
Crédits	4.8	4.3	4.8	5.7	6.1	6.8	6.9	8.2
Actions et parts de fonds d'investissement	39.9	39.6	38.8	45.9	46.3	46.9	48.3	46.6
Systèmes d'assurance de pensions et garanties standard	1.2	1.2	1.2	1.1	1.3	1.1	1.2	1.2
Produits financiers dérivés et options sur titres des salariés	0.1	0.4	0.2	0.3	0.2	0.3	0.2	0.2
Autres comptes à recevoir	4.8	4.4	4.4	4.2	4.1	3.6	3.3	3.7
Passifs financiers	100.0	100.0	100.0	100.0	100.0	100.0	100.0	100.0
Numéraire et dépôts	0.0	0.0	0.0	0.0	0.0	0.0	0.0	0.0
Titres de dettes	1.1	0.9	0.8	0.9	1.3	1.3	1.3	1.2
Crédits	0.4	0.4	0.3	0.3	0.7	0.7	0.7	0.7
Actions et parts de fonds d'investissement	7.0	12.8	13.9	13.7	14.7	13.8	13.9	13.2
Systèmes d'assurance de pensions et garanties standard	88.9	83.9	82.9	82.3	81.1	82.3	82.3	82.5
Produits financiers dérivés et options sur titres des salariés	0.2	0.2	0.3	1.1	0.7	0.4	0.3	0.6
Autres comptes à recevoir	2.4	1.9	1.8	1.7	1.5	1.5	1.4	1.8
Fonds de pension								
Actifs financiers	100.0	100.0	100.0	100.0	100.0	100.0	100.0	100.0
Numéraire et dépôts	3.3	2.8	2.4	2.6	2.3	2.1	2.3	2.4
Titres de dettes	61.1	51.3	48.1	45.3	43.5	41.2	39.4	40.5
Crédits	1.1	2.2	2.1	2.1	1.7	1.8	2.1	2.2
Actions et parts de fonds d'investissement	31.3	42.7	46.8	49.3	51.9	54.1	55.7	54.4
Systèmes d'assurance de pensions et garanties standard	0.0	0.0	0.0	0.0	0.0	0.0	0.0	0.0
Produits financiers dérivés et options sur titres des salariés	0.0	0.3	0.1	0.1	0.1	0.1	0.0	0.0
Autres comptes à recevoir	3.2	0.7	0.4	0.6	0.6	0.7	0.4	0.4
Passifs financiers	100.0	100.0	100.0	100.0	100.0	100.0	100.0	100.0
Numéraire et dépôts	0.0	0.0	0.0	0.0	0.0	0.0	0.0	0.0
Titres de dettes	0.0	0.1	0.1	0.0	0.0	0.0	0.0	0.0
Crédits	0.0	0.2	0.2	0.2	0.1	0.1	0.1	0.1
Actions et parts de fonds d'investissement	8.2	9.4	9.4	9.3	9.9	10.7	11.3	10.8
Systèmes d'assurance de pensions et garanties standard	91.0	89.8	89.9	89.4	89.3	88.7	88.0	88.6
Produits financiers dérivés et options sur titres des salariés	0.0	0.1	0.1	0.8	0.4	0.2	0.2	0.2
Autres comptes à recevoir	0.7	0.4	0.3	0.3	0.3	0.3	0.3	0.3

Note : Voir les métadonnées détaillées sur : *http://metalinks.oecd.org/instinv/20190923/2704*

POLOGNE

Tableau 1. Actifs et passifs financiers des investisseurs institutionnels, 2018

Millions PLN

	Total	Fonds d'investissement			
		Fonds d'investissement non-monétaire			Fonds d'investissement monétaires
		Total	Fonds d'investissement à capital variable, non monétaire	Fonds d'investissement à capital fixe, non monétaire	Total
Actifs financiers	..	311 168	164 204	146 964	..
Numéraire et dépôts	..	29 692	15 758	13 934	..
Titres de dette	..	142 306	106 676	35 630	..
Titres de dette à court terme	..	5 499	3 657	1 842	..
Titres de dette à long terme	..	136 807	103 019	33 788	..
Titres de dette émis par les résidents	..	118 172	93 367	24 805	..
Titres de dette émis par les non-résidents	..	24 133	13 308	10 825	..
Crédits	..	9 622	..	8 422	..
Crédits à court terme	..	..	..	754	..
Crédits à long terme	..	..	..	7 668	..
Crédits accordés aux résidents	..	..	..	6 936	..
Crédits accordés aux non-résidents	..	..	..	1 487	..
Actions et parts de fonds d'investissement	..	..	39 339	65 537	..
Actions et parts de fonds d'investissements émises par les résidents	..	49 204	22 765	26 439	..
Actions et part de fonds d'investissements émises par les non-résidents	..	..	16 574	..	..
Autres comptes à recevoir	..	24 437	1 123	23 314	..

	Total	Fonds d'investissement			
		Fonds d'investissement non-monétaire			Fonds d'investissement monétaires
		Total	Fonds d'investissement à capital variable, non monétaire	Fonds d'investissement à capital fixe, non monétaire	Total
Pasifs financiers	..	..	164 203	148 357	..
Numéraire et dépôts	..	..	..	..	..
Titres de dette	..	..	..	..	..
Titres de dette à court terme	..	..	..	..	..
Titres de dette à long terme	..	..	..	..	..
Crédits	..	3 776	3 193	583	..
Crédits à court terme	..	3 405	3 193	212	..
Crédits à long terme	..	371	0	371	..
Actions et parts de fonds d'investissement	..	291 038	151 819	139 219	..
Systèmes d'assurance, de pensions et garanties standard	..	..	..	..	..
Produits financiers dérivés et options sur titres des salariés	..	286	208	78	..
Autres comptes à payer	..	17 460	8 983	8 477	..

	Total	Sociétés d'assurance et fonds de pension autonomes			
		Sociétés d'assurance			Fonds de pension autonomes
		Total	Sociétés d'assurance vie	Sociétés d'assurance non-vie	Total
Actifs financiers	..	..	..	..	159 322
Numéraire et dépôts	..	..	..	..	9 774
Titres de dette	..	..	..	..	14 719
Titres de dette à court terme	..	..	..	..	290 e
Titres de dette à long terme	..	..	..	..	14 429 e
Titres de dette émis par les résidents	..	..	..	..	13 087 e
Titres de dette émis par les non-résidents	..	..	..	..	1 632 e
Crédits	..	..	..	..	0
Crédits à court terme	..	..	..	..	0
Crédits à long terme	..	..	..	..	0
Crédits accordés aux résidents	..	..	..	..	0
Crédits accordés aux non-résidents	..	..	..	..	0
Actions et parts de fonds d'investissement	..	..	..	..	134 600
Actions et parts de fonds d'investissement émises par les résidents	..	..	..	..	121 834 e
Actions et parts de fonds d'investissement émises par les non-résidents	..	..	..	..	12 766 e
Autrescomptes à recevoir	..	..	..	..	230

	Total	Sociétés d'assurance et fonds de pension autonomes			
		Sociétés d'assurance			Fonds de pension autonomes
		Total	Sociétés d'assurance vie	Sociétés d'assurance non-vie	Total
Pasifs financiers	..	..	..	..	159 322
Numéraire et dépôts	..	..	..	..	0
Titres de dette	..	..	..	..	0
Titres de dette à court terme	..	..	..	..	0
Titres de dette à long terme	..	..	..	..	0
Crédits	..	..	..	..	0
Crédits à court terme	..	..	..	..	0
Crédits à long terme	..	..	..	..	0
Actions et parts de fonds d'investissement	..	..	..	..	0
Systèmes d'assurance, de pensions et garanties standard	..	..	..	..	159 134
Produits financiers dérivés et options sur titres des salariés	..	..	..	..	0
Autres comptes à payer	..	..	..	..	188

Note : Voir les métadonnées détaillées sur : *http://metalinks.oecd.org/instinv/20190923/8b71*

POLOGNE

Tableau 2. Actifs et passifs financiers des fonds d'investissement

Millions PLN

	2011	2012	2013	2014	2015	2016	2017	2018
Fonds d'investissement								
Valeur nette financière	..	..	..	..	..	..	..	..
Actifs financiers	..	..	..	..	..	..	..	..
Numéraire et dépôts	..	..	..	..	..	..	..	..
Titres de dette	..	..	..	..	..	..	..	..
Crédits	..	..	..	..	..	..	..	..
Actions et parts de fonds d'investissement	..	..	..	..	..	..	..	..
Actions	..	..	..	..	..	..	..	..
Parts de fonds d'investissement	..	..	..	..	..	..	..	..
Parts de fonds d'investissement monétaires	..	..	..	..	..	..	..	..
Parts de fonds d'investissement non monétaires	..	..	..	..	..	..	..	..
Systèmes d'assurance, de pensions et garanties standard	..	..	..	..	..	..	..	..
Produits financiers dérivés et options sur titres des salariés	..	..	..	..	..	..	..	..
Autres comptes à recevoir	..	..	..	..	..	..	..	..
Passifs financiers	..	..	..	..	..	..	..	..
Titres de dette	..	..	..	..	..	..	..	..
Titres de dette à court terme	..	..	..	..	..	..	..	..
Titres de dette à long terme	..	..	..	..	..	..	..	..
Crédits	..	..	..	..	..	..	..	..
Crédits à court terme	..	..	..	..	..	..	..	..
Crédits à long terme	..	..	..	..	..	..	..	..
Actions et parts de fonds d'investissement	..	..	..	..	..	..	..	..
Systèmes d'assurance, de pensions et garanties standard	..	..	..	..	..	..	..	..
Produits financiers dérivés et options sur titres des salariés	..	..	..	..	..	..	..	..
Autres comptes à payer	..	..	..	..	..	..	..	..
Actifs non financiers	..	..	..	..	..	..	..	..
Fonds d'investissement monéaires								
Valeur nette financière	..	..	..	..	..	..	..	..
Actifs financiers	..	..	..	..	..	..	..	..
Numéraire et dépôts	..	..	..	..	..	..	..	..
Titres de dette	..	..	..	..	..	..	..	..
Crédits	..	..	..	..	..	..	..	..
Actions et parts de fonds d'investissement	..	..	..	..	..	..	..	..
Actions	..	..	..	..	..	..	..	..
Parts de fonds d'investissement	..	..	..	..	..	..	..	..
Parts de fonds d'investissement monétaires	..	..	..	..	..	..	..	..
Parts de fonds d'investissement non monétaires	..	..	..	..	..	..	..	..
Systèmes d'assurance, de pensions et garanties standard	..	..	..	..	..	..	..	..
Produits financiers dérivés et options sur titres des salariés	..	..	..	..	..	..	..	..
Autres comptes à recevoir	..	..	..	..	..	..	..	..
Passifs financiers	..	..	..	..	..	..	..	..
Titres de dette	..	..	..	..	..	..	..	..
Titres de dette à court terme	..	..	..	..	..	..	..	..
Titres de dette à long terme	..	..	..	..	..	..	..	..
Crédits	..	..	..	..	..	..	..	..
Crédits à court terme	..	..	..	..	..	..	..	..
Crédits à long terme	..	..	..	..	..	..	..	..
Actions et parts de fonds d'investissement	..	..	..	..	..	..	..	..
Systèmes d'assurance, de pensions et garanties standard	..	..	..	..	..	..	..	..
Produits financiers dérivés et options sur titres des salariés	..	..	..	..	..	..	..	..
Autres comptes à payer	..	..	..	..	..	..	..	..
Actifs non financiers	..	..	..	..	..	..	..	..
Fonds d'investissement non monéaires								
Valeur nette financière	-4	-3	-749	-2 498	-2 533	-4 121	-4 762	-1 392
Actifs financiers	123 794	158 821	209 923	237 992	290 227	285 975	316 463	311 168
Numéraire et dépôts	8 510	12 150	18 749	17 330	21 771	20 358	21 000	29 692
Titres de dette	52 946	66 395	86 207	107 560	109 602	119 317	139 954	142 306
Crédits	294	402	895	3 796	14 139	14 581	8 077	9 622
Actions et parts de fonds d'investissement	55 869	67 500	88 632	90 023	119 453	..	117 655	..
Actions	48 172	59 602	79 090	74 532	102 432	86 089	97 248	86 168
Parts de fonds d'investissement	7 697	7 898	9 542	15 491	17 021	17 679	20 407	18 708
Parts de fonds d'investissement monétaires	151	0	0	2	6	..	0	0
Parts de fonds d'investissement non monétaires	7 546	7 898	9 542	15 489	17 015	17 679	20 407	18 708
Systèmes d'assurance, de pensions et garanties standard	..	..	..	..	..	..	..	..
Produits financiers dérivés et options sur titres des salariés	144	119	279	297	360	349	668	235
Autres comptes à recevoir	6 031	12 255	15 161	18 986	24 902	27 602	29 109	24 437
Passifs financiers	123 798	158 824	210 672	240 490	292 760	..	..	..
Titres de dette	..	..	..	..	..	..	..	..
Titres de dette à court terme	..	..	..	..	..	..	..	..
Titres de dette à long terme	..	..	..	..	..	..	..	..
Crédits	4 023	3 627	6 240	11 106	9 777	7 369	4 539	3 776
Crédits à court terme	3 850	3 627	6 166	11 012	9 660	7 099	4 329	3 405
Crédits à long terme	173	0	74	94	117	270	210	371
Actions et parts de fonds d'investissement	116 991	150 428	192 273	216 134	269 914	271 720	302 531	291 038
Systèmes d'assurance, de pensions et garanties standard	..	..	..	..	..	..	..	..
Produits financiers dérivés et options sur titres des salariés	113	144	120	534	141	179	118	286
Autres comptes à payer	2 670	4 627	12 038	12 715	12 928	10 827	14 036	17 460
Actifs non financiers	1	0	748	2 496	2 535	4 121	4 762	1 391
Fonds d'investissement non monéaires à capital variable								
Valeur nette financière	-2	-1	-1	-2	1	0	0	1
Actifs financiers	87 657	106 075	128 591	142 814	144 289	137 573	159 502	164 204
Numéraire et dépôts	5 781	8 777	13 373	12 328	11 685	9 713	11 925	15 758

Tableau 2. Actifs et passifs financiers des fonds d'investissement *(suite)*

Millions PLN

	2011	2012	2013	2014	2015	2016	2017	2018
Titres de dette	48 649	60 927	69 103	84 334	84 718	81 034	94 280	106 676
Crédits	0	2	3	2	2	..	..	..
Actions et parts de fonds d'investissement	31 334	34 143	44 069	43 700	45 919	45 312	51 303	39 339
Actions	25 657	28 172	35 747	32 304	30 991	30 825	35 633	25 840
Parts de fonds d'investissement	5 677	5 971	8 322	11 396	14 928	14 487	15 670	13 499
Parts de fonds d'investissement monétaires	150	0	0	2	6	..	0	0
Parts de fonds d'investissement non monétaires	5 527	5 971	8 322	11 394	14 922	14 487	15 670	13 499
Systèmes d'assurance, de pensions et garanties standard	..	..	..	..	..	..	..	..
Produits financiers dérivés et options sur titres des salariés	102	70	185	69	182	114	408	108
Autres comptes à recevoir	1 791	2 156	1 858	2 381	1 783	1 398	1 495	1 123
Passifs financiers	87 659	106 076	128 592	142 816	144 288	137 573	159 502	164 203
Titres de dette	..	..	..	..	..	..	..	..
Titres de dette à court terme	..	..	..	..	..	..	..	..
Titres de dette à long terme	..	..	..	..	..	..	..	..
Crédits	3 772	3 539	5 442	8 137	8 392	6 679	3 906	3 193
Crédits à court terme	3 676	3 539	5 416	8 137	8 392	6 679	3 906	3 193
Crédits à long terme	96	0	26	0	0	0	0	0
Actions et parts de fonds d'investissement	82 463	99 293	115 358	127 583	129 829	126 206	150 578	151 819
Systèmes d'assurance, de pensions et garanties standard	..	..	..	..	..	..	..	..
Produits financiers dérivés et options sur titres des salariés	42	67	55	420	113	116	38	208
Autres comptes à payer	1 381	3 178	7 737	6 675	5 953	4 572	4 979	8 983
Actifs non financiers	0	0	0	0	0	0	0	0
Fonds d'investissement à capital variable								
Valeur nette financière	..	..	..	..	..	..	..	..
Actifs financiers	..	..	..	..	..	..	..	..
Numéraire et dépôts	..	..	..	..	..	..	..	..
Titres de dette	..	..	..	..	..	..	..	..
Crédits	..	..	..	..	..	..	..	..
Actions et parts de fonds d'investissement	..	..	..	..	..	..	..	..
Actions	..	..	..	..	..	..	..	..
Parts de fonds d'investissement	..	..	..	..	..	..	..	..
Parts de fonds d'investissement monétaires	..	..	..	..	..	..	..	..
Parts de fonds d'investissement non monétaires	..	..	..	..	..	..	..	..
Systèmes d'assurance, de pensions et garanties standard	..	..	..	..	..	..	..	..
Produits financiers dérivés et options sur titres des salariés	..	..	..	..	..	..	..	..
Autres comptes à recevoir	..	..	..	..	..	..	..	..
Passifs financiers	..	..	..	..	..	..	..	..
Titres de dette	..	..	..	..	..	..	..	..
Titres de dette à court terme	..	..	..	..	..	..	..	..
Titres de dette à long terme	..	..	..	..	..	..	..	..
Crédits	..	..	..	..	..	..	..	..
Crédits à court terme	..	..	..	..	..	..	..	..
Crédits à long terme	..	..	..	..	..	..	..	..
Actions et parts de fonds d'investissement	..	..	..	..	..	..	..	..
Systèmes d'assurance, de pensions et garanties standard	..	..	..	..	..	..	..	..
Produits financiers dérivés et options sur titres des salariés	..	..	..	..	..	..	..	..
Autres comptes à payer	..	..	..	..	..	..	..	..
Actifs non financiers	..	..	..	..	..	..	..	..

Note : Voir les métadonnées détaillées sur : *http://metalinks.oecd.org/instinv/20190923/8b71*

POLOGNE

Tableau 3. Actifs et passifs financiers des sociétés d'assurance et fonds de pension

Millions PLN

	2011	2012	2013	2014	2015	2016	2017	2018
Sociétés d'assurance et fonds de pension								
Valeur nette financière	-2 253	-2 340	-2 496	-2 831	-3 045	..	..	..
Actifs financiers	378 542	441 731	474 234	334 184	329 381	339 497	..	..
Numéraire et dépôts	28 402	36 249	29 340	24 153	21 380	22 265	..	..
Titres de dette	211 036	223 591	222 296	80 118	79 760	87 830	..	..
Crédits	2 107	3 410	5 116	5 347	3 976	2 850	..	..
Actions et parts de fonds d'investissement	115 163	155 137	192 442	197 425	194 438	192 936	..	..
Actions	84 156	110 518	137 230	138 276	133 099	142 091	..	..
Parts de fonds d'investissement	31 007	44 620	55 212	59 150	61 339	50 845	..	..
Parts de fonds d'investissement monétaires	..	..	..	..	..	..	..	..
Parts de fonds d'investissement non monétaires	..	..	..	..	..	..	..	..
Systèmes d'assurance, de pensions et garanties standard	5 639	7 024	6 271	7 194	9 715	6 447	..	..
Produits financiers dérivés et options sur titres des salariés	443	641	653	915	853	611	..	..
Autres comptes à recevoir	15 749	15 678	18 118	19 030	19 259	26 558	..	..
Passifs financiers	380 795	444 071	476 730	337 015	332 425	341 148	..	..
Titres de dette	..	..	..	..	..	..	..	..
Titres de dette à court terme	..	..	..	..	..	..	..	..
Titres de dette à long terme	..	..	..	..	..	..	..	..
Crédits	..	..	..	..	..	..	..	..
Crédits à court terme	..	..	..	..	..	..	..	..
Crédits à long terme	..	..	..	..	..	..	..	..
Actions et parts de fonds d'investissement	..	..	..	..	..	..	..	..
Systèmes d'assurance, de pensions et garanties standard	335 563	392 259	428 089	283 800	279 398	297 935	..	..
Produits financiers dérivés et options sur titres des salariés	..	..	..	..	..	..	..	..
Autres comptes à payer	..	..	..	..	..	..	..	..
Actifs non financiers	2 253	2 340	2 496	2 839	3 045	1 651	..	..
Sociétés d'assurance								
Valeur nette financière	-2 253	-2 340	-2 496	-2 831	-3 045	-1 651 e	..	..
Actifs financiers	149 520	167 538	171 365	182 993	186 680	183 715	..	..
Numéraire et dépôts	16 103	16 575	12 995	13 281	11 590	9 844	..	..
Titres de dette	66 507	66 380	62 893	64 883	65 008	72 813	..	..
Crédits	2 107	3 410	5 116	5 347	3 976	2 850	..	..
Actions et parts de fonds d'investissement	43 821	58 074	66 157	72 842	76 711	65 202	..	..
Actions	13 988	14 520	11 575	13 992	15 587	14 458	..	..
Parts de fonds d'investissement	29 833	43 555	54 582	58 851	61 124	50 744	..	..
Parts de fonds d'investissement monétaires	..	..	..	..	..	..	..	..
Parts de fonds d'investissement non monétaires	..	..	..	..	..	..	..	..
Systèmes d'assurance, de pensions et garanties standard	5 639	7 024	6 271	7 194	9 715	6 447	..	..
Produits financiers dérivés et options sur titres des salariés	370	639	651	911	852	611	..	..
Autres comptes à recevoir	14 971	15 434	17 284	18 534	18 827	25 947	..	..
Passifs financiers	151 773	169 878	173 861	185 824	189 724	185 366	..	..
Titres de dette	..	..	..	..	..	..	..	..
Titres de dette à court terme	..	..	..	..	..	..	..	..
Titres de dette à long terme	..	..	..	..	..	..	..	..
Crédits	..	..	..	..	..	..	..	..
Crédits à court terme	..	..	..	..	..	..	..	..
Crédits à long terme	..	..	..	..	..	..	..	..
Actions et parts de fonds d'investissement	..	..	..	..	..	..	..	..
Systèmes d'assurance, de pensions et garanties standard	109 285	120 780	126 778	132 971	137 107	142 729	..	..
Produits financiers dérivés et options sur titres des salariés	..	..	..	..	..	..	..	..
Autres comptes à payer	..	..	..	..	..	..	..	..
Actifs non financiers	2 253	2 340	2 496	2 839	3 045	1 651	..	..
Fonds de pension								
Valeur nette financière	0	0	0	0	0	0	0	0
Actifs financiers	229 022	274 193	302 869	151 191	142 701	155 782	181 845	159 322
Numéraire et dépôts	12 299	19 674	16 345	10 872	9 790	12 421	12 019	9 774
Titres de dette	144 529	157 211	159 403	15 235	14 752	15 017	15 737	14 719
Crédits	0	0	0	0	0	0	0	0
Actions et parts de fonds d'investissement	71 342	97 063	126 285	124 583	117 727	127 734	153 778	134 600
Actions	70 168	95 998	125 655	124 284	117 512	127 633	153 752	134 595
Parts de fonds d'investissement	1 174	1 065	630	299	215	101	26	5
Parts de fonds d'investissement monétaires	..	..	..	..	..	..	0	0
Parts de fonds d'investissement non monétaires	..	..	..	..	..	..	26	5
Systèmes d'assurance, de pensions et garanties standard	0	0	0	0	0	0	0	0
Produits financiers dérivés et options sur titres des salariés	73	2	2	4	1	0	0	0
Autres comptes à recevoir	778	244	834	496	432	611	311	230
Passifs financiers	229 022	274 193	302 869	151 191	142 701	155 782	181 845	159 322
Titres de dette	0	0	0	0	0	0	0	0
Titres de dette à court terme	0	0	0	0	0	0	0	0
Titres de dette à long terme	0	0	0	0	0	0	0	0
Crédits	1 190	2 116	759	0	0	0	0	0
Crédits à court terme	..	..	..	0	0	0	0	0
Crédits à long terme	..	..	..	0	0	0	0	0
Actions et parts de fonds d'investissement	0	0	0	0	0	0	0	0
Systèmes d'assurance, de pensions et garanties standard	226 278	271 479	301 311	150 829	142 291	155 206	181 393	159 134
Produits financiers dérivés et options sur titres des salariés	0	0	0	0	0	0	0	0
Autres comptes à payer	1 554	598	798	362	410	576	452	188
Actifs non financiers	0	0	0	0	0	0	0	0

Note : Voir les métadonnées détaillées sur : *http://metalinks.oecd.org/instinv/20190923/8b71*

POLOGNE

Tableau 4. Composition du portefeuille par type d'investisseur
En pourcentage des actifs financiers et des passifs financiers

Pour cent

	2011	2012	2013	2014	2015	2016	2017	2018
Fonds d'investissement								
Actifs financiers	..	..	..	..	..	..	..	..
Numéraire et dépôts	..	..	..	..	..	..	..	..
Titres de dettes	..	..	..	..	..	..	..	..
Crédits	..	..	..	..	..	..	..	..
Actions et parts de fonds d'investissement	..	..	..	..	..	..	..	..
Systèmes d'assurance de pensions et garanties standard	..	..	..	..	..	..	..	..
Produits financiers dérivés et options sur titres des salariés	..	..	..	..	..	..	..	..
Autres comptes à recevoir	..	..	..	..	..	..	..	..
Passifs financiers	..	..	..	..	..	..	..	..
Numéraire et dépôts	..	..	..	..	..	..	..	..
Titres de dettes	..	..	..	..	..	..	..	..
Crédits	..	..	..	..	..	..	..	..
Actions et parts de fonds d'investissement	..	..	..	..	..	..	..	..
Systèmes d'assurance de pensions et garanties standard	..	..	..	..	..	..	..	..
Produits financiers dérivés et options sur titres des salariés	..	..	..	..	..	..	..	..
Autres comptes à recevoir	..	..	..	..	..	..	..	..
Sociétés d'assurance								
Actifs financiers	100.0	100.0	100.0	100.0	100.0	100.0	..	..
Numéraire et dépôts	10.8	9.9	7.6	7.3	6.2	5.4	..	..
Titres de dettes	44.5	39.6	36.7	35.5	34.8	39.6	..	..
Crédits	1.4	2.0	3.0	2.9	2.1	1.6	..	..
Actions et parts de fonds d'investissement	29.3	34.7	38.6	39.8	41.1	35.5	..	..
Systèmes d'assurance de pensions et garanties standard	3.8	4.2	3.7	3.9	5.2	3.5	..	..
Produits financiers dérivés et options sur titres des salariés	0.2	0.4	0.4	0.5	0.5	0.3	..	..
Autres comptes à recevoir	10.0	9.2	10.1	10.1	10.1	14.1	..	..
Passifs financiers	100.0	100.0	100.0	100.0	100.0	100.0	..	..
Numéraire et dépôts	1.3	1.5	1.1	0.8	0.7	0.9	..	..
Titres de dettes	..	..	..	..	..	..	..	..
Crédits	..	..	..	..	..	..	..	..
Actions et parts de fonds d'investissement	..	..	..	..	..	..	..	..
Systèmes d'assurance de pensions et garanties standard	72.0	71.1	72.9	71.6	72.3	77.0	..	..
Produits financiers dérivés et options sur titres des salariés	..	..	..	..	..	..	..	..
Autres comptes à recevoir	..	..	..	..	..	..	..	..
Fonds de pension								
Actifs financiers	100.0	100.0	100.0	100.0	100.0	100.0	100.0	100.0
Numéraire et dépôts	5.4	7.2	5.4	7.2	6.9	8.0	6.6	6.1
Titres de dettes	63.1	57.3	52.6	10.1	10.3	9.6	8.7	9.2
Crédits	0.0	0.0	0.0	0.0	0.0	0.0	0.0	0.0
Actions et parts de fonds d'investissement	31.2	35.4	41.7	82.4	82.5	82.0	84.6	84.5
Systèmes d'assurance de pensions et garanties standard	0.0	0.0	0.0	0.0	0.0	0.0	0.0	0.0
Produits financiers dérivés et options sur titres des salariés	0.0	0.0	0.0	0.0	0.0	0.0	0.0	0.0
Autres comptes à recevoir	0.3	0.1	0.3	0.3	0.3	0.4	0.2	0.1
Passifs financiers	100.0	100.0	100.0	100.0	100.0	100.0	100.0	100.0
Numéraire et dépôts	0.0	0.0	0.0	0.0	0.0	0.0	0.0	0.0
Titres de dettes	0.0	0.0	0.0	0.0	0.0	0.0	0.0	0.0
Crédits	0.5	0.8	0.3	0.0	0.0	0.0	0.0	0.0
Actions et parts de fonds d'investissement	0.0	0.0	0.0	0.0	0.0	0.0	0.0	0.0
Systèmes d'assurance de pensions et garanties standard	98.8	99.0	99.5	99.8	99.7	99.6	99.8	99.9
Produits financiers dérivés et options sur titres des salariés	0.0	0.0	0.0	0.0	0.0	0.0	0.0	0.0
Autres comptes à recevoir	0.7	0.2	0.3	0.2	0.3	0.4	0.2	0.1

Note : Voir les métadonnées détaillées sur : *http://metalinks.oecd.org/instinv/20190923/2704*

PORTUGAL

Tableau 1. Actifs et passifs financiers des investisseurs institutionnels, 2018

Millions EUR (1999 PTE euro)

	Total	Fonds d'investissement			
		Fonds d'investissement non-monétaire			Fonds d'investissement monétaires
		Total	Fonds d'investissement à capital variable, non monétaire	Fonds d'investissement à capital fixe, non monétaire	Total
Actifs financiers	..	..	..	..	..
Numéraire et dépôts	..	..	..	..	..
Titres de dette	..	4 450	..	..	..
Titres de dette à court terme	..	..	..	..	..
Titres de dette à long terme	..	..	..	..	..
Titres de dette émis par les résidents	..	724	..	..	..
Titres de dette émis par les non-résidents	..	3 726	..	..	..
Crédits	..	..	..	..	..
Crédits à court terme	..	..	..	..	..
Crédits à long terme	..	..	..	..	..
Crédits accordés aux résidents	..	..	..	..	..
Crédits accordés aux non-résidents	..	..	..	..	..
Actions et parts de fonds d'investissement	..	..	..	..	..
Actions et parts de fonds d'investissements émises par les résidents	..	1 476	..	..	..
Actions et part de fonds d'investissements émises par les non-résidents	..	4 383	..	..	..
Autres comptes à recevoir	..	..	..	..	..

	Total	Fonds d'investissement			
		Fonds d'investissement non-monétaire			Fonds d'investissement monétaires
		Total	Fonds d'investissement à capital variable, non monétaire	Fonds d'investissement à capital fixe, non monétaire	Total
Pasifs financiers	..	..	..	..	..
Numéraire et dépôts	..	..	..	..	..
Titres de dette	..	..	..	..	..
Titres de dette à court terme	..	..	..	..	..
Titres de dette à long terme	..	..	..	..	..
Crédits	..	1 642	..	..	..
Crédits à court terme	..	..	..	..	..
Crédits à long terme	..	..	..	..	..
Actions et parts de fonds d'investissement	25 677	25 321	..	..	356
Systèmes d'assurance, de pensions et garanties standard	..	..	..	..	..
Produits financiers dérivés et options sur titres des salariés	..	..	..	..	..
Autres comptes à payer	..	..	..	..	..

	Total	Sociétés d'assurance et fonds de pension autonomes			
		Sociétés d'assurance			Fonds de pension autonomes
		Total	Sociétés d'assurance vie	Sociétés d'assurance non-vie	Total
Actifs financiers	..	..	..	..	..
Numéraire et dépôts	..	..	..	..	..
Titres de dette	51 110	..	..	..	..
Titres de dette à court terme	1 131	..	..	..	..
Titres de dette à long terme	49 979	..	..	..	..
Titres de dette émis par les résidents	..	..	..	..	..
Titres de dette émis par les non-résidents	..	..	..	..	..
Crédits	564	..	..	..	..
Crédits à court terme	411	..	..	..	..
Crédits à long terme	154	..	..	..	..
Crédits accordés aux résidents	..	..	..	..	..
Crédits accordés aux non-résidents	..	..	..	..	..
Actions et parts de fonds d'investissement	17 803	..	..	..	..
Actions et parts de fonds d'investissement émises par les résidents	..	..	..	..	..
Actions et parts de fonds d'investissement émises par les non-résidents	..	..	..	..	..
Autrescomptes à recevoir	2 415	..	..	..	..

	Total	Sociétés d'assurance et fonds de pension autonomes			
		Sociétés d'assurance			Fonds de pension autonomes
		Total	Sociétés d'assurance vie	Sociétés d'assurance non-vie	Total
Pasifs financiers	..	..	..	..	..
Numéraire et dépôts	..	..	..	..	..
Titres de dette	158	..	..	..	..
Titres de dette à court terme	0	..	..	..	..
Titres de dette à long terme	158	..	..	..	..
Crédits	742	..	..	..	..
Crédits à court terme	339	..	..	..	..
Crédits à long terme	403	..	..	..	..
Actions et parts de fonds d'investissement	6 400	..	..	..	..
Systèmes d'assurance, de pensions et garanties standard	70 943	..	..	..	..
Produits financiers dérivés et options sur titres des salariés	..	..	..	..	..
Autres comptes à payer	1 287	..	..	..	..

Note : Voir les métadonnées détaillées sur : *http://metalinks.oecd.org/instinv/20190923/6c5a*

Tableau 2. Actifs et passifs financiers des fonds d'investissement

Millions EUR

	2011	2012	2013	2014	2015	2016	2017	2018
Fonds d'investissement								
Valeur nette financière	..	..	..	..	..	..	..	..
Actifs financiers	..	..	..	..	..	..	..	..
Numéraire et dépôts	..	..	..	..	..	..	..	..
Titres de dette	..	..	..	..	..	..	..	..
Crédits	..	..	..	..	..	..	..	..
Actions et parts de fonds d'investissement	..	..	..	..	..	..	..	..
Actions	..	..	..	..	..	..	..	..
Parts de fonds d'investissement	..	..	..	..	..	..	..	..
Parts de fonds d'investissement monétaires	..	..	..	..	..	..	..	..
Parts de fonds d'investissement non monétaires	..	..	..	..	..	..	..	..
Systèmes d'assurance, de pensions et garanties standard	..	..	..	..	..	..	..	..
Produits financiers dérivés et options sur titres des salariés	..	..	..	..	..	..	..	..
Autres comptes à recevoir	..	..	..	..	..	..	..	..
Passifs financiers	..	..	..	..	..	..	..	..
Titres de dette	..	..	..	..	..	..	..	..
Titres de dette à court terme	..	..	..	..	..	..	..	..
Titres de dette à long terme	..	..	..	..	..	..	..	..
Crédits	..	..	..	..	..	..	..	..
Crédits à court terme	..	..	..	..	..	..	..	..
Crédits à long terme	..	..	..	..	..	..	..	..
Actions et parts de fonds d'investissement	24 731	26 914	28 398	27 117	27 003	25 392	26 924	25 677
Systèmes d'assurance, de pensions et garanties standard	..	..	..	..	..	..	..	..
Produits financiers dérivés et options sur titres des salariés	..	..	..	..	..	..	..	..
Autres comptes à payer	..	..	..	..	..	..	..	..
Actifs non financiers	..	..	..	..	..	..	..	..
Fonds d'investissement monéaires								
Valeur nette financière	..	..	..	..	..	..	..	..
Actifs financiers	..	..	..	..	..	..	..	..
Numéraire et dépôts	..	..	..	..	..	..	..	..
Titres de dette	..	..	..	..	..	..	..	..
Crédits	..	..	..	..	..	..	..	..
Actions et parts de fonds d'investissement	..	..	..	..	..	..	..	..
Actions	..	..	..	..	..	..	..	..
Parts de fonds d'investissement	..	..	..	..	..	..	..	..
Parts de fonds d'investissement monétaires	..	..	..	..	..	..	..	..
Parts de fonds d'investissement non monétaires	..	..	..	..	..	..	..	..
Systèmes d'assurance, de pensions et garanties standard	..	..	..	..	..	..	..	..
Produits financiers dérivés et options sur titres des salariés	..	..	..	..	..	..	..	..
Autres comptes à recevoir	..	..	..	..	..	..	..	..
Passifs financiers	..	..	..	..	..	..	..	..
Titres de dette	..	..	..	..	..	..	..	..
Titres de dette à court terme	..	..	..	..	..	..	..	..
Titres de dette à long terme	..	..	..	..	..	..	..	..
Crédits	..	..	..	..	..	..	..	..
Crédits à court terme	..	..	..	..	..	..	..	..
Crédits à long terme	..	..	..	..	..	..	..	..
Actions et parts de fonds d'investissement	65	1 308	2 383	2 497	3 053	2 336	432	356
Systèmes d'assurance, de pensions et garanties standard	..	..	..	..	..	..	..	..
Produits financiers dérivés et options sur titres des salariés	..	..	..	..	..	..	..	..
Autres comptes à payer	..	..	..	..	..	..	..	..
Actifs non financiers	..	..	..	..	..	..	..	..
Fonds d'investissement non moneaires								
Valeur nette financière	..	..	..	..	..	..	..	..
Actifs financiers	..	..	..	..	..	..	..	..
Numéraire et dépôts	..	..	..	..	..	..	..	..
Titres de dette	6 357	6 773	5 634	4 442	3 757	3 566	4 846	4 450
Crédits	..	..	..	..	..	..	..	..
Actions et parts de fonds d'investissement	..	..	..	..	..	..	..	..
Actions	2 663	2 576	2 484	2 597	2 584	2 508	2 851	2 705
Parts de fonds d'investissement	1 773	1 688	1 963	2 308	2 927	2 710	3 439	3 154
Parts de fonds d'investissement monétaires	..	..	..	..	..	..	..	..
Parts de fonds d'investissement non monétaires	..	..	..	..	..	..	..	..
Systèmes d'assurance, de pensions et garanties standard	..	..	..	..	..	..	..	..
Produits financiers dérivés et options sur titres des salariés	..	..	..	..	..	..	..	..
Autres comptes à recevoir	..	..	..	..	..	..	..	..
Passifs financiers	..	..	..	..	..	..	..	..
Titres de dette	..	..	..	..	..	..	..	..
Titres de dette à court terme	..	..	..	..	..	..	..	..
Titres de dette à long terme	..	..	..	..	..	..	..	..
Crédits	3 326	3 193	2 737	2 383	1 930	1 804	1 653	1 642
Crédits à court terme	..	..	..	..	..	..	..	..
Crédits à long terme	..	..	..	..	..	..	..	..
Actions et parts de fonds d'investissement	24 666	25 606	26 015	24 620	23 950	23 056	26 492	25 321
Systèmes d'assurance, de pensions et garanties standard	..	..	..	..	..	..	..	..
Produits financiers dérivés et options sur titres des salariés	..	..	..	..	..	..	..	..
Autres comptes à payer	..	..	..	..	..	..	..	..
Actifs non financiers	14 743	14 651	14 572	13 476	12 082	11 329	11 193	10 925
Fonds d'investissement non monéaires à capital variable								
Valeur nette financière	..	..	..	..	..	..	..	..
Actifs financiers	..	..	..	..	..	..	..	..
Numéraire et dépôts	..	..	..	..	..	..	..	..

PORTUGAL

Tableau 2. Actifs et passifs financiers des fonds d'investissement *(suite)*

Millions EUR

	2011	2012	2013	2014	2015	2016	2017	2018
Titres de dette	..	..	..	..	..	..	..	..
Crédits	..	..	..	..	..	..	..	..
Actions et parts de fonds d'investissement	..	..	..	..	..	..	..	..
Actions	..	..	..	..	..	..	..	..
Parts de fonds d'investissement	..	..	..	..	..	..	..	..
Parts de fonds d'investissement monétaires	..	..	..	..	..	..	..	..
Parts de fonds d'investissement non monétaires	..	..	..	..	..	..	..	..
Systèmes d'assurance, de pensions et garanties standard	..	..	..	..	..	..	..	..
Produits financiers dérivés et options sur titres des salariés	..	..	..	..	..	..	..	..
Autres comptes à recevoir	..	..	..	..	..	..	..	..
Passifs financiers	..	..	..	..	..	..	..	..
Titres de dette	..	..	..	..	..	..	..	..
Titres de dette à court terme	..	..	..	..	..	..	..	..
Titres de dette à long terme	..	..	..	..	..	..	..	..
Crédits	..	..	..	..	..	..	..	..
Crédits à court terme	..	..	..	..	..	..	..	..
Crédits à long terme	..	..	..	..	..	..	..	..
Actions et parts de fonds d'investissement	..	..	..	..	..	..	..	..
Systèmes d'assurance, de pensions et garanties standard	..	..	..	..	..	..	..	..
Produits financiers dérivés et options sur titres des salariés	..	..	..	..	..	..	..	..
Autres comptes à payer	..	..	..	..	..	..	..	..
Actifs non financiers	..	..	..	..	..	..	..	..
Fonds d'investissement à capital variable								
Valeur nette financière	..	..	..	..	..	..	..	..
Actifs financiers	..	..	..	..	..	..	..	..
Numéraire et dépôts	..	..	..	..	..	..	..	..
Titres de dette	..	..	..	..	..	..	..	..
Crédits	..	..	..	..	..	..	..	..
Actions et parts de fonds d'investissement	..	..	..	..	..	..	..	..
Actions	..	..	..	..	..	..	..	..
Parts de fonds d'investissement	..	..	..	..	..	..	..	..
Parts de fonds d'investissement monétaires	..	..	..	..	..	..	..	..
Parts de fonds d'investissement non monétaires	..	..	..	..	..	..	..	..
Systèmes d'assurance, de pensions et garanties standard	..	..	..	..	..	..	..	..
Produits financiers dérivés et options sur titres des salariés	..	..	..	..	..	..	..	..
Autres comptes à recevoir	..	..	..	..	..	..	..	..
Passifs financiers	..	..	..	..	..	..	..	..
Titres de dette	..	..	..	..	..	..	..	..
Titres de dette à court terme	..	..	..	..	..	..	..	..
Titres de dette à long terme	..	..	..	..	..	..	..	..
Crédits	..	..	..	..	..	..	..	..
Crédits à court terme	..	..	..	..	..	..	..	..
Crédits à long terme	..	..	..	..	..	..	..	..
Actions et parts de fonds d'investissement	..	..	..	..	..	..	..	..
Systèmes d'assurance, de pensions et garanties standard	..	..	..	..	..	..	..	..
Produits financiers dérivés et options sur titres des salariés	..	..	..	..	..	..	..	..
Autres comptes à payer	..	..	..	..	..	..	..	..
Actifs non financiers	..	..	..	..	..	..	..	..

Note : Voir les métadonnées détaillées sur : *http://metalinks.oecd.org/instinv/20190923/6c5a*

PORTUGAL

Tableau 3. Actifs et passifs financiers des sociétés d'assurance et fonds de pension

Millions EUR

	2011	2012	2013	2014	2015	2016	2017	2018
Sociétés d'assurance et fonds de pension								
Valeur nette financière	..	..	..	..	..	..	..	..
Actifs financiers	..	..	..	..	..	..	..	..
Numéraire et dépôts	8 603	..	..	..	..	..	..	..
Titres de dette	47 293	48 882	48 562	51 866	50 042	49 593	50 987	51 110
Crédits	436	396	117	160	206	257	416	564
Actions et parts de fonds d'investissement	12 892	12 375	13 576	15 303	16 401	16 859	19 233	17 803
Actions	4 344	4 364	4 547	5 637	6 885	6 467	7 047	6 079
Parts de fonds d'investissement	8 548	8 012	9 029	9 666	9 517	10 392	12 186	11 724
Parts de fonds d'investissement monétaires	10	16	11	8	6	6	6	9
Parts de fonds d'investissement non monétaires	8 538	7 996	9 018	9 657	9 511	10 386	12 179	11 715
Systèmes d'assurance, de pensions et garanties standard	920	856	804	771	795	1 234	985	901
Produits financiers dérivés et options sur titres des salariés	..	..	..	..	..	..	..	..
Autres comptes à recevoir	3 069	1 983	2 076	2 108	1 999	2 265	2 164	2 415
Passifs financiers	..	..	..	..	..	..	..	..
Titres de dette	211	196	186	193	223	201	207	158
Titres de dette à court terme	0	0	0	0	0	0	0	0
Titres de dette à long terme	211	196	186	193	223	201	207	158
Crédits	1 884	1 670	387	558	471	545	681	742
Crédits à court terme	1 698	1 458	83	139	90	167	299	339
Crédits à long terme	186	213	304	419	381	378	382	403
Actions et parts de fonds d'investissement	4 145	5 747	5 767	5 896	5 710	5 693	6 888	6 400
Systèmes d'assurance, de pensions et garanties standard	65 902	64 604	66 441	71 195	69 970	67 890	70 639	70 943
Produits financiers dérivés et options sur titres des salariés	..	..	..	..	..	..	..	..
Autres comptes à payer	3 918	1 612	1 418	892	1 035	1 167	1 222	1 287
Actifs non financiers	..	..	..	..	..	..	..	..
Sociétés d'assurance								
Valeur nette financière	..	..	..	..	..	..	..	..
Actifs financiers	..	..	..	..	..	..	..	..
Numéraire et dépôts	..	..	..	..	..	..	..	..
Titres de dette	..	..	..	..	..	..	..	..
Crédits	..	..	..	..	..	..	..	..
Actions et parts de fonds d'investissement	..	..	..	..	..	..	..	..
Actions	..	..	..	..	..	..	..	..
Parts de fonds d'investissement	..	..	..	..	..	..	..	..
Parts de fonds d'investissement monétaires	..	..	..	..	..	..	..	..
Parts de fonds d'investissement non monétaires	..	..	..	..	..	..	..	..
Systèmes d'assurance, de pensions et garanties standard	..	..	..	..	..	..	..	..
Produits financiers dérivés et options sur titres des salariés	..	..	..	..	..	..	..	..
Autres comptes à recevoir	..	..	..	..	..	..	..	..
Passifs financiers	..	..	..	..	..	..	..	..
Titres de dette	..	..	..	..	..	..	..	..
Titres de dette à court terme	..	..	..	..	..	..	..	..
Titres de dette à long terme	..	..	..	..	..	..	..	..
Crédits	..	..	..	..	..	..	..	..
Crédits à court terme	..	..	..	..	..	..	..	..
Crédits à long terme	..	..	..	..	..	..	..	..
Actions et parts de fonds d'investissement	..	..	..	..	..	..	..	..
Systèmes d'assurance, de pensions et garanties standard	..	..	..	..	..	..	..	..
Produits financiers dérivés et options sur titres des salariés	..	..	..	..	..	..	..	..
Autres comptes à payer	..	..	..	..	..	..	..	..
Actifs non financiers	..	..	..	..	..	..	..	..
Fonds de pension								
Valeur nette financière	..	..	..	..	..	..	..	..
Actifs financiers	..	..	..	..	..	..	..	..
Numéraire et dépôts	..	..	..	..	..	..	..	..
Titres de dette	..	..	..	..	..	..	..	..
Crédits	..	..	..	..	..	..	..	..
Actions et parts de fonds d'investissement	..	..	..	..	..	..	..	..
Actions	..	..	..	..	..	..	..	..
Parts de fonds d'investissement	..	..	..	..	..	..	..	..
Parts de fonds d'investissement monétaires	..	..	..	..	..	..	..	..
Parts de fonds d'investissement non monétaires	..	..	..	..	..	..	..	..
Systèmes d'assurance, de pensions et garanties standard	..	..	..	..	..	..	..	..
Produits financiers dérivés et options sur titres des salariés	..	..	..	..	..	..	..	..
Autres comptes à recevoir	..	..	..	..	..	..	..	..
Passifs financiers	..	..	..	..	..	..	..	..
Titres de dette	..	..	..	..	..	..	..	..
Titres de dette à court terme	..	..	..	..	..	..	..	..
Titres de dette à long terme	..	..	..	..	..	..	..	..
Crédits	..	..	..	..	..	..	..	..
Crédits à court terme	..	..	..	..	..	..	..	..
Crédits à long terme	..	..	..	..	..	..	..	..
Actions et parts de fonds d'investissement	..	..	..	..	..	..	..	..
Systèmes d'assurance, de pensions et garanties standard	..	..	..	..	..	..	..	..
Produits financiers dérivés et options sur titres des salariés	..	..	..	..	..	..	..	..
Autres comptes à payer	..	..	..	..	..	..	..	..
Actifs non financiers	..	..	..	..	..	..	..	..

Note : Voir les métadonnées détaillées sur : *http://metalinks.oecd.org/instinv/20190923/6c5a*

RÉPUBLIQUE SLOVAQUE

Tableau 1. Actifs et passifs financiers des investisseurs institutionnels, 2018

Millions EUR (2009 SKK euro)

	Fonds d'investissement				
	Total	Fonds d'investissement non-monétaire			Fonds d'investissement monétaires
		Total	Fonds d'investissement à capital variable, non monétaire	Fonds d'investissement à capital fixe, non monétaire	Total
Actifs financiers	..	7 028	..	..	..
Numéraire et dépôts	..	1 474	..	..	..
Titres de dette	..	1 177	..	..	..
Titres de dette à court terme	..	36	..	..	..
Titres de dette à long terme	..	1 141	..	..	..
Titres de dette émis par les résidents	..	..	..	..	..
Titres de dette émis par les non-résidents	..	..	..	..	..
Crédits	..	283	..	..	..
Crédits à court terme	..	0	..	..	..
Crédits à long terme	..	283	..	..	..
Crédits accordés aux résidents	..	..	..	..	..
Crédits accordés aux non-résidents	..	..	..	..	..
Actions et parts de fonds d'investissement	..	4 051	..	..	..
Actions et parts de fonds d'investissements émises par les résidents	..	..	..	..	..
Actions et part de fonds d'investissements émises par les non-résidents	..	..	..	..	..
Autres comptes à recevoir	..	36	..	..	..

	Fonds d'investissement				
	Total	Fonds d'investissement non-monétaire			Fonds d'investissement monétaires
		Total	Fonds d'investissement à capital variable, non monétaire	Fonds d'investissement à capital fixe, non monétaire	Total
Pasifs financiers	..	6 863	..	..	..
Numéraire et dépôts	..	..	..	..	..
Titres de dette	..	0	..	..	..
Titres de dette à court terme	..	0	..	..	..
Titres de dette à long terme	..	0	..	..	..
Crédits	..	0	..	..	..
Crédits à court terme	..	0	..	..	..
Crédits à long terme	..	0	..	..	..
Actions et parts de fonds d'investissement	..	6 771	..	..	..
Systèmes d'assurance, de pensions et garanties standard	..	0	..	..	..
Produits financiers dérivés et options sur titres des salariés	..	3	..	..	..
Autres comptes à payer	..	89	..	..	..

	Sociétés d'assurance et fonds de pension autonomes				
	Total	Sociétés d'assurance			Fonds de pension autonomes
		Total	Sociétés d'assurance vie	Sociétés d'assurance non-vie	Total
Actifs financiers	17 414	7 631	..	..	9 783
Numéraire et dépôts	1 440	259	..	..	1 181
Titres de dette	10 672	4 583	..	..	6 089
Titres de dette à court terme	16	0	..	..	16
Titres de dette à long terme	10 656	4 583	..	..	6 073
Titres de dette émis par les résidents	..	..	..	..	..
Titres de dette émis par les non-résidents	..	..	..	..	..
Crédits	42	41	..	..	1
Crédits à court terme	11	10	..	..	1
Crédits à long terme	32	32	..	..	0
Crédits accordés aux résidents	..	..	..	..	..
Crédits accordés aux non-résidents	..	..	..	..	..
Actions et parts de fonds d'investissement	4 503	2 007	..	..	2 496
Actions et parts de fonds d'investissement émises par les résidents	..	..	..	..	..
Actions et parts de fonds d'investissement émises par les non-résidents	..	..	..	..	..
Autrescomptes à recevoir	385	372	..	..	13

	Sociétés d'assurance et fonds de pension autonomes				
	Total	Sociétés d'assurance			Fonds de pension autonomes
		Total	Sociétés d'assurance vie	Sociétés d'assurance non-vie	Total
Pasifs financiers	18 119	8 030	..	..	10 089
Numéraire et dépôts	..	..	..	..	..
Titres de dette	0	0	..	..	0
Titres de dette à court terme	0	0	..	..	0
Titres de dette à long terme	0	0	..	..	0
Crédits	142	142	..	..	0
Crédits à court terme	0	0	..	..	0
Crédits à long terme	142	142	..	..	0
Actions et parts de fonds d'investissement	1 290	1 290	..	..	0
Systèmes d'assurance, de pensions et garanties standard	15 995	5 926	..	..	10 069
Produits financiers dérivés et options sur titres des salariés	9	2	..	..	8
Autres comptes à payer	683	671	..	..	12

Note : Voir les métadonnées détaillées sur : *http://metalinks.oecd.org/instinv/20190923/8d8f*

RÉPUBLIQUE SLOVAQUE

Tableau 2. Actifs et passifs financiers des fonds d'investissement

Millions EUR

	2011	2012	2013	2014	2015	2016	2017	2018
Fonds d'investissement								
Valeur nette financière	..	..	..	..	..	..	..	..
Actifs financiers	..	..	..	..	..	..	..	..
Numéraire et dépôts	..	..	..	..	..	..	..	..
Titres de dette	..	..	..	..	..	..	..	..
Crédits	..	..	..	..	..	..	..	..
Actions et parts de fonds d'investissement	..	..	..	..	..	..	..	..
Actions	..	..	..	..	..	..	..	..
Parts de fonds d'investissement	..	..	..	..	..	..	..	..
Parts de fonds d'investissement monétaires	..	..	..	..	..	..	..	..
Parts de fonds d'investissement non monétaires	..	..	..	..	..	..	..	..
Systèmes d'assurance, de pensions et garanties standard	..	..	..	..	..	..	..	..
Produits financiers dérivés et options sur titres des salariés	..	..	..	..	..	..	..	..
Autres comptes à recevoir	..	..	..	..	..	..	..	..
Passifs financiers	..	..	..	..	..	..	..	..
Titres de dette	..	..	..	..	..	..	..	..
Titres de dette à court terme	..	..	..	..	..	..	..	..
Titres de dette à long terme	..	..	..	..	..	..	..	..
Crédits	..	..	..	..	..	..	..	..
Crédits à court terme	..	..	..	..	..	..	..	..
Crédits à long terme	..	..	..	..	..	..	..	..
Actions et parts de fonds d'investissement	..	..	..	..	..	..	..	..
Systèmes d'assurance, de pensions et garanties standard	..	..	..	..	..	..	..	..
Produits financiers dérivés et options sur titres des salariés	..	..	..	..	..	..	..	..
Autres comptes à payer	..	..	..	..	..	..	..	..
Actifs non financiers	..	..	..	..	..	..	..	..
Fonds d'investissement monéaires								
Valeur nette financière	..	..	..	..	..	..	..	..
Actifs financiers	..	..	..	..	..	..	..	..
Numéraire et dépôts	..	..	..	..	..	..	..	..
Titres de dette	..	..	..	..	..	..	..	..
Crédits	..	..	..	..	..	..	..	..
Actions et parts de fonds d'investissement	..	..	..	..	..	..	..	..
Actions	..	..	..	..	..	..	..	..
Parts de fonds d'investissement	..	..	..	..	..	..	..	..
Parts de fonds d'investissement monétaires	..	..	..	..	..	..	..	..
Parts de fonds d'investissement non monétaires	..	..	..	..	..	..	..	..
Systèmes d'assurance, de pensions et garanties standard	..	..	..	..	..	..	..	..
Produits financiers dérivés et options sur titres des salariés	..	..	..	..	..	..	..	..
Autres comptes à recevoir	..	..	..	..	..	..	..	..
Passifs financiers	..	..	..	..	..	..	..	..
Titres de dette	..	..	..	..	..	..	..	..
Titres de dette à court terme	..	..	..	..	..	..	..	..
Titres de dette à long terme	..	..	..	..	..	..	..	..
Crédits	..	..	..	..	..	..	..	..
Crédits à court terme	..	..	..	..	..	..	..	..
Crédits à long terme	..	..	..	..	..	..	..	..
Actions et parts de fonds d'investissement	..	..	..	..	..	..	..	..
Systèmes d'assurance, de pensions et garanties standard	..	..	..	..	..	..	..	..
Produits financiers dérivés et options sur titres des salariés	..	..	..	..	..	..	..	..
Autres comptes à payer	..	..	..	..	..	..	..	..
Actifs non financiers	..	..	..	..	..	..	..	..
Fonds d'investissement non monéaires								
Valeur nette financière	..	..	..	..	..	..	..	..
Actifs financiers	..	1 776	2 067	2 809	5 592	6 026	6 701	7 028
Numéraire et dépôts	..	0	0	0	1 717	1 575	1 698	1 474
Titres de dette	..	990	956	1 401	1 234	1 268	1 069	1 177
Crédits	..	0	223	184	131	138	168	283
Actions et parts de fonds d'investissement	..	787	831	1 176	2 440	2 955	3 743	4 051
Actions	..	147	387	377	779	906	1 125	1 268
Parts de fonds d'investissement	..	640	444	799	1 661	2 049	2 618	2 784
Parts de fonds d'investissement monétaires	..	..	..	..	..	..	..	..
Parts de fonds d'investissement non monétaires	..	..	..	..	..	..	..	..
Systèmes d'assurance, de pensions et garanties standard	..	0	2	0	0	0	0	0
Produits financiers dérivés et options sur titres des salariés	..	0	0	0	0	0	5	7
Autres comptes à recevoir	..	0	54	48	70	90	18	36
Passifs financiers	..	3 793	4 387	5 413	5 973	6 174	6 776	6 863
Titres de dette	..	0	0	0	0	0	0	0
Titres de dette à court terme	..	0	0	0	0	0	0	0
Titres de dette à long terme	..	0	0	0	0	0	0	0
Crédits	..	0	0	0	0	3	1	0
Crédits à court terme	..	0	0	0	0	3	1	0
Crédits à long terme	..	0	0	0	0	0	0	0
Actions et parts de fonds d'investissement	..	3 793	4 356	5 399	5 888	6 091	6 722	6 771
Systèmes d'assurance, de pensions et garanties standard	..	0	0	0	0	0	0	0
Produits financiers dérivés et options sur titres des salariés	..	0	0	0	2	2	2	3
Autres comptes à payer	..	0	31	13	82	77	51	89
Actifs non financiers	..	..	..	..	..	..	..	..
Fonds d'investissement non monéaires à capital variable								
Valeur nette financière	..	..	..	..	..	..	..	..
Actifs financiers	..	..	..	..	..	..	..	..
Numéraire et dépôts	..	..	..	..	..	..	..	..

RÉPUBLIQUE SLOVAQUE

Tableau 2. Actifs et passifs financiers des fonds d'investissement *(suite)*

Millions EUR

	2011	2012	2013	2014	2015	2016	2017	2018
Titres de dette	..	..	..	..	..	..	..	..
Crédits	..	..	..	..	..	..	..	..
Actions et parts de fonds d'investissement	..	..	..	..	..	..	..	..
Actions	..	..	..	..	..	..	..	..
Parts de fonds d'investissement	..	..	..	..	..	..	..	..
Parts de fonds d'investissement monétaires	..	..	..	..	..	..	..	..
Parts de fonds d'investissement non monétaires	..	..	..	..	..	..	..	..
Systèmes d'assurance, de pensions et garanties standard	..	..	..	..	..	..	..	..
Produits financiers dérivés et options sur titres des salariés	..	..	..	..	..	..	..	..
Autres comptes à recevoir	..	..	..	..	..	..	..	..
Passifs financiers	..	..	..	..	..	..	..	..
Titres de dette	..	..	..	..	..	..	..	..
Titres de dette à court terme	..	..	..	..	..	..	..	..
Titres de dette à long terme	..	..	..	..	..	..	..	..
Crédits	..	..	..	..	..	..	..	..
Crédits à court terme	..	..	..	..	..	..	..	..
Crédits à long terme	..	..	..	..	..	..	..	..
Actions et parts de fonds d'investissement	..	..	..	..	..	..	..	..
Systèmes d'assurance, de pensions et garanties standard	..	..	..	..	..	..	..	..
Produits financiers dérivés et options sur titres des salariés	..	..	..	..	..	..	..	..
Autres comptes à payer	..	..	..	..	..	..	..	..
Actifs non financiers	..	..	..	..	..	..	..	..
Fonds d'investissement à capital variable								
Valeur nette financière	..	..	..	..	..	..	..	..
Actifs financiers	..	..	..	..	..	..	..	..
Numéraire et dépôts	..	..	..	..	..	..	..	..
Titres de dette	..	..	..	..	..	..	..	..
Crédits	..	..	..	..	..	..	..	..
Actions et parts de fonds d'investissement	..	..	..	..	..	..	..	..
Actions	..	..	..	..	..	..	..	..
Parts de fonds d'investissement	..	..	..	..	..	..	..	..
Parts de fonds d'investissement monétaires	..	..	..	..	..	..	..	..
Parts de fonds d'investissement non monétaires	..	..	..	..	..	..	..	..
Systèmes d'assurance, de pensions et garanties standard	..	..	..	..	..	..	..	..
Produits financiers dérivés et options sur titres des salariés	..	..	..	..	..	..	..	..
Autres comptes à recevoir	..	..	..	..	..	..	..	..
Passifs financiers	..	..	..	..	..	..	..	..
Titres de dette	..	..	..	..	..	..	..	..
Titres de dette à court terme	..	..	..	..	..	..	..	..
Titres de dette à long terme	..	..	..	..	..	..	..	..
Crédits	..	..	..	..	..	..	..	..
Crédits à court terme	..	..	..	..	..	..	..	..
Crédits à long terme	..	..	..	..	..	..	..	..
Actions et parts de fonds d'investissement	..	..	..	..	..	..	..	..
Systèmes d'assurance, de pensions et garanties standard	..	..	..	..	..	..	..	..
Produits financiers dérivés et options sur titres des salariés	..	..	..	..	..	..	..	..
Autres comptes à payer	..	..	..	..	..	..	..	..
Actifs non financiers	..	..	..	..	..	..	..	..

Note : Voir les métadonnées détaillées sur : *http://metalinks.oecd.org/instinv/20190923/8d8f*

RÉPUBLIQUE SLOVAQUE

Tableau 3. Actifs et passifs financiers des sociétés d'assurance et fonds de pension

Millions EUR

	2011	2012	2013	2014	2015	2016	2017	2018
Sociétés d'assurance et fonds de pension								
Valeur nette financière	..	..	..	..	..	..	..	..
Actifs financiers	..	12 775	13 760	14 504	14 567	15 839	17 167	17 414
Numéraire et dépôts	..	1 932	1 838	1 639	1 428	1 165	1 518	1 440
Titres de dette	..	8 790	9 400	9 871	9 656	10 499	10 489	10 672
Crédits	..	87	28	46	37	24	26	42
Actions et parts de fonds d'investissement	..	1 522	2 054	2 424	2 792	3 355	4 313	4 503
Actions	..	249	361	332	331	399	405	440
Parts de fonds d'investissement	..	1 273	1 693	2 092	2 462	2 957	3 908	4 063
Parts de fonds d'investissement monétaires	..	..	..	..	..	..	..	..
Parts de fonds d'investissement non monétaires	..	..	..	..	..	..	..	..
Systèmes d'assurance, de pensions et garanties standard	..	86	99	193	343	445	411	366
Produits financiers dérivés et options sur titres des salariés	..	4	6	5	6	8	9	7
Autres comptes à recevoir	..	355	335	326	304	343	402	385
Passifs financiers	..	12 497	12 850	14 116	14 618	16 024	17 519	18 119
Titres de dette	..	0	0	0	1	1	1	0
Titres de dette à court terme	..	0	0	0	0	0	0	0
Titres de dette à long terme	..	0	0	0	1	1	1	0
Crédits	..	23	58	59	89	90	126	142
Crédits à court terme	..	0	0	0	0	0	1	0
Crédits à long terme	..	23	57	58	89	89	125	142
Actions et parts de fonds d'investissement	..	442	405	462	1 480	1 492	1 382	1 290
Systèmes d'assurance, de pensions et garanties standard	..	11 622	11 982	13 195	12 611	13 992	15 436	15 995
Produits financiers dérivés et options sur titres des salariés	..	6	8	9	4	9	6	9
Autres comptes à payer	..	404	396	391	433	441	568	683
Actifs non financiers	..	..	..	..	..	..	..	..
Sociétés d'assurance								
Valeur nette financière	..	..	..	..	..	..	..	..
Actifs financiers	..	6 400	5 982	6 780	6 717	7 583	7 903	7 631
Numéraire et dépôts	..	511	360	296	267	257	316	259
Titres de dette	..	4 328	4 040	4 664	4 486	4 929	4 754	4 583
Crédits	..	87	28	46	37	24	26	41
Actions et parts de fonds d'investissement	..	1 031	1 127	1 256	1 287	1 586	1 996	2 007
Actions	..	217	179	168	170	218	172	146
Parts de fonds d'investissement	..	813	948	1 088	1 116	1 368	1 824	1 861
Parts de fonds d'investissement monétaires	..	..	..	..	..	..	..	..
Parts de fonds d'investissement non monétaires	..	..	..	..	..	..	..	..
Systèmes d'assurance, de pensions et garanties standard	..	86	99	193	343	445	411	366
Produits financiers dérivés et options sur titres des salariés	..	4	5	5	6	3	3	3
Autres comptes à recevoir	..	355	324	320	292	338	396	372
Passifs financiers	..	5 702	5 735	6 234	6 740	7 348	7 966	8 030
Titres de dette	..	0	0	0	1	1	1	0
Titres de dette à court terme	..	0	0	0	0	0	0	0
Titres de dette à long terme	..	0	0	0	1	1	1	0
Crédits	..	23	58	59	89	90	125	142
Crédits à court terme	..	0	0	0	0	0	0	0
Crédits à long terme	..	23	57	58	89	89	125	142
Actions et parts de fonds d'investissement	..	442	405	462	1 480	1 492	1 382	1 290
Systèmes d'assurance, de pensions et garanties standard	..	4 843	4 893	5 325	4 765	5 341	5 914	5 926
Produits financiers dérivés et options sur titres des salariés	..	6	4	8	2	4	2	2
Autres comptes à payer	..	387	375	381	404	421	543	671
Actifs non financiers	..	..	..	..	..	..	..	..
Fonds de pension								
Valeur nette financière	..	..	..	..	..	..	..	..
Actifs financiers	..	6 375	7 777	7 723	7 850	8 256	9 264	9 783
Numéraire et dépôts	..	1 421	1 479	1 343	1 161	908	1 202	1 181
Titres de dette	..	4 462	5 360	5 206	5 170	5 570	5 735	6 089
Crédits	..	0	0	0	0	0	0	1
Actions et parts de fonds d'investissement	..	492	926	1 168	1 505	1 769	2 317	2 496
Actions	..	32	181	164	160	181	232	294
Parts de fonds d'investissement	..	460	745	1 003	1 345	1 588	2 085	2 202
Parts de fonds d'investissement monétaires	..	..	..	..	..	..	..	..
Parts de fonds d'investissement non monétaires	..	..	..	..	..	..	..	..
Systèmes d'assurance, de pensions et garanties standard	..	0	0	0	0	0	0	0
Produits financiers dérivés et options sur titres des salariés	..	0	1	0	1	5	5	4
Autres comptes à recevoir	..	0	11	5	13	4	5	13
Passifs financiers	..	6 796	7 115	7 882	7 878	8 676	9 553	10 089
Titres de dette	..	0	0	0	0	0	0	0
Titres de dette à court terme	..	0	0	0	0	0	0	0
Titres de dette à long terme	..	0	0	0	0	0	0	0
Crédits	..	0	0	0	0	0	1	0
Crédits à court terme	..	0	0	0	0	0	1	0
Crédits à long terme	..	0	0	0	0	0	0	0
Actions et parts de fonds d'investissement	..	0	0	0	0	0	0	0
Systèmes d'assurance, de pensions et garanties standard	..	6 779	7 089	7 870	7 847	8 651	9 522	10 069
Produits financiers dérivés et options sur titres des salariés	..	0	4	1	3	5	4	8
Autres comptes à payer	..	17	21	10	29	20	25	12
Actifs non financiers	..	..	..	..	..	..	..	..

Note : Voir les métadonnées détaillées sur : *http://metalinks.oecd.org/instinv/20190923/8d8f*

RÉPUBLIQUE SLOVAQUE

Tableau 4. Composition du portefeuille par type d'investisseur

En pourcentage des actifs financiers et des passifs financiers

Pour cent

	2011	2012	2013	2014	2015	2016	2017	2018
Fonds d'investissement								
Actifs financiers	..	..	..	..	..	..	..	..
Numéraire et dépôts	..	..	..	..	..	..	..	..
Titres de dettes	..	..	..	..	..	..	..	..
Crédits	..	..	..	..	..	..	..	..
Actions et parts de fonds d'investissement	..	..	..	..	..	..	..	..
Systèmes d'assurance de pensions et garanties standard	..	..	..	..	..	..	..	..
Produits financiers dérivés et options sur titres des salariés	..	..	..	..	..	..	..	..
Autres comptes à recevoir	..	..	..	..	..	..	..	..
Passifs financiers	..	..	..	..	..	..	..	..
Numéraire et dépôts	..	..	..	..	..	..	..	..
Titres de dettes	..	..	..	..	..	..	..	..
Crédits	..	..	..	..	..	..	..	..
Actions et parts de fonds d'investissement	..	..	..	..	..	..	..	..
Systèmes d'assurance de pensions et garanties standard	..	..	..	..	..	..	..	..
Produits financiers dérivés et options sur titres des salariés	..	..	..	..	..	..	..	..
Autres comptes à recevoir	..	..	..	..	..	..	..	..
Sociétés d'assurance								
Actifs financiers	..	100.0	100.0	100.0	100.0	100.0	100.0	100.0
Numéraire et dépôts	..	8.0	6.0	4.4	4.0	3.4	4.0	3.4
Titres de dettes	..	67.6	67.5	68.8	66.8	65.0	60.2	60.1
Crédits	..	1.4	0.5	0.7	0.6	0.3	0.3	0.5
Actions et parts de fonds d'investissement	..	16.1	18.8	18.5	19.2	20.9	25.3	26.3
Systèmes d'assurance de pensions et garanties standard	..	1.3	1.7	2.8	5.1	5.9	5.2	4.8
Produits financiers dérivés et options sur titres des salariés	..	0.1	0.1	0.1	0.1	0.0	0.0	0.0
Autres comptes à recevoir	..	5.5	5.4	4.7	4.3	4.5	5.0	4.9
Passifs financiers	..	100.0	100.0	100.0	100.0	100.0	100.0	100.0
Numéraire et dépôts	..	0.0	0.0	0.0	0.0	0.0	0.0	0.0
Titres de dettes	..	0.0	0.0	0.0	0.0	0.0	0.0	0.0
Crédits	..	0.4	1.0	0.9	1.3	1.2	1.6	1.8
Actions et parts de fonds d'investissement	..	7.7	7.1	7.4	22.0	20.3	17.4	16.1
Systèmes d'assurance de pensions et garanties standard	..	84.9	85.3	85.4	70.7	72.7	74.2	73.8
Produits financiers dérivés et options sur titres des salariés	..	0.1	0.1	0.1	0.0	0.1	0.0	0.0
Autres comptes à recevoir	..	6.8	6.5	6.1	6.0	5.7	6.8	8.4
Fonds de pension								
Actifs financiers	..	100.0	100.0	100.0	100.0	100.0	100.0	100.0
Numéraire et dépôts	..	22.3	19.0	17.4	14.8	11.0	13.0	12.1
Titres de dettes	..	70.0	68.9	67.4	65.9	67.5	61.9	62.2
Crédits	..	0.0	0.0	0.0	0.0	0.0	0.0	0.0
Actions et parts de fonds d'investissement	..	7.7	11.9	15.1	19.2	21.4	25.0	25.5
Systèmes d'assurance de pensions et garanties standard	..	0.0	0.0	0.0	0.0	0.0	0.0	0.0
Produits financiers dérivés et options sur titres des salariés	..	0.0	0.0	0.0	0.0	0.1	0.1	0.0
Autres comptes à recevoir	..	0.0	0.1	0.1	0.2	0.0	0.1	0.1
Passifs financiers	..	100.0	100.0	100.0	100.0	100.0	100.0	100.0
Numéraire et dépôts	..	0.0	0.0	0.0	0.0	0.0	0.0	0.0
Titres de dettes	..	0.0	0.0	0.0	0.0	0.0	0.0	0.0
Crédits	..	0.0	0.0	0.0	0.0	0.0	0.0	0.0
Actions et parts de fonds d'investissement	..	0.0	0.0	0.0	0.0	0.0	0.0	0.0
Systèmes d'assurance de pensions et garanties standard	..	99.7	99.6	99.9	99.6	99.7	99.7	99.8
Produits financiers dérivés et options sur titres des salariés	..	0.0	0.1	0.0	0.0	0.1	0.0	0.1
Autres comptes à recevoir	..	0.3	0.3	0.1	0.4	0.2	0.3	0.1

Note : Voir les métadonnées détaillées sur : *http://metalinks.oecd.org/instinv/20190923/2704*

SLOVÉNIE

Tableau 1. Actifs et passifs financiers des investisseurs institutionnels, 2018

Millions EUR (2007 SIT euro)

	Fonds d'investissement				
	Total	Fonds d'investissement non-monétaire			Fonds d'investissement monétaires
		Total	Fonds d'investissement à capital variable, non monétaire	Fonds d'investissement à capital fixe, non monétaire	Total
Actifs financiers	2 478	2 398	2 398	..	80
Numéraire et dépôts	187	140	140	..	46
Titres de dette	465	434	434	..	31
Titres de dette à court terme	39	9	9	..	29
Titres de dette à long terme	426	424	424	..	2
Titres de dette émis par les résidents	46	38	38	..	7
Titres de dette émis par les non-résidents	420	396	396	..	24
Crédits	..	..	..	..	..
Crédits à court terme	..	..	..	..	..
Crédits à long terme	..	..	..	..	..
Crédits accordés aux résidents	..	..	..	..	..
Crédits accordés aux non-résidents	..	..	..	..	..
Actions et parts de fonds d'investissement	1 820	1 820	1 820	..	..
Actions et parts de fonds d'investissements émises par les résidents	84	84	84	..	..
Actions et part de fonds d'investissements émises par les non-résidents	1 736	1 735	1 735	..	..
Autres comptes à recevoir	5	4	4	..	1

	Fonds d'investissement				
	Total	Fonds d'investissement non-monétaire			Fonds d'investissement monétaires
		Total	Fonds d'investissement à capital variable, non monétaire	Fonds d'investissement à capital fixe, non monétaire	Total
Pasifs financiers	2 478	2 398	2 398	..	80
Numéraire et dépôts	..	..	..	..	..
Titres de dette	..	..	..	..	..
Titres de dette à court terme	..	..	..	..	..
Titres de dette à long terme	..	..	..	..	..
Crédits	0	0	0	..	..
Crédits à court terme	0	0	0	..	..
Crédits à long terme	..	..	..	..	..
Actions et parts de fonds d'investissement	2 469	2 390	2 390	..	79
Systèmes d'assurance, de pensions et garanties standard	..	..	..	..	..
Produits financiers dérivés et options sur titres des salariés	0	0	0	..	..
Autres comptes à payer	9	9	9	..	0

	Sociétés d'assurance et fonds de pension autonomes				
	Total	Sociétés d'assurance			Fonds de pension autonomes
		Total	Sociétés d'assurance vie	Sociétés d'assurance non-vie	Total
Actifs financiers	10 408	7 667	..	..	2 741
Numéraire et dépôts	538	243	..	..	295
Titres de dette	6 155	4 594	..	..	1 561
Titres de dette à court terme	87	43	..	..	43
Titres de dette à long terme	6 068	4 550	..	..	1 518
Titres de dette émis par les résidents	1 716	1 040	..	..	676
Titres de dette émis par les non-résidents	4 439	3 554	..	..	885
Crédits	131	122	..	..	9
Crédits à court terme	46	37	..	..	9
Crédits à long terme	85	85	..	..	0
Crédits accordés aux résidents	95	86	..	..	9
Crédits accordés aux non-résidents	36	36	..	..	0
Actions et parts de fonds d'investissement	2 922	2 048	..	..	874
Actions et parts de fonds d'investissement émises par les résidents	1 458	1 362	..	..	96
Actions et parts de fonds d'investissement émises par les non-résidents	1 464	686	..	..	778
Autrescomptes à recevoir	461	460	..	..	2

	Sociétés d'assurance et fonds de pension autonomes				
	Total	Sociétés d'assurance			Fonds de pension autonomes
		Total	Sociétés d'assurance vie	Sociétés d'assurance non-vie	Total
Pasifs financiers	10 406	7 573	..	..	2 834
Numéraire et dépôts	0	0	..	..	0
Titres de dette	84	84	..	..	0
Titres de dette à court terme	0	0	..	..	0
Titres de dette à long terme	84	84	..	..	0
Crédits	3	3	..	..	0
Crédits à court terme	0	0	..	..	0
Crédits à long terme	3	3	..	..	0
Actions et parts de fonds d'investissement	1 912	1 864	..	..	48
Systèmes d'assurance, de pensions et garanties standard	8 161	5 383	..	..	2 778
Produits financiers dérivés et options sur titres des salariés	0	0	..	..	0
Autres comptes à payer	247	239	..	..	7

Note : Voir les métadonnées détaillées sur : *http://metalinks.oecd.org/instinv/20190923/1562*

SLOVÉNIE

Tableau 2. Actifs et passifs financiers des fonds d'investissement

Millions EUR

	2011	2012	2013	2014	2015	2016	2017	2018
Fonds d'investissement								
Valeur nette financière	..	..	..	..	..	..	..	..
Actifs financiers	1 811	1 831	1 855	2 151	2 319	2 474	2 664	2 478
Numéraire et dépôts	147	136	110	136	166	192	171	187
Titres de dette	248	250	220	263	351	425	448	465
Crédits	..	..	..	..	..	..	..	..
Actions et parts de fonds d'investissement	1 407	1 433	1 516	1 746	1 795	1 845	2 042	1 820
Actions	1 250	1 280	1 348	1 598	1 641	1 690	1 874	1 667
Parts de fonds d'investissement	157	153	168	149	154	156	168	154
Parts de fonds d'investissement monétaires	0	0	0	0	0	2	2	1
Parts de fonds d'investissement non monétaires	157	153	168	149	154	154	166	152
Systèmes d'assurance, de pensions et garanties standard	..	..	..	..	..	..	..	..
Produits financiers dérivés et options sur titres des salariés	0	0	0	0	1	1	0	0
Autres comptes à recevoir	9	12	9	6	5	11	4	5
Passifs financiers	1 811	1 831	1 855	2 151	2 319	2 474	2 664	2 478
Titres de dette	..	..	..	..	..	..	..	..
Titres de dette à court terme	..	..	..	..	..	..	..	..
Titres de dette à long terme	..	..	..	..	..	..	..	..
Crédits	8	0	0	0	0	0	0	0
Crédits à court terme	8	0	0	0	0	0	0	0
Crédits à long terme	..	..	..	..	..	..	..	..
Actions et parts de fonds d'investissement	1 790	1 817	1 840	2 143	2 309	2 464	2 657	2 469
Systèmes d'assurance, de pensions et garanties standard	..	..	..	..	..	..	..	..
Produits financiers dérivés et options sur titres des salariés	0	0	0	0	0	0	0	0
Autres comptes à payer	13	13	16	8	10	11	8	9
Actifs non financiers	..	..	..	..	..	..	..	..
Fonds d'investissement monéaires								
Valeur nette financière	..	..	..	..	..	..	..	..
Actifs financiers	26	26	37	37	58	100	55	80
Numéraire et dépôts	20	15	23	24	32	68	35	46
Titres de dette	6	10	14	13	25	32	19	31
Crédits	..	..	..	..	..	..	..	..
Actions et parts de fonds d'investissement	..	..	..	..	..	..	..	..
Actions	..	..	..	..	..	..	..	..
Parts de fonds d'investissement	..	..	..	..	..	..	..	..
Parts de fonds d'investissement monétaires	..	..	..	..	..	..	..	..
Parts de fonds d'investissement non monétaires	..	..	..	..	..	..	..	..
Systèmes d'assurance, de pensions et garanties standard	..	..	..	..	..	..	..	..
Produits financiers dérivés et options sur titres des salariés	..	..	..	..	..	..	..	..
Autres comptes à recevoir	0	0	0	0	0	0	0	1
Passifs financiers	26	26	37	37	58	100	55	80
Titres de dette	..	..	..	..	..	..	..	..
Titres de dette à court terme	..	..	..	..	..	..	..	..
Titres de dette à long terme	..	..	..	..	..	..	..	..
Crédits	..	..	..	..	..	..	..	..
Crédits à court terme	..	..	..	..	..	..	..	..
Crédits à long terme	..	..	..	..	..	..	..	..
Actions et parts de fonds d'investissement	26	24	36	37	56	99	55	79
Systèmes d'assurance, de pensions et garanties standard	..	..	..	..	..	..	..	..
Produits financiers dérivés et options sur titres des salariés	..	..	..	..	..	..	..	..
Autres comptes à payer	0	2	0	1	1	1	0	0
Actifs non financiers	..	..	..	..	..	..	..	..
Fonds d'investissement non moneaires								
Valeur nette financière	..	..	..	..	..	..	..	..
Actifs financiers	1 785	1 805	1 819	2 113	2 261	2 374	2 609	2 398
Numéraire et dépôts	127	121	87	111	134	124	135	140
Titres de dette	242	239	206	250	326	393	429	434
Crédits	..	..	..	..	..	..	..	..
Actions et parts de fonds d'investissement	1 407	1 433	1 516	1 746	1 795	1 845	2 042	1 820
Actions	1 250	1 280	1 348	1 598	1 641	1 690	1 874	1 667
Parts de fonds d'investissement	157	153	168	149	154	156	168	153
Parts de fonds d'investissement monétaires	0	0	0	0	0	2	2	1
Parts de fonds d'investissement non monétaires	157	153	168	149	154	154	166	152
Systèmes d'assurance, de pensions et garanties standard	..	..	..	..	..	..	..	..
Produits financiers dérivés et options sur titres des salariés	0	0	0	0	1	1	0	0
Autres comptes à recevoir	9	12	9	6	5	11	4	4
Passifs financiers	1 785	1 805	1 819	2 113	2 261	2 374	2 609	2 398
Titres de dette	..	..	..	..	..	..	..	..
Titres de dette à court terme	..	..	..	..	..	..	..	..
Titres de dette à long terme	..	..	..	..	..	..	..	..
Crédits	8	0	0	0	0	0	0	0
Crédits à court terme	8	0	0	0	0	0	0	0
Crédits à long terme	..	..	..	..	..	..	..	..
Actions et parts de fonds d'investissement	1 764	1 794	1 803	2 106	2 253	2 364	2 602	2 390
Systèmes d'assurance, de pensions et garanties standard	..	..	..	..	..	..	..	..
Produits financiers dérivés et options sur titres des salariés	0	0	0	0	0	0	0	0
Autres comptes à payer	13	11	16	7	8	9	7	9
Actifs non financiers	..	..	..	..	..	..	..	..
Fonds d'investissement non moneaires à capital variable								
Valeur nette financière	..	..	..	..	..	..	..	..
Actifs financiers	1 785	1 805	1 819	2 113	2 261	2 374	2 609	2 398
Numéraire et dépôts	127	121	87	111	134	124	135	140

SLOVÉNIE

Tableau 2. Actifs et passifs financiers des fonds d'investissement *(suite)*

Millions EUR

	2011	2012	2013	2014	2015	2016	2017	2018
Titres de dette	242	239	206	250	326	393	429	434
Crédits	..	..	..	..	..	..	..	..
Actions et parts de fonds d'investissement	1 407	1 433	1 516	1 746	1 795	1 845	2 042	1 820
Actions	1 250	1 280	1 348	1 598	1 641	1 690	1 874	1 667
Parts de fonds d'investissement	157	153	168	149	154	156	168	153
Parts de fonds d'investissement monétaires	0	0	0	0	0	2	2	1
Parts de fonds d'investissement non monétaires	157	153	168	149	154	154	166	152
Systèmes d'assurance, de pensions et garanties standard	..	..	..	..	..	..	..	..
Produits financiers dérivés et options sur titres des salariés	0	0	0	0	1	1	0	0
Autres comptes à recevoir	9	12	9	6	5	11	4	4
Passifs financiers	1 785	1 805	1 819	2 113	2 261	2 374	2 609	2 398
Titres de dette	..	..	..	..	..	..	..	..
Titres de dette à court terme	..	..	..	..	..	..	..	..
Titres de dette à long terme	..	..	..	..	..	..	..	..
Crédits	8	0	0	0	0	0	0	0
Crédits à court terme	8	0	0	0	0	0	0	0
Crédits à long terme	..	..	..	..	..	..	..	..
Actions et parts de fonds d'investissement	1 764	1 794	1 803	2 106	2 253	2 364	2 602	2 390
Systèmes d'assurance, de pensions et garanties standard	..	..	..	..	..	..	..	..
Produits financiers dérivés et options sur titres des salariés	0	0	0	0	0	0	0	0
Autres comptes à payer	13	11	16	7	8	9	7	9
Actifs non financiers	..	..	..	..	..	..	..	..
Fonds d'investissement à capital variable								
Valeur nette financière	..	..	..	..	..	..	..	..
Actifs financiers	1 811	1 831	1 855	2 151	2 319	2 474	2 664	2 478
Numéraire et dépôts	147	136	110	136	166	192	171	187
Titres de dette	248	250	220	263	351	425	448	465
Crédits	..	..	..	..	..	..	..	..
Actions et parts de fonds d'investissement	1 407	1 433	1 516	1 746	1 795	1 845	2 042	1 820
Actions	1 250	1 280	1 348	1 598	1 641	1 690	1 874	1 667
Parts de fonds d'investissement	157	153	168	149	154	156	168	154
Parts de fonds d'investissement monétaires	0	0	0	0	0	2	2	1
Parts de fonds d'investissement non monétaires	157	153	168	149	154	154	166	152
Systèmes d'assurance, de pensions et garanties standard	..	..	..	..	..	..	..	..
Produits financiers dérivés et options sur titres des salariés	0	0	0	0	1	1	0	0
Autres comptes à recevoir	9	12	9	6	5	11	4	5
Passifs financiers	1 811	1 831	1 855	2 151	2 319	2 474	2 664	2 478
Titres de dette	..	..	..	..	..	..	..	..
Titres de dette à court terme	..	..	..	..	..	..	..	..
Titres de dette à long terme	..	..	..	..	..	..	..	..
Crédits	8	0	0	0	0	0	0	0
Crédits à court terme	8	0	0	0	0	0	0	0
Crédits à long terme	..	..	..	..	..	..	..	..
Actions et parts de fonds d'investissement	1 790	1 817	1 840	2 143	2 309	2 464	2 657	2 469
Systèmes d'assurance, de pensions et garanties standard	..	..	..	..	..	..	..	..
Produits financiers dérivés et options sur titres des salariés	0	0	0	0	0	0	0	0
Autres comptes à payer	13	13	16	8	10	11	8	9
Actifs non financiers	..	..	..	..	..	..	..	..

Note : Voir les métadonnées détaillées sur : *http://metalinks.oecd.org/instinv/20190923/1562*

SLOVÉNIE

Tableau 3. Actifs et passifs financiers des sociétés d'assurance et fonds de pension

Millions EUR

	2011	2012	2013	2014	2015	2016	2017	2018
Sociétés d'assurance et fonds de pension								
Valeur nette financière	-41	164	213	181	42	132	54	2
Actifs financiers	7 533	8 275	8 614	9 370	9 486	9 980	10 373	10 408
Numéraire et dépôts	1 151	950	686	781	669	660	627	538
Titres de dette	3 889	4 440	4 882	5 344	5 693	6 026	6 083	6 155
Crédits	196	174	166	150	113	124	132	131
Actions et parts de fonds d'investissement	1 841	2 153	2 307	2 597	2 580	2 677	2 976	2 922
Actions	779	827	858	929	840	775	873	939
Parts de fonds d'investissement	1 062	1 326	1 449	1 667	1 741	1 901	2 103	1 983
Parts de fonds d'investissement monétaires	..	..	..	..	..	..	..	..
Parts de fonds d'investissement non monétaires	..	..	..	..	..	..	..	..
Systèmes d'assurance, de pensions et garanties standard	183	225	201	216	177	182	192	199
Produits financiers dérivés et options sur titres des salariés	4	4	2	0	0	0	0	2
Autres comptes à recevoir	270	330	370	282	253	311	362	461
Passifs financiers	7 574	8 111	8 401	9 189	9 444	9 848	10 319	10 406
Titres de dette	49	45	37	38	35	84	84	84
Titres de dette à court terme	0	0	0	0	0	0	0	0
Titres de dette à long terme	49	45	37	38	35	84	84	84
Crédits	57	37	31	26	26	26	2	3
Crédits à court terme	20	3	5	0	0	1	0	0
Crédits à long terme	38	34	26	26	26	25	2	3
Actions et parts de fonds d'investissement	972	1 215	1 348	1 690	1 659	1 696	1 908	1 912
Systèmes d'assurance, de pensions et garanties standard	6 297	6 553	6 684	7 209	7 498	7 810	8 074	8 161
Produits financiers dérivés et options sur titres des salariés	0	0	0	0	0	0	0	0
Autres comptes à payer	200	262	301	226	227	233	251	247
Actifs non financiers	..	..	..	..	..	..	..	..
Sociétés d'assurance								
Valeur nette financière	-32	174	207	180	34	140	84	95
Actifs financiers	5 491	6 197	6 475	7 031	6 999	7 416	7 688	7 667
Numéraire et dépôts	594	488	365	327	314	286	248	243
Titres de dette	2 750	3 256	3 590	4 083	4 157	4 486	4 567	4 594
Crédits	129	121	112	112	86	99	109	122
Actions et parts de fonds d'investissement	1 563	1 779	1 852	2 019	2 016	2 060	2 215	2 048
Actions	703	754	794	830	775	711	809	858
Parts de fonds d'investissement	860	1 025	1 058	1 189	1 241	1 350	1 406	1 191
Parts de fonds d'investissement monétaires	..	..	..	..	..	..	..	..
Parts de fonds d'investissement non monétaires	..	..	..	..	..	..	..	..
Systèmes d'assurance, de pensions et garanties standard	183	225	201	216	177	182	192	199
Produits financiers dérivés et options sur titres des salariés	4	4	2	0	0	0	0	2
Autres comptes à recevoir	267	324	354	273	249	303	357	460
Passifs financiers	5 523	6 023	6 268	6 851	6 965	7 276	7 604	7 573
Titres de dette	49	45	37	38	35	84	84	84
Titres de dette à court terme	0	0	0	0	0	0	0	0
Titres de dette à long terme	49	45	37	38	35	84	84	84
Crédits	57	37	31	26	26	26	2	3
Crédits à court terme	20	3	5	0	0	1	0	0
Crédits à long terme	38	34	26	26	26	25	2	3
Actions et parts de fonds d'investissement	936	1 176	1 308	1 648	1 615	1 651	1 860	1 864
Systèmes d'assurance, de pensions et garanties standard	4 308	4 512	4 599	4 927	5 070	5 301	5 413	5 383
Produits financiers dérivés et options sur titres des salariés	0	0	0	0	0	0	0	0
Autres comptes à payer	173	252	293	213	220	214	245	239
Actifs non financiers	..	..	..	..	..	..	..	..
Fonds de pension								
Valeur nette financière	-9	-11	6	2	8	-8	-31	-93
Actifs financiers	2 042	2 078	2 139	2 339	2 487	2 564	2 685	2 741
Numéraire et dépôts	556	462	322	454	356	374	379	295
Titres de dette	1 139	1 184	1 292	1 261	1 537	1 540	1 516	1 561
Crédits	67	53	54	37	27	25	23	9
Actions et parts de fonds d'investissement	277	374	455	578	565	616	761	874
Actions	76	73	64	99	64	64	64	81
Parts de fonds d'investissement	201	301	391	479	500	552	697	792
Parts de fonds d'investissement monétaires	..	..	..	..	..	..	..	..
Parts de fonds d'investissement non monétaires	..	..	..	..	..	..	..	..
Systèmes d'assurance, de pensions et garanties standard	0	0	0	0	0	0	0	0
Produits financiers dérivés et options sur titres des salariés	0	0	0	0	0	0	0	0
Autres comptes à recevoir	3	6	15	9	4	8	6	2
Passifs financiers	2 052	2 089	2 133	2 337	2 479	2 572	2 715	2 834
Titres de dette	0	0	0	0	0	0	0	0
Titres de dette à court terme	0	0	0	0	0	0	0	0
Titres de dette à long terme	0	0	0	0	0	0	0	0
Crédits	0	0	0	0	0	0	0	0
Crédits à court terme	0	0	0	0	0	0	0	0
Crédits à long terme	0	0	0	0	0	0	0	0
Actions et parts de fonds d'investissement	36	39	40	43	44	45	47	48
Systèmes d'assurance, de pensions et garanties standard	1 989	2 041	2 085	2 281	2 428	2 509	2 662	2 778
Produits financiers dérivés et options sur titres des salariés	0	0	0	0	0	0	0	0
Autres comptes à payer	26	10	8	13	7	18	6	7
Actifs non financiers	..	..	..	..	..	..	..	..

Note : Voir les métadonnées détaillées sur : *http://metalinks.oecd.org/instinv/20190923/1562*

SLOVÉNIE

Tableau 4. Composition du portefeuille par type d'investisseur
En pourcentage des actifs financiers et des passifs financiers

Pour cent

	2011	2012	2013	2014	2015	2016	2017	2018
Fonds d'investissement								
Actifs financiers	100.0	100.0	100.0	100.0	100.0	100.0	100.0	100.0
Numéraire et dépôts	8.1	7.4	5.9	6.3	7.1	7.8	6.4	7.5
Titres de dettes	13.7	13.6	11.9	12.2	15.2	17.2	16.8	18.8
Crédits	0.0	0.0	0.0	0.0	0.0	0.0	0.0	0.0
Actions et parts de fonds d'investissement	77.7	78.3	81.7	81.2	77.4	74.6	76.7	73.5
Systèmes d'assurance de pensions et garanties standard	0.0	0.0	0.0	0.0	0.0	0.0	0.0	0.0
Produits financiers dérivés et options sur titres des salariés	0.0	0.0	0.0	0.0	0.0	0.0	0.0	0.0
Autres comptes à recevoir	0.5	0.7	0.5	0.3	0.2	0.4	0.1	0.2
Passifs financiers	100.0	100.0	100.0	100.0	100.0	100.0	100.0	100.0
Numéraire et dépôts	0.0	0.0	0.0	0.0	0.0	0.0	0.0	0.0
Titres de dettes	0.0	0.0	0.0	0.0	0.0	0.0	0.0	0.0
Crédits	0.4	0.0	0.0	0.0	0.0	0.0	0.0	0.0
Actions et parts de fonds d'investissement	98.8	99.3	99.1	99.6	99.6	99.6	99.7	99.6
Systèmes d'assurance de pensions et garanties standard	0.0	0.0	0.0	0.0	0.0	0.0	0.0	0.0
Produits financiers dérivés et options sur titres des salariés	0.0	0.0	0.0	0.0	0.0	0.0	0.0	0.0
Autres comptes à recevoir	0.7	0.7	0.9	0.4	0.4	0.4	0.3	0.4
Sociétés d'assurance								
Actifs financiers	100.0	100.0	100.0	100.0	100.0	100.0	100.0	100.0
Numéraire et dépôts	10.8	7.9	5.6	4.7	4.5	3.9	3.2	3.2
Titres de dettes	50.1	52.5	55.4	58.1	59.4	60.5	59.4	59.9
Crédits	2.4	2.0	1.7	1.6	1.2	1.3	1.4	1.6
Actions et parts de fonds d'investissement	28.5	28.7	28.6	28.7	28.8	27.8	28.8	26.7
Systèmes d'assurance de pensions et garanties standard	3.3	3.6	3.1	3.1	2.5	2.5	2.5	2.6
Produits financiers dérivés et options sur titres des salariés	0.1	0.1	0.0	0.0	0.0	0.0	0.0	0.0
Autres comptes à recevoir	4.9	5.2	5.5	3.9	3.6	4.1	4.6	6.0
Passifs financiers	100.0	100.0	100.0	100.0	100.0	100.0	100.0	100.0
Numéraire et dépôts	0.0	0.0	0.0	0.0	0.0	0.0	0.0	0.0
Titres de dettes	0.9	0.8	0.6	0.6	0.5	1.2	1.1	1.1
Crédits	1.0	0.6	0.5	0.4	0.4	0.4	0.0	0.0
Actions et parts de fonds d'investissement	16.9	19.5	20.9	24.0	23.2	22.7	24.5	24.6
Systèmes d'assurance de pensions et garanties standard	78.0	74.9	73.4	71.9	72.8	72.8	71.2	71.1
Produits financiers dérivés et options sur titres des salariés	0.0	0.0	0.0	0.0	0.0	0.0	0.0	0.0
Autres comptes à recevoir	3.1	4.2	4.7	3.1	3.2	2.9	3.2	3.2
Fonds de pension								
Actifs financiers	100.0	100.0	100.0	100.0	100.0	100.0	100.0	100.0
Numéraire et dépôts	27.2	22.2	15.0	19.4	14.3	14.6	14.1	10.8
Titres de dettes	55.8	57.0	60.4	53.9	61.8	60.1	56.5	57.0
Crédits	3.3	2.5	2.5	1.6	1.1	1.0	0.9	0.3
Actions et parts de fonds d'investissement	13.6	18.0	21.3	24.7	22.7	24.0	28.4	31.9
Systèmes d'assurance de pensions et garanties standard	0.0	0.0	0.0	0.0	0.0	0.0	0.0	0.0
Produits financiers dérivés et options sur titres des salariés	0.0	0.0	0.0	0.0	0.0	0.0	0.0	0.0
Autres comptes à recevoir	0.1	0.3	0.7	0.4	0.2	0.3	0.2	0.1
Passifs financiers	100.0	100.0	100.0	100.0	100.0	100.0	100.0	100.0
Numéraire et dépôts	0.0	0.0	0.0	0.0	0.0	0.0	0.0	0.0
Titres de dettes	0.0	0.0	0.0	0.0	0.0	0.0	0.0	0.0
Crédits	0.0	0.0	0.0	0.0	0.0	0.0	0.0	0.0
Actions et parts de fonds d'investissement	1.8	1.8	1.9	1.8	1.8	1.7	1.7	1.7
Systèmes d'assurance de pensions et garanties standard	97.0	97.7	97.7	97.6	97.9	97.5	98.0	98.0
Produits financiers dérivés et options sur titres des salariés	0.0	0.0	0.0	0.0	0.0	0.0	0.0	0.0
Autres comptes à recevoir	1.3	0.5	0.4	0.6	0.3	0.7	0.2	0.3

Note : Voir les métadonnées détaillées sur : *http://metalinks.oecd.org/instinv/20190923/2704*

ESPAGNE

Tableau 1. Actifs et passifs financiers des investisseurs institutionnels, 2018

Millions EUR (1999 ESP euro)

	Fonds d'investissement				
	Total	Fonds d'investissement non-monétaire			Fonds d'investissement monétaires
		Total	Fonds d'investissement à capital variable, non monétaire	Fonds d'investissement à capital fixe, non monétaire	Total
Actifs financiers	292 476	285 656	285 248	408	6 819
Numéraire et dépôts	32 948	31 294	31 205	88	1 654
Titres de dette	124 349	119 239	119 239	0	5 111
Titres de dette à court terme	17 184	12 074	12 074	0	5 111
Titres de dette à long terme	107 165	107 165	107 165	0	0
Titres de dette émis par les résidents	51 479	50 128	50 128	0	1 351
Titres de dette émis par les non-résidents	72 870	69 111	69 111	0	3 759
Crédits	0	..	..	0	0
Crédits à court terme	0	..	..	0	0
Crédits à long terme	0	..	..	0	..
Crédits accordés aux résidents	0	..	..	0	0
Crédits accordés aux non-résidents	0	..	..	0	0
Actions et parts de fonds d'investissement	130 744	130 689	130 689	0	55
Actions et parts de fonds d'investissements émises par les résidents	21 210	21 210	21 210	0	0
Actions et part de fonds d'investissements émises par les non-résidents	109 534	109 479	109 479	0	55
Autres comptes à recevoir	3 616	3 616	3 296	320	0

	Fonds d'investissement				
	Total	Fonds d'investissement non-monétaire			Fonds d'investissement monétaires
		Total	Fonds d'investissement à capital variable, non monétaire	Fonds d'investissement à capital fixe, non monétaire	Total
Pasifs financiers	293 559	286 741	285 248	1 493	6 818
Numéraire et dépôts	0	..	..	0	..
Titres de dette	0	..	..	0	..
Titres de dette à court terme	0	..	..	0	..
Titres de dette à long terme	0	..	..	0	..
Crédits	363	355	1	354	8
Crédits à court terme	363	355	1	354	8
Crédits à long terme	0	..	..	0	0
Actions et parts de fonds d'investissement	290 859	284 049	282 991	1 058	6 810
Systèmes d'assurance, de pensions et garanties standard	0	..	..	0	..
Produits financiers dérivés et options sur titres des salariés	397	397	397	0	..
Autres comptes à payer	1 940	1 940	1 860	81	0

	Sociétés d'assurance et fonds de pension autonomes				
	Total	Sociétés d'assurance			Fonds de pension autonomes
		Total	Sociétés d'assurance vie	Sociétés d'assurance non-vie	Total
Actifs financiers	444 322	306 297	..	..	138 025
Numéraire et dépôts	34 347	22 539	..	..	11 809
Titres de dette	289 497	224 210	..	..	65 286
Titres de dette à court terme	3 669	1 293	..	..	2 376
Titres de dette à long terme	285 828	222 918	..	..	62 910
Titres de dette émis par les résidents	190 360	157 371	..	..	32 989
Titres de dette émis par les non-résidents	99 137	66 839	..	..	32 297
Crédits	4 109	4 094	..	..	15
Crédits à court terme	1 673	1 673	..	..	0
Crédits à long terme	2 436	2 421	..	..	15
Crédits accordés aux résidents	3 170	3 155	..	..	15
Crédits accordés aux non-résidents	938	938	..	..	..
Actions et parts de fonds d'investissement	87 980	40 595	..	..	47 385
Actions et parts de fonds d'investissement émises par les résidents	..	..	..	..	..
Actions et parts de fonds d'investissement émises par les non-résidents	..	..	..	..	..
Autrescomptes à recevoir	14 109	13 951	..	..	158

	Sociétés d'assurance et fonds de pension autonomes				
	Total	Sociétés d'assurance			Fonds de pension autonomes
		Total	Sociétés d'assurance vie	Sociétés d'assurance non-vie	Total
Pasifs financiers	452 182	311 648	..	..	140 534
Numéraire et dépôts	..	..	..	..	..
Titres de dette	169	169	..	..	0
Titres de dette à court terme	0	0	..	..	0
Titres de dette à long terme	169	169	..	..	0
Crédits	8 013	7 891	..	..	122
Crédits à court terme	4 118	4 065	..	..	53
Crédits à long terme	3 894	3 826	..	..	68
Actions et parts de fonds d'investissement	63 930	63 930	..	..	0
Systèmes d'assurance, de pensions et garanties standard	372 567	232 663	..	..	139 904
Produits financiers dérivés et options sur titres des salariés	1 827	1 773	..	..	54
Autres comptes à payer	5 676	5 222	..	..	454

Note : Voir les métadonnées détaillées sur : *http://metalinks.oecd.org/instinv/20190923/b5ef*

ESPAGNE

Tableau 2. Actifs et passifs financiers des fonds d'investissement

Millions EUR

	2011	2012	2013	2014	2015	2016	2017	2018
Fonds d'investissement								
Valeur nette financière	-5 375	-5 028	-5 346	-1 478	-1 434	-1 288	-912	-1 083
Actifs financiers	157 190	150 185	187 089	233 630	259 583	274 498	302 192	292 476
Numéraire et dépôts	28 326	27 388	39 500	43 527	46 474	44 124	37 013	32 948
Titres de dette	94 234	87 273	98 663	119 003	110 939	123 592	125 295	124 349
Crédits	10	23	1	0	0	0	0	0
Actions et parts de fonds d'investissement	32 261	32 812	45 430	67 410	98 267	102 918	135 306	130 744
Actions	15 769	16 440	23 661	30 372	37 315	37 418	46 872	45 660
Parts de fonds d'investissement	16 492	16 371	21 769	37 038	60 952	65 500	88 434	85 084
Parts de fonds d'investissement monétaires	1 114	875	722	563	1 330	1 464	1 538	2 225
Parts de fonds d'investissement non monétaires	15 378	15 497	21 047	36 475	59 621	64 036	86 896	82 859
Systèmes d'assurance, de pensions et garanties standard	0	0	0	0	0	0	0	0
Produits financiers dérivés et options sur titres des salariés	1 102	1 159	1 440	1 327	1 123	1 340	1 381	820
Autres comptes à recevoir	1 255	1 532	2 054	2 363	2 780	2 525	3 197	3 616
Passifs financiers	162 565	155 213	192 435	235 108	261 017	275 786	303 104	293 559
Titres de dette	0	0	0	0	0	0	0	0
Titres de dette à court terme	0	0	0	0	0	0	0	0
Titres de dette à long terme	0	0	0	0	0	0	0	0
Crédits	538	534	864	456	529	522	372	363
Crédits à court terme	538	534	864	456	529	522	372	363
Crédits à long terme	0	0	0	0	0	0	0	0
Actions et parts de fonds d'investissement	160 555	153 296	190 028	232 871	258 847	273 059	300 271	290 859
Systèmes d'assurance, de pensions et garanties standard	0	0	0	0	0	0	0	0
Produits financiers dérivés et options sur titres des salariés	637	521	363	417	377	412	390	397
Autres comptes à payer	835	863	1 180	1 363	1 264	1 793	2 071	1 940
Actifs non financiers	5 292	4 939	5 258	1 478	1 434	1 287	906	1 085
Fonds d'investissement monéaires								
Valeur nette financière	-83	-89	-88	0	0	0	-6	1
Actifs financiers	7 972	6 903	8 343	7 309	8 328	9 731	7 123	6 819
Numéraire et dépôts	2 855	1 825	2 695	2 559	3 510	2 726	1 372	1 654
Titres de dette	5 104	5 055	5 644	4 702	4 784	6 964	5 695	5 111
Crédits	10	23	1	0	0	0	0	0
Actions et parts de fonds d'investissement	2	1	3	6	3	34	54	55
Actions	..	..	..	..	..	..	..	..
Parts de fonds d'investissement	2	1	3	6	3	34	54	55
Parts de fonds d'investissement monétaires	2	1	3	4	3	34	54	55
Parts de fonds d'investissement non monétaires	0	0	0	2	0	0	0	0
Systèmes d'assurance, de pensions et garanties standard	..	..	..	..	..	..	..	..
Produits financiers dérivés et options sur titres des salariés	..	..	..	..	..	..	..	..
Autres comptes à recevoir	0	0	0	42	32	8	3	0
Passifs financiers	8 055	6 992	8 432	7 309	8 328	9 731	7 129	6 818
Titres de dette	..	..	..	..	..	..	..	..
Titres de dette à court terme	..	..	..	..	..	..	..	..
Titres de dette à long terme	..	..	..	..	..	..	..	..
Crédits	19	9	11	9	8	9	6	8
Crédits à court terme	19	9	11	9	8	9	6	8
Crédits à long terme	0	0	0	0	0	0	0	0
Actions et parts de fonds d'investissement	8 036	6 979	8 420	7 299	8 320	9 722	7 122	6 810
Systèmes d'assurance, de pensions et garanties standard	..	..	..	..	..	..	..	..
Produits financiers dérivés et options sur titres des salariés	..	..	..	..	..	..	..	..
Autres comptes à payer	0	4	1	1	0	0	1	0
Actifs non financiers	0	0	0	0	0	0	0	0
Fonds d'investissement non monéaires								
Valeur nette financière	-5 292	-4 939	-5 258	-1 478	-1 434	-1 288	-906	-1 085
Actifs financiers	149 218	143 282	178 745	226 321	251 254	264 767	295 069	285 656
Numéraire et dépôts	25 471	25 563	36 805	40 968	42 964	41 397	35 642	31 294
Titres de dette	89 130	82 218	93 019	114 301	106 155	116 628	119 600	119 239
Crédits	..	..	..	..	..	..	..	..
Actions et parts de fonds d'investissement	32 259	32 811	45 427	67 404	98 264	102 885	135 252	130 689
Actions	15 769	16 440	23 661	30 372	37 315	37 418	46 872	45 660
Parts de fonds d'investissement	16 490	16 371	21 766	37 032	60 949	65 466	88 380	85 029
Parts de fonds d'investissement monétaires	1 112	874	719	559	1 327	1 430	1 484	2 170
Parts de fonds d'investissement non monétaires	15 378	15 497	21 047	36 473	59 621	64 036	86 896	82 859
Systèmes d'assurance, de pensions et garanties standard	..	..	..	..	..	..	..	..
Produits financiers dérivés et options sur titres des salariés	1 102	1 159	1 440	1 327	1 123	1 340	1 381	820
Autres comptes à recevoir	1 255	1 532	2 054	2 321	2 748	2 517	3 194	3 616
Passifs financiers	154 510	148 221	184 003	227 799	252 688	266 055	295 975	286 741
Titres de dette	..	..	..	..	..	..	..	..
Titres de dette à court terme	..	..	..	..	..	..	..	..
Titres de dette à long terme	..	..	..	..	..	..	..	..
Crédits	520	525	853	447	520	513	366	355
Crédits à court terme	520	525	853	447	520	513	366	355
Crédits à long terme	..	..	..	..	..	..	..	..
Actions et parts de fonds d'investissement	152 519	146 316	181 608	225 573	250 527	263 337	293 149	284 049
Systèmes d'assurance, de pensions et garanties standard	..	..	..	..	..	..	..	..
Produits financiers dérivés et options sur titres des salariés	637	521	363	417	377	412	390	397
Autres comptes à payer	834	859	1 179	1 363	1 264	1 793	2 071	1 940
Actifs non financiers	5 292	4 939	5 258	1 478	1 434	1 287	906	1 085
Fonds d'investissement non monéaires à capital variable								
Valeur nette financière	0	0	0	0	0	0	-1	0
Actifs financiers	149 040	143 077	178 394	226 056	250 971	264 376	294 567	285 248
Numéraire et dépôts	25 358	25 421	36 555	40 928	42 893	41 322	35 468	31 205

ESPAGNE

Tableau 2. Actifs et passifs financiers des fonds d'investissement *(suite)*

Millions EUR

	2011	2012	2013	2014	2015	2016	2017	2018
Titres de dette	89 127	82 218	93 018	114 297	106 155	116 628	119 600	119 239
Crédits	..	..	..	..	..	..	..	..
Actions et parts de fonds d'investissement	32 259	32 810	45 416	67 392	98 253	102 881	135 252	130 689
Actions	15 769	16 440	23 656	30 371	37 315	37 418	46 872	45 660
Parts de fonds d'investissement	16 490	16 371	21 760	37 021	60 938	65 463	88 380	85 029
Parts de fonds d'investissement monétaires	1 112	874	719	559	1 327	1 430	1 484	2 170
Parts de fonds d'investissement non monétaires	15 378	15 497	21 041	36 462	59 611	64 032	86 896	82 859
Systèmes d'assurance, de pensions et garanties standard	..	..	..	..	..	..	..	..
Produits financiers dérivés et options sur titres des salariés	1 102	1 159	1 440	1 327	1 123	1 340	1 381	820
Autres comptes à recevoir	1 193	1 469	1 965	2 111	2 547	2 205	2 865	3 296
Passifs financiers	149 040	143 078	178 394	226 056	250 971	264 376	294 568	285 248
Titres de dette	..	..	..	..	..	..	..	..
Titres de dette à court terme	..	..	..	..	..	..	..	..
Titres de dette à long terme	..	..	..	..	..	..	..	..
Crédits	10	37	3	5	4	0	1	1
Crédits à court terme	10	37	3	5	4	0	1	1
Crédits à long terme	..	..	..	..	..	..	..	..
Actions et parts de fonds d'investissement	147 712	141 831	177 072	224 346	249 404	262 252	292 158	282 991
Systèmes d'assurance, de pensions et garanties standard	..	..	..	..	..	..	..	..
Produits financiers dérivés et options sur titres des salariés	637	521	363	417	377	412	390	397
Autres comptes à payer	681	689	956	1 288	1 186	1 712	2 020	1 860
Actifs non financiers	0	0	0	0	0	0	1	1
Fonds d'investissement à capital variable								
Valeur nette financière	-83	-89	-89	0	0	0	-6	1
Actifs financiers	157 011	149 981	186 738	233 364	259 299	274 107	301 691	292 068
Numéraire et dépôts	28 213	27 246	39 250	43 487	46 403	44 048	36 840	32 859
Titres de dette	94 231	87 273	98 662	118 999	110 939	123 592	125 295	124 349
Crédits	10	23	1	0	0	0	0	0
Actions et parts de fonds d'investissement	32 261	32 811	45 418	67 398	98 256	102 914	135 306	130 744
Actions	15 769	16 440	23 656	30 371	37 315	37 418	46 872	45 660
Parts de fonds d'investissement	16 492	16 371	21 763	37 027	60 941	65 496	88 434	85 084
Parts de fonds d'investissement monétaires	1 114	875	722	563	1 330	1 464	1 538	2 225
Parts de fonds d'investissement non monétaires	15 378	15 497	21 041	36 464	59 611	64 032	86 896	82 859
Systèmes d'assurance, de pensions et garanties standard	0	0	0	0	0	0	0	0
Produits financiers dérivés et options sur titres des salariés	1 102	1 159	1 440	1 327	1 123	1 340	1 381	820
Autres comptes à recevoir	1 193	1 469	1 965	2 153	2 579	2 213	2 869	3 296
Passifs financiers	157 095	150 070	186 826	233 365	259 300	274 107	301 697	292 066
Titres de dette	0	0	0	0	0	0	0	0
Titres de dette à court terme	0	0	0	0	0	0	0	0
Titres de dette à long terme	0	0	0	0	0	0	0	0
Crédits	28	46	14	14	13	9	7	9
Crédits à court terme	28	46	14	14	13	9	7	9
Crédits à long terme	0	0	0	0	0	0	0	0
Actions et parts de fonds d'investissement	155 748	148 810	185 492	231 645	257 723	271 974	299 280	289 801
Systèmes d'assurance, de pensions et garanties standard	..	..	..	..	..	..	..	..
Produits financiers dérivés et options sur titres des salariés	637	521	363	417	377	412	390	397
Autres comptes à payer	681	693	957	1 288	1 186	1 712	2 020	1 860
Actifs non financiers	0	0	0	0	0	0	1	1

Note : Voir les métadonnées détaillées sur : *http://metalinks.oecd.org/instinv/20190923/b5ef*

ESPAGNE

Tableau 3. Actifs et passifs financiers des sociétés d'assurance et fonds de pension

Millions EUR

	2011	2012	2013	2014	2015	2016	2017	2018
Sociétés d'assurance et fonds de pension								
Valeur nette financière	-19 182	-16 794	-27 017	-27 122	-14 058	-1 981	-6 464	-7 860
Actifs financiers	356 199	370 542	385 124	420 630	437 935	435 894	443 930	444 322
Numéraire et dépôts	63 969	63 177	63 157	59 695	59 088	40 012	39 594	34 347
Titres de dette	204 284	217 165	224 298	260 446	274 575	288 172	283 105	289 497
Crédits	7 724	7 742	7 356	4 879	4 615	2 995	3 581	4 109
Actions et parts de fonds d'investissement	48 641	46 093	54 864	59 949	67 026	78 642	87 570	87 980
Actions	27 051	26 413	28 482	30 781	29 255	33 442	34 252	34 736
Parts de fonds d'investissement	21 590	19 680	26 382	29 169	37 771	45 200	53 319	53 245
Parts de fonds d'investissement monétaires	..	..	..	..	..	..	..	..
Parts de fonds d'investissement non monétaires	..	..	..	..	..	..	..	..
Systèmes d'assurance, de pensions et garanties standard	15 719	16 366	16 415	16 548	14 965	14 116	18 645	19 467
Produits financiers dérivés et options sur titres des salariés	0	1 247	915	1 895	1 771	-2 884	-2 835	-5 186
Autres comptes à recevoir	15 863	18 754	18 120	17 219	15 895	14 842	14 270	14 109
Passifs financiers	375 381	387 336	412 141	447 752	451 993	437 875	450 394	452 182
Titres de dette	296	146	146	0	0	169	169	169
Titres de dette à court terme	0	0	0	0	0	0	0	0
Titres de dette à long terme	296	146	146	0	0	169	169	169
Crédits	19 248	17 579	17 320	19 171	18 970	6 318	7 329	8 013
Crédits à court terme	17 841	16 547	16 139	17 497	16 501	4 441	4 640	4 118
Crédits à long terme	1 408	1 031	1 181	1 674	2 469	1 877	2 690	3 894
Actions et parts de fonds d'investissement	44 842	48 125	55 780	60 333	61 437	66 145	63 321	63 930
Systèmes d'assurance, de pensions et garanties standard	304 238	314 473	332 212	360 579	364 556	358 351	371 914	372 567
Produits financiers dérivés et options sur titres des salariés	0	0	0	971	1 071	1 158	1 907	1 827
Autres comptes à payer	6 756	7 013	6 683	6 699	5 959	5 733	5 754	5 676
Actifs non financiers	9 977	10 241	10 582	10 705	11 066	10 547	10 191	9 984
Sociétés d'assurance								
Valeur nette financière	-17 588	-15 130	-22 974	-22 884	-9 536	-2 931	-1 644	-5 351
Actifs financiers	253 219	263 220	273 268	299 127	312 748	301 738	304 483	306 297
Numéraire et dépôts	50 504	48 179	49 049	45 406	43 281	25 711	26 502	22 539
Titres de dette	141 880	155 979	158 682	189 919	206 656	219 324	218 279	224 210
Crédits	7 650	7 704	7 325	4 870	4 584	2 986	3 562	4 094
Actions et parts de fonds d'investissement	30 635	24 323	31 938	33 434	34 676	37 104	38 964	40 595
Actions	17 043	15 393	17 863	18 491	17 997	17 558	16 264	16 192
Parts de fonds d'investissement	13 592	8 931	14 075	14 943	16 680	19 546	22 700	24 403
Parts de fonds d'investissement monétaires	..	..	..	..	..	..	..	..
Parts de fonds d'investissement non monétaires	..	..	..	..	..	..	..	..
Systèmes d'assurance, de pensions et garanties standard	6 955	7 226	7 429	6 587	6 218	5 020	6 040	6 164
Produits financiers dérivés et options sur titres des salariés	0	1 247	915	1 882	1 745	-2 938	-2 908	-5 256
Autres comptes à recevoir	15 595	18 561	17 930	17 029	15 587	14 533	14 045	13 951
Passifs financiers	270 807	278 350	296 242	322 011	322 284	304 669	306 127	311 648
Titres de dette	296	146	146	0	0	169	169	169
Titres de dette à court terme	0	0	0	0	0	0	0	0
Titres de dette à long terme	296	146	146	0	0	169	169	169
Crédits	19 248	17 579	17 320	19 171	18 970	6 318	7 266	7 891
Crédits à court terme	17 841	16 547	16 139	17 497	16 501	4 441	4 609	4 065
Crédits à long terme	1 408	1 031	1 181	1 674	2 469	1 877	2 657	3 826
Actions et parts de fonds d'investissement	44 842	48 125	55 780	60 333	61 437	66 145	63 321	63 930
Systèmes d'assurance, de pensions et garanties standard	199 931	205 703	216 560	235 250	235 246	225 750	228 216	232 663
Produits financiers dérivés et options sur titres des salariés	0	0	0	959	1 064	1 144	1 884	1 773
Autres comptes à payer	6 490	6 797	6 436	6 298	5 567	5 143	5 271	5 222
Actifs non financiers	9 747	10 012	10 382	10 527	10 906	10 383	10 025	9 816
Fonds de pension								
Valeur nette financière	-1 594	-1 663	-4 043	-4 238	-4 521	950	-4 820	-2 509
Actifs financiers	102 980	107 323	111 856	121 503	125 188	134 156	139 447	138 025
Numéraire et dépôts	13 465	14 997	14 108	14 289	15 807	14 301	13 093	11 809
Titres de dette	62 403	61 186	65 616	70 527	67 919	68 849	64 826	65 286
Crédits	74	38	31	8	31	10	19	15
Actions et parts de fonds d'investissement	18 006	21 769	22 926	26 516	32 349	41 538	48 607	47 385
Actions	10 008	11 020	10 619	12 290	11 258	15 884	17 988	18 544
Parts de fonds d'investissement	7 998	10 749	12 307	14 226	21 091	25 654	30 619	28 842
Parts de fonds d'investissement monétaires	..	..	..	..	..	..	..	..
Parts de fonds d'investissement non monétaires	..	..	..	..	..	..	..	..
Systèmes d'assurance, de pensions et garanties standard	8 764	9 140	8 986	9 961	8 747	9 096	12 605	13 303
Produits financiers dérivés et options sur titres des salariés	0	0	0	13	26	54	73	70
Autres comptes à recevoir	268	193	190	190	308	309	225	158
Passifs financiers	104 574	108 986	115 899	125 741	129 709	133 206	144 267	140 534
Titres de dette	0	0	0	0	0	0	0	0
Titres de dette à court terme	0	0	0	0	0	0	0	0
Titres de dette à long terme	0	0	0	0	0	0	0	0
Crédits	0	0	0	0	0	0	63	122
Crédits à court terme	0	0	0	0	0	0	31	53
Crédits à long terme	0	0	0	0	0	0	33	68
Actions et parts de fonds d'investissement	0	0	0	0	0	0	0	0
Systèmes d'assurance, de pensions et garanties standard	104 307	108 770	115 652	125 329	129 310	132 601	143 698	139 904
Produits financiers dérivés et options sur titres des salariés	0	0	0	12	7	14	23	54
Autres comptes à payer	266	216	247	401	392	590	483	454
Actifs non financiers	230	229	200	178	159	163	167	168

Note : Voir les métadonnées détaillées sur : *http://metalinks.oecd.org/instinv/20190923/b5ef*

ESPAGNE

Tableau 4. Composition du portefeuille par type d'investisseur

En pourcentage des actifs financiers et des passifs financiers

Pour cent

	2011	2012	2013	2014	2015	2016	2017	2018
Fonds d'investissement								
Actifs financiers	100.0	100.0	100.0	100.0	100.0	100.0	100.0	100.0
Numéraire et dépôts	18.0	18.2	21.1	18.6	17.9	16.1	12.2	11.3
Titres de dettes	59.9	58.1	52.7	50.9	42.7	45.0	41.5	42.5
Crédits	0.0	0.0	0.0	0.0	0.0	0.0	0.0	0.0
Actions et parts de fonds d'investissement	20.5	21.8	24.3	28.9	37.9	37.5	44.8	44.7
Systèmes d'assurance de pensions et garanties standard	0.0	0.0	0.0	0.0	0.0	0.0	0.0	0.0
Produits financiers dérivés et options sur titres des salariés	0.7	0.8	0.8	0.6	0.4	0.5	0.5	0.3
Autres comptes à recevoir	0.8	1.0	1.1	1.0	1.1	0.9	1.1	1.2
Passifs financiers	100.0	100.0	100.0	100.0	100.0	100.0	100.0	100.0
Numéraire et dépôts	0.0	0.0	0.0	0.0	0.0	0.0	0.0	0.0
Titres de dettes	0.0	0.0	0.0	0.0	0.0	0.0	0.0	0.0
Crédits	0.3	0.3	0.4	0.2	0.2	0.2	0.1	0.1
Actions et parts de fonds d'investissement	98.8	98.8	98.7	99.0	99.2	99.0	99.1	99.1
Systèmes d'assurance de pensions et garanties standard	0.0	0.0	0.0	0.0	0.0	0.0	0.0	0.0
Produits financiers dérivés et options sur titres des salariés	0.4	0.3	0.2	0.2	0.1	0.1	0.1	0.1
Autres comptes à recevoir	0.5	0.6	0.6	0.6	0.5	0.6	0.7	0.7
Sociétés d'assurance								
Actifs financiers	100.0	100.0	100.0	100.0	100.0	100.0	100.0	100.0
Numéraire et dépôts	19.9	18.3	17.9	15.2	13.8	8.5	8.7	7.4
Titres de dettes	56.0	59.3	58.1	63.5	66.1	72.7	71.7	73.2
Crédits	3.0	2.9	2.7	1.6	1.5	1.0	1.2	1.3
Actions et parts de fonds d'investissement	12.1	9.2	11.7	11.2	11.1	12.3	12.8	13.3
Systèmes d'assurance de pensions et garanties standard	2.7	2.7	2.7	2.2	2.0	1.7	2.0	2.0
Produits financiers dérivés et options sur titres des salariés	0.0	0.5	0.3	0.6	0.6	-1.0	-1.0	-1.7
Autres comptes à recevoir	6.2	7.1	6.6	5.7	5.0	4.8	4.6	4.6
Passifs financiers	100.0	100.0	100.0	100.0	100.0	100.0	100.0	100.0
Numéraire et dépôts	0.0	0.0	0.0	0.0	0.0	0.0	0.0	0.0
Titres de dettes	0.1	0.1	0.0	0.0	0.0	0.1	0.1	0.1
Crédits	7.1	6.3	5.8	6.0	5.9	2.1	2.4	2.5
Actions et parts de fonds d'investissement	16.6	17.3	18.8	18.7	19.1	21.7	20.7	20.5
Systèmes d'assurance de pensions et garanties standard	73.8	73.9	73.1	73.1	73.0	74.1	74.5	74.7
Produits financiers dérivés et options sur titres des salariés	0.0	0.0	0.0	0.3	0.3	0.4	0.6	0.6
Autres comptes à recevoir	2.4	2.4	2.2	2.0	1.7	1.7	1.7	1.7
Fonds de pension								
Actifs financiers	100.0	100.0	100.0	100.0	100.0	100.0	100.0	100.0
Numéraire et dépôts	13.1	14.0	12.6	11.8	12.6	10.7	9.4	8.6
Titres de dettes	60.6	57.0	58.7	58.0	54.3	51.3	46.5	47.3
Crédits	0.1	0.0	0.0	0.0	0.0	0.0	0.0	0.0
Actions et parts de fonds d'investissement	17.5	20.3	20.5	21.8	25.8	31.0	34.9	34.3
Systèmes d'assurance de pensions et garanties standard	8.5	8.5	8.0	8.2	7.0	6.8	9.0	9.6
Produits financiers dérivés et options sur titres des salariés	0.0	0.0	0.0	0.0	0.0	0.0	0.1	0.1
Autres comptes à recevoir	0.3	0.2	0.2	0.2	0.2	0.2	0.2	0.1
Passifs financiers	100.0	100.0	100.0	100.0	100.0	100.0	100.0	100.0
Numéraire et dépôts	0.0	0.0	0.0	0.0	0.0	0.0	0.0	0.0
Titres de dettes	0.0	0.0	0.0	0.0	0.0	0.0	0.0	0.0
Crédits	0.0	0.0	0.0	0.0	0.0	0.0	0.0	0.1
Actions et parts de fonds d'investissement	0.0	0.0	0.0	0.0	0.0	0.0	0.0	0.0
Systèmes d'assurance de pensions et garanties standard	99.7	99.8	99.8	99.7	99.7	99.5	99.6	99.6
Produits financiers dérivés et options sur titres des salariés	0.0	0.0	0.0	0.0	0.0	0.0	0.0	0.0
Autres comptes à recevoir	0.3	0.2	0.2	0.3	0.3	0.4	0.3	0.3

Note : Voir les métadonnées détaillées sur : *http://metalinks.oecd.org/instinv/20190923/2704*

SUÈDE

Tableau 1. Actifs et passifs financiers des investisseurs institutionnels, 2018

Millions SEK

	Total	Fonds d'investissement			
		Fonds d'investissement non-monétaire			Fonds d'investissement monétaires
		Total	Fonds d'investissement à capital variable, non monétaire	Fonds d'investissement à capital fixe, non monétaire	Total
Actifs financiers	3 970 826	3 951 144	..	..	19 682
Numéraire et dépôts	130 783	129 578	..	..	1 205
Titres de dette	852 419	833 943	..	..	18 476
Titres de dette à court terme	49 419	47 440	..	..	1 979
Titres de dette à long terme	803 000	786 503	..	..	16 497
Titres de dette émis par les résidents	694 010	675 534	..	..	18 476
Titres de dette émis par les non-résidents	158 409	158 409	..	..	..
Crédits	..	..	..	..	..
Crédits à court terme	..	..	..	..	..
Crédits à long terme	..	..	..	..	..
Crédits accordés aux résidents	..	..	..	..	..
Crédits accordés aux non-résidents	..	..	..	..	..
Actions et parts de fonds d'investissement	2 900 477	2 900 477	..	..	..
Actions et parts de fonds d'investissements émises par les résidents	1 129 650	1 129 650	..	..	..
Actions et part de fonds d'investissements émises par les non-résidents	1 770 827	1 770 827	..	..	..
Autres comptes à recevoir	69 504	69 504	..	..	..

	Total	Fonds d'investissement			
		Fonds d'investissement non-monétaire			Fonds d'investissement monétaires
		Total	Fonds d'investissement à capital variable, non monétaire	Fonds d'investissement à capital fixe, non monétaire	Total
Pasifs financiers	3 970 826	3 951 144	..	..	19 682
Numéraire et dépôts	..	..	..	..	..
Titres de dette	..	..	..	..	..
Titres de dette à court terme	..	..	..	..	..
Titres de dette à long terme	..	..	..	..	..
Crédits	23 991	23 991	..	..	..
Crédits à court terme	23 974	23 974	..	..	..
Crédits à long terme	17	17	..	..	..
Actions et parts de fonds d'investissement	3 796 702	3 777 659	..	..	19 043
Systèmes d'assurance, de pensions et garanties standard	..	..	..	..	..
Produits financiers dérivés et options sur titres des salariés	17 592	17 591	..	..	1
Autres comptes à payer	132 541	131 903	..	..	638

	Total	Sociétés d'assurance et fonds de pension autonomes			
		Sociétés d'assurance			Fonds de pension autonomes
		Total	Sociétés d'assurance vie	Sociétés d'assurance non-vie	Total
Actifs financiers	5 972 615	1 521 494	..	..	4 451 121
Numéraire et dépôts	182 753	51 025	..	..	131 728
Titres de dette	1 575 258	407 271	..	..	1 167 987
Titres de dette à court terme	48 652	11 502	..	..	37 150
Titres de dette à long terme	1 526 606	395 769	..	..	1 130 837
Titres de dette émis par les résidents	1 101 067	299 747	..	..	801 320
Titres de dette émis par les non-résidents	474 191	107 524	..	..	366 667
Crédits	94 408	31 100	..	..	63 308
Crédits à court terme	16 945	0	..	..	16 945
Crédits à long terme	77 463	31 100	..	..	46 363
Crédits accordés aux résidents	76 430	24 693	..	..	51 737
Crédits accordés aux non-résidents	17 978	6 407	..	..	11 571
Actions et parts de fonds d'investissement	4 028 133	991 022	..	..	3 037 111
Actions et parts de fonds d'investissement émises par les résidents	2 741 569	781 564	..	..	1 960 005
Actions et parts de fonds d'investissement émises par les non-résidents	1 286 564	209 458	..	..	1 077 106
Autrescomptes à recevoir	39 937	11 635	..	..	28 302

	Total	Sociétés d'assurance et fonds de pension autonomes			
		Sociétés d'assurance			Fonds de pension autonomes
		Total	Sociétés d'assurance vie	Sociétés d'assurance non-vie	Total
Pasifs financiers	5 265 713	1 167 427	..	..	4 098 286
Numéraire et dépôts	..	..	..	..	..
Titres de dette	2 653	2 553	..	..	100
Titres de dette à court terme	0	0	..	..	..
Titres de dette à long terme	2 653	2 553	..	..	100
Crédits	41 819	16 487	..	..	25 332
Crédits à court terme	37 822	15 144	..	..	22 678
Crédits à long terme	3 997	1 343	..	..	2 654
Actions et parts de fonds d'investissement	389 400	119 366	..	..	270 034
Systèmes d'assurance, de pensions et garanties standard	4 798 515	1 021 459	..	..	3 777 056
Produits financiers dérivés et options sur titres des salariés	18 556	525	..	..	18 031
Autres comptes à payer	14 770	7 037	..	..	7 733

Note : Voir les métadonnées détaillées sur : *http://metalinks.oecd.org/instinv/20190923/9fa7*

SUÈDE

Tableau 2. Actifs et passifs financiers des fonds d'investissement

Millions SEK

	2011	2012	2013	2014	2015	2016	2017	2018
Fonds d'investissement								
Valeur nette financière	0	0	0	0	0	0	0	0
Actifs financiers	1 641 931	1 898 888	2 370 648	3 013 996	3 201 560	3 602 738	4 014 774	3 970 826
Numéraire et dépôts	56 495	64 412	68 292	83 751	94 600	100 631	130 560	130 783
Titres de dette	395 474	401 403	488 305	756 278	747 892	827 527	802 860	852 419
Crédits	..	..	..	..	..	..	..	..
Actions et parts de fonds d'investissement	1 119 224	1 327 329	1 698 569	2 062 603	2 256 773	2 539 086	2 933 958	2 900 477
Actions	919 966	1 053 080	1 315 861	1 588 209	1 729 009	1 982 252	2 307 481	2 279 563
Parts de fonds d'investissement	199 258	274 249	382 708	474 394	527 764	556 834	626 477	620 914
Parts de fonds d'investissement monétaires	8 814	5 591	5 478	17 058	13 130	10 987	8 903	9 949
Parts de fonds d'investissement non monétaires	190 444	268 658	377 230	457 336	514 634	545 847	617 574	610 965
Systèmes d'assurance, de pensions et garanties standard	..	..	..	..	..	..	..	..
Produits financiers dérivés et options sur titres des salariés	16 227	14 974	20 993	28 746	31 136	40 441	19 594	17 643
Autres comptes à recevoir	54 511	90 770	94 489	82 618	71 159	95 053	127 802	69 504
Passifs financiers	1 641 931	1 898 888	2 370 648	3 013 996	3 201 560	3 602 738	4 014 774	3 970 826
Titres de dette	..	..	..	..	..	..	..	..
Titres de dette à court terme	..	..	..	..	..	..	..	..
Titres de dette à long terme	..	..	..	..	..	..	..	..
Crédits	10 775	6 623	6 543	15 106	9 649	18 916	23 333	23 991
Crédits à court terme	10 728	6 600	6 528	15 087	9 639	18 899	23 311	23 974
Crédits à long terme	47	23	15	19	10	17	22	17
Actions et parts de fonds d'investissement	1 534 584	1 737 409	2 158 151	2 769 988	3 039 287	3 345 569	3 762 545	3 796 702
Systèmes d'assurance, de pensions et garanties standard	..	..	..	..	..	..	..	..
Produits financiers dérivés et options sur titres des salariés	13 540	13 204	14 892	29 678	27 826	28 459	17 098	17 592
Autres comptes à payer	83 032	141 652	191 062	199 224	124 798	209 794	211 798	132 541
Actifs non financiers	..	..	..	..	..	..	..	..
Fonds d'investissement monéaires								
Valeur nette financière	0	0	0	0	0	0	0	0
Actifs financiers	99 680	22 192	19 439	22 983	23 636	18 898	17 129	19 682
Numéraire et dépôts	2 236	167	237	563	793	658	412	1 205
Titres de dette	97 335	21 580	18 759	22 346	22 773	18 173	16 631	18 476
Crédits	..	..	..	..	..	..	..	..
Actions et parts de fonds d'investissement	..	..	..	..	..	..	..	..
Actions	..	..	..	..	..	..	..	..
Parts de fonds d'investissement	..	..	..	..	..	..	..	..
Parts de fonds d'investissement monétaires	..	..	..	..	..	..	..	..
Parts de fonds d'investissement non monétaires	..	..	..	..	..	..	..	..
Systèmes d'assurance, de pensions et garanties standard	..	..	..	..	..	..	..	..
Produits financiers dérivés et options sur titres des salariés	..	6	..	1	..	..	8	1
Autres comptes à recevoir	109	439	443	73	70	67	78	..
Passifs financiers	99 680	22 192	19 439	22 983	23 636	18 898	17 129	19 682
Titres de dette	..	..	..	..	..	..	..	..
Titres de dette à court terme	..	..	..	..	..	..	..	..
Titres de dette à long terme	..	..	..	..	..	..	..	..
Crédits	2	..	..	..	..	..	..	..
Crédits à court terme	2	..	..	..	..	..	..	..
Crédits à long terme	0	..	..	..	..	..	..	..
Actions et parts de fonds d'investissement	99 456	22 103	19 349	22 715	23 572	18 831	17 051	19 043
Systèmes d'assurance, de pensions et garanties standard	..	..	..	..	..	..	..	..
Produits financiers dérivés et options sur titres des salariés	1	5	..	1	..	..	11	1
Autres comptes à payer	221	84	90	267	64	67	67	638
Actifs non financiers	..	..	..	..	..	..	..	..
Fonds d'investissement non monéaires								
Valeur nette financière	0	0	0	0	0	0	0	0
Actifs financiers	1 542 251	1 876 696	2 351 209	2 991 013	3 177 924	3 583 840	3 997 645	3 951 144
Numéraire et dépôts	54 259	64 245	68 055	83 188	93 807	99 973	130 148	129 578
Titres de dette	298 139	379 823	469 546	733 932	725 119	809 354	786 229	833 943
Crédits	..	..	..	..	..	..	..	..
Actions et parts de fonds d'investissement	1 119 224	1 327 329	1 698 569	2 062 603	2 256 773	2 539 086	2 933 958	2 900 477
Actions	919 966	1 053 080	1 315 861	1 588 209	1 729 009	1 982 252	2 307 481	2 279 563
Parts de fonds d'investissement	199 258	274 249	382 708	474 394	527 764	556 834	626 477	620 914
Parts de fonds d'investissement monétaires	8 814	5 591	5 478	17 058	13 130	10 987	8 903	9 949
Parts de fonds d'investissement non monétaires	190 444	268 658	377 230	457 336	514 634	545 847	617 574	610 965
Systèmes d'assurance, de pensions et garanties standard	..	..	..	..	..	..	..	..
Produits financiers dérivés et options sur titres des salariés	16 227	14 968	20 993	28 745	31 136	40 441	19 586	17 642
Autres comptes à recevoir	54 402	90 331	94 046	82 545	71 089	94 986	127 724	69 504
Passifs financiers	1 542 251	1 876 696	2 351 209	2 991 013	3 177 924	3 583 840	3 997 645	3 951 144
Titres de dette	..	..	..	..	..	..	..	..
Titres de dette à court terme	..	..	..	..	..	..	..	..
Titres de dette à long terme	..	..	..	..	..	..	..	..
Crédits	10 773	6 623	6 543	15 106	9 649	18 916	23 333	23 991
Crédits à court terme	10 726	6 600	6 528	15 087	9 639	18 899	23 311	23 974
Crédits à long terme	47	23	15	19	10	17	22	17
Actions et parts de fonds d'investissement	1 435 128	1 715 306	2 138 802	2 747 273	3 015 715	3 326 738	3 745 494	3 777 659
Systèmes d'assurance, de pensions et garanties standard	..	..	..	..	..	..	..	..
Produits financiers dérivés et options sur titres des salariés	13 539	13 199	14 892	29 677	27 826	28 459	17 087	17 591
Autres comptes à payer	82 811	141 568	190 972	198 957	124 734	209 727	211 731	131 903
Actifs non financiers	..	..	..	..	..	..	..	..
Fonds d'investissement non monéaires à capital variable								
Valeur nette financière	..	..	..	..	..	..	..	..
Actifs financiers	..	..	..	..	..	..	..	..
Numéraire et dépôts	..	..	..	..	..	..	..	..

SUÈDE

Tableau 2. Actifs et passifs financiers des fonds d'investissement *(suite)*

Millions SEK

	2011	2012	2013	2014	2015	2016	2017	2018
Titres de dette	..	..	..	..	..	..	..	..
Crédits	..	..	..	..	..	..	..	..
Actions et parts de fonds d'investissement	..	..	..	..	..	..	..	..
Actions	..	..	..	..	..	..	..	..
Parts de fonds d'investissement	..	..	..	..	..	..	..	..
Parts de fonds d'investissement monétaires	..	..	..	..	..	..	..	..
Parts de fonds d'investissement non monétaires	..	..	..	..	..	..	..	..
Systèmes d'assurance, de pensions et garanties standard	..	..	..	..	..	..	..	..
Produits financiers dérivés et options sur titres des salariés	..	..	..	..	..	..	..	..
Autres comptes à recevoir	..	..	..	..	..	..	..	..
Passifs financiers	..	..	..	..	..	..	..	..
Titres de dette	..	..	..	..	..	..	..	..
Titres de dette à court terme	..	..	..	..	..	..	..	..
Titres de dette à long terme	..	..	..	..	..	..	..	..
Crédits	..	..	..	..	..	..	..	..
Crédits à court terme	..	..	..	..	..	..	..	..
Crédits à long terme	..	..	..	..	..	..	..	..
Actions et parts de fonds d'investissement	..	..	..	..	..	..	..	..
Systèmes d'assurance, de pensions et garanties standard	..	..	..	..	..	..	..	..
Produits financiers dérivés et options sur titres des salariés	..	..	..	..	..	..	..	..
Autres comptes à payer	..	..	..	..	..	..	..	..
Actifs non financiers	..	..	..	..	..	..	..	..
Fonds d'investissement à capital variable								
Valeur nette financière	..	..	..	..	..	..	..	..
Actifs financiers	..	..	..	..	..	..	..	..
Numéraire et dépôts	..	..	..	..	..	..	..	..
Titres de dette	..	..	..	..	..	..	..	..
Crédits	..	..	..	..	..	..	..	..
Actions et parts de fonds d'investissement	..	..	..	..	..	..	..	..
Actions	..	..	..	..	..	..	..	..
Parts de fonds d'investissement	..	..	..	..	..	..	..	..
Parts de fonds d'investissement monétaires	..	..	..	..	..	..	..	..
Parts de fonds d'investissement non monétaires	..	..	..	..	..	..	..	..
Systèmes d'assurance, de pensions et garanties standard	..	..	..	..	..	..	..	..
Produits financiers dérivés et options sur titres des salariés	..	..	..	..	..	..	..	..
Autres comptes à recevoir	..	..	..	..	..	..	..	..
Passifs financiers	..	..	..	..	..	..	..	..
Titres de dette	..	..	..	..	..	..	..	..
Titres de dette à court terme	..	..	..	..	..	..	..	..
Titres de dette à long terme	..	..	..	..	..	..	..	..
Crédits	..	..	..	..	..	..	..	..
Crédits à court terme	..	..	..	..	..	..	..	..
Crédits à long terme	..	..	..	..	..	..	..	..
Actions et parts de fonds d'investissement	..	..	..	..	..	..	..	..
Systèmes d'assurance, de pensions et garanties standard	..	..	..	..	..	..	..	..
Produits financiers dérivés et options sur titres des salariés	..	..	..	..	..	..	..	..
Autres comptes à payer	..	..	..	..	..	..	..	..
Actifs non financiers	..	..	..	..	..	..	..	..

Note : Voir les métadonnées détaillées sur : *http://metalinks.oecd.org/instinv/20190923/9fa7*

Tableau 3. Actifs et passifs financiers des sociétés d'assurance et fonds de pension

Millions SEK

	2011	2012	2013	2014	2015	2016	2017	2018
Sociétés d'assurance et fonds de pension								
Valeur nette financière	-10 316	266 385	450 910	498 651	682 334	684 623	812 210	706 902
Actifs financiers	3 531 459	3 843 828	4 238 098	4 920 107	5 164 725	5 551 126	6 050 791	5 972 615
Numéraire et dépôts	143 986	133 180	132 335	151 404	156 017	161 226	170 565	182 753
Titres de dette	1 340 473	1 381 949	1 349 994	1 455 836	1 469 563	1 461 312	1 518 097	1 575 258
Crédits	68 052	74 761	84 766	89 727	81 303	88 868	93 064	94 408
Actions et parts de fonds d'investissement	1 865 762	2 137 674	2 577 378	3 101 386	3 358 557	3 741 683	4 179 130	4 028 133
Actions	718 510	838 644	980 462	1 125 468	1 198 225	1 324 450	1 434 738	1 364 156
Parts de fonds d'investissement	1 147 252	1 299 030	1 596 916	1 975 918	2 160 332	2 417 233	2 744 392	2 663 977
Parts de fonds d'investissement monétaires	62 013	53 856	65 825	65 887	70 756	69 846	78 581	93 682
Parts de fonds d'investissement non monétaires	1 085 239	1 245 174	1 531 091	1 910 031	2 089 576	2 347 387	2 665 811	2 570 295
Systèmes d'assurance, de pensions et garanties standard	33 570	32 157	29 225	31 230	27 481	24 967	25 534	26 761
Produits financiers dérivés et options sur titres des salariés	29 166	36 975	16 279	28 363	28 873	27 909	22 825	25 365
Autres comptes à recevoir	50 450	47 132	48 121	62 161	42 931	45 161	41 576	39 937
Passifs financiers	3 541 775	3 577 443	3 787 188	4 421 456	4 482 391	4 866 503	5 238 581	5 265 713
Titres de dette	5 431	5 347	5 422	4 659	3 231	2 574	2 607	2 653
Titres de dette à court terme	0	0	0	0	0	0	0	0
Titres de dette à long terme	5 431	5 347	5 422	4 659	3 231	2 574	2 607	2 653
Crédits	52 355	43 438	21 788	48 832	38 545	44 881	46 378	41 819
Crédits à court terme	43 148	37 911	20 012	37 571	33 183	39 210	42 363	37 822
Crédits à long terme	9 207	5 527	1 776	11 261	5 362	5 671	4 015	3 997
Actions et parts de fonds d'investissement	363 708	368 208	377 082	376 041	379 374	381 702	388 680	389 400
Systèmes d'assurance, de pensions et garanties standard	3 095 011	3 136 423	3 361 571	3 947 277	4 033 549	4 404 305	4 767 066	4 798 515
Produits financiers dérivés et options sur titres des salariés	14 029	13 345	11 117	33 361	14 741	20 490	19 790	18 556
Autres comptes à payer	11 241	10 682	10 208	11 286	12 951	12 551	14 060	14 770
Actifs non financiers	..	..	..	..	..	..	..	..
Sociétés d'assurance								
Valeur nette financière	82 542	183 465	237 748	257 877	332 008	347 868	370 260	354 067
Actifs financiers	1 018 542	1 093 499	1 165 723	1 325 962	1 369 309	1 431 963	1 551 381	1 521 494
Numéraire et dépôts	41 521	52 663	48 929	64 401	59 120	55 370	54 851	51 025
Titres de dette	408 873	393 959	372 587	393 474	393 450	388 598	402 775	407 271
Crédits	16 921	23 984	28 351	32 581	25 678	26 855	32 288	31 100
Actions et parts de fonds d'investissement	497 233	569 447	666 614	780 646	845 738	922 772	1 021 857	991 022
Actions	193 561	214 100	249 457	281 100	296 229	320 094	333 117	322 347
Parts de fonds d'investissement	303 672	355 347	417 157	499 546	549 509	602 678	688 740	668 675
Parts de fonds d'investissement monétaires	24 749	21 277	26 011	25 286	26 263	27 158	32 405	38 847
Parts de fonds d'investissement non monétaires	278 923	334 070	391 146	474 260	523 246	575 520	656 335	629 828
Systèmes d'assurance, de pensions et garanties standard	33 570	32 157	29 225	31 230	27 481	24 967	25 534	26 761
Produits financiers dérivés et options sur titres des salariés	6 002	6 213	2 428	5 130	3 220	1 994	2 548	2 680
Autres comptes à recevoir	14 422	15 076	17 589	18 500	14 622	11 407	11 528	11 635
Passifs financiers	936 000	910 034	927 975	1 068 085	1 037 301	1 084 095	1 181 121	1 167 427
Titres de dette	3 731	3 647	3 722	3 862	2 433	2 474	2 507	2 553
Titres de dette à court terme	0	0	0	0	0	0	0	0
Titres de dette à long terme	3 731	3 647	3 722	3 862	2 433	2 474	2 507	2 553
Crédits	43 168	36 205	19 240	45 821	19 556	19 459	23 608	16 487
Crédits à court terme	41 712	34 726	18 216	36 409	18 664	18 736	22 880	15 144
Crédits à long terme	1 456	1 479	1 024	9 412	892	723	728	1 343
Actions et parts de fonds d'investissement	118 646	118 646	118 646	118 646	118 646	118 646	118 646	119 366
Systèmes d'assurance, de pensions et garanties standard	760 300	743 679	779 345	890 825	888 823	934 374	1 028 116	1 021 459
Produits financiers dérivés et options sur titres des salariés	3 521	1 340	969	2 806	1 298	2 108	1 168	525
Autres comptes à payer	6 634	6 517	6 053	6 125	6 545	7 034	7 076	7 037
Actifs non financiers	..	..	..	..	..	..	..	..
Fonds de pension								
Valeur nette financière	-92 858	82 920	213 162	240 774	350 326	336 755	441 950	352 835
Actifs financiers	2 512 917	2 750 329	3 072 375	3 594 145	3 795 416	4 119 163	4 499 410	4 451 121
Numéraire et dépôts	102 465	80 517	83 406	87 003	96 897	105 856	115 714	131 728
Titres de dette	931 600	987 990	977 407	1 062 362	1 076 113	1 072 714	1 115 322	1 167 987
Crédits	51 131	50 777	56 415	57 146	55 625	62 013	60 776	63 308
Actions et parts de fonds d'investissement	1 368 529	1 568 227	1 910 764	2 320 740	2 512 819	2 818 911	3 157 273	3 037 111
Actions	524 949	624 544	731 005	844 368	901 996	1 004 356	1 101 621	1 041 809
Parts de fonds d'investissement	843 580	943 683	1 179 759	1 476 372	1 610 823	1 814 555	2 055 652	1 995 302
Parts de fonds d'investissement monétaires	37 264	32 579	39 814	40 601	44 493	42 688	46 176	54 835
Parts de fonds d'investissement non monétaires	806 316	911 104	1 139 945	1 435 771	1 566 330	1 771 867	2 009 476	1 940 467
Systèmes d'assurance, de pensions et garanties standard	..	..	..	..	..	..	..	..
Produits financiers dérivés et options sur titres des salariés	23 164	30 762	13 851	23 233	25 653	25 915	20 277	22 685
Autres comptes à recevoir	36 028	32 056	30 532	43 661	28 309	33 754	30 048	28 302
Passifs financiers	2 605 775	2 667 409	2 859 213	3 353 371	3 445 090	3 782 408	4 057 460	4 098 286
Titres de dette	1 700	1 700	1 700	797	798	100	100	100
Titres de dette à court terme	..	..	..	..	..	..	..	..
Titres de dette à long terme	1 700	1 700	1 700	797	798	100	100	100
Crédits	9 187	7 233	2 548	3 011	18 989	25 422	22 770	25 332
Crédits à court terme	1 436	3 185	1 796	1 162	14 519	20 474	19 483	22 678
Crédits à long terme	7 751	4 048	752	1 849	4 470	4 948	3 287	2 654
Actions et parts de fonds d'investissement	245 062	249 562	258 436	257 395	260 728	263 056	270 034	270 034
Systèmes d'assurance, de pensions et garanties standard	2 334 711	2 392 744	2 582 226	3 056 452	3 144 726	3 469 931	3 738 950	3 777 056
Produits financiers dérivés et options sur titres des salariés	10 508	12 005	10 148	30 555	13 443	18 382	18 622	18 031
Autres comptes à payer	4 607	4 165	4 155	5 161	6 406	5 517	6 984	7 733
Actifs non financiers	..	..	..	..	..	..	..	..

Note : Voir les métadonnées détaillées sur : *http://metalinks.oecd.org/instinv/20190923/9fa7*

SUÈDE

Tableau 4. Composition du portefeuille par type d'investisseur

En pourcentage des actifs financiers et des passifs financiers

Pour cent

	2011	2012	2013	2014	2015	2016	2017	2018
Fonds d'investissement								
Actifs financiers	100.0	100.0	100.0	100.0	100.0	100.0	100.0	100.0
Numéraire et dépôts	3.4	3.4	2.9	2.8	3.0	2.8	3.3	3.3
Titres de dettes	24.1	21.1	20.6	25.1	23.4	23.0	20.0	21.5
Crédits	0.0	0.0	0.0	0.0	0.0	0.0	0.0	0.0
Actions et parts de fonds d'investissement	68.2	69.9	71.6	68.4	70.5	70.5	73.1	73.0
Systèmes d'assurance de pensions et garanties standard	0.0	0.0	0.0	0.0	0.0	0.0	0.0	0.0
Produits financiers dérivés et options sur titres des salariés	1.0	0.8	0.9	1.0	1.0	1.1	0.5	0.4
Autres comptes à recevoir	3.3	4.8	4.0	2.7	2.2	2.6	3.2	1.8
Passifs financiers	100.0	100.0	100.0	100.0	100.0	100.0	100.0	100.0
Numéraire et dépôts	0.0	0.0	0.0	0.0	0.0	0.0	0.0	0.0
Titres de dettes	0.0	0.0	0.0	0.0	0.0	0.0	0.0	0.0
Crédits	0.7	0.3	0.3	0.5	0.3	0.5	0.6	0.6
Actions et parts de fonds d'investissement	93.5	91.5	91.0	91.9	94.9	92.9	93.7	95.6
Systèmes d'assurance de pensions et garanties standard	0.0	0.0	0.0	0.0	0.0	0.0	0.0	0.0
Produits financiers dérivés et options sur titres des salariés	0.8	0.7	0.6	1.0	0.9	0.8	0.4	0.4
Autres comptes à recevoir	5.1	7.5	8.1	6.6	3.9	5.8	5.3	3.3
Sociétés d'assurance								
Actifs financiers	100.0	100.0	100.0	100.0	100.0	100.0	100.0	100.0
Numéraire et dépôts	4.1	4.8	4.2	4.9	4.3	3.9	3.5	3.4
Titres de dettes	40.1	36.0	32.0	29.7	28.7	27.1	26.0	26.8
Crédits	1.7	2.2	2.4	2.5	1.9	1.9	2.1	2.0
Actions et parts de fonds d'investissement	48.8	52.1	57.2	58.9	61.8	64.4	65.9	65.1
Systèmes d'assurance de pensions et garanties standard	3.3	2.9	2.5	2.4	2.0	1.7	1.6	1.8
Produits financiers dérivés et options sur titres des salariés	0.6	0.6	0.2	0.4	0.2	0.1	0.2	0.2
Autres comptes à recevoir	1.4	1.4	1.5	1.4	1.1	0.8	0.7	0.8
Passifs financiers	100.0	100.0	100.0	100.0	100.0	100.0	100.0	100.0
Numéraire et dépôts	0.0	0.0	0.0	0.0	0.0	0.0	0.0	0.0
Titres de dettes	0.4	0.4	0.4	0.4	0.2	0.2	0.2	0.2
Crédits	4.6	4.0	2.1	4.3	1.9	1.8	2.0	1.4
Actions et parts de fonds d'investissement	12.7	13.0	12.8	11.1	11.4	10.9	10.0	10.2
Systèmes d'assurance de pensions et garanties standard	81.2	81.7	84.0	83.4	85.7	86.2	87.0	87.5
Produits financiers dérivés et options sur titres des salariés	0.4	0.1	0.1	0.3	0.1	0.2	0.1	0.0
Autres comptes à recevoir	0.7	0.7	0.7	0.6	0.6	0.6	0.6	0.6
Fonds de pension								
Actifs financiers	100.0	100.0	100.0	100.0	100.0	100.0	100.0	100.0
Numéraire et dépôts	4.1	2.9	2.7	2.4	2.6	2.6	2.6	3.0
Titres de dettes	37.1	35.9	31.8	29.6	28.4	26.0	24.8	26.2
Crédits	2.0	1.8	1.8	1.6	1.5	1.5	1.4	1.4
Actions et parts de fonds d'investissement	54.5	57.0	62.2	64.6	66.2	68.4	70.2	68.2
Systèmes d'assurance de pensions et garanties standard	0.0	0.0	0.0	0.0	0.0	0.0	0.0	0.0
Produits financiers dérivés et options sur titres des salariés	0.9	1.1	0.5	0.6	0.7	0.6	0.5	0.5
Autres comptes à recevoir	1.4	1.2	1.0	1.2	0.7	0.8	0.7	0.6
Passifs financiers	100.0	100.0	100.0	100.0	100.0	100.0	100.0	100.0
Numéraire et dépôts	0.0	0.0	0.0	0.0	0.0	0.0	0.0	0.0
Titres de dettes	0.1	0.1	0.1	0.0	0.0	0.0	0.0	0.0
Crédits	0.4	0.3	0.1	0.1	0.6	0.7	0.6	0.6
Actions et parts de fonds d'investissement	9.4	9.4	9.0	7.7	7.6	7.0	6.7	6.6
Systèmes d'assurance de pensions et garanties standard	89.6	89.7	90.3	91.1	91.3	91.7	92.2	92.2
Produits financiers dérivés et options sur titres des salariés	0.4	0.5	0.4	0.9	0.4	0.5	0.5	0.4
Autres comptes à recevoir	0.2	0.2	0.1	0.2	0.2	0.1	0.2	0.2

Note : Voir les métadonnées détaillées sur : *http://metalinks.oecd.org/instinv/20190923/2704*

SUISSE

Tableau 1. Actifs et passifs financiers des investisseurs institutionnels, 2017

Millions CHF

	Total	Fonds d'investissement			
		Fonds d'investissement non-monétaire			Fonds d'investissement monétaires
		Total	Fonds d'investissement à capital variable, non monétaire	Fonds d'investissement à capital fixe, non monétaire	Total
Actifs financiers	..	..	756 477	..	30 473
Numéraire et dépôts	..	..	20 535	..	2 226
Titres de dette	..	..	334 875	..	28 057
Titres de dette à court terme	..	..	2 092	..	15 371
Titres de dette à long terme	..	..	332 783	..	12 686
Titres de dette émis par les résidents	..	..	106 850	..	4 906
Titres de dette émis par les non-résidents	..	..	228 025	..	23 151
Crédits	..	..	..	..	..
Crédits à court terme	..	..	..	..	..
Crédits à long terme	..	..	..	..	..
Crédits accordés aux résidents	..	..	..	..	..
Crédits accordés aux non-résidents	..	..	..	..	..
Actions et parts de fonds d'investissement	..	..	401 067	..	190
Actions et parts de fonds d'investissements émises par les résidents	..	..	200 288	..	60
Actions et part de fonds d'investissements émises par les non-résidents	..	..	200 779	..	130
Autres comptes à recevoir	..	..	..	..	..

	Total	Fonds d'investissement			
		Fonds d'investissement non-monétaire			Fonds d'investissement monétaires
		Total	Fonds d'investissement à capital variable, non monétaire	Fonds d'investissement à capital fixe, non monétaire	Total
Pasifs financiers	..	..	871 974	..	32 836
Numéraire et dépôts	..	..	..	..	..
Titres de dette	..	..	..	..	..
Titres de dette à court terme	..	..	..	..	..
Titres de dette à long terme	..	..	..	..	..
Crédits	..	..	16 594	..	205
Crédits à court terme	..	..	..	..	..
Crédits à long terme	..	..	..	..	..
Actions et parts de fonds d'investissement	..	..	855 380	..	32 631
Systèmes d'assurance, de pensions et garanties standard	..	..	..	..	..
Produits financiers dérivés et options sur titres des salariés	..	..	..	..	..
Autres comptes à payer	..	..	..	..	..

	Sociétés d'assurance et fonds de pension autonomes				
	Total	Sociétés d'assurance			Fonds de pension autonomes
		Total	Sociétés d'assurance vie	Sociétés d'assurance non-vie	Total
Actifs financiers	1 448 479	616 744	..	..	831 735
Numéraire et dépôts	99 564	56 988	..	..	42 576
Titres de dette	317 652	195 432	..	..	122 220
Titres de dette à court terme	5 738	4 476	..	..	1 262
Titres de dette à long terme	311 914	190 956	..	..	120 958
Titres de dette émis par les résidents	140 034	76 863	..	..	63 171
Titres de dette émis par les non-résidents	177 618	118 569	..	..	59 049
Crédits	107 665	93 028	..	..	14 637
Crédits à court terme	..	..	..	..	..
Crédits à long terme	..	..	..	..	..
Crédits accordés aux résidents	52 895	38 258	..	..	14 637
Crédits accordés aux non-résidents	54 770	54 770	..	..	..
Actions et parts de fonds d'investissement	922 050	271 296	..	..	650 754
Actions et parts de fonds d'investissement émises par les résidents	694 172	148 706	..	..	545 466
Actions et parts de fonds d'investissement émises par les non-résidents	227 878	122 590	..	..	105 288
Autrescomptes à recevoir	..	..	..	..	..

	Sociétés d'assurance et fonds de pension autonomes				
	Total	Sociétés d'assurance			Fonds de pension autonomes
		Total	Sociétés d'assurance vie	Sociétés d'assurance non-vie	Total
Pasifs financiers	..	..	..	..	775 390
Numéraire et dépôts	..	..	..	..	..
Titres de dette	10 394	10 394	..	..	..
Titres de dette à court terme	..	..	..	..	..
Titres de dette à long terme	10 394	10 394	..	..	..
Crédits	65 910	63 704	..	..	2 206
Crédits à court terme	..	..	..	..	..
Crédits à long terme	..	..	..	..	..
Actions et parts de fonds d'investissement	..	..	..	..	..
Systèmes d'assurance, de pensions et garanties standard	1 156 644	383 460	..	..	773 184
Produits financiers dérivés et options sur titres des salariés	..	..	..	..	..
Autres comptes à payer	..	..	..	..	..

SUISSE

Tableau 2. Actifs et passifs financiers des fonds d'investissement

Millions CHF

	2011	2012	2013	2014	2015	2016	2017	2018
Fonds d'investissement								
Valeur nette financière	..	..	..	..	..	..	..	..
Actifs financiers	..	..	..	..	..	..	..	..
Numéraire et dépôts	..	..	..	..	..	..	..	..
Titres de dette	..	..	..	..	..	..	..	..
Crédits	..	..	..	..	..	..	..	..
Actions et parts de fonds d'investissement	..	..	..	..	..	..	..	..
Actions	..	..	..	..	..	..	..	..
Parts de fonds d'investissement	..	..	..	..	..	..	..	..
Parts de fonds d'investissement monétaires	..	..	..	..	..	..	..	..
Parts de fonds d'investissement non monétaires	..	..	..	..	..	..	..	..
Systèmes d'assurance, de pensions et garanties standard	..	..	..	..	..	..	..	..
Produits financiers dérivés et options sur titres des salariés	..	..	..	..	..	..	..	..
Autres comptes à recevoir	..	..	..	..	..	..	..	..
Passifs financiers	..	..	..	..	..	..	..	..
Titres de dette	..	..	..	..	..	..	..	..
Titres de dette à court terme	..	..	..	..	..	..	..	..
Titres de dette à long terme	..	..	..	..	..	..	..	..
Crédits	..	..	..	..	..	..	..	..
Crédits à court terme	..	..	..	..	..	..	..	..
Crédits à long terme	..	..	..	..	..	..	..	..
Actions et parts de fonds d'investissement	..	..	..	..	..	..	..	..
Systèmes d'assurance, de pensions et garanties standard	..	..	..	..	..	..	..	..
Produits financiers dérivés et options sur titres des salariés	..	..	..	..	..	..	..	..
Autres comptes à payer	..	..	..	..	..	..	..	..
Actifs non financiers	..	..	..	..	..	..	..	..
Fonds d'investissement monéaires								
Valeur nette financière	-823	-2 372	-236	-272	-1 765	-593	-2 363	..
Actifs financiers	35 724	33 845	36 075	36 595	30 548	31 298	30 473	..
Numéraire et dépôts	2 583	2 514	2 562	2 630	2 234	1 710	2 226	..
Titres de dette	32 899	31 120	33 284	33 783	28 245	29 469	28 057	..
Crédits	..	..	..	..	..	..	..	..
Actions et parts de fonds d'investissement	242	211	229	182	69	119	190	..
Actions	18	22	29	34	34	35	55	..
Parts de fonds d'investissement	224	189	200	148	35	84	135	..
Parts de fonds d'investissement monétaires	..	..	..	..	..	..	..	..
Parts de fonds d'investissement non monétaires	..	..	..	..	..	..	..	..
Systèmes d'assurance, de pensions et garanties standard	..	..	..	..	..	..	..	..
Produits financiers dérivés et options sur titres des salariés	..	..	..	..	..	..	..	..
Autres comptes à recevoir	..	..	..	..	..	..	..	..
Passifs financiers	36 547	36 217	36 311	36 867	32 313	31 891	32 836	..
Titres de dette	..	..	..	..	..	..	..	..
Titres de dette à court terme	..	..	..	..	..	..	..	..
Titres de dette à long terme	..	..	..	..	..	..	..	..
Crédits	25	89	64	37	259	64	205	..
Crédits à court terme	..	..	..	..	..	..	..	..
Crédits à long terme	..	..	..	..	..	..	..	..
Actions et parts de fonds d'investissement	36 522	36 128	36 247	36 830	32 054	31 827	32 631	..
Systèmes d'assurance, de pensions et garanties standard	..	..	..	..	..	..	..	..
Produits financiers dérivés et options sur titres des salariés	..	..	..	..	..	..	..	..
Autres comptes à payer	..	..	..	..	..	..	..	..
Actifs non financiers	..	..	..	..	..	..	..	..
Fonds d'investissement non monéaires								
Valeur nette financière	..	..	..	..	..	..	..	..
Actifs financiers	..	..	..	..	..	..	..	..
Numéraire et dépôts	..	..	..	..	..	..	..	..
Titres de dette	..	..	..	..	..	..	..	..
Crédits	..	..	..	..	..	..	..	..
Actions et parts de fonds d'investissement	..	..	..	..	..	..	..	..
Actions	..	..	..	..	..	..	..	..
Parts de fonds d'investissement	..	..	..	..	..	..	..	..
Parts de fonds d'investissement monétaires	..	..	..	..	..	..	..	..
Parts de fonds d'investissement non monétaires	..	..	..	..	..	..	..	..
Systèmes d'assurance, de pensions et garanties standard	..	..	..	..	..	..	..	..
Produits financiers dérivés et options sur titres des salariés	..	..	..	..	..	..	..	..
Autres comptes à recevoir	..	..	..	..	..	..	..	..
Passifs financiers	..	..	..	..	..	..	..	..
Titres de dette	..	..	..	..	..	..	..	..
Titres de dette à court terme	..	..	..	..	..	..	..	..
Titres de dette à long terme	..	..	..	..	..	..	..	..
Crédits	..	..	..	..	..	..	..	..
Crédits à court terme	..	..	..	..	..	..	..	..
Crédits à long terme	..	..	..	..	..	..	..	..
Actions et parts de fonds d'investissement	..	..	..	..	..	..	..	..
Systèmes d'assurance, de pensions et garanties standard	..	..	..	..	..	..	..	..
Produits financiers dérivés et options sur titres des salariés	..	..	..	..	..	..	..	..
Autres comptes à payer	..	..	..	..	..	..	..	..
Actifs non financiers	..	..	..	..	..	..	..	..
Fonds d'investissement non monéaires à capital variable								
Valeur nette financière	-59 111	-72 780	-57 435	-59 597	-69 103	-68 191	-115 497	..
Actifs financiers	402 174	455 826	512 314	598 345	648 819	704 808	756 477	..
Numéraire et dépôts	13 916	14 427	13 342	14 041	16 215	18 438	20 535	..

Tableau 2. Actifs et passifs financiers des fonds d'investissement *(suite)*

Millions CHF

	2011	2012	2013	2014	2015	2016	2017	2018
Titres de dette	220 250	236 940	247 866	290 117	313 460	336 642	334 875	..
Crédits	..	..	..	..	..	..	..	..
Actions et parts de fonds d'investissement	168 008	204 459	251 106	294 187	319 144	349 728	401 067	..
Actions	126 558	149 956	180 666	207 477	219 330	246 329	273 916	..
Parts de fonds d'investissement	41 450	54 503	70 440	86 710	99 814	103 399	127 151	..
Parts de fonds d'investissement monétaires	..	..	..	..	..	..	..	..
Parts de fonds d'investissement non monétaires	..	..	..	..	..	..	..	..
Systèmes d'assurance, de pensions et garanties standard	..	..	..	..	..	..	..	..
Produits financiers dérivés et options sur titres des salariés	..	..	..	..	..	..	..	..
Autres comptes à recevoir	..	..	..	..	..	..	..	..
Passifs financiers	461 285	528 606	569 749	657 942	717 922	772 999	871 974	..
Titres de dette	..	..	..	..	..	..	..	..
Titres de dette à court terme	..	..	..	..	..	..	..	..
Titres de dette à long terme	..	..	..	..	..	..	..	..
Crédits	6 374	8 171	7 440	10 672	10 948	12 691	16 594	..
Crédits à court terme	..	..	..	..	..	..	..	..
Crédits à long terme	..	..	..	..	..	..	..	..
Actions et parts de fonds d'investissement	454 911	520 435	562 309	647 270	706 974	760 308	855 380	..
Systèmes d'assurance, de pensions et garanties standard	..	..	..	..	..	..	..	..
Produits financiers dérivés et options sur titres des salariés	..	..	..	..	..	..	..	..
Autres comptes à payer	..	..	..	..	..	..	..	..
Actifs non financiers	31 853	36 202	39 884	45 810	49 340	53 460	60 606	..
Fonds d'investissement à capital variable								
Valeur nette financière	-59 934	-75 152	-57 671	-59 869	-70 868	-68 784	-117 860	..
Actifs financiers	437 898	489 671	548 389	634 940	679 367	736 106	786 950	..
Numéraire et dépôts	16 499	16 941	15 904	16 671	18 449	20 148	22 761	..
Titres de dette	253 149	268 060	281 150	323 900	341 705	366 111	362 932	..
Crédits	..	..	..	..	..	..	..	..
Actions et parts de fonds d'investissement	168 250	204 670	251 335	294 369	319 213	349 847	401 257	..
Actions	126 576	149 978	180 695	207 511	219 364	246 364	273 971	..
Parts de fonds d'investissement	41 674	54 692	70 640	86 858	99 849	103 483	127 286	..
Parts de fonds d'investissement monétaires	..	..	..	..	..	..	..	..
Parts de fonds d'investissement non monétaires	..	..	..	..	..	..	..	..
Systèmes d'assurance, de pensions et garanties standard	..	..	..	..	..	..	..	..
Produits financiers dérivés et options sur titres des salariés	..	..	..	..	..	..	..	..
Autres comptes à recevoir	..	..	..	..	..	..	..	..
Passifs financiers	497 832	564 823	606 060	694 809	750 235	804 890	904 810	..
Titres de dette	..	..	..	..	..	..	..	..
Titres de dette à court terme	..	..	..	..	..	..	..	..
Titres de dette à long terme	..	..	..	..	..	..	..	..
Crédits	6 399	8 260	7 504	10 709	11 207	12 755	16 799	..
Crédits à court terme	..	..	..	..	..	..	..	..
Crédits à long terme	..	..	..	..	..	..	..	..
Actions et parts de fonds d'investissement	491 433	556 563	598 556	684 100	739 028	792 135	888 011	..
Systèmes d'assurance, de pensions et garanties standard	..	..	..	..	..	..	..	..
Produits financiers dérivés et options sur titres des salariés	..	..	..	..	..	..	..	..
Autres comptes à payer	..	..	..	..	..	..	..	..
Actifs non financiers	31 853	36 202	39 884	45 810	49 340	53 460	60 606	..

Tableau 3. Actifs et passifs financiers des sociétés d'assurance et fonds de pension

Millions CHF

	2011	2012	2013	2014	2015	2016	2017	2018
Sociétés d'assurance et fonds de pension								
Valeur nette financière	..	..	..	..	..	..	..	..
Actifs financiers	1 085 960	1 168 010	1 201 078	1 279 568 |	1 289 578	1 350 984	1 448 479	..
Numéraire et dépôts	92 566	100 222	103 725	102 026	94 765	93 583	99 564	..
Titres de dette	332 333	351 568	331 313	340 745 |	311 554	316 073	317 652	..
Crédits	43 310	42 882	44 284	84 160 |	84 891	99 827	107 665	..
Actions et parts de fonds d'investissement	608 081	665 912	712 491	749 375 |	796 202	838 720	922 050	..
Actions	224 408	245 948	240 732	186 647 |	192 692	181 300	187 179	..
Parts de fonds d'investissement	383 673	419 964	471 759	562 728	603 510	657 420	734 871	..
Parts de fonds d'investissement monétaires	..	..	..	..	..	..	..	..
Parts de fonds d'investissement non monétaires	..	..	..	..	..	..	..	..
Systèmes d'assurance, de pensions et garanties standard	9 670	7 426	9 265	3 262	2 166	2 781	1 548	..
Produits financiers dérivés et options sur titres des salariés	..	..	..	..	..	..	..	..
Autres comptes à recevoir	..	..	..	..	..	..	..	..
Passifs financiers	..	..	..	..	..	..	..	..
Titres de dette	7 455	9 255	9 258	13 447	13 482	13 263	10 394	..
Titres de dette à court terme	..	..	..	..	..	..	..	..
Titres de dette à long terme	7 455	9 255	9 258	13 447	13 482	13 263	10 394	..
Crédits	13 885	14 306	15 574	60 060	56 072	61 393	65 910	..
Crédits à court terme	..	..	..	..	..	..	..	..
Crédits à long terme	..	..	..	..	..	..	..	..
Actions et parts de fonds d'investissement	..	..	..	..	..	..	..	..
Systèmes d'assurance, de pensions et garanties standard	928 227	964 261	1 001 221	1 040 424	1 078 988	1 121 802	1 156 644	..
Produits financiers dérivés et options sur titres des salariés	..	..	..	..	..	..	..	..
Autres comptes à payer	..	..	..	..	..	..	..	..
Actifs non financiers	102 753	107 523	110 279	115 227	115 407	121 453	..	..
Sociétés d'assurance								
Valeur nette financière	..	..	..	..	..	..	..	..
Actifs financiers	518 602	559 596	546 872	574 500 |	571 361	598 036	616 744	..
Numéraire et dépôts	52 388	55 240	50 634	50 927	51 575	53 728	56 988	..
Titres de dette	191 009	212 350	200 018	206 604 |	189 549	196 385	195 432	..
Crédits	31 462	32 376	33 419	72 368 |	72 778	87 507	93 028	..
Actions et parts de fonds d'investissement	243 743	259 630	262 801	244 601 |	257 459	260 416	271 296	..
Actions	147 002	156 019	152 373	110 969 |	114 242	108 094	113 479	..
Parts de fonds d'investissement	96 741	103 611	110 428	133 632	143 217	152 322	157 817	..
Parts de fonds d'investissement monétaires	..	..	..	..	..	..	..	..
Parts de fonds d'investissement non monétaires	..	..	..	..	..	..	..	..
Systèmes d'assurance, de pensions et garanties standard	..	..	..	..	..	..	..	..
Produits financiers dérivés et options sur titres des salariés	..	..	..	..	..	..	..	..
Autres comptes à recevoir	..	..	..	..	..	..	..	..
Passifs financiers	..	..	..	..	..	..	..	..
Titres de dette	7 455	9 255	9 258	13 447	13 482	13 263	10 394	..
Titres de dette à court terme	..	..	..	..	..	..	..	..
Titres de dette à long terme	7 455	9 255	9 258	13 447	13 482	13 263	10 394	..
Crédits	11 508	12 444	12 661	58 160	54 571	59 618	63 704	..
Crédits à court terme	..	..	..	..	..	..	..	..
Crédits à long terme	..	..	..	..	..	..	..	..
Actions et parts de fonds d'investissement	..	..	..	..	..	..	..	..
Systèmes d'assurance, de pensions et garanties standard	329 766	342 370	352 040	361 915	371 735	380 206	383 460	..
Produits financiers dérivés et options sur titres des salariés	..	..	..	..	..	..	..	..
Autres comptes à payer	..	..	..	..	..	..	..	..
Actifs non financiers	38 610	40 792	41 703	43 111	44 933	47 703	49 749	..
Fonds de pension								
Valeur nette financière	-33 480	-15 339	2 112	24 659	9 463	9 577	56 345	..
Actifs financiers	567 358	608 414	654 206	705 068	718 217	752 948	831 735	..
Numéraire et dépôts	40 178	44 982	53 091	51 099	43 190	39 855	42 576	..
Titres de dette	141 324	139 218	131 295	134 141	122 005	119 688	122 220	..
Crédits	11 848	10 506	10 865	11 792	12 113	12 320	14 637	..
Actions et parts de fonds d'investissement	364 338	406 282	449 690	504 774	538 743	578 304	650 754	..
Actions	77 406	89 929	88 359	75 678	78 450	73 206	73 700	..
Parts de fonds d'investissement	286 932	316 353	361 331	429 096	460 293	505 098	577 054	..
Parts de fonds d'investissement monétaires	..	..	..	..	..	..	..	..
Parts de fonds d'investissement non monétaires	..	..	..	..	..	..	..	..
Systèmes d'assurance, de pensions et garanties standard	9 670	7 426	9 265	3 262	2 166	2 781	1 548	..
Produits financiers dérivés et options sur titres des salariés	..	..	..	..	..	..	..	..
Autres comptes à recevoir	..	..	..	..	..	..	..	..
Passifs financiers	600 838	623 753	652 094	680 409	708 754	743 371	775 390	..
Titres de dette	..	..	..	..	..	..	..	..
Titres de dette à court terme	..	..	..	..	..	..	..	..
Titres de dette à long terme	..	..	..	..	..	..	..	..
Crédits	2 377	1 862	2 913	1 900	1 501	1 775	2 206	..
Crédits à court terme	..	..	..	..	..	..	..	..
Crédits à long terme	..	..	..	..	..	..	..	..
Actions et parts de fonds d'investissement	..	..	..	..	..	..	..	..
Systèmes d'assurance, de pensions et garanties standard	598 461	621 891	649 181	678 509	707 253	741 596	773 184	..
Produits financiers dérivés et options sur titres des salariés	..	..	..	..	..	..	..	..
Autres comptes à payer	..	..	..	..	..	..	..	..
Actifs non financiers	64 143	66 731	68 576	72 116	70 474	73 750	..	..

Tableau 4. Composition du portefeuille par type d'investisseur

En pourcentage des actifs financiers et des passifs financiers

Pour cent

	2011	2012	2013	2014	2015	2016	2017	2018
Fonds d'investissement								
Actifs financiers	..	..	..	..	..	..	..	..
Numéraire et dépôts	..	..	..	..	..	..	..	..
Titres de dettes	..	..	..	..	..	..	..	..
Crédits	..	..	..	..	..	..	..	..
Actions et parts de fonds d'investissement	..	..	..	..	..	..	..	..
Systèmes d'assurance de pensions et garanties standard	..	..	..	..	..	..	..	..
Produits financiers dérivés et options sur titres des salariés	..	..	..	..	..	..	..	..
Autres comptes à recevoir	..	..	..	..	..	..	..	..
Passifs financiers	..	..	..	..	..	..	..	..
Numéraire et dépôts	..	..	..	..	..	..	..	..
Titres de dettes	..	..	..	..	..	..	..	..
Crédits	..	..	..	..	..	..	..	..
Actions et parts de fonds d'investissement	..	..	..	..	..	..	..	..
Systèmes d'assurance de pensions et garanties standard	..	..	..	..	..	..	..	..
Produits financiers dérivés et options sur titres des salariés	..	..	..	..	..	..	..	..
Autres comptes à recevoir	..	..	..	..	..	..	..	..
Sociétés d'assurance								
Actifs financiers	100.0	100.0	100.0	100.0	100.0	100.0	100.0	..
Numéraire et dépôts	10.1	9.9	9.3	8.9	9.0	9.0	9.2	..
Titres de dettes	36.8	37.9	36.6	36.0	33.2	32.8	31.7	..
Crédits	6.1	5.8	6.1	12.6	12.7	14.6	15.1	..
Actions et parts de fonds d'investissement	47.0	46.4	48.1	42.6	45.1	43.5	44.0	..
Systèmes d'assurance de pensions et garanties standard	0.0	0.0	0.0	0.0	0.0	0.0	0.0	..
Produits financiers dérivés et options sur titres des salariés	0.0	0.0	0.0	0.0	0.0	0.0	0.0	..
Autres comptes à recevoir	0.0	0.0	0.0	0.0	0.0	0.0	0.0	..
Passifs financiers	..	..	..	..	..	..	..	..
Numéraire et dépôts	..	..	..	..	..	..	..	..
Titres de dettes	..	..	..	..	..	..	..	..
Crédits	..	..	..	..	..	..	..	..
Actions et parts de fonds d'investissement	..	..	..	..	..	..	..	..
Systèmes d'assurance de pensions et garanties standard	..	..	..	..	..	..	..	..
Produits financiers dérivés et options sur titres des salariés	..	..	..	..	..	..	..	..
Autres comptes à recevoir	..	..	..	..	..	..	..	..
Fonds de pension								
Actifs financiers	100.0	100.0	100.0	100.0	100.0	100.0	100.0	..
Numéraire et dépôts	7.1	7.4	8.1	7.2	6.0	5.3	5.1	..
Titres de dettes	24.9	22.9	20.1	19.0	17.0	15.9	14.7	..
Crédits	2.1	1.7	1.7	1.7	1.7	1.6	1.8	..
Actions et parts de fonds d'investissement	64.2	66.8	68.7	71.6	75.0	76.8	78.2	..
Systèmes d'assurance de pensions et garanties standard	1.7	1.2	1.4	0.5	0.3	0.4	0.2	..
Produits financiers dérivés et options sur titres des salariés	0.0	0.0	0.0	0.0	0.0	0.0	0.0	..
Autres comptes à recevoir	0.0	0.0	0.0	0.0	0.0	0.0	0.0	..
Passifs financiers	100.0	100.0	100.0	100.0	100.0	100.0	100.0	..
Numéraire et dépôts	0.0	0.0	0.0	0.0	0.0	0.0	0.0	..
Titres de dettes	0.0	0.0	0.0	0.0	0.0	0.0	0.0	..
Crédits	0.4	0.3	0.4	0.3	0.2	0.2	0.3	..
Actions et parts de fonds d'investissement	0.0	0.0	0.0	0.0	0.0	0.0	0.0	..
Systèmes d'assurance de pensions et garanties standard	99.6	99.7	99.6	99.7	99.8	99.8	99.7	..
Produits financiers dérivés et options sur titres des salariés	0.0	0.0	0.0	0.0	0.0	0.0	0.0	..
Autres comptes à recevoir	0.0	0.0	0.0	0.0	0.0	0.0	0.0	..

TURQUIE

Tableau 1. Actifs et passifs financiers des investisseurs institutionnels, 2018

Millions TRY

	Fonds d'investissement				
	Total	Fonds d'investissement non-monétaire			Fonds d'investissement monétaires
		Total	Fonds d'investissement à capital variable, non monétaire	Fonds d'investissement à capital fixe, non monétaire	Total
Actifs financiers	50 423	37 589	34 923	2 666	12 834
Numéraire et dépôts	14 205	5 215	4 609	606	8 991
Titres de dette	29 396	25 552	24 236	1 316	3 843
Titres de dette à court terme	15 041	11 384	11 173	211	3 657
Titres de dette à long terme	14 355	14 168	13 063	1 105	187
Titres de dette émis par les résidents	29 321	25 477	24 161	1 316	3 843
Titres de dette émis par les non-résidents	75	75	75	0	0
Crédits	..	..	..	..	..
Crédits à court terme	..	..	..	..	..
Crédits à long terme	..	..	..	..	..
Crédits accordés aux résidents	..	..	..	..	..
Crédits accordés aux non-résidents	..	..	..	..	..
Actions et parts de fonds d'investissement	6 823	6 823	6 079	744	0
Actions et parts de fonds d'investissements émises par les résidents	4 933	4 933	4 189	744	0
Actions et part de fonds d'investissements émises par les non-résidents	1 889	1 889	1 889	0	0
Autres comptes à recevoir	..	..	..	..	..

	Fonds d'investissement				
	Total	Fonds d'investissement non-monétaire			Fonds d'investissement monétaires
		Total	Fonds d'investissement à capital variable, non monétaire	Fonds d'investissement à capital fixe, non monétaire	Total
Pasifs financiers	..	..	..	..	..
Numéraire et dépôts	..	..	..	..	..
Titres de dette	..	..	..	..	..
Titres de dette à court terme	..	..	..	..	..
Titres de dette à long terme	..	..	..	..	..
Crédits	..	..	..	..	..
Crédits à court terme	..	..	..	..	..
Crédits à long terme	..	..	..	..	..
Actions et parts de fonds d'investissement	..	..	..	..	..
Systèmes d'assurance, de pensions et garanties standard	..	..	..	..	..
Produits financiers dérivés et options sur titres des salariés	..	..	..	..	..
Autres comptes à payer	..	..	..	..	..

	Sociétés d'assurance et fonds de pension autonomes				
	Total	Sociétés d'assurance			Fonds de pension autonomes
		Total	Sociétés d'assurance vie	Sociétés d'assurance non-vie	Total
Actifs financiers	211 710	92 801	19 152	73 649	118 908
Numéraire et dépôts	65 142	37 696	9 504	28 192	27 446
Titres de dette	100 892	24 684	6 233	18 451	76 208
Titres de dette à court terme	24 680	24 680	6 232	18 448	0
Titres de dette à long terme	76 212	4	2	3	76 208
Titres de dette émis par les résidents	..	..	..	..	..
Titres de dette émis par les non-résidents	..	..	..	..	..
Crédits	4 745	314	314	0	4 431
Crédits à court terme	150	150	150	..	0
Crédits à long terme	4 595	164	164	..	4 431
Crédits accordés aux résidents	..	..	..	..	..
Crédits accordés aux non-résidents	..	..	..	..	..
Actions et parts de fonds d'investissement	13 504	4 114	326	3 788	9 390
Actions et parts de fonds d'investissement émises par les résidents	..	..	..	..	..
Actions et parts de fonds d'investissement émises par les non-résidents	..	..	..	..	..
Autrescomptes à recevoir	27 427	25 993	2 774	23 219	1 434

	Sociétés d'assurance et fonds de pension autonomes				
	Total	Sociétés d'assurance			Fonds de pension autonomes
		Total	Sociétés d'assurance vie	Sociétés d'assurance non-vie	Total
Pasifs financiers	213 503	88 606	18 184	70 422	124 897
Numéraire et dépôts	..	..	..	..	0
Titres de dette	0	0	0	..	0
Titres de dette à court terme	..	..	..	..	..
Titres de dette à long terme	..	..	..	..	..
Crédits	322	322	11	311	0
Crédits à court terme	322	322	11	311	..
Crédits à long terme	0	0	0	0	..
Actions et parts de fonds d'investissement	58 766	30 124	7 458	22 666	28 642
Systèmes d'assurance, de pensions et garanties standard	142 965	50 168	10 351	39 818	92 797
Produits financiers dérivés et options sur titres des salariés	..	..	..	..	..
Autres comptes à payer	11 450	7 992	364	7 628	3 458

Note : Voir les métadonnées détaillées sur : *http://metalinks.oecd.org/instinv/20190923/6c5a*

TURQUIE

Tableau 2. Actifs et passifs financiers des fonds d'investissement

Millions TRY

	2011	2012	2013	2014	2015	2016	2017	2018
Fonds d'investissement								
Valeur nette financière	..	..	..	..	..	..	..	..
Actifs financiers	..	..	..	45 383	40 267	46 865	55 885	50 423
Numéraire et dépôts	..	..	..	23 058	11 524	13 202	17 066	14 205
Titres de dette	..	..	..	19 979	25 353	29 823	31 924	29 396
Crédits	..	..	..	..	..	..	..	..
Actions et parts de fonds d'investissement	..	..	..	2 346	3 390	3 840	6 894	6 823
Actions	..	..	..	2 244	3 250	3 510	5 447	5 412
Parts de fonds d'investissement	..	..	..	102	140	330	1 447	1 411
Parts de fonds d'investissement monétaires	..	..	..	56	30	3	15	4
Parts de fonds d'investissement non monétaires	..	..	..	46	110	328	1 432	1 407
Systèmes d'assurance, de pensions et garanties standard	..	..	..	..	..	..	..	..
Produits financiers dérivés et options sur titres des salariés	..	..	..	..	..	..	..	..
Autres comptes à recevoir	..	..	..	..	..	..	..	..
Passifs financiers	..	..	..	..	..	..	..	..
Titres de dette	..	..	..	..	..	..	..	..
Titres de dette à court terme	..	..	..	..	..	..	..	..
Titres de dette à long terme	..	..	..	..	..	..	..	..
Crédits	..	..	..	..	..	..	..	..
Crédits à court terme	..	..	..	..	..	..	..	..
Crédits à long terme	..	..	..	..	..	..	..	..
Actions et parts de fonds d'investissement	..	..	..	..	..	..	..	..
Systèmes d'assurance, de pensions et garanties standard	..	..	..	..	..	..	..	..
Produits financiers dérivés et options sur titres des salariés	..	..	..	..	..	..	..	..
Autres comptes à payer	..	..	..	..	..	..	..	..
Actifs non financiers	..	..	..	32 264	41 236	50 709	59 143	70 147
Fonds d'investissement monéaires								
Valeur nette financière	..	..	..	..	..	..	..	..
Actifs financiers	..	..	..	12 622	11 933	12 625	13 814	12 834
Numéraire et dépôts	..	..	..	8 901	7 378	7 441	9 754	8 991
Titres de dette	..	..	..	3 721	4 555	5 184	4 060	3 843
Crédits	..	..	..	..	..	..	..	..
Actions et parts de fonds d'investissement	..	..	..	0	0	0	0	0
Actions	..	..	..	0	0	0	0	0
Parts de fonds d'investissement	..	..	..	0	0	0	0	0
Parts de fonds d'investissement monétaires	..	..	..	0	0	0	0	0
Parts de fonds d'investissement non monétaires	..	..	..	0	0	0	0	0
Systèmes d'assurance, de pensions et garanties standard	..	..	..	..	..	..	..	..
Produits financiers dérivés et options sur titres des salariés	..	..	..	..	..	..	..	..
Autres comptes à recevoir	..	..	..	..	..	..	..	..
Passifs financiers	..	..	..	..	..	..	..	..
Titres de dette	..	..	..	..	..	..	..	..
Titres de dette à court terme	..	..	..	..	..	..	..	..
Titres de dette à long terme	..	..	..	..	..	..	..	..
Crédits	..	..	..	..	..	..	..	..
Crédits à court terme	..	..	..	..	..	..	..	..
Crédits à long terme	..	..	..	..	..	..	..	..
Actions et parts de fonds d'investissement	..	..	..	..	..	..	..	..
Systèmes d'assurance, de pensions et garanties standard	..	..	..	..	..	..	..	..
Produits financiers dérivés et options sur titres des salariés	..	..	..	..	..	..	..	..
Autres comptes à payer	..	..	..	..	..	..	..	..
Actifs non financiers	..	..	..	0	0	0	0	0
Fonds d'investissement non monéaires								
Valeur nette financière	..	..	..	..	..	..	..	..
Actifs financiers	..	..	..	32 761	28 334	34 240	42 071	37 589
Numéraire et dépôts	..	..	..	14 157	4 145	5 761	7 312	5 215
Titres de dette	..	..	..	16 258	20 798	24 639	27 865	25 552
Crédits	..	..	..	..	..	..	..	..
Actions et parts de fonds d'investissement	..	..	..	2 346	3 390	3 840	6 894	6 823
Actions	..	..	..	2 244	3 250	3 510	5 447	5 412
Parts de fonds d'investissement	..	..	..	102	140	330	1 447	1 411
Parts de fonds d'investissement monétaires	..	..	..	56	30	3	15	4
Parts de fonds d'investissement non monétaires	..	..	..	46	110	328	1 432	1 407
Systèmes d'assurance, de pensions et garanties standard	..	..	..	..	..	..	..	..
Produits financiers dérivés et options sur titres des salariés	..	..	..	..	..	..	..	..
Autres comptes à recevoir	..	..	..	..	..	..	..	..
Passifs financiers	..	..	..	..	..	..	..	..
Titres de dette	..	..	..	..	..	..	..	..
Titres de dette à court terme	..	..	..	..	..	..	..	..
Titres de dette à long terme	..	..	..	..	..	..	..	..
Crédits	..	..	..	..	..	..	..	..
Crédits à court terme	..	..	..	..	..	..	..	..
Crédits à long terme	..	..	..	..	..	..	..	..
Actions et parts de fonds d'investissement	..	..	..	..	..	..	..	..
Systèmes d'assurance, de pensions et garanties standard	..	..	..	..	..	..	..	..
Produits financiers dérivés et options sur titres des salariés	..	..	..	..	..	..	..	..
Autres comptes à payer	..	..	..	..	..	..	..	..
Actifs non financiers	..	..	..	32 264	41 236	50 709	59 143	70 147
Fonds d'investissement non monéaires à capital variable								
Valeur nette financière	..	..	..	..	..	..	..	..
Actifs financiers	..	..	..	31 676	26 822	32 346	40 058	34 923
Numéraire et dépôts	..	..	..	13 983	3 920	5 259	6 835	4 609

TURQUIE

Tableau 2. Actifs et passifs financiers des fonds d'investissement *(suite)*

Millions TRY

	2011	2012	2013	2014	2015	2016	2017	2018
Titres de dette	..	..	..	15 509	20 072	23 810	26 919	24 236
Crédits	..	..	..	..	..	..	..	..
Actions et parts de fonds d'investissement	..	..	..	2 184	2 829	3 277	6 304	6 079
Actions	..	..	..	2 138	2 719	2 949	4 872	4 672
Parts de fonds d'investissement	..	..	..	46	110	328	1 432	1 407
Parts de fonds d'investissement monétaires	..	..	..	0	0	0	0	0
Parts de fonds d'investissement non monétaires	..	..	..	46	110	328	1 432	1 407
Systèmes d'assurance, de pensions et garanties standard	..	..	..	..	..	..	..	..
Produits financiers dérivés et options sur titres des salariés	..	..	..	..	..	..	..	..
Autres comptes à recevoir	..	..	..	..	..	..	..	..
Passifs financiers	..	..	..	..	..	..	..	..
Titres de dette	..	..	..	..	..	..	..	..
Titres de dette à court terme	..	..	..	..	..	..	..	..
Titres de dette à long terme	..	..	..	..	..	..	..	..
Crédits	..	..	..	..	..	..	..	..
Crédits à court terme	..	..	..	..	..	..	..	..
Crédits à long terme	..	..	..	..	..	..	..	..
Actions et parts de fonds d'investissement	..	..	..	..	..	..	..	..
Systèmes d'assurance, de pensions et garanties standard	..	..	..	..	..	..	..	..
Produits financiers dérivés et options sur titres des salariés	..	..	..	..	..	..	..	..
Autres comptes à payer	..	..	..	..	..	..	..	..
Actifs non financiers	..	..	..	0	0	0	0	0
Fonds d'investissement à capital variable								
Valeur nette financière	..	..	..	..	..	..	..	..
Actifs financiers	..	..	..	44 298	38 755	44 970	53 872	47 757
Numéraire et dépôts	..	..	..	22 884	11 299	12 700	16 589	13 599
Titres de dette	..	..	..	19 230	24 627	28 994	30 979	28 079
Crédits	..	..	..	..	..	..	..	..
Actions et parts de fonds d'investissement	..	..	..	2 184	2 829	3 277	6 304	6 079
Actions	..	..	..	2 138	2 719	2 949	4 872	4 672
Parts de fonds d'investissement	..	..	..	46	110	328	1 432	1 407
Parts de fonds d'investissement monétaires	..	..	..	0	0	0	0	0
Parts de fonds d'investissement non monétaires	..	..	..	46	110	328	1 432	1 407
Systèmes d'assurance, de pensions et garanties standard	..	..	..	..	..	..	..	..
Produits financiers dérivés et options sur titres des salariés	..	..	..	..	..	..	..	..
Autres comptes à recevoir	..	..	..	..	..	..	..	..
Passifs financiers	..	..	..	..	..	..	..	..
Titres de dette	..	..	..	..	..	..	..	..
Titres de dette à court terme	..	..	..	..	..	..	..	..
Titres de dette à long terme	..	..	..	..	..	..	..	..
Crédits	..	..	..	..	..	..	..	..
Crédits à court terme	..	..	..	..	..	..	..	..
Crédits à long terme	..	..	..	..	..	..	..	..
Actions et parts de fonds d'investissement	..	..	..	..	..	..	..	..
Systèmes d'assurance, de pensions et garanties standard	..	..	..	..	..	..	..	..
Produits financiers dérivés et options sur titres des salariés	..	..	..	..	..	..	..	..
Autres comptes à payer	..	..	..	..	..	..	..	..
Actifs non financiers	..	..	..	0	0	0	0	0

Note : Voir les métadonnées détaillées sur : http://metalinks.oecd.org/instinv/20190923/6c5a

TURQUIE

Tableau 3. Actifs et passifs financiers des sociétés d'assurance et fonds de pension

Millions TRY

	2011	2012	2013	2014	2015	2016	2017	2018
Sociétés d'assurance et fonds de pension								
Valeur nette financière	..	..	..	-4 420	-4 895	-3 774	-11 067	-1 794
Actifs financiers	..	..	..	103 720	122 899	146 341	174 719	211 710
Numéraire et dépôts	..	..	..	37 675	48 486	59 158	74 180	65 142
Titres de dette	..	..	..	41 395	43 840	51 896	61 512	100 892
Crédits	..	..	..	2 635	3 142	4 316	3 451	4 745
Actions et parts de fonds d'investissement	..	..	..	7 474	9 816	10 574	12 959	13 504
Actions	..	..	..	6 890	9 170	9 637	11 393	12 482
Parts de fonds d'investissement	..	..	..	584	646	936	1 567	1 022
Parts de fonds d'investissement monétaires	..	..	..	..	..	..	..	..
Parts de fonds d'investissement non monétaires	..	..	..	..	..	..	..	..
Systèmes d'assurance, de pensions et garanties standard	..	..	..	..	..	..	..	..
Produits financiers dérivés et options sur titres des salariés	..	..	..	..	..	..	..	..
Autres comptes à recevoir	..	..	..	14 541	17 616	20 401	22 616	27 427
Passifs financiers	..	..	..	108 140	127 794	150 115	185 785	213 503
Titres de dette	..	..	..	0	0	0	0	0
Titres de dette à court terme	..	..	..	..	..	..	..	..
Titres de dette à long terme	..	..	..	..	..	..	..	..
Crédits	..	..	..	352	993	667	285	322
Crédits à court terme	..	..	..	351	993	666	285	322
Crédits à long terme	..	..	..	1	0	0	0	0
Actions et parts de fonds d'investissement	..	..	..	37 116	39 908	42 423	52 429	58 766
Systèmes d'assurance, de pensions et garanties standard	..	..	..	62 723	78 312	97 832	115 066	142 965
Produits financiers dérivés et options sur titres des salariés	..	..	..	..	..	..	..	..
Autres comptes à payer	..	..	..	7 950	8 581	9 193	11 010	11 450
Actifs non financiers	..	..	..	77 733	49 286	61 451	80 002	93 414
Sociétés d'assurance								
Valeur nette financière	..	..	..	663	415	1 536	1 767	4 195
Actifs financiers	..	..	..	46 061	53 756	64 303	78 866	92 801
Numéraire et dépôts	..	..	..	16 997	20 476	25 562	32 239	37 696
Titres de dette	..	..	..	13 112	13 497	15 826	20 755	24 684
Crédits	..	..	..	169	185	214	246	314
Actions et parts de fonds d'investissement	..	..	..	2 389	3 166	3 487	4 117	4 114
Actions	..	..	..	1 804	2 520	2 551	2 550	3 092
Parts de fonds d'investissement	..	..	..	584	646	936	1 567	1 022
Parts de fonds d'investissement monétaires	..	..	..	..	..	..	..	..
Parts de fonds d'investissement non monétaires	..	..	..	..	..	..	..	..
Systèmes d'assurance, de pensions et garanties standard	..	..	..	..	..	..	..	..
Produits financiers dérivés et options sur titres des salariés	..	..	..	..	..	..	..	..
Autres comptes à recevoir	..	..	..	13 394	16 431	19 217	21 508	25 993
Passifs financiers	..	..	..	45 398	53 341	62 767	77 098	88 606
Titres de dette	..	..	..	0	0	0	0	0
Titres de dette à court terme	..	..	..	..	..	..	..	..
Titres de dette à long terme	..	..	..	..	..	..	..	..
Crédits	..	..	..	352	993	667	285	322
Crédits à court terme	..	..	..	351	993	667	285	322
Crédits à long terme	..	..	..	1	0	0	0	0
Actions et parts de fonds d'investissement	..	..	..	16 002	16 823	19 338	26 721	30 124
Systèmes d'assurance, de pensions et garanties standard	..	..	..	25 000	30 394	37 018	42 532	50 168
Produits financiers dérivés et options sur titres des salariés	..	..	..	..	..	..	..	..
Autres comptes à payer	..	..	..	4 044	5 131	5 744	7 560	7 992
Actifs non financiers	..	..	..	38 787	49 286	61 451	80 002	93 414
Fonds de pension								
Valeur nette financière	..	..	..	-5 084	-5 310	-5 310	-12 834	-5 989
Actifs financiers	..	..	..	57 659	69 142	82 038	95 853	118 908
Numéraire et dépôts	..	..	..	20 678	28 010	33 596	41 941	27 446
Titres de dette	..	..	..	28 282	30 342	36 070	40 757	76 208
Crédits	..	..	..	2 466	2 956	4 102	3 205	4 431
Actions et parts de fonds d'investissement	..	..	..	5 086	6 650	7 086	8 843	9 390
Actions	..	..	..	5 086	6 650	7 086	8 843	9 390
Parts de fonds d'investissement	..	..	..	0	0	0	0	0
Parts de fonds d'investissement monétaires	..	..	..	..	..	..	..	..
Parts de fonds d'investissement non monétaires	..	..	..	..	..	..	..	..
Systèmes d'assurance, de pensions et garanties standard	..	..	..	0	0	0	0	0
Produits financiers dérivés et options sur titres des salariés	..	..	..	0	0	0	0	0
Autres comptes à recevoir	..	..	..	1 147	1 184	1 184	1 107	1 434
Passifs financiers	..	..	..	62 742	74 453	87 349	108 687	124 897
Titres de dette	..	..	..	0	0	0	0	0
Titres de dette à court terme	..	..	..	..	..	..	..	..
Titres de dette à long terme	..	..	..	..	..	..	..	..
Crédits	..	..	..	0	0	0	0	0
Crédits à court terme	..	..	..	..	..	..	..	..
Crédits à long terme	..	..	..	..	..	..	..	..
Actions et parts de fonds d'investissement	..	..	..	21 114	23 085	23 085	25 709	28 642
Systèmes d'assurance, de pensions et garanties standard	..	..	..	37 723	47 918	60 814	72 534	92 797
Produits financiers dérivés et options sur titres des salariés	..	..	..	..	..	..	..	..
Autres comptes à payer	..	..	..	3 906	3 450	3 450	3 450	3 458
Actifs non financiers	..	..	..	38 946	..	..	..	..

Note : Voir les métadonnées détaillées sur : *http://metalinks.oecd.org/instinv/20190923/6c5a*

Tableau 4. Composition du portefeuille par type d'investisseur
En pourcentage des actifs financiers et des passifs financiers

Pour cent

	2011	2012	2013	2014	2015	2016	2017	2018
Fonds d'investissement								
Actifs financiers	..	..	..	100.0	100.0	100.0	100.0	100.0
Numéraire et dépôts	..	..	..	50.8	28.6	28.2	30.5	28.2
Titres de dettes	..	..	..	44.0	63.0	63.6	57.1	58.3
Crédits	..	..	..	0.0	0.0	0.0	0.0	0.0
Actions et parts de fonds d'investissement	..	..	..	5.2	8.4	8.2	12.3	13.5
Systèmes d'assurance de pensions et garanties standard	..	..	..	0.0	0.0	0.0	0.0	0.0
Produits financiers dérivés et options sur titres des salariés	..	..	..	0.0	0.0	0.0	0.0	0.0
Autres comptes à recevoir	..	..	..	0.0	0.0	0.0	0.0	0.0
Passifs financiers	..	..	..	..	..	..	..	..
Numéraire et dépôts	..	..	..	..	..	..	..	..
Titres de dettes	..	..	..	..	..	..	..	..
Crédits	..	..	..	..	..	..	..	..
Actions et parts de fonds d'investissement	..	..	..	..	..	..	..	..
Systèmes d'assurance de pensions et garanties standard	..	..	..	..	..	..	..	..
Produits financiers dérivés et options sur titres des salariés	..	..	..	..	..	..	..	..
Autres comptes à recevoir	..	..	..	..	..	..	..	..
Sociétés d'assurance								
Actifs financiers	..	..	..	100.0	100.0	100.0	100.0	100.0
Numéraire et dépôts	..	..	..	36.9	38.1	39.8	40.9	40.6
Titres de dettes	..	..	..	28.5	25.1	24.6	26.3	26.6
Crédits	..	..	..	0.4	0.3	0.3	0.3	0.3
Actions et parts de fonds d'investissement	..	..	..	5.2	5.9	5.4	5.2	4.4
Systèmes d'assurance de pensions et garanties standard	..	..	..	0.0	0.0	0.0	0.0	0.0
Produits financiers dérivés et options sur titres des salariés	..	..	..	0.0	0.0	0.0	0.0	0.0
Autres comptes à recevoir	..	..	..	29.1	30.6	29.9	27.3	28.0
Passifs financiers	..	..	..	100.0	100.0	100.0	100.0	100.0
Numéraire et dépôts	..	..	..	0.0	0.0	0.0	0.0	0.0
Titres de dettes	..	..	..	0.0	0.0	0.0	0.0	0.0
Crédits	..	..	..	0.8	1.9	1.1	0.4	0.4
Actions et parts de fonds d'investissement	..	..	..	35.2	31.5	30.8	34.7	34.0
Systèmes d'assurance de pensions et garanties standard	..	..	..	55.1	57.0	59.0	55.2	56.6
Produits financiers dérivés et options sur titres des salariés	..	..	..	0.0	0.0	0.0	0.0	0.0
Autres comptes à recevoir	..	..	..	8.9	9.6	9.2	9.8	9.0
Fonds de pension								
Actifs financiers	..	..	..	100.0	100.0	100.0	100.0	100.0
Numéraire et dépôts	..	..	..	35.9	40.5	41.0	43.8	23.1
Titres de dettes	..	..	..	49.1	43.9	44.0	42.5	64.1
Crédits	..	..	..	4.3	4.3	5.0	3.3	3.7
Actions et parts de fonds d'investissement	..	..	..	8.8	9.6	8.6	9.2	7.9
Systèmes d'assurance de pensions et garanties standard	..	..	..	0.0	0.0	0.0	0.0	0.0
Produits financiers dérivés et options sur titres des salariés	..	..	..	0.0	0.0	0.0	0.0	0.0
Autres comptes à recevoir	..	..	..	2.0	1.7	1.4	1.2	1.2
Passifs financiers	..	..	..	100.0	100.0	100.0	100.0	100.0
Numéraire et dépôts	..	..	..	0.0	0.0	0.0	0.0	0.0
Titres de dettes	..	..	..	0.0	0.0	0.0	0.0	0.0
Crédits	..	..	..	0.0	0.0	0.0	0.0	0.0
Actions et parts de fonds d'investissement	..	..	..	33.7	31.0	26.4	23.7	22.9
Systèmes d'assurance de pensions et garanties standard	..	..	..	60.1	64.4	69.6	66.7	74.3
Produits financiers dérivés et options sur titres des salariés	..	..	..	0.0	0.0	0.0	..	0.0
Autres comptes à recevoir	..	..	..	6.2	4.6	3.9	3.2	2.8

Note : Voir les métadonnées détaillées sur : *http://metalinks.oecd.org/instinv/20190923/2704*

ROYAUME-UNI

Tableau 1. Actifs et passifs financiers des investisseurs institutionnels, 2018

Millions GBP

	Total	Fonds d'investissement			
		Fonds d'investissement non-monétaire			Fonds d'investissement monétaires
		Total	Fonds d'investissement à capital variable, non monétaire	Fonds d'investissement à capital fixe, non monétaire	Total
Actifs financiers	..	1 241 879	..	..	..
Numéraire et dépôts	..	41 902	..	..	..
Titres de dette	..	306 483	..	..	..
Titres de dette à court terme	..	..	..	..	..
Titres de dette à long terme	..	..	..	..	..
Titres de dette émis par les résidents	..	..	..	..	..
Titres de dette émis par les non-résidents	..	..	..	..	..
Crédits	..	..	..	..	..
Crédits à court terme	..	..	..	..	..
Crédits à long terme	..	..	..	..	..
Crédits accordés aux résidents	..	..	..	..	..
Crédits accordés aux non-résidents	..	..	..	..	..
Actions et parts de fonds d'investissement	..	855 642	..	..	..
Actions et parts de fonds d'investissements émises par les résidents	..	..	..	..	..
Actions et part de fonds d'investissements émises par les non-résidents	..	..	..	..	..
Autres comptes à recevoir	..	5 286	..	..	..

	Total	Fonds d'investissement			
		Fonds d'investissement non-monétaire			Fonds d'investissement monétaires
		Total	Fonds d'investissement à capital variable, non monétaire	Fonds d'investissement à capital fixe, non monétaire	Total
Pasifs financiers	..	1 256 171	..	..	..
Numéraire et dépôts	..	..	..	..	..
Titres de dette	..	1 229	..	..	..
Titres de dette à court terme	..	..	..	..	..
Titres de dette à long terme	..	..	..	..	..
Crédits	..	9 562	..	..	..
Crédits à court terme	..	..	..	..	..
Crédits à long terme	..	..	..	..	..
Actions et parts de fonds d'investissement	..	1 221 852	..	..	..
Systèmes d'assurance, de pensions et garanties standard	..	572	..	..	..
Produits financiers dérivés et options sur titres des salariés	..	22 508	..	..	..
Autres comptes à payer	..	448	..	..	..

	Total	Sociétés d'assurance et fonds de pension autonomes			
		Sociétés d'assurance			Fonds de pension autonomes
		Total	Sociétés d'assurance vie	Sociétés d'assurance non-vie	Total
Actifs financiers	4 245 374	..	..	..	..
Numéraire et dépôts	168 263	..	..	..	..
Titres de dette	1 322 942	..	..	..	..
Titres de dette à court terme	17 322	..	..	..	..
Titres de dette à long terme	1 305 620	..	..	..	..
Titres de dette émis par les résidents	924 320	..	..	..	..
Titres de dette émis par les non-résidents	398 622	..	..	..	..
Crédits	207 790	..	..	..	..
Crédits à court terme	..	..	..	..	..
Crédits à long terme	..	..	..	..	..
Crédits accordés aux résidents	..	..	..	..	..
Crédits accordés aux non-résidents	..	..	..	..	..
Actions et parts de fonds d'investissement	1 556 451	..	..	..	..
Actions et parts de fonds d'investissement émises par les résidents	869 635	..	..	..	..
Actions et parts de fonds d'investissement émises par les non-résidents	686 816	..	..	..	..
Autrescomptes à recevoir	29 348	..	..	..	..

	Total	Sociétés d'assurance et fonds de pension autonomes			
		Sociétés d'assurance			Fonds de pension autonomes
		Total	Sociétés d'assurance vie	Sociétés d'assurance non-vie	Total
Pasifs financiers	4 256 315	..	..	..	..
Numéraire et dépôts	..	..	..	..	..
Titres de dette	32 033	..	..	..	..
Titres de dette à court terme	..	..	..	..	..
Titres de dette à long terme	..	..	..	..	..
Crédits	99 579	..	..	..	..
Crédits à court terme	84 213	..	..	..	..
Crédits à long terme	15 366	..	..	..	..
Actions et parts de fonds d'investissement	123 556	..	..	..	..
Systèmes d'assurance, de pensions et garanties standard	3 812 076	..	..	..	..
Produits financiers dérivés et options sur titres des salariés	74 059	..	..	..	..
Autres comptes à payer	115 012	..	..	..	..

Note : Voir les métadonnées détaillées sur : *http://metalinks.oecd.org/instinv/20190923/6c5a*

ROYAUME-UNI

Tableau 3. Actifs et passifs financiers des sociétés d'assurance et fonds de pension

Millions GBP

	2011	2012	2013	2014	2015	2016	2017	2018
Sociétés d'assurance et fonds de pension								
Valeur nette financière	126 636	129 978	146 777	175 407	118 242	82 826	60 449	-10 941
Actifs financiers	3 391 228	3 487 492	3 480 566	4 008 103	3 913 803	4 325 051	4 358 910	4 245 374
Numéraire et dépôts	130 724	130 659	146 098	146 465	136 653	142 383	160 869	168 263
Titres de dette	946 531	1 002 101	1 002 513	1 096 507	1 098 289	1 230 826	1 270 882	1 322 942
Crédits	144 811	176 481	205 884	167 890	173 908	204 943	218 898	207 790
Actions et parts de fonds d'investissement	1 178 904	1 312 514	1 409 555	1 481 789	1 498 241	1 620 870	1 685 656	1 556 451
Actions	590 657	616 964	634 043	657 635	635 843	698 398	695 328	572 788
Parts de fonds d'investissement	588 247	695 550	775 512	824 154	862 398	922 472	990 328	983 663
Parts de fonds d'investissement monétaires	..	..	..	..	..	..	..	..
Parts de fonds d'investissement non monétaires	..	..	..	..	..	..	..	..
Systèmes d'assurance, de pensions et garanties standard	818 167	708 187	556 066	929 862	871 527	965 979	882 205	887 702
Produits financiers dérivés et options sur titres des salariés	141 106	126 284	126 134	151 147	104 091	132 502	112 849	72 878
Autres comptes à recevoir	30 985	31 266	34 316	34 443	31 094	27 548	27 551	29 348
Passifs financiers	3 264 592	3 357 514	3 333 789	3 832 696	3 795 561	4 242 225	4 298 461	4 256 315
Titres de dette	24 065	26 222	23 878	28 652	24 759	30 767	33 508	32 033
Titres de dette à court terme	..	..	..	..	..	..	..	..
Titres de dette à long terme	..	..	..	..	..	..	..	..
Crédits	40 415	62 078	68 328	53 325	62 000	76 327	90 481	99 579
Crédits à court terme	34 338	37 140	42 750	35 142	42 306	57 579	73 772	84 213
Crédits à long terme	6 077	24 938	25 578	18 183	19 694	18 748	16 709	15 366
Actions et parts de fonds d'investissement	55 474	74 313	95 947	114 366	123 925	124 451	143 842	123 556
Systèmes d'assurance, de pensions et garanties standard	2 928 447	2 982 139	2 930 029	3 380 788	3 392 547	3 762 238	3 810 276	3 812 076
Produits financiers dérivés et options sur titres des salariés	135 896	125 219	125 410	149 266	102 718	130 523	111 806	74 059
Autres comptes à payer	80 295	87 543	90 197	106 299	89 612	117 919	108 548	115 012
Actifs non financiers	..	..	..	..	..	..	..	..
Sociétés d'assurance								
Valeur nette financière	..	..	..	..	..	..	..	..
Actifs financiers	..	..	..	..	..	..	..	..
Numéraire et dépôts	..	..	..	..	..	..	..	..
Titres de dette	..	..	..	..	..	..	..	..
Crédits	..	..	..	..	..	..	..	..
Actions et parts de fonds d'investissement	..	..	..	..	..	..	..	..
Actions	..	..	..	..	..	..	..	..
Parts de fonds d'investissement	..	..	..	..	..	..	..	..
Parts de fonds d'investissement monétaires	..	..	..	..	..	..	..	..
Parts de fonds d'investissement non monétaires	..	..	..	..	..	..	..	..
Systèmes d'assurance, de pensions et garanties standard	..	..	..	..	..	..	..	..
Produits financiers dérivés et options sur titres des salariés	..	..	..	..	..	..	..	..
Autres comptes à recevoir	..	..	..	..	..	..	..	..
Passifs financiers	..	..	..	..	..	..	..	..
Titres de dette	..	..	..	..	..	..	..	..
Titres de dette à court terme	..	..	..	..	..	..	..	..
Titres de dette à long terme	..	..	..	..	..	..	..	..
Crédits	..	..	..	..	..	..	..	..
Crédits à court terme	..	..	..	..	..	..	..	..
Crédits à long terme	..	..	..	..	..	..	..	..
Actions et parts de fonds d'investissement	..	..	..	..	..	..	..	..
Systèmes d'assurance, de pensions et garanties standard	..	..	..	..	..	..	..	..
Produits financiers dérivés et options sur titres des salariés	..	..	..	..	..	..	..	..
Autres comptes à payer	..	..	..	..	..	..	..	..
Actifs non financiers	..	..	..	..	..	..	..	..
Fonds de pension								
Valeur nette financière	..	..	..	..	..	..	..	..
Actifs financiers	..	..	..	..	..	..	..	..
Numéraire et dépôts	..	..	..	..	..	..	..	..
Titres de dette	..	..	..	..	..	..	..	..
Crédits	..	..	..	..	..	..	..	..
Actions et parts de fonds d'investissement	..	..	..	..	..	..	..	..
Actions	..	..	..	..	..	..	..	..
Parts de fonds d'investissement	..	..	..	..	..	..	..	..
Parts de fonds d'investissement monétaires	..	..	..	..	..	..	..	..
Parts de fonds d'investissement non monétaires	..	..	..	..	..	..	..	..
Systèmes d'assurance, de pensions et garanties standard	..	..	..	..	..	..	..	..
Produits financiers dérivés et options sur titres des salariés	..	..	..	..	..	..	..	..
Autres comptes à recevoir	..	..	..	..	..	..	..	..
Passifs financiers	..	..	..	..	..	..	..	..
Titres de dette	..	..	..	..	..	..	..	..
Titres de dette à court terme	..	..	..	..	..	..	..	..
Titres de dette à long terme	..	..	..	..	..	..	..	..
Crédits	..	..	..	..	..	..	..	..
Crédits à court terme	..	..	..	..	..	..	..	..
Crédits à long terme	..	..	..	..	..	..	..	..
Actions et parts de fonds d'investissement	..	..	..	..	..	..	..	..
Systèmes d'assurance, de pensions et garanties standard	..	..	..	..	..	..	..	..
Produits financiers dérivés et options sur titres des salariés	..	..	..	..	..	..	..	..
Autres comptes à payer	..	..	..	..	..	..	..	..
Actifs non financiers	..	..	..	..	..	..	..	..

Note : Voir les métadonnées détaillées sur : *http://metalinks.oecd.org/instinv/20190923/6c5a*

ÉTATS-UNIS

Tableau 1. Actifs et passifs financiers des investisseurs institutionnels, 2018

Milliards USD

	Total	Fonds d'investissement – Fonds d'investissement non-monétaire – Total	Fonds d'investissement à capital variable, non monétaire	Fonds d'investissement à capital fixe, non monétaire	Fonds d'investissement monétaires – Total
Actifs financiers	22 150	19 112	18 040	1 071	3 038
Numéraire et dépôts	184	36	..	36	148
Titres de dette	7 524	5 661	5 177	484	1 862
Titres de dette à court terme	958	173	173	..	785
Titres de dette à long terme	6 566	5 488	5 004	484	1 078
Titres de dette émis par les résidents	..	..	..	..	..
Titres de dette émis par les non-résidents	..	..	..	..	..
Crédits	1 518	499	245	254	1 019
Crédits à court terme	1 264	245	245	..	1 019
Crédits à long terme	254	254	..	254	..
Crédits accordés aux résidents	..	..	..	..	..
Crédits accordés aux non-résidents	..	..	..	..	..
Actions et parts de fonds d'investissement	12 418	12 418	12 327	92	..
Actions et parts de fonds d'investissements émises par les résidents	..	..	..	..	..
Actions et part de fonds d'investissements émises par les non-résidents	..	..	..	..	..
Autres comptes à recevoir	506	498	292	206	8

	Total	Fonds d'investissement – Fonds d'investissement non-monétaire – Total	Fonds d'investissement à capital variable, non monétaire	Fonds d'investissement à capital fixe, non monétaire	Fonds d'investissement monétaires – Total
Pasifs financiers	22 499	19 461	18 040	1 420	3 038
Numéraire et dépôts	..	..	..	..	..
Titres de dette	470	470	..	470	..
Titres de dette à court terme	0	0	..	0	..
Titres de dette à long terme	470	470	..	470	..
Crédits	583	583	..	583	..
Crédits à court terme	357	357	..	357	..
Crédits à long terme	226	226	..	226	..
Actions et parts de fonds d'investissement	21 329	18 291	18 040	251	3 038
Systèmes d'assurance, de pensions et garanties standard	..	..	..	..	..
Produits financiers dérivés et options sur titres des salariés	..	..	..	..	..
Autres comptes à payer	117	117	..	117	..

	Total	Sociétés d'assurance et fonds de pension autonomes – Sociétés d'assurance – Total	Sociétés d'assurance vie	Sociétés d'assurance non-vie	Fonds de pension autonomes – Total
Actifs financiers	32 390	9 977	7 566	2 411	22 413
Numéraire et dépôts	197	121	90	30	76
Titres de dette	9 018	4 620	3 503	1 117	4 397
Titres de dette à court terme	173	97	42	55	76
Titres de dette à long terme	8 844	4 523	3 461	1 062	4 321
Titres de dette émis par les résidents	..	..	..	..	..
Titres de dette émis par les non-résidents	..	..	..	..	..
Crédits	793	761	740	22	32
Crédits à court terme	178	173	171	1	6
Crédits à long terme	615	589	568	20	26
Crédits accordés aux résidents	..	..	..	..	..
Crédits accordés aux non-résidents	..	..	..	..	..
Actions et parts de fonds d'investissement	12 001	2 626	2 059	567	9 375
Actions et parts de fonds d'investissement émises par les résidents	..	..	..	..	..
Actions et parts de fonds d'investissement émises par les non-résidents	..	..	..	..	..
Autrescomptes à recevoir	1 978	989	623	366	988

	Total	Sociétés d'assurance et fonds de pension autonomes – Sociétés d'assurance – Total	Sociétés d'assurance vie	Sociétés d'assurance non-vie	Fonds de pension autonomes – Total
Pasifs financiers	31 778	9 237	7 321	1 916	22 542
Numéraire et dépôts	86	86	86	..	..
Titres de dette	..	..	..	..	..
Titres de dette à court terme	..	..	..	..	..
Titres de dette à long terme	..	..	..	..	..
Crédits	109	109	105	4	..
Crédits à court terme	109	109	105	4	..
Crédits à long terme	..	..	..	..	..
Actions et parts de fonds d'investissement	758	758	308	450	..
Systèmes d'assurance, de pensions et garanties standard	30 244	7 702	6 408	1 294	22 542
Produits financiers dérivés et options sur titres des salariés	..	..	..	..	..
Autres comptes à payer	583	583	415	168	..

Note : Voir les métadonnées détaillées sur : *http://metalinks.oecd.org/instinv/20190923/6c5a*

ÉTATS-UNIS

Tableau 2. Actifs et passifs financiers des fonds d'investissement

Milliards USD

	2011	2012	2013	2014	2015	2016	2017	2018
Fonds d'investissement								
Valeur nette financière	-221	-224	-264	-297	-337	-332	-339	-349
Actifs financiers	13 356	15 252	17 683	18 888	18 662	19 811	23 179	22 150
Numéraire et dépôts	503	540	575	587	454	211	245	184
Titres de dette	5 456	6 147	5 995	6 144	6 189	6 658	7 217	7 524
Crédits	706	787	959	1 158	1 159	1 271	1 463	1 518
Actions et parts de fonds d'investissement	6 360	7 372	9 706	10 539	10 436	11 205	13 705	12 418
Actions	6 360	7 372	9 706	10 539	10 436	11 205	13 705	12 418
Parts de fonds d'investissement	..	..	..	..	..	..	..	..
Parts de fonds d'investissement monétaires	..	..	..	..	..	..	..	..
Parts de fonds d'investissement non monétaires	..	..	..	..	..	..	..	..
Systèmes d'assurance, de pensions et garanties standard	..	..	..	..	..	..	..	..
Produits financiers dérivés et options sur titres des salariés	..	..	..	..	..	..	..	..
Autres comptes à recevoir	331	407	447	460	424	465	549	506
Passifs financiers	13 577	15 475	17 947	19 185	18 999	20 143	23 518	22 499
Titres de dette	153	179	355	403	396	417	439	470
Titres de dette à court terme	0	0	0	0	0	0	0	0
Titres de dette à long terme	153	179	355	403	396	417	439	470
Crédits	431	542	497	536	520	494	552	583
Crédits à court terme	241	348	282	304	284	257	310	357
Crédits à long terme	190	194	214	231	235	236	242	226
Actions et parts de fonds d'investissement	12 923	14 657	17 021	18 164	18 003	19 136	22 425	21 329
Systèmes d'assurance, de pensions et garanties standard	..	..	..	..	..	..	..	..
Produits financiers dérivés et options sur titres des salariés	..	..	..	..	..	..	..	..
Autres comptes à payer	71	96	74	82	80	97	102	117
Actifs non financiers	221	224	264	297	337	332	339	349
Fonds d'investissement monéaires								
Valeur nette financière	..	..	..	..	..	..	..	..
Actifs financiers	2 691	2 693	2 733	2 749	2 742	2 731	2 848	3 038
Numéraire et dépôts	475	504	541	549	418	174	205	148
Titres de dette	1 692	1 605	1 649	1 531	1 582	1 749	1 681	1 862
Crédits	501	555	515	662	721	802	956	1 019
Actions et parts de fonds d'investissement	..	..	..	..	..	..	..	..
Actions	..	..	..	..	..	..	..	..
Parts de fonds d'investissement	..	..	..	..	..	..	..	..
Parts de fonds d'investissement monétaires	..	..	..	..	..	..	..	..
Parts de fonds d'investissement non monétaires	..	..	..	..	..	..	..	..
Systèmes d'assurance, de pensions et garanties standard	..	..	..	..	..	..	..	..
Produits financiers dérivés et options sur titres des salariés	..	..	..	..	..	..	..	..
Autres comptes à recevoir	23	29	28	8	21	7	7	8
Passifs financiers	2 691	2 693	2 733	2 749	2 742	2 731	2 848	3 038
Titres de dette	..	..	..	..	..	..	..	..
Titres de dette à court terme	..	..	..	..	..	..	..	..
Titres de dette à long terme	..	..	..	..	..	..	..	..
Crédits	..	..	..	..	..	..	..	..
Crédits à court terme	..	..	..	..	..	..	..	..
Crédits à long terme	..	..	..	..	..	..	..	..
Actions et parts de fonds d'investissement	2 691	2 693	2 733	2 749	2 742	2 731	2 848	3 038
Systèmes d'assurance, de pensions et garanties standard	..	..	..	..	..	..	..	..
Produits financiers dérivés et options sur titres des salariés	..	..	..	..	..	..	..	..
Autres comptes à payer	..	..	..	..	..	..	..	..
Actifs non financiers	..	..	..	..	..	..	..	..
Fonds d'investissement non monéaires								
Valeur nette financière	-221	-224	-264	-297	-337	-332	-339	-349
Actifs financiers	10 665	12 558	14 950	16 139	15 920	17 080	20 330	19 112
Numéraire et dépôts	28	35	34	39	36	38	41	36
Titres de dette	3 764	4 542	4 346	4 614	4 606	4 910	5 536	5 661
Crédits	205	232	444	496	438	469	507	499
Actions et parts de fonds d'investissement	6 360	7 372	9 706	10 539	10 436	11 205	13 705	12 418
Actions	6 360	7 372	9 706	10 539	10 436	11 205	13 705	12 418
Parts de fonds d'investissement	..	..	..	..	..	..	..	..
Parts de fonds d'investissement monétaires	..	..	..	..	..	..	..	..
Parts de fonds d'investissement non monétaires	..	..	..	..	..	..	..	..
Systèmes d'assurance, de pensions et garanties standard	..	..	..	..	..	..	..	..
Produits financiers dérivés et options sur titres des salariés	..	..	..	..	..	..	..	..
Autres comptes à recevoir	308	378	419	452	403	458	542	498
Passifs financiers	10 886	12 782	15 213	16 436	16 256	17 412	20 670	19 461
Titres de dette	153	179	355	403	396	417	439	470
Titres de dette à court terme	0	0	0	0	0	0	0	0
Titres de dette à long terme	153	179	355	403	396	417	439	470
Crédits	431	542	497	536	520	494	552	583
Crédits à court terme	241	348	282	304	284	257	310	357
Crédits à long terme	190	194	214	231	235	236	242	226
Actions et parts de fonds d'investissement	10 232	11 964	14 287	15 414	15 261	16 404	19 577	18 291
Systèmes d'assurance, de pensions et garanties standard	..	..	..	..	..	..	..	..
Produits financiers dérivés et options sur titres des salariés	..	..	..	..	..	..	..	..
Autres comptes à payer	71	96	74	82	80	97	102	117
Actifs non financiers	221	224	264	297	337	332	339	349
Fonds d'investissement non monéaires à capital variable								
Valeur nette financière	..	..	..	..	..	..	..	..
Actifs financiers	9 990	11 701	14 008	15 125	14 998	16 140	19 300	18 040
Numéraire et dépôts	..	..	..	..	..	..	..	..

ÉTATS-UNIS

Tableau 2. Actifs et passifs financiers des fonds d'investissement *(suite)*

Milliards USD

	2011	2012	2013	2014	2015	2016	2017	2018
Titres de dette	3 342	3 985	3 877	4 132	4 176	4 506	5 071	5 177
Crédits	149	168	229	249	221	242	272	245
Actions et parts de fonds d'investissement	6 265	7 271	9 592	10 419	10 335	11 103	13 595	12 327
Actions	6 265	7 271	9 592	10 419	10 335	11 103	13 595	12 327
Parts de fonds d'investissement	..	..	..	..	..	..	..	..
Parts de fonds d'investissement monétaires	..	..	..	..	..	..	..	..
Parts de fonds d'investissement non monétaires	..	..	..	..	..	..	..	..
Systèmes d'assurance, de pensions et garanties standard	..	..	..	..	..	..	..	..
Produits financiers dérivés et options sur titres des salariés	..	..	..	..	..	..	..	..
Autres comptes à recevoir	234	277	310	325	266	290	362	292
Passifs financiers	9 990	11 701	14 008	15 125	14 998	16 140	19 300	18 040
Titres de dette	..	..	..	..	..	..	..	..
Titres de dette à court terme	..	..	..	..	..	..	..	..
Titres de dette à long terme	..	..	..	..	..	..	..	..
Crédits	..	..	..	..	..	..	..	..
Crédits à court terme	..	..	..	..	..	..	..	..
Crédits à long terme	..	..	..	..	..	..	..	..
Actions et parts de fonds d'investissement	9 990	11 701	14 008	15 125	14 998	16 140	19 300	18 040
Systèmes d'assurance, de pensions et garanties standard	..	..	..	..	..	..	..	..
Produits financiers dérivés et options sur titres des salariés	..	..	..	..	..	..	..	..
Autres comptes à payer	..	..	..	..	..	..	..	..
Actifs non financiers	..	..	..	..	..	..	..	..
Fonds d'investissement à capital variable								
Valeur nette financière	..	..	..	..	..	..	..	..
Actifs financiers	12 680	14 394	16 741	17 874	17 740	18 871	22 148	21 079
Numéraire et dépôts	475	504	541	549	418	174	205	148
Titres de dette	5 034	5 590	5 526	5 662	5 758	6 255	6 751	7 040
Crédits	650	722	745	910	941	1 043	1 228	1 264
Actions et parts de fonds d'investissement	6 265	7 271	9 592	10 419	10 335	11 103	13 595	12 327
Actions	6 265	7 271	9 592	10 419	10 335	11 103	13 595	12 327
Parts de fonds d'investissement	..	..	..	..	..	..	..	..
Parts de fonds d'investissement monétaires	..	..	..	..	..	..	..	..
Parts de fonds d'investissement non monétaires	..	..	..	..	..	..	..	..
Systèmes d'assurance, de pensions et garanties standard	..	..	..	..	..	..	..	..
Produits financiers dérivés et options sur titres des salariés	..	..	..	..	..	..	..	..
Autres comptes à recevoir	256	306	338	333	288	297	369	300
Passifs financiers	12 680	14 394	16 741	17 874	17 740	18 871	22 148	21 079
Titres de dette	..	..	..	..	..	..	..	..
Titres de dette à court terme	..	..	..	..	..	..	..	..
Titres de dette à long terme	..	..	..	..	..	..	..	..
Crédits	..	..	..	..	..	..	..	..
Crédits à court terme	..	..	..	..	..	..	..	..
Crédits à long terme	..	..	..	..	..	..	..	..
Actions et parts de fonds d'investissement	12 680	14 394	16 741	17 874	17 740	18 871	22 148	21 079
Systèmes d'assurance, de pensions et garanties standard	..	..	..	..	..	..	..	..
Produits financiers dérivés et options sur titres des salariés	..	..	..	..	..	..	..	..
Autres comptes à payer	..	..	..	..	..	..	..	..
Actifs non financiers	..	..	..	..	..	..	..	..

Note : Voir les métadonnées détaillées sur : *http://metalinks.oecd.org/instinv/20190923/6c5a*

ÉTATS-UNIS

Tableau 3. Actifs et passifs financiers des sociétés d'assurance et fonds de pension

Milliards USD

	2011	2012	2013	2014	2015	2016	2017	2018
Sociétés d'assurance et fonds de pension								
Valeur nette financière	735	765	533	649	571	616	706	612
Actifs financiers	24 174	25 443	28 001	29 154	29 430	30 668	32 564	32 390
Numéraire et dépôts	164	179	174	192	199	198	205	197
Titres de dette	7 079	7 484	7 542	8 069	8 049	8 423	8 701	9 018
Crédits	538	554	569	605	646	694	882	793
Actions et parts de fonds d'investissement	8 273	9 216	10 879	11 281	11 035	11 518	13 144	12 001
Actions	4 345	4 899	5 745	5 898	5 776	6 005	6 917	6 253
Parts de fonds d'investissement	3 928	4 317	5 134	5 383	5 259	5 513	6 227	5 748
Parts de fonds d'investissement monétaires	298	280	284	285	288	285	280	279
Parts de fonds d'investissement non monétaires	3 630	4 038	4 850	5 098	4 970	5 228	5 947	5 469
Systèmes d'assurance, de pensions et garanties standard	6 648	6 482	7 264	7 339	7 827	7 991	7 705	8 404
Produits financiers dérivés et options sur titres des salariés	..	..	..	..	..	..	..	..
Autres comptes à recevoir	1 472	1 528	1 573	1 669	1 674	1 845	1 926	1 978
Passifs financiers	23 438	24 678	27 468	28 505	28 859	30 052	31 858	31 778
Titres de dette	..	..	..	..	..	..	..	..
Titres de dette à court terme	..	..	..	..	..	..	..	..
Titres de dette à long terme	..	..	..	..	..	..	..	..
Crédits	61	66	75	77	83	93	99	109
Crédits à court terme	61	66	75	77	83	93	99	109
Crédits à long terme	..	..	..	..	..	..	..	..
Actions et parts de fonds d'investissement	590	584	646	691	696	778	847	758
Systèmes d'assurance, de pensions et garanties standard	22 362	23 492	26 162	27 111	27 510	28 581	30 230	30 244
Produits financiers dérivés et options sur titres des salariés	..	..	..	..	..	..	..	..
Autres comptes à payer	363	475	533	565	506	530	599	583
Actifs non financiers	245	249	257	262	269	276	286	301
Sociétés d'assurance								
Valeur nette financière	883	926	715	841	749	763	839	741
Actifs financiers	7 877	8 307	8 615	9 063	9 037	9 471	10 135	9 977
Numéraire et dépôts	88	102	86	98	105	101	123	121
Titres de dette	4 010	4 137	4 062	4 305	4 257	4 472	4 683	4 620
Crédits	498	514	534	566	609	649	697	761
Actions et parts de fonds d'investissement	1 986	2 208	2 544	2 642	2 563	2 617	2 898	2 626
Actions	797	893	1 038	1 090	1 066	1 097	1 233	1 129
Parts de fonds d'investissement	1 189	1 315	1 507	1 552	1 497	1 520	1 665	1 497
Parts de fonds d'investissement monétaires	90	86	72	74	81	60	68	77
Parts de fonds d'investissement non monétaires	1 099	1 229	1 435	1 478	1 417	1 460	1 597	1 420
Systèmes d'assurance, de pensions et garanties standard	549	580	607	609	640	695	780	859
Produits financiers dérivés et options sur titres des salariés	..	..	..	..	..	..	..	..
Autres comptes à recevoir	747	767	781	843	863	937	955	989
Passifs financiers	6 994	7 381	7 900	8 221	8 289	8 708	9 296	9 237
Titres de dette	..	..	..	..	..	..	..	..
Titres de dette à court terme	..	..	..	..	..	..	..	..
Titres de dette à long terme	..	..	..	..	..	..	..	..
Crédits	61	66	75	77	83	93	99	109
Crédits à court terme	61	66	75	77	83	93	99	109
Crédits à long terme	..	..	..	..	..	..	..	..
Actions et parts de fonds d'investissement	590	584	646	691	696	778	847	758
Systèmes d'assurance, de pensions et garanties standard	5 919	6 195	6 593	6 827	6 940	7 237	7 668	7 702
Produits financiers dérivés et options sur titres des salariés	..	..	..	..	..	..	..	..
Autres comptes à payer	363	475	533	565	506	530	599	583
Actifs non financiers	238	242	249	254	262	268	278	293
Fonds de pension								
Valeur nette financière	-147	-161	-182	-192	-177	-147	-133	-129
Actifs financiers	16 296	17 136	19 386	20 092	20 393	21 197	22 429	22 413
Numéraire et dépôts	76	78	87	94	94	97	82	76
Titres de dette	3 068	3 347	3 479	3 764	3 792	3 952	4 018	4 397
Crédits	41	39	36	39	37	45	185	32
Actions et parts de fonds d'investissement	6 288	7 009	8 335	8 639	8 472	8 901	10 246	9 375
Actions	3 548	4 006	4 708	4 808	4 711	4 908	5 684	5 124
Parts de fonds d'investissement	2 739	3 002	3 627	3 831	3 762	3 993	4 563	4 251
Parts de fonds d'investissement monétaires	208	194	212	211	208	225	212	202
Parts de fonds d'investissement non monétaires	2 531	2 808	3 415	3 620	3 554	3 768	4 350	4 049
Systèmes d'assurance, de pensions et garanties standard	6 099	5 903	6 657	6 729	7 187	7 295	6 925	7 545
Produits financiers dérivés et options sur titres des salariés	..	..	..	..	..	..	..	..
Autres comptes à recevoir	725	761	793	826	811	908	972	988
Passifs financiers	16 444	17 297	19 569	20 284	20 571	21 344	22 562	22 542
Titres de dette	..	..	..	..	..	..	..	..
Titres de dette à court terme	..	..	..	..	..	..	..	..
Titres de dette à long terme	..	..	..	..	..	..	..	..
Crédits	..	..	..	..	..	..	..	..
Crédits à court terme	..	..	..	..	..	..	..	..
Crédits à long terme	..	..	..	..	..	..	..	..
Actions et parts de fonds d'investissement	..	..	..	..	..	..	..	..
Systèmes d'assurance, de pensions et garanties standard	16 444	17 297	19 569	20 284	20 571	21 344	22 562	22 542
Produits financiers dérivés et options sur titres des salariés	..	..	..	..	..	..	..	..
Autres comptes à payer	..	..	..	..	..	..	..	..
Actifs non financiers	7	8	8	8	8	8	8	8

Note : Voir les métadonnées détaillées sur : *http://metalinks.oecd.org/instinv/20190923/6c5a*

Tableau 4. Composition du portefeuille par type d'investisseur

En pourcentage des actifs financiers et des passifs financiers

Pour cent

	2011	2012	2013	2014	2015	2016	2017	2018
Fonds d'investissement								
Actifs financiers	100.0	100.0	100.0	100.0	100.0	100.0	100.0	100.0
Numéraire et dépôts	3.8	3.5	3.3	3.1	2.4	1.1	1.1	0.8
Titres de dettes	40.9	40.3	33.9	32.5	33.2	33.6	31.1	34.0
Crédits	5.3	5.2	5.4	6.1	6.2	6.4	6.3	6.9
Actions et parts de fonds d'investissement	47.6	48.3	54.9	55.8	55.9	56.6	59.1	56.1
Systèmes d'assurance de pensions et garanties standard	0.0	0.0	0.0	0.0	0.0	0.0	0.0	0.0
Produits financiers dérivés et options sur titres des salariés	0.0	0.0	0.0	0.0	0.0	0.0	0.0	0.0
Autres comptes à recevoir	2.5	2.7	2.5	2.4	2.3	2.3	2.4	2.3
Passifs financiers	100.0	100.0	100.0	100.0	100.0	100.0	100.0	100.0
Numéraire et dépôts	0.0	0.0	0.0	0.0	0.0	0.0	0.0	0.0
Titres de dettes	1.1	1.2	2.0	2.1	2.1	2.1	1.9	2.1
Crédits	3.2	3.5	2.8	2.8	2.7	2.5	2.3	2.6
Actions et parts de fonds d'investissement	95.2	94.7	94.8	94.7	94.8	95.0	95.4	94.8
Systèmes d'assurance de pensions et garanties standard	0.0	0.0	0.0	0.0	0.0	0.0	0.0	0.0
Produits financiers dérivés et options sur titres des salariés	0.0	0.0	0.0	0.0	0.0	0.0	0.0	0.0
Autres comptes à recevoir	0.5	0.6	0.4	0.4	0.4	0.5	0.4	0.5
Sociétés d'assurance								
Actifs financiers	100.0	100.0	100.0	100.0	100.0	100.0	100.0	100.0
Numéraire et dépôts	1.1	1.2	1.0	1.1	1.2	1.1	1.2	1.2
Titres de dettes	50.9	49.8	47.2	47.5	47.1	47.2	46.2	46.3
Crédits	6.3	6.2	6.2	6.2	6.7	6.9	6.9	7.6
Actions et parts de fonds d'investissement	25.2	26.6	29.5	29.2	28.4	27.6	28.6	26.3
Systèmes d'assurance de pensions et garanties standard	7.0	7.0	7.1	6.7	7.1	7.3	7.7	8.6
Produits financiers dérivés et options sur titres des salariés	0.0	0.0	0.0	0.0	0.0	0.0	0.0	0.0
Autres comptes à recevoir	9.5	9.2	9.1	9.3	9.6	9.9	9.4	9.9
Passifs financiers	100.0	100.0	100.0	100.0	100.0	100.0	100.0	100.0
Numéraire et dépôts	0.9	0.8	0.7	0.7	0.8	0.8	0.9	0.9
Titres de dettes	0.0	0.0	0.0	0.0	0.0	0.0	0.0	0.0
Crédits	0.9	0.9	0.9	0.9	1.0	1.1	1.1	1.2
Actions et parts de fonds d'investissement	8.4	7.9	8.2	8.4	8.4	8.9	9.1	8.2
Systèmes d'assurance de pensions et garanties standard	84.6	83.9	83.5	83.0	83.7	83.1	82.5	83.4
Produits financiers dérivés et options sur titres des salariés	0.0	0.0	0.0	0.0	0.0	0.0	0.0	0.0
Autres comptes à recevoir	5.2	6.4	6.7	6.9	6.1	6.1	6.4	6.3
Fonds de pension								
Actifs financiers	100.0	100.0	100.0	100.0	100.0	100.0	100.0	100.0
Numéraire et dépôts	0.5	0.5	0.5	0.5	0.5	0.5	0.4	0.3
Titres de dettes	18.8	19.5	17.9	18.7	18.6	18.6	17.9	19.6
Crédits	0.2	0.2	0.2	0.2	0.2	0.2	0.8	0.1
Actions et parts de fonds d'investissement	38.6	40.9	43.0	43.0	41.5	42.0	45.7	41.8
Systèmes d'assurance de pensions et garanties standard	37.4	34.4	34.3	33.5	35.2	34.4	30.9	33.7
Produits financiers dérivés et options sur titres des salariés	0.0	0.0	0.0	0.0	0.0	0.0	0.0	0.0
Autres comptes à recevoir	4.4	4.4	4.1	4.1	4.0	4.3	4.3	4.4
Passifs financiers	100.0	100.0	100.0	100.0	100.0	100.0	100.0	100.0
Numéraire et dépôts	0.0	0.0	0.0	0.0	0.0	0.0	0.0	0.0
Titres de dettes	0.0	0.0	0.0	0.0	0.0	0.0	0.0	0.0
Crédits	0.0	0.0	0.0	0.0	0.0	0.0	0.0	0.0
Actions et parts de fonds d'investissement	0.0	0.0	0.0	0.0	0.0	0.0	0.0	0.0
Systèmes d'assurance de pensions et garanties standard	100.0	100.0	100.0	100.0	100.0	100.0	100.0	100.0
Produits financiers dérivés et options sur titres des salariés	0.0	0.0	0.0	0.0	0.0	0.0	0.0	0.0
Autres comptes à recevoir	0.0	0.0	0.0	0.0	0.0	0.0	0.0	0.0

Note : Voir les métadonnées détaillées sur : *http://metalinks.oecd.org/instinv/20190923/2704*

FÉDÉRATION DE RUSSIE

Tableau 1. Actifs et passifs financiers des investisseurs institutionnels, 2018

Millions RUB

	Fonds d'investissement				
	Total	Fonds d'investissement non-monétaire			Fonds d'investissement monétaires
		Total	Fonds d'investissement à capital variable, non monétaire	Fonds d'investissement à capital fixe, non monétaire	Total
Actifs financiers	2 791 800	2 791 800	353 760	2 438 039	..
Numéraire et dépôts	310 688	310 688	9 831	300 857	..
Titres de dette	412 817	412 817	243 638	169 179	..
Titres de dette à court terme	..	..	..	..	..
Titres de dette à long terme	..	..	..	..	..
Titres de dette émis par les résidents	340 127	340 127	191 862	148 265	..
Titres de dette émis par les non-résidents	72 690	72 690	51 776	20 914	..
Crédits	312 074	312 074	0	312 074	..
Crédits à court terme	..	..	..	..	..
Crédits à long terme	..	..	..	..	..
Crédits accordés aux résidents	..	..	..	..	..
Crédits accordés aux non-résidents	..	..	..	..	..
Actions et parts de fonds d'investissement	1 616 483	1 616 483	92 143	1 524 341	..
Actions et parts de fonds d'investissements émises par les résidents	1 515 095	1 515 095	64 197	1 450 897	..
Actions et part de fonds d'investissements émises par les non-résidents	101 389	101 389	27 946	73 443	..
Autres comptes à recevoir	139 738	139 738	8 149	131 588	..

	Fonds d'investissement				
	Total	Fonds d'investissement non-monétaire			Fonds d'investissement monétaires
		Total	Fonds d'investissement à capital variable, non monétaire	Fonds d'investissement à capital fixe, non monétaire	Total
Pasifs financiers	3 666 947	3 666 947	353 760	3 313 186	..
Numéraire et dépôts	..	..	..	..	..
Titres de dette	..	..	..	..	..
Titres de dette à court terme	..	..	..	..	..
Titres de dette à long terme	..	..	..	..	..
Crédits	..	..	..	..	..
Crédits à court terme	..	..	..	..	..
Crédits à long terme	..	..	..	..	..
Actions et parts de fonds d'investissement	3 343 076	3 343 076	348 925	2 994 151	..
Systèmes d'assurance, de pensions et garanties standard	..	..	..	..	..
Produits financiers dérivés et options sur titres des salariés	..	..	..	..	..
Autres comptes à payer	323 870	323 870	4 835	319 035	..

	Sociétés d'assurance et fonds de pension autonomes				
	Total	Sociétés d'assurance			Fonds de pension autonomes
		Total	Sociétés d'assurance vie	Sociétés d'assurance non-vie	Total
Actifs financiers	6 712 576	2 647 330	..	..	4 065 247
Numéraire et dépôts	1 067 407	724 766	..	..	342 641
Titres de dette	3 933 119	1 180 238	..	..	2 752 881
Titres de dette à court terme	..	..	..	..	..
Titres de dette à long terme	..	..	..	..	..
Titres de dette émis par les résidents	3 673 330	976 539	..	..	2 696 791
Titres de dette émis par les non-résidents	259 789	203 699	..	..	56 090
Crédits	15 219	15 208	..	..	11
Crédits à court terme	..	..	..	..	..
Crédits à long terme	..	..	..	..	..
Crédits accordés aux résidents	13 160	13 149	..	..	11
Crédits accordés aux non-résidents	2 059	2 059	..	..	0
Actions et parts de fonds d'investissement	878 193	200 444	..	..	677 750
Actions et parts de fonds d'investissement émises par les résidents	869 226	191 567	..	..	677 659
Actions et parts de fonds d'investissement émises par les non-résidents	8 968	8 877	..	..	91
Autrescomptes à recevoir	673 805	381 842	..	..	291 963

	Sociétés d'assurance et fonds de pension autonomes				
	Total	Sociétés d'assurance			Fonds de pension autonomes
		Total	Sociétés d'assurance vie	Sociétés d'assurance non-vie	Total
Pasifs financiers	6 821 191	2 894 167	..	..	3 927 024
Numéraire et dépôts	..	..	..	..	..
Titres de dette	6 402	6 402	..	..	0
Titres de dette à court terme	..	..	..	..	..
Titres de dette à long terme	..	..	..	..	..
Crédits	16 659	16 659	..	..	0
Crédits à court terme	..	..	..	..	..
Crédits à long terme	..	..	..	..	..
Actions et parts de fonds d'investissement	1 042 623	851 268	..	..	191 355
Systèmes d'assurance, de pensions et garanties standard	5 569 035	1 851 966	..	..	3 717 069
Produits financiers dérivés et options sur titres des salariés	0	0	..	..	0
Autres comptes à payer	186 471	167 871	..	..	18 600

Note : Voir les métadonnées détaillées sur : *http://metalinks.oecd.org/instinv/20190923/6c5a*

FÉDÉRATION DE RUSSIE

Tableau 2. Actifs et passifs financiers des fonds d'investissement

Millions RUB

	2011	2012	2013	2014	2015	2016	2017	2018
Fonds d'investissement								
Valeur nette financière	-555 940	-599 116	-927 518	-1 067 975	-1 133 161	-1 072 824	-943 955	-875 147
Actifs financiers	845 167	1 011 243	1 187 664	1 359 209	1 547 779	1 766 933	2 370 888	2 791 800
Numéraire et dépôts	105 313	153 160	233 794	194 966	234 968	194 437	259 725	310 688
Titres de dette	61 175	84 965	106 406	144 442	163 010	200 520	291 900	412 817
Crédits	6 518	4 485	5 573	5 048	6 302	215 754	277 758	312 074
Actions et parts de fonds d'investissement	507 649	582 323	568 263	676 092	743 265	999 279	1 339 063	1 616 483
Actions	499 573	571 058	553 341	651 281	709 459	981 172	1 307 736	1 507 371
Parts de fonds d'investissement	8 076	11 264	14 922	24 810	33 806	18 107	31 327	109 112
Parts de fonds d'investissement monétaires	..	..	..	..	..	..	..	..
Parts de fonds d'investissement non monétaires	8 076	11 264	14 922	24 810	33 806	18 107	31 327	109 112
Systèmes d'assurance, de pensions et garanties standard	..	..	..	..	..	..	..	..
Produits financiers dérivés et options sur titres des salariés	..	..	..	..	..	..	..	..
Autres comptes à recevoir	164 511	186 310	273 629	338 662	400 234	156 943	202 442	139 738
Passifs financiers	1 401 107	1 610 359	2 115 182	2 427 184	2 680 939	2 839 758	3 314 843	3 666 947
Titres de dette	..	..	..	..	..	..	..	..
Titres de dette à court terme	..	..	..	..	..	..	..	..
Titres de dette à long terme	..	..	..	..	..	..	..	..
Crédits	..	..	..	..	..	..	..	..
Crédits à court terme	..	..	..	..	..	..	..	..
Crédits à long terme	..	..	..	..	..	..	..	..
Actions et parts de fonds d'investissement	1 294 249	1 456 131	1 870 555	2 141 000	2 387 732	2 584 387	2 942 186	3 343 076
Systèmes d'assurance, de pensions et garanties standard	..	..	..	..	..	..	..	..
Produits financiers dérivés et options sur titres des salariés	..	..	..	..	..	..	..	..
Autres comptes à payer	106 857	154 229	244 627	286 184	293 207	255 371	372 658	323 870
Actifs non financiers	562 096	747 099	928 734	1 057 455	1 133 161	1 072 824	943 955	875 147
Fonds d'investissement monéaires								
Valeur nette financière	..	..	..	..	..	..	..	..
Actifs financiers	..	..	..	..	..	..	..	..
Numéraire et dépôts	..	..	..	..	..	..	..	..
Titres de dette	..	..	..	..	..	..	..	..
Crédits	..	..	..	..	..	..	..	..
Actions et parts de fonds d'investissement	..	..	..	..	..	..	..	..
Actions	..	..	..	..	..	..	..	..
Parts de fonds d'investissement	..	..	..	..	..	..	..	..
Parts de fonds d'investissement monétaires	..	..	..	..	..	..	..	..
Parts de fonds d'investissement non monétaires	..	..	..	..	..	..	..	..
Systèmes d'assurance, de pensions et garanties standard	..	..	..	..	..	..	..	..
Produits financiers dérivés et options sur titres des salariés	..	..	..	..	..	..	..	..
Autres comptes à recevoir	..	..	..	..	..	..	..	..
Passifs financiers	..	..	..	..	..	..	..	..
Titres de dette	..	..	..	..	..	..	..	..
Titres de dette à court terme	..	..	..	..	..	..	..	..
Titres de dette à long terme	..	..	..	..	..	..	..	..
Crédits	..	..	..	..	..	..	..	..
Crédits à court terme	..	..	..	..	..	..	..	..
Crédits à long terme	..	..	..	..	..	..	..	..
Actions et parts de fonds d'investissement	..	..	..	..	..	..	..	..
Systèmes d'assurance, de pensions et garanties standard	..	..	..	..	..	..	..	..
Produits financiers dérivés et options sur titres des salariés	..	..	..	..	..	..	..	..
Autres comptes à payer	..	..	..	..	..	..	..	..
Actifs non financiers	..	..	..	..	..	..	..	..
Fonds d'investissement non monéaires								
Valeur nette financière	-555 940	-599 116	-927 518	-1 067 975	-1 133 161	-1 072 824	-943 955	-875 147
Actifs financiers	845 167	1 011 243	1 187 664	1 359 209	1 547 779	1 766 933	2 370 888	2 791 800
Numéraire et dépôts	105 313	153 160	233 794	194 966	234 968	194 437	259 725	310 688
Titres de dette	61 175	84 965	106 406	144 442	163 010	200 520	291 900	412 817
Crédits	6 518	4 485	5 573	5 048	6 302	215 754	277 758	312 074
Actions et parts de fonds d'investissement	507 649	582 323	568 263	676 092	743 265	999 279	1 339 063	1 616 483
Actions	499 573	571 058	553 341	651 281	709 459	981 172	1 307 736	1 507 371
Parts de fonds d'investissement	8 076	11 264	14 922	24 810	33 806	18 107	31 327	109 112
Parts de fonds d'investissement monétaires	..	..	..	..	..	..	..	..
Parts de fonds d'investissement non monétaires	8 076	11 264	14 922	24 810	33 806	18 107	31 327	109 112
Systèmes d'assurance, de pensions et garanties standard	..	..	..	..	..	..	..	..
Produits financiers dérivés et options sur titres des salariés	..	..	..	..	..	..	..	..
Autres comptes à recevoir	164 511	186 310	273 629	338 662	400 234	156 943	202 442	139 738
Passifs financiers	1 401 107	1 610 359	2 115 182	2 427 184	2 680 939	2 839 758	3 314 843	3 666 947
Titres de dette	..	..	..	..	..	..	..	..
Titres de dette à court terme	..	..	..	..	..	..	..	..
Titres de dette à long terme	..	..	..	..	..	..	..	..
Crédits	..	..	..	..	..	..	..	..
Crédits à court terme	..	..	..	..	..	..	..	..
Crédits à long terme	..	..	..	..	..	..	..	..
Actions et parts de fonds d'investissement	1 294 249	1 456 131	1 870 555	2 141 000	2 387 732	2 584 387	2 942 186	3 343 076
Systèmes d'assurance, de pensions et garanties standard	..	..	..	..	..	..	..	..
Produits financiers dérivés et options sur titres des salariés	..	..	..	..	..	..	..	..
Autres comptes à payer	106 857	154 229	244 627	286 184	293 207	255 371	372 658	323 870
Actifs non financiers	562 096	747 099	928 734	1 057 455	1 133 161	1 072 824	943 955	875 147
Fonds d'investissement non monéaires à capital variable								
Valeur nette financière	-2 388	-2 528	-2 526	-2 400	-2 920	0	0	0
Actifs financiers	107 837	112 154	137 703	111 968	137 979	155 323	242 565	353 760
Numéraire et dépôts	3 991	7 149	15 862	10 863	9 497	5 969	4 890	9 831

FÉDÉRATION DE RUSSIE

Tableau 2. Actifs et passifs financiers des fonds d'investissement *(suite)*

Millions RUB

	2011	2012	2013	2014	2015	2016	2017	2018
Titres de dette	28 488	40 247	64 521	38 613	57 923	83 508	166 549	243 638
Crédits	0	0	0	0	0	14	7	0
Actions et parts de fonds d'investissement	66 530	57 055	47 940	55 217	65 307	60 331	64 783	92 143
Actions	62 069	49 831	38 593	36 877	39 934	47 567	50 586	75 862
Parts de fonds d'investissement	4 461	7 224	9 347	18 340	25 373	12 764	14 197	16 280
Parts de fonds d'investissement monétaires	..	..	..	..	..	..	..	..
Parts de fonds d'investissement non monétaires	4 461	7 224	9 347	18 340	25 373	12 764	14 197	16 280
Systèmes d'assurance, de pensions et garanties standard	..	..	..	..	..	..	..	..
Produits financiers dérivés et options sur titres des salariés	..	..	..	..	..	..	..	..
Autres comptes à recevoir	8 828	7 703	9 381	7 275	5 252	5 501	6 336	8 149
Passifs financiers	110 224	114 682	140 229	114 368	140 898	155 323	242 565	353 760
Titres de dette	..	..	..	..	..	..	..	..
Titres de dette à court terme	..	..	..	..	..	..	..	..
Titres de dette à long terme	..	..	..	..	..	..	..	..
Crédits	..	..	..	..	..	..	..	..
Crédits à court terme	..	..	..	..	..	..	..	..
Crédits à long terme	..	..	..	..	..	..	..	..
Actions et parts de fonds d'investissement	108 600	113 360	138 551	111 901	139 000	153 431	239 569	348 925
Systèmes d'assurance, de pensions et garanties standard	..	..	..	..	..	..	..	..
Produits financiers dérivés et options sur titres des salariés	..	..	..	..	..	..	..	..
Autres comptes à payer	1 625	1 323	1 678	2 466	1 899	1 892	2 996	4 835
Actifs non financiers	2 388	2 528	2 526	2 400	2 920	0	0	0
Fonds d'investissement à capital variable								
Valeur nette financière	-2 388	-2 528	-2 526	-2 400	-2 920	0	0	0
Actifs financiers	107 837	112 154	137 703	111 968	137 979	155 323	242 565	353 760
Numéraire et dépôts	3 991	7 149	15 862	10 863	9 497	5 969	4 890	9 831
Titres de dette	28 488	40 247	64 521	38 613	57 923	83 508	166 549	243 638
Crédits	0	0	0	0	0	14	7	0
Actions et parts de fonds d'investissement	66 530	57 055	47 940	55 217	65 307	60 331	64 783	92 143
Actions	62 069	49 831	38 593	36 877	39 934	47 567	50 586	75 862
Parts de fonds d'investissement	4 461	7 224	9 347	18 340	25 373	12 764	14 197	16 280
Parts de fonds d'investissement monétaires	..	..	..	..	..	..	..	..
Parts de fonds d'investissement non monétaires	4 461	7 224	9 347	18 340	25 373	12 764	14 197	16 280
Systèmes d'assurance, de pensions et garanties standard	..	..	..	..	..	..	..	..
Produits financiers dérivés et options sur titres des salariés	..	..	..	..	..	..	..	..
Autres comptes à recevoir	8 828	7 703	9 381	7 275	5 252	5 501	6 336	8 149
Passifs financiers	110 224	114 682	140 229	114 368	140 898	155 323	242 565	353 760
Titres de dette	..	..	..	..	..	..	..	..
Titres de dette à court terme	..	..	..	..	..	..	..	..
Titres de dette à long terme	..	..	..	..	..	..	..	..
Crédits	..	..	..	..	..	..	..	..
Crédits à court terme	..	..	..	..	..	..	..	..
Crédits à long terme	..	..	..	..	..	..	..	..
Actions et parts de fonds d'investissement	108 600	113 360	138 551	111 901	139 000	153 431	239 569	348 925
Systèmes d'assurance, de pensions et garanties standard	..	..	..	..	..	..	..	..
Produits financiers dérivés et options sur titres des salariés	..	..	..	..	..	..	..	..
Autres comptes à payer	1 625	1 323	1 678	2 466	1 899	1 892	2 996	4 835
Actifs non financiers	2 388	2 528	2 526	2 400	2 920	0	0	0

Note : Voir les métadonnées détaillées sur : *http://metalinks.oecd.org/instinv/20190923/6c5a*

FÉDÉRATION DE RUSSIE

Tableau 3. Actifs et passifs financiers des sociétés d'assurance et fonds de pension

Millions RUB

	2011	2012	2013	2014	2015	2016	2017	2018
Sociétés d'assurance et fonds de pension								
Valeur nette financière	21 541	37 978	-99 885	-114 842	-93 230	-39 268	-202 112	-108 614
Actifs financiers	2 138 367	2 623 622	3 285 681	3 621 747	4 383 131	5 186 580	6 065 655	6 712 576
Numéraire et dépôts	575 393	782 878	884 194	1 009 962	1 124 722	1 177 055	1 212 617	1 067 407
Titres de dette	634 828	766 267	1 118 204	1 246 384	1 815 796	2 396 130	3 151 890	3 933 119
Crédits	15 342	10 643	14 830	21 854	12 441	15 166	14 624	15 219
Actions et parts de fonds d'investissement	571 913	637 540	707 154	740 973	909 213	1 077 174	1 006 944	878 193
Actions	408 386	409 928	471 794	512 665	638 755	850 250	738 275	623 003
Parts de fonds d'investissement	163 527	227 612	235 360	228 308	270 458	226 924	268 669	255 190
Parts de fonds d'investissement monétaires	..	..	..	..	..	..	..	..
Parts de fonds d'investissement non monétaires	163 527	227 612	235 360	228 308	270 458	226 924	268 669	255 190
Systèmes d'assurance, de pensions et garanties standard	71 588	90 002	108 240	158 480	130 128	150 781	136 745	137 318
Produits financiers dérivés et options sur titres des salariés	..	..	..	..	31	65	8 353	7 515
Autres comptes à recevoir	269 302	336 293	453 059	444 094	390 799	370 208	534 482	673 805
Passifs financiers	2 116 825	2 585 644	3 385 566	3 736 589	4 476 361	5 225 847	6 267 768	6 821 191
Titres de dette	9 823	13 764	16 456	11 227	10 662	12 999	7 067	6 402
Titres de dette à court terme	..	..	..	..	..	..	..	..
Titres de dette à long terme	..	..	..	..	..	..	..	..
Crédits	27 716	22 965	22 629	18 545	11 657	10 622	12 575	16 659
Crédits à court terme	..	..	..	..	..	..	..	..
Crédits à long terme	..	..	..	..	..	..	..	..
Actions et parts de fonds d'investissement	391 464	470 831	642 559	710 356	765 520	872 819	1 107 490	1 042 623
Systèmes d'assurance, de pensions et garanties standard	1 558 891	1 931 595	2 527 450	2 793 482	3 526 193	4 161 056	4 942 529	5 569 035
Produits financiers dérivés et options sur titres des salariés	..	..	..	..	0	0	5	0
Autres comptes à payer	128 931	146 489	176 472	202 979	162 329	168 352	198 100	186 471
Actifs non financiers	90 315	95 194	91 047	97 464	95 451	95 341	266 361	335 120
Sociétés d'assurance								
Valeur nette financière	-54 416	-34 178	-164 872	-188 535	-182 588	-163 839	-321 481	-246 837
Actifs financiers	944 406	1 076 346	1 233 629	1 443 045	1 507 129	1 772 300	2 203 039	2 647 330
Numéraire et dépôts	325 448	353 259	375 724	439 713	521 204	603 586	717 992	724 766
Titres de dette	231 397	255 781	307 279	330 003	368 514	497 670	840 804	1 180 238
Crédits	13 191	9 163	14 648	21 710	12 334	15 154	14 610	15 208
Actions et parts de fonds d'investissement	100 438	126 166	138 441	157 677	147 278	149 964	138 240	200 444
Actions	91 407	117 211	129 721	149 017	133 406	141 959	125 269	188 887
Parts de fonds d'investissement	9 032	8 955	8 720	8 660	13 872	8 005	12 971	11 557
Parts de fonds d'investissement monétaires	..	..	..	..	..	..	..	..
Parts de fonds d'investissement non monétaires	9 032	8 955	8 720	8 660	13 872	8 005	12 971	11 557
Systèmes d'assurance, de pensions et garanties standard	71 588	90 002	108 240	158 480	130 128	150 781	136 745	137 318
Produits financiers dérivés et options sur titres des salariés	..	..	..	..	31	65	8 353	7 515
Autres comptes à recevoir	202 343	241 975	289 297	335 462	327 638	355 080	346 294	381 842
Passifs financiers	998 822	1 110 524	1 398 501	1 631 580	1 689 717	1 936 139	2 524 519	2 894 167
Titres de dette	9 823	13 764	16 456	11 227	10 662	12 999	7 067	6 402
Titres de dette à court terme	..	..	..	..	..	..	..	..
Titres de dette à long terme	..	..	..	..	..	..	..	..
Crédits	26 319	20 669	21 452	17 086	11 488	10 587	12 575	16 659
Crédits à court terme	..	..	..	..	..	..	..	..
Crédits à long terme	..	..	..	..	..	..	..	..
Actions et parts de fonds d'investissement	293 839	362 679	517 612	567 245	600 911	688 635	869 781	851 268
Systèmes d'assurance, de pensions et garanties standard	545 931	579 072	684 034	845 958	928 531	1 082 139	1 458 916	1 851 966
Produits financiers dérivés et options sur titres des salariés	..	..	..	..	0	0	5	0
Autres comptes à payer	122 910	134 340	158 947	190 064	138 125	141 780	176 175	167 871
Actifs non financiers	82 419	89 494	85 687	92 936	91 487	91 044	261 703	332 447
Fonds de pension								
Valeur nette financière	75 957	72 156	64 988	73 693	89 358	124 572	119 368	138 222
Actifs financiers	1 193 961	1 547 276	2 052 053	2 178 702	2 876 002	3 414 280	3 862 617	4 065 247
Numéraire et dépôts	249 945	429 619	508 470	570 249	603 518	573 469	494 625	342 641
Titres de dette	403 431	510 486	810 925	916 381	1 447 282	1 898 460	2 311 086	2 752 881
Crédits	2 151	1 480	182	144	107	12	14	11
Actions et parts de fonds d'investissement	471 475	511 374	568 714	583 296	761 935	927 210	868 704	677 750
Actions	316 979	292 717	342 074	363 648	505 349	708 290	613 006	434 116
Parts de fonds d'investissement	154 496	218 657	226 640	219 648	256 586	218 920	255 698	243 633
Parts de fonds d'investissement monétaires	..	..	..	..	..	..	..	..
Parts de fonds d'investissement non monétaires	154 496	218 657	226 640	219 648	256 586	218 920	255 698	243 633
Systèmes d'assurance, de pensions et garanties standard	..	..	..	..	..	..	..	..
Produits financiers dérivés et options sur titres des salariés	..	..	..	..	0	0	0	0
Autres comptes à recevoir	66 959	94 318	163 762	108 632	63 161	15 128	188 188	291 963
Passifs financiers	1 118 003	1 475 120	1 987 065	2 105 009	2 786 644	3 289 708	3 743 248	3 927 024
Titres de dette	0	0	0	0	0	0	0	0
Titres de dette à court terme	..	..	..	..	..	..	..	..
Titres de dette à long terme	..	..	..	..	..	..	..	..
Crédits	1 397	2 296	1 177	1 459	169	35	1	0
Crédits à court terme	..	..	..	..	..	..	..	..
Crédits à long terme	..	..	..	..	..	..	..	..
Actions et parts de fonds d'investissement	97 625	108 152	124 947	143 111	164 609	184 184	237 709	191 355
Systèmes d'assurance, de pensions et garanties standard	1 012 960	1 352 523	1 843 416	1 947 524	2 597 662	3 078 917	3 483 613	3 717 069
Produits financiers dérivés et options sur titres des salariés	..	..	..	..	0	0	0	0
Autres comptes à payer	6 021	12 149	17 525	12 915	24 204	26 572	21 925	18 600
Actifs non financiers	7 896	5 700	5 360	4 528	3 963	4 298	4 658	2 673

Note : Voir les métadonnées détaillées sur : *http://metalinks.oecd.org/instinv/20190923/6c5a*

FÉDÉRATION DE RUSSIE

Tableau 4. Composition du portefeuille par type d'investisseur

En pourcentage des actifs financiers et des passifs financiers

Pour cent

	2011	2012	2013	2014	2015	2016	2017	2018
Fonds d'investissement								
Actifs financiers	100.0	100.0	100.0	100.0	100.0	100.0	100.0	100.0
Numéraire et dépôts	12.5	15.1	19.7	14.3	15.2	11.0	11.0	11.1
Titres de dettes	7.2	8.4	9.0	10.6	10.5	11.3	12.3	14.8
Crédits	0.8	0.4	0.5	0.4	0.4	12.2	11.7	11.2
Actions et parts de fonds d'investissement	60.1	57.6	47.8	49.7	48.0	56.6	56.5	57.9
Systèmes d'assurance de pensions et garanties standard	0.0	0.0	0.0	0.0	0.0	0.0	0.0	0.0
Produits financiers dérivés et options sur titres des salariés	0.0	0.0	0.0	0.0	0.0	0.0	0.0	0.0
Autres comptes à recevoir	19.5	18.4	23.0	24.9	25.9	8.9	8.5	5.0
Passifs financiers	100.0	100.0	100.0	100.0	100.0	100.0	100.0	100.0
Numéraire et dépôts	0.0	0.0	0.0	0.0	0.0	0.0	0.0	0.0
Titres de dettes	0.0	0.0	0.0	0.0	0.0	0.0	0.0	0.0
Crédits	0.0	0.0	0.0	0.0	0.0	0.0	0.0	0.0
Actions et parts de fonds d'investissement	92.4	90.4	88.4	88.2	89.1	91.0	88.8	91.2
Systèmes d'assurance de pensions et garanties standard	0.0	0.0	0.0	0.0	0.0	0.0	0.0	0.0
Produits financiers dérivés et options sur titres des salariés	0.0	0.0	0.0	0.0	0.0	0.0	0.0	0.0
Autres comptes à recevoir	7.6	9.6	11.6	11.8	10.9	9.0	11.2	8.8
Sociétés d'assurance								
Actifs financiers	100.0	100.0	100.0	100.0	100.0	100.0	100.0	100.0
Numéraire et dépôts	34.5	32.8	30.5	30.5	34.6	34.1	32.6	27.4
Titres de dettes	24.5	23.8	24.9	22.9	24.5	28.1	38.2	44.6
Crédits	1.4	0.9	1.2	1.5	0.8	0.9	0.7	0.6
Actions et parts de fonds d'investissement	10.6	11.7	11.2	10.9	9.8	8.5	6.3	7.6
Systèmes d'assurance de pensions et garanties standard	7.6	8.4	8.8	11.0	8.6	8.5	6.2	5.2
Produits financiers dérivés et options sur titres des salariés	0.0	0.0	0.0	0.0	0.0	0.0	0.4	0.3
Autres comptes à recevoir	21.4	22.5	23.5	23.2	21.7	20.0	15.7	14.4
Passifs financiers	100.0	100.0	100.0	100.0	100.0	100.0	100.0	100.0
Numéraire et dépôts	0.0	0.0	0.0	0.0	0.0	0.0	0.0	0.0
Titres de dettes	1.0	1.2	1.2	0.7	0.6	0.7	0.3	0.2
Crédits	2.6	1.9	1.5	1.0	0.7	0.5	0.5	0.6
Actions et parts de fonds d'investissement	29.4	32.7	37.0	34.8	35.6	35.6	34.5	29.4
Systèmes d'assurance de pensions et garanties standard	54.7	52.1	48.9	51.8	55.0	55.9	57.8	64.0
Produits financiers dérivés et options sur titres des salariés	0.0	0.0	0.0	0.0	0.0	0.0	0.0	0.0
Autres comptes à recevoir	12.3	12.1	11.4	11.6	8.2	7.3	7.0	5.8
Fonds de pension								
Actifs financiers	100.0	100.0	100.0	100.0	100.0	100.0	100.0	100.0
Numéraire et dépôts	20.9	27.8	24.8	26.2	21.0	16.8	12.8	8.4
Titres de dettes	33.8	33.0	39.5	42.1	50.3	55.6	59.8	67.7
Crédits	0.2	0.1	0.0	0.0	0.0	0.0	0.0	0.0
Actions et parts de fonds d'investissement	39.5	33.0	27.7	26.8	26.5	27.2	22.5	16.7
Systèmes d'assurance de pensions et garanties standard	0.0	0.0	0.0	0.0	0.0	0.0	0.0	0.0
Produits financiers dérivés et options sur titres des salariés	0.0	0.0	0.0	0.0	0.0	0.0	0.0	0.0
Autres comptes à recevoir	5.6	6.1	8.0	5.0	2.2	0.4	4.9	7.2
Passifs financiers	100.0	100.0	100.0	100.0	100.0	100.0	100.0	100.0
Numéraire et dépôts	0.0	0.0	0.0	0.0	0.0	0.0	0.0	0.0
Titres de dettes	0.0	0.0	0.0	0.0	0.0	0.0	0.0	0.0
Crédits	0.1	0.2	0.1	0.1	0.0	0.0	0.0	0.0
Actions et parts de fonds d'investissement	8.7	7.3	6.3	6.8	5.9	5.6	6.4	4.9
Systèmes d'assurance de pensions et garanties standard	90.6	91.7	92.8	92.5	93.2	93.6	93.1	94.7
Produits financiers dérivés et options sur titres des salariés	0.0	0.0	0.0	0.0	0.0	0.0	0.0	0.0
Autres comptes à recevoir	0.5	0.8	0.9	0.6	0.9	0.8	0.6	0.5

Note : Voir les métadonnées détaillées sur : *http://metalinks.oecd.org/instinv/20190923/2704*

ORGANISATION DE COOPÉRATION ET DE DÉVELOPPEMENT ÉCONOMIQUES

L'OCDE est un forum unique en son genre où les gouvernements oeuvrent ensemble pour relever les défis économiques, sociaux et environnementaux que pose la mondialisation. L'OCDE est aussi à l'avant-garde des efforts entrepris pour comprendre les évolutions du monde actuel et les préoccupations qu'elles font naître. Elle aide les gouvernements à faire face à des situations nouvelles en examinant des thèmes tels que le gouvernement d'entreprise, l'économie de l'information et les défis posés par le vieillissement de la population. L'Organisation offre aux gouvernements un cadre leur permettant de comparer leurs expériences en matière de politiques, de chercher des réponses à des problèmes communs, d'identifier les bonnes pratiques et de travailler à la coordination des politiques nationales et internationales.

Les pays membres de l'OCDE sont : l'Allemagne, l'Australie, l'Autriche, la Belgique, le Canada, le Chili, la Corée, le Danemark, l'Espagne, l'Estonie, les États-Unis, la Finlande, la France, la Grèce, la Hongrie, l'Irlande, l'Islande, Israël, l'Italie, le Japon, la Lettonie, la Lituanie, le Luxembourg, le Mexique, la Norvège, la Nouvelle-Zélande, les Pays-Bas, la Pologne, le Portugal, la République slovaque, la République tchèque, le Royaume-Uni, la Slovénie, la Suède, la Suisse et la Turquie. La Commission européenne participe aux travaux de l'OCDE.

Les Éditions OCDE assurent une large diffusion aux travaux de l'Organisation. Ces derniers comprennent les résultats de l'activité de collecte de statistiques, les travaux de recherche menés sur des questions économiques, sociales et environnementales, ainsi que les conventions, les principes directeurs et les modèles développés par les pays membres.

ÉDITIONS OCDE, 2, rue André-Pascal, 75775 PARIS CEDEX 16
(01 2019 07 2 P) ISBN 978-92-64-31336-1 – 2019

www.ingramcontent.com/pod-product-compliance
Lightning Source LLC
LaVergne TN
LVHW080654011026
849160LV00014B/1424
* 9 7 8 9 2 6 4 3 1 3 3 6 1 *